高等院校精品课程系列教材

金融市场学

第2版

Financial Markets

韩国文 张彻 编著

机械工业出版社
China Machine Press

图书在版编目（CIP）数据

金融市场学 / 韩国文，张彻编著 .—2 版 .—北京：机械工业出版社，2020.2（2024.6 重印）
（高等院校精品课程系列教材）

ISBN 978-7-111-64656-3

I. 金… II. ①韩… ②张… III. 金融市场 – 经济理论 – 高等学校 – 教材 IV. F830.9

中国版本图书馆 CIP 数据核字（2020）第 022878 号

本书全面介绍了金融市场的各个子市场，深入阐述金融市场的组织结构微观交易机制、定价机制和风险机制，能够帮助学生运用所学理论、知识和方法分析解决金融市场的相关问题，达到金融学专业培养目标的要求，为今后进一步学习、进行理论研究和实际工作奠定扎实的基础。

本书适合经济与管理类专业学生和具有同等文化程度的自学者学习金融市场学，也可作为金融专业硕士（MF）、会计专业硕士（MPAcc）金融市场课程必修课以及工商管理硕士（MBA）金融市场课程选修课教材，亦可作为其他专业学生学习金融课程的通识教材，还可供广大经济工作者参考。

出版发行：机械工业出版社（北京市西城区百万庄大街 22 号　邮政编码：100037）
责任编辑：郝梦莹　　　　　　　　　　　责任校对：李秋荣
印　　刷：北京捷迅佳彩印刷有限公司　　版　　次：2024 年 6 月第 2 版第 7 次印刷
开　　本：185mm×260mm　1/16　　　　印　　张：22.75
书　　号：ISBN 978-7-111-64656-3　　　定　　价：55.00 元

客服电话：(010) 88361066　68326294

版权所有·侵权必究
封底无防伪标均为盗版

作者简介

韩国文,1968年生,武汉大学经济与管理学院教授,武汉大学西方经济学博士,以色列 Bar-IIan 大学博士后,南加利福尼亚大学、匹兹堡大学高级访问学者。长期从事金融市场、碳金融、风险投资和创业学的教学、科研和创业指导工作。主持或合作完成国际合作、国家级、教育部和横向课题二十多项。先后在《欧洲政治经济》(*European Journal of Political Economy*)、《国际货币经济与金融》(*International Journal of Monetary Economics and Finance*)、《系统工程理论与实践》《中国软科学》《中国管理科学》等学术期刊发表论文五十多篇,出版专著、编著、主编和参编教材多部。曾为国电武仪等新三板上市公司提供上市咨询服务,为中国银行、中国建设银行、长江证券、国家电网有限公司等机构提供培训。

张彻,内蒙古大学经济管理学院副教授,武汉大学经济学博士,美国明尼苏达大学访问学者。主要研究领域:区域金融,金融市场与机构。讲授本科与研究生"金融市场与机构"课程及相关课程多年,主持和参与多项自然科学基金和社科基金研究相关课题,并在国内刊物和国际会议上发表多篇学术论文。

第 2 版前言

"金融是现代经济的核心,金融是国家重要的核心竞争力,金融安全是国家安全的重要组成部分,金融制度是经济社会发展中重要的基础性制度",而金融市场是整个经济体系的枢纽。金融市场学是研究金融市场运行机制及其规律的科学。在教育部颁发的《全国普通高等学校金融学专业主干课程教学基本要求》中,"金融市场学"是金融学专业六门核心主干课程之一,也是经济学类和各层次管理类专业的必修课。本书围绕培养高质量人才这一根本目标,按照有深度、有难度、有挑战度的"金课"要求,全面介绍各种金融市场相关知识,深刻阐述其运行规律,吸收和反映了金融市场业务创新和研究成果。

本书第 1 版出版至今已逾十年,这些年来,全球的金融和经济都发生了巨大、广泛而深刻的变化,中国经济总量跃升世界第二,万物互联改变了生活方式,社交媒体占据了主导地位,金融科技飞速发展,金融风险与金融安全问题凸显,全球化脚步日趋放缓,全球变暖趋势尚未有力遏止。在本次修订中,我们从传播金融知识、激发学习兴趣、培养专业思维和树立全球视野的角度,力图深入洞察、精准把握,进一步归纳、总结、更新世界经济金融环境出现新变化背景下金融市场的基本理论及其最新发展现状,并注重讲述中国故事,呈现中国气派,对全书内容进行了新的规划、增补、删减和修订。

本次修订,我们还对本书第 1 版的体系进行了较大幅度的改动,突出新时代背景下的问题导向,新增加了黄金市场、天气衍生品市场、碳金融市场;突出了中国特色、中国价值、中国文化,加强了对我国金融市场建立、发展、机制和制度的介绍,突出了相关理论源流和发展脉络,注重信息时代多媒体运用,更新和添加了扫描二维码的扩展阅读材料及"学术人物"等,新设了"立德思考"与"想一想"等栏目,更新了所有图表数据,删除了与其他相关课程重复交叉的章节。本版包括三个部分共 15 章,第一部分是基础篇,分别对货币市场、资本市场、外汇市场、黄金市场、金融衍生品市场、天气衍生品市场和碳金融市场进行了介绍;第二部分是市场组织结构篇,分别对发行市场和流通市场进行了讨论,接着对金融市场的质量进行了分析;第三部分是价格机制篇,分别对利率机制、债券和股票的内在价值、资产组合与资产定价、金融远期和期权定价进行了讨论。

本次修订由武汉大学韩国文教授、内蒙古大学张彻副教授负责。本书第 1 版出版以来，先后重印加印八次，印数有数万册，全国上百家高校各层次学生及社会读者从中受益，一些使用该教材的教师数次强烈建议进行修订再版，也提出了许多有见地的修订建议。本书吸收了中国社会科学院、武汉大学、复旦大学、华中科技大学、中南财经政法大学、湖南大学、华中师范大学、武汉理工大学、北京化工大学、山西财经大学、兰州大学、西南大学、湖北大学、河南财经政法大学、浙江财经大学、贵州财经大学、内蒙古财经大学、兰州财经大学和湖北经济学院等学校一些教授专家和青年学者，以及银行、证券公司和基金公司等实务界专业人士的建议，在此向他们致以真诚的谢意！

我们感谢本书第 1 版的作者们，他们是何新安、周俐君、张琳、张应钢、王俊娟等，他们是讲坛上的中坚、金融业界的翘楚，付出了辛勤的劳动。我们也要感谢我们所教授的一些本科生、双学位学生、研究生、MPAcc 学员和 MBA 学员，他们对本版的修订、撰写也提出过宝贵建议。我们还要感谢武汉大学金融系和内蒙古大学金融系的同行，他们提供了许多帮助。感谢所有关心、帮助和爱护我们的人！

在本次修订、撰写过程中我们还参考并直接或间接引用了国内外学术界、实务界同行有关金融市场的一些研究成果，在此一并表示衷心的感谢！

为便于读者学习，本书在每一章开始时都给出了"本章提要""学习目标""重点难点""案例导入"，以便提醒读者本章的精髓并激发其深度学习的兴趣。部分章节设计了本章的"案例分析"及"本章小结"，以便读者检查自己的学习效果。

为方便教师教学，本书配有内容丰富的教学资源包，包括精致的电子课件、习题集及参考答案等。

由于编者的水平和经验有限，书中难免有纰漏，恳请同行及读者批评指正，以便我们下次修订。

编　者

2020 年 4 月

第 1 版前言

改革开放 30 年以来,中国的金融制度、体系、市场、机构和工具经历了兴起、创新、发展和不断完善的过程。随着中国改革开放的日益深入和社会主义市场经济体系的日益完善,金融市场已成为整个经济体系的核心。研究和掌握金融市场的运行规律和相关知识对于整个社会特别是经济金融类的学生和 MBA 学员具有非常重要的意义。金融市场学是研究市场经济条件下,金融市场运行机制及其各主体行为规律的科学。在教育部颁发的《全国普通高等学校金融学专业主干课程教学基本要求》中金融市场学是金融学专业的六门核心主干课之一。本书根据教育部面向 21 世纪课程教学改革的要求,在总结和归纳国内外同类教材的基础上,围绕基本知识、基本理论和基本技能的培养目标,全面介绍各种金融市场相关知识及其运行规律,吸收和反映了金融市场业务创新和研究成果。

本书在对金融市场基本理论及其最新发展进行介绍的同时,注重结合中国金融市场的实际情况,研究金融市场的运行规律。全书共分四个部分:第一部分通过对金融市场的概念、构成、类型、特征和功能与结构的介绍,在读者能够对金融市场有整体性认识的基础上,分别对货币市场、资本市场、外汇市场和衍生品市场的各个子市场进行介绍;第二部分为金融市场的组织结构与交易机制,分别对发行市场和流通市场进行讨论,然后对金融市场的微观结构和市场质量进行分析;第三部分为金融市场的价格机制,对利率机制、汇率机制,风险机制,以及普通股、债券、远期和期货、期权的定价进行了讨论;第四部分分析金融市场主体行为规律及其对市场的影响。

本书由武汉大学韩国文教授担任主编。在吸收了武汉大学、华中科技大学、复旦大学、厦门大学、上海财经大学、西南财经大学、中南财经政法大学、湖南大学、兰州大学、武汉理工大学、东北财经大学、湖北大学和湖北经济学院一些教授专家和青年学者建议的基础上,韩国文制定了写作大纲,并负责本书的修改和统稿。何新安撰写了第二、三、四、九章初稿;周俐君撰写了第五章初稿;张琳撰写了第六、七、八章初稿;张应钢撰写了第十三章初稿;王俊娟撰写了第十五章初稿。其他章节的撰写和修改工作由韩国文完成;胡中天在教材的撰写过程中协助收集和整理了一部分资料。

本人所授课的一些本科生、双学位学生、研究生和 MBA 学员对本书的撰写提出过宝贵建议；武汉大学金融系的领导、同事们给予了本书撰写工作许多的关心和支持，机械工业出版社的马斌、章集香等编辑为本书的出版付出了辛勤劳动；本书在撰写过程中还参考并直接或间接引用了国内学界同人有关金融市场的一些研究成果，在此一并表示由衷的感谢。

书中不当之处，敬请广大读者批评指正。

作者非常欢迎对本书的任何评论和改进建议，请通过电子邮件或机械工业出版社与本人联系（E-mail：gwhan68@gmail.com）。

武汉大学

韩国文

2009 年 4 月 2 日

教学建议

教学目的

本课程的教学目的是让学生通过学习,掌握金融市场的基本理论和规律、基本知识和技能,理解金融市场的各种运行机制,学会金融资产的定价方法,明了主要金融变量的相互关系,并能够运用所学理论、知识和方法分析解决金融市场的实际问题,达到经济学类、金融学类、MBA以及MPAcc等专业培养目标的要求,为今后进一步学习、进行理论研究和实际工作奠定扎实的基础。

前期需要掌握的知识

宏微观经济学(管理经济学)、货币银行学(金融学基础)、高等数学等基础课程理论知识。

课时分布建议

教学内容	学习目标	课时安排(学时)	
		MBA 等	本科
第一章 金融市场概述	(1)掌握金融市场的定义,理解金融市场的功能 (2)掌握金融市场的不同分类 (3)理解金融市场的发展趋势	3	3
第二章 货币市场	(1)了解货币市场的特点、功能,了解货币市场的参与者,理解货币市场收益率的计算方法 (2)理解货币市场各个子市场的定义、特点、作用,理解各个子市场的交易机制 (3)了解我国货币市场各个子市场的特点和现状	2	3

（续）

教学内容	学习目标	课时安排（学时）	
		MBA 等	本科
第三章 资本市场	（1）理解股票的定义、分类以及股东的权利，熟悉我国的股票市场 （2）理解股票价格指数的计算 （3）理解国债的定义、分类以及发行和流通方式 （4）了解公司债券的分类及债券契约和债券等级 （5）了解证券投资基金的定义、分类及特点，理解不同基金的投资策略	2	3
第四章 外汇市场	（1）理解外汇的动态和静态含义；理解直接标价法和间接标价法的含义；了解汇率的分类 （2）理解外汇市场广义和狭义的含义；了解外汇市场的参与者；理解外汇市场的运行机制 （3）理解即期外汇交易、远期外汇交易、掉期交易及套汇活动，并熟练运用 （4）理解汇率变动的影响因素和汇率的变动对经济的影响；理解一价定律理论	2	3
第五章 黄金市场	（1）了解国际黄金市场的产生与发展 （2）理解黄金市场的特点 （3）了解国际黄金市场的分类与功能 （4）理解黄金价格 （5）掌握影响黄金价格的因素 （6）熟悉黄金市场的交易品种与投资策略	2	2
第六章 金融衍生品市场	（1）了解金融衍生品市场的产生和发展 （2）理解金融远期合约的特点和功能，掌握远期利率协议结算金的计算 （3）掌握外汇期货合约定义 （4）掌握金融期权合约的盈亏分布 （5）掌握金融互换的定义、特点以及货币互换和利率互换的计算	3	3
第七章 天气衍生品市场	（1）了解天气衍生品市场的产生背景、发展历史和特点 （2）掌握天气衍生品与传统金融衍生品的异同 （3）了解现有天气衍生品市场 （4）掌握天气衍生品种及其交易	2	3
第八章 碳金融市场	（1）了解碳金融的产生背景，掌握碳金融相关的基本概念 （2）掌握碳金融发展的理论基础及碳金融市场交易工具和交易机制 （3）了解全球主要的碳金融市场 （4）思考中国碳金融的发展问题，熟悉中国的碳金融市场	2	3
第九章 发行市场	（1）知道证券发行市场的含义、特点、参与者及功能 （2）理解证券发行的审核制度、信息披露的标准及意义，熟悉我国对信息披露的监管和相关规定 （3）理解审核制度以及保荐制度，熟悉我国对股票发行制度的相关规定 （4）熟悉证券发行的各种方式	2	3

（续）

教学内容	学习目标	课时安排（学时）	
		MBA 等	本科
第十章 流通市场	（1）理解证券流通市场的功能，熟悉证券流通市场的形式 （2）熟悉市场交易机制的各项内容，了解关于市场交易机制的理论模型 （3）理解不同交易机制对金融市场功能的影响	2	3
第十一章 金融市场的质量	（1）理解流动性的含义，掌握流动性的衡量方法 （2）了解市场透明度的种类，理解市场透明度与信息揭示程度差异存在原因 （3）理解市场稳定性的定义和市场稳定机制，了解世界主要交易所的市场稳定机制 （4）理解交易成本的内容，了解金融市场效率的层次	2	3
第十二章 利率机制	（1）理解利率的概念，掌握各种金融工具到期收益率的计算方法，掌握各种利率的换算 （2）理解决定利率的各种因素，会运用可贷资金模型分析利率的变动 （3）理解收益率曲线及利率期限结构理论	3	4
第十三章 债券和股票的 内在价值	（1）了解影响债券内在价值的因素 （2）学会计算债券的内在价值、久期和凸性 （3）了解影响股票内在价值的因素 （4）掌握股息贴现模型和市盈率模型	3	4
第十四章 资产组合与 资产定价	（1）理解金融风险的含义、特征及分类；掌握单个资产和资产组合的期望收益率和方差的计算 （2）了解风险偏好类型，理解无差异曲线和效用函数 （3）理解资产配置和风险资产选择理论，掌握资本配置线、有效集、最优资产组合的原理，掌握最优资产组合的计算方法 （4）理解市场组合、资本市场线、证券市场线原理，掌握资本资产定价模型 （5）理解单因素模型和多因素模型的原理，了解套利的种类，理解套利定价理论	3	4
第十五章 金融远期和 期权定价	（1）理解无套利定价法的思路 （2）掌握金融远期和金融期货的定价方法 （3）理解期权价格的上下限 （4）知道布莱克-斯科尔斯期权定价公式 （5）理解二叉树期权定价模型	3	4
课时总计		36	48

说明：

（1）在课时安排上，对于 MBA、MPAcc 学员按 36 或 48 学时安排教学；金融专业本科生按 48 或 54 学时安排教学。以上学时分配建议按较少学时安排。非金融专业的本科生建议安排 72 学时以上，以便补充相关的专业知识。

（2）讨论、案例分析等时间已经包括在前面各个章节的教学时间中。

（3）每章的案例导入都可以在教学中讨论使用。

（4）全书内容可以根据不同培养目标，有侧重点地进行选讲。

目 录

作者简介
第2版前言
第1版前言
教学建议

第一部分 基础篇

第一章 金融市场概述 2
第一节 金融市场的概念与功能 3
第二节 金融市场的构成要素 7
第三节 金融市场的类型 11
第四节 金融市场的发展趋势 14

第二章 货币市场 19
第一节 货币市场概述 20
第二节 同业拆借市场 23
第三节 国库券市场 26
第四节 票据市场和大额可转让定期
存单市场 28
第五节 证券回购市场 36
第六节 货币市场共同基金市场 40

第三章 资本市场 45
第一节 股票市场 46
第二节 债券市场 54
第三节 证券投资基金市场 62

第四章 外汇市场 70
第一节 外汇与汇率 71
第二节 外汇市场的构成要素 74
第三节 外汇市场的交易方式 78

第五章 黄金市场 87
第一节 黄金市场概述 88
第二节 黄金价格 94
第三节 黄金市场投资 98

第六章 金融衍生品市场 105
第一节 金融衍生品市场的产生和发展 106
第二节 金融远期市场 108
第三节 金融期货市场 112
第四节 金融期权市场 119
第五节 金融互换市场 126

第七章　天气衍生品市场　132

第一节　天气衍生品市场概述　133
第二节　天气衍生品的种类　136
第三节　天气衍生品的应用　143

第八章　碳金融市场　150

第一节　全球气候变化与碳金融的产生　151
第二节　碳金融市场构成和交易机制　155
第三节　全球主要碳金融市场　162

第二部分　市场组织结构篇

第九章　发行市场　170

第一节　证券发行市场概述　171
第二节　证券发行的管理　173
第三节　证券发行方式与股票发行程序　181
第四节　债券发行方式与程序　189

第十章　流通市场　195

第一节　流通市场概述　196
第二节　流通市场交易程序及方式　201
第三节　流通市场的交易机制　208
第四节　交易机制与金融市场功能　218

第十一章　金融市场的质量　222

第一节　金融市场流动性及其度量　223
第二节　金融市场透明度与信息揭示制度　230
第三节　金融市场稳定性与波动性　235
第四节　金融市场交易成本与效率　238

第三部分　价格机制篇

第十二章　利率机制　248

第一节　利率的含义及其计算　249
第二节　利率水平的决定　255
第三节　利率的结构　260

第十三章　债券和股票的内在价值　268

第一节　债券的内在价值　269
第二节　股票的内在价值　277

第十四章　资产组合与资产定价　292

第一节　金融风险的定义和种类　293
第二节　投资收益和风险的衡量　296
第三节　证券组合与分散风险　305
第四节　资本资产定价模型　313
第五节　因素模型与套利定价理论　318

第十五章　金融远期和期权定价　327

第一节　金融远期与金融期货价格　328
第二节　影响期权价格的因素及其上下限　333
第三节　布莱克-斯科尔斯期权定价模型　339
第四节　二叉树期权定价模型　341

参考文献　349

PART 1
第一部分
基础篇

第一章　金融市场概述
第二章　货币市场
第三章　资本市场
第四章　外汇市场
第五章　黄金市场
第六章　金融衍生品市场
第七章　天气衍生品市场
第八章　碳金融市场

第一章
金融市场概述

本章提要

金融是现代经济的核心,金融市场是整个金融体系的枢纽。金融市场是指以金融资产为交易对象而形成的供求关系及其机制的总和。金融市场具有资金聚敛、资源配置、流动性提供、风险管理、信息反映和公司控制等功能,在整个经济活动中发挥着重要的作用。本章介绍了金融市场的概念与功能、金融市场的构成要素、金融市场的类型和金融市场的发展趋势等。

学习目标

1. 掌握金融市场的定义,理解金融市场的功能。
2. 掌握金融市场的不同分类。
3. 理解金融市场的发展趋势。

重点难点

本章重点:金融市场的不同分类。
本章难点:金融市场的功能和发展趋势。

案例导入

怎样读懂2019年5月金融市场运行情况

2019年5月金融市场运行情况如下。

一、债券市场发行情况

5月,债券市场共发行各类债券3.6万亿元。其中,国债发行3 953.2亿元,地方政府债券发行3 043.2亿元,金融债券发行4 880.5亿元,公司信用类债券发行4 888.6亿元,资产支持证券发行720.4亿元,同业存单发行1.8万亿元。截至5月末,债券市场托管余额为91.1万亿元。其中,国债托管余额为14.7万亿元,地方政府债券托管余额为19.6万亿元,金融债券托管余额为21.9万亿元,公司信用类债券托管余额为19.6万亿元,资产支持证券托管余额为3.1万亿元,同业存单托管余额为10.2万亿元。

二、货币市场运行情况

5月，银行间货币市场成交共计84.8万亿元，同比增长21.54%，环比下降1.84%。其中，质押式回购成交69.0万亿元，同比增长21.30%，环比下降2.12%；买断式回购成交0.8万亿元，同比下降27.25%，环比增长7.39%；同业拆借成交15.0万亿元，同比增长27.32%，环比下降1.01%。5月，同业拆借月加权平均利率为2.24%，较上月下行19个基点；质押式回购月加权平均利率为2.27%，较上月下行19个基点。

三、债券市场运行情况

5月，银行间债券市场现券成交18.6万亿元，日均成交28 837.2亿元，同比增长67.45%，环比增长10.38%。交易所债券市场现券成交7 012.1亿元，日均成交350.6亿元，同比增长59.34%，环比下降1.95%。5月末，银行间债券总指数为191.51点，较上月末上涨1.34点。

四、股票市场运行情况

5月末，上证综指收于2 898.70点，较上月末下跌179.64点，跌幅为5.84%；深证成指收于8 922.69点，较上月末下跌751.84点，跌幅为7.77%。5月份，沪市日均交易量为2 168亿元，环比下降39.95%，深市日均交易量为2 752亿元，环比下降37.95%。

资料来源：中国人民银行网站，http://www.pbc.gov.cn/goutongjiaoliu/113456/113469/3845266/index.html.

那么，到底什么是金融市场？金融市场的功能是什么？金融市场如何构成，包括哪些子市场？金融市场的发展趋势是什么？通过本章以及本门课程的学习，你就会对这些问题有一个深入全面的了解，那时可再回过头来读一读中国人民银行的报告。

第一节 金融市场的概念与功能

市场是指商品交易关系的总和，主要包括买方和卖方之间的关系，同时也包括由买卖关系引发出来的卖方与卖方之间的关系以及买方与买方之间的关系。从交易对象来看，市场可划分为生产资料市场、消费资料市场和生产要素市场；从交易范围来看，有地方市场、国内市场和国际市场等。我们这里讨论的是与一般商品市场有很大不同的金融市场。

一、金融市场的概念

金融是资金融通的交易活动的总称，资金的融通既可以通过银行等金融中介进行，也可以通过金融市场实现。金融市场是指以金融资产为交易对象而形成的供求关系及其机制的总和。它包括三层含义。第一，金融市场是金融资产进行交易的一个有形和无形的场所。有形的场所如证券交易所，无形的场所如外汇交易市场，它通过电信网络构成的看不见的市场进行交易。第二，金融市场反映了资金的供给者和需求者之间所形成的供求关系，揭示了资金从集中到传递的过程。第三，金融市场包含了金融资产交易过程中所产生的各种运行机制。金融市场主要是进行货币借贷以及各种票据、有价证券、黄金和外汇买卖的场所。人们通过金融市场的交易活动，沟通资金供求双方的关系，实现资金融通。

● 知识点
金融市场与商品市场的联系和区别

知识点

金融体系中的一些参与者是"储蓄者",因而能够出售多余的资金,这些人是市场上的贷款人;其他参与者是"花销者",经常需要借钱,这些人是借款人。一般将前者称为盈余单位(Surplus Unit),将后者称为赤字单位(Deficit Unit)。盈余单位是指当前的总储蓄超过当前在资本品上支出的参与者。盈余资金就是盈余单位当前的总储蓄超过当前资本支出(当前对真实资产的投资)的金额。赤字单位是一个当期总储蓄低于当期资本品支出的参与者。一个赤字单位的资金缺口(流量概念)反映了该单位当前的融资需求。这一缺口等于赤字单位当期的资本品支出减去当期的储蓄值。赤字单位能通过两种途径弥补其资金缺口:一种途径是出售自己所拥有的实物资产或金融资产来获取资金;另一种途径是发行金融证券来弥补资金缺口。这些金融证券可以是债务,比如发行债务证券(Debt Securities),这是发行单位承诺在将来特定日期支付固定的金额;也可以是股权,即向盈余单位发行的股权证券(Equity Securities)。这样,盈余单位就成为赤字单位的所有者之一。显然,两种途径都需要金融市场的帮助,否则就很难弥补资金缺口。特别地,金融市场就是盈余单位直接购买赤字单位所发行的直接证券(Direct Securities)的场所。当然,金融市场通过投资银行(Investment Banks)或经纪人(Brokers),接受赤字单位的委托,代为搜寻购买者、设计证券甚至包销证券等。随着直接证券通过金融市场从赤字单位转移到盈余单位,资金也就由相反方向流动到了赤字单位,如图1-1所示。

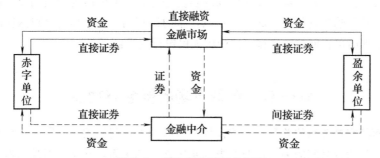

图1-1 金融市场的运作机理

金融中介(Financial Intermediaries)是金融体系中的另一个重要组成部分,是资金中介,主要是银行类机构。它们与金融市场的资金转移机制不同,它们首先购买赤字单位发行的直接证券,然后再向盈余单位发行间接证券(Indirect Securities),成为赤字单位和盈余单位之间名副其实的媒介。由于现代金融市场十分复杂且非常专业化,小规模的盈余单位如家庭或个人等市场参与者直接进行金融市场投资的参与成本(Participation Costs)其高,因此它们往往通过金融中介机构如共同基金、保险公司等的专业化运作,降低参与金融市场的成本,从而完成在金融市场上的投资活动。越是发达的金融市场,越离不开金融中介机构的参与;而中介机构越是发达,金融市场的功能就越完善,运作也越有效率。二者相互促进,优势互补。

> **立德思考**
>
> 金融是国家重要的核心竞争力,金融安全是国家安全的重要组成部分,金融制度是经济社会发展中重要的基础性制度。
>
> **想一想:金融为什么重要?**

二、金融市场的功能

金融系统最基本的功能是在不确定性环境下,便利资源进行跨时(Intertemporal)和跨地

(Cross-Sectional) 的配置。连接储蓄者与投资者的金融系统主要由金融市场和金融中介机构两部分组成。通过金融市场进行的融资属于直接融资,通过金融中介机构进行的融资属于间接融资。根据金融市场在实现金融功能方面的自身特点,下面我们具体从资金聚敛、资源配置、流动性提供、风险管理、信息反映和公司控制等方面阐述金融市场的功能。

(一) 资金聚敛功能

金融市场的资金聚敛功能是指金融市场发挥着资金"蓄水池"的作用。它通过创造多种多样的金融工具并为之提供良好的流动性,满足资金供求双方对于期限、收益和风险的不同要求,为资金供应者提供适合的投资手段,从而引导众多分散的小额资金汇聚成为可以投入社会再生产的大规模资金。

在社会总储蓄向总投资的转化过程中,必须借助一定的中介才能顺利进行。金融市场就充当了这种转化的中介。因为在社会资金的供给者与需求者之间、资金供求的时间之间、资金数量之间和供求方式之间,往往难以取得一致。金融市场的介入,通过直接融资和间接融资方式,使社会资金流动成为可能。对于资金积累者,可以通过发行信用工具的办法集中大量的资本;对于资金供给者,提供了有利的资金使用场所。借助于金融市场,可达到社会储蓄向社会投资转化的目的。在金融市场上,资源的供求双方能够跨越时间、空间的距离集合在一起;参与方能够根据发行人和投资人的需要设计出不同类型的金融工具,并将这些金融工具销售到不同的投资者手中,从而在供求双方之间建立起资本转移的良好机制。通过提供有形的或者无形的交易场所、严格的市场规制和法律监管,金融市场能很好地降低交易的搜寻成本和信息成本,极大地便利了金融资产的交易,因此,能够促进金融交易的展开,实现低成本、高效率的资源转移。

(二) 资源配置功能

在金融市场上,随着金融工具的流动,发生了价值和财富的再分配。金融是物资的先导,金融资产的流动,带动了社会物质资源的流动和再分配,将社会资源由低效部门向高效部门转移。金融市场中的供求双方通过竞争决定金融资产的价格,或者说确定金融资产要求的收益率。显然,公司获取资金的动力取决于投资者要求的回报率,而公司所发行的金融资产,其回报越丰厚,金融资产的价格也就越高;营运效率越高的公司,其股价也就越坚挺。金融市场的这一特点引导着资金在金融资产间进行分配。金融市场能够将资源从低效率利用的部门转移到高效率利用的部门,从而实现稀缺资源的合理配置和有效利用。

市场信息的变化,金融工具价格的起落,都给人以启示,引导人们放弃一些金融资产而追求另一些金融资产,使资源通过金融市场不断进行新的配置。随着资源的配置,金融市场上的风险也在发生新的配置,风险和收益并存,有的人在转让风险追求安全的同时,也就转让了收益;而另一些人在承受风险的同时,也就获得了收益。金融市场实现资金转移功能有着其他融资方式所不可比拟的优势。

(三) 流动性提供功能

金融市场为投资者出售金融资产提供了便利。由于这个特点,所以它对被迫或主动出售金融资产的投资者有很大的吸引力。如果缺乏流动性便利,投资者将被迫持有债务工具直至其到期或者权益工具直至公司自愿或破产清算,那样的话损失可能非常大。

金融市场所提供的流动性便利在两个方面体现得尤为突出。一方面，这种便利为股东提供了"用脚投票"来监控公司的机制。对于股东来说，有两种监控机制：首先是"用手投票"，即参与公司决策的主动型监控；其次是"用脚投票"，即抛售所持有的股份的被动型监控。在成熟的金融市场上，"用脚投票"的监控机制往往对公司影响巨大，通常情况是，公司股票的大量甩卖会使股价急剧下降，既会影响管理层与股票挂钩的收入，也容易被外部接管。另一方面，这种便利还能加快信息的流通。金融市场配置资金的效率依赖于价格信息的准确性。只有当金融资产的价格如实反映了该公司所有基本面的信息，金融市场才是有效率的，它对资金的配置也才是有效率的。因此，金融市场的流动性便利可以使信息尽快地反映到价格中去，提高市场的资金配置效率。

● 知识点

金融市场的"用手投票"和"用脚投票"

知识点

（四）风险管理功能

快速流动、高度分散的证券市场可以为投资者提供两方面的风险管理功能。一是风险定价。证券市场在现代金融理论中又称为公开市场（Open Market），其中交易的标的主要是标准化的媒介物，如股票、债券等标的金融资产（Underlying Financial Assets）以及在此基础上派生出来的其他标准化衍生产品（Derivatives），如股指期货、股指期权、利率期货与利率期权等。这些标的是一些标准化的媒介物，可以运用各种定价方法对其进行合理、科学的风险定价。正因为如此，资产定价理论才得以成为现代金融理论的基础之一。二是风险分散。由于证券市场的流动性好，变现性强，所以投资者可以方便地构造风险最小的最优风险组合，并可根据市场及时做出调整，有效地降低风险。

（五）信息反映功能

金融市场是国民经济的信号系统。首先，在证券市场上，股票价格的升降变化反映了该公司经营管理和经济效益的状况。一个企业的贷款运行变化，反映了该企业资金周转状况及其质量，促使资金在投资者和储蓄者之间实现高效的转移和配置。金融市场反映了微观经济运行状况。其次，金融市场也反映着宏观经济运行状况。国家的经济政策，尤其是货币政策的实施情况、银根的松紧、通胀的程度以及货币供应量的变化，均会反映在金融市场之中。最后，由于金融机构有着广泛而及时的信息收集、网络传播的功能，所以国内金融市场同国际金融市场得以连接为一体，通过它可以及时了解世界经济发展的动向。

（六）公司控制功能

资金的转移和有效配置通常面临许多风险。其中，如何确保资金使用者能够有效运用资金并到期偿还或给予当初允诺的投资回报，是投资者决策时要考虑的重要问题之一。因此，需要有一套监控和激励机制来确保资金的高效使用。金融市场的信息生产功能主要解决投资决策做出前的非对称信息问题，即逆向选择（Adverse Selection）；而监控与激励机制则主要解决投资决策做出后的非对称信息问题，即道德风险（Moral Hazard）。监控通过外部核实或约束，来监督资金使用者的行动，防止其做出不利于投资者的行为。激励是指激励资金使用者做出符合投资者的利益的行动，防止其偷懒。对于投资者来说，运用监控和激励手段来防范资金使用者的道德风险行为，二者缺一不可。

第二节　金融市场的构成要素

世界各国金融市场的发展存在着很大的差异，但是从金融市场的构成要素来看，所有金融市场都是由主体、客体和组织方式构成的。

一、金融市场的主体

金融市场的主体是指金融市场的参与者，可以是自然人，也可以是法人。从不同的角度可以将金融市场的主体划分为不同的类型。

（一）按照金融活动的特点划分金融主体

在金融市场上，按照金融活动的特点，可以将金融市场的主体划分为筹资者、投资者、套期保值者、套利者及监管者五类。筹资者是金融市场上资金的需求者。投资者是金融市场上资金的供给者，是指为了获取各种收益而购买各种金融工具的主体；按照交易动机、时间长短，广义投资者可以再划分为投资者和投机者两类。套期保值者是利用金融市场来转嫁风险的主体。套利者是利用金融市场来赚取无风险利润的主体。监管者则是对金融市场进行宏观调控和监管的中央银行以及其他各种金融监管机构。

在金融市场的几大主体中，筹资者和投资者是金融市场最早的参与者，二者的区别在于：在具体的资金融通过程中，二者处于供求关系的不同方面，筹资者处于需求方，而投资者处于供给方。筹资者和投资者的划分必须以具体的金融交易活动为基础，而金融市场上各主体往往既是筹资者又是投资者。筹资者和投资者之间的资金转移是金融市场需要解决的最基本的问题。

投资者、套期保值者和套利者的区别在于其从事的金融活动的性质不同。三者采取的策略、持有的资产结构不同，相应的风险和收益预期也各不相同。金融市场上金融资产的持有者都面临着价格随时发生波动的风险，收益或者损失是不确定的，因此具有投资者的特征。套期保值者采取的策略是在持有某种金融资产的同时对其进行反向的对冲操作，其原理是使某段时间内持有的金融资产净头寸达到零，从而固定收益，避免价格波动的风险。套利者采取的策略是利用金融市场定价过程中对于均衡价格短暂的、微小的偏离，迅速购进或者售出价格被低估或者高估的金融资产。套利者的活动能够加快金融市场的调节速度，而金融市场的有效性越高，套利者的活动空间就越小。

（二）按照自身的特性划分金融主体

金融市场上有政府部门、中央银行、金融中介、工商企业、居民个人和外国参与者等。各种参与者的特性不同，在金融市场上起到的作用也各不相同。

1. 政府部门

政府部门（包括中央政府、中央政府的代理机构和地方政府）是金融市场上资金的需求者，主要通过发行财政部债券或者地方政府债券来筹集资金，用于国家基础设施建设，弥补财政预算赤字等；同时，国家财政筹集的大量收入在支出前形成的资金积余又可以使其成为资金的供给者。在国际金融市场上，不同国家的政府部门可以是资金的需求者，也可以是供给者。此外，很多国家的政府部门同时担负金融市场的调节和监督职能，也是金融市场的监管者。

2. 中央银行

中央银行在金融市场中扮演双重角色，它既是金融市场的行为主体，又是金融市场的主要监管者。中央银行在金融市场中担负着最后贷款人的职责，从而成为金融市场的资金供给者；同时，中央银行参与金融市场是以实现国家货币政策、稳定货币和调节经济为目的的。中央银行通过买卖金融市场工具、投放或者回笼货币来调整和控制货币供应量，并会对金融市场上资金的供求以及其他经济主体的行为产生影响。一些国家的中央银行还接受政府委托，代理政府债券的还本付息，以及接受国外中央银行的委托在金融市场上买卖金融工具，参与金融市场活动。

3. 金融中介

金融中介是金融市场上的特殊参与者，也是专业参与者。从表面上看，金融中介是金融市场上最大的买方和卖方，但实质上金融中介并不是资金的初始供给者和最终需求者，其买卖最终是为了金融市场上其他参与者的买和卖，这就是金融中介的特殊性所在。同时，金融中介又是金融市场上唯一的专业参与者。其专业就是参加金融市场活动，为潜在的和实际的金融交易双方创造交易条件，为买卖双方降低寻找成本，使潜在的金融交易变成现实。因此，金融中介也被称为市场创造者。金融中介可以分为存款类金融中介和非存款类金融中介两大类。

（1）存款类金融中介。存款性金融机构是指通过吸收存款获得可利用的资金，并将资金贷给经济主体中的资金需求者，或者进行投资以获得收益的金融机构。存款性金融机构在金融市场中是十分重要的中介，同时也是套期保值和套利的主体。

1）商业银行。商业银行是存款性金融机构中最重要的一种。早期的商业银行吸收存款，并通过承兑或者贴现的方式提供资金融通服务。现代的商业银行则发展成为金融市场中资金规模雄厚、业务领域广泛的重要的存款性金融机构。我国目前的商业银行有工、农、中、建四大国有商业银行、股份制商业银行、城市商业银行等。

2）储蓄机构。储蓄机构以专门吸收储蓄存款作为资金的来源，资金的运用则主要是发放不动产抵押贷款、投资国债和其他证券。与商业银行相比，储蓄机构的资产业务期限长，抵押贷款比重高。一国政府经常利用储蓄机构实现其特定经济目标，例如房地产政策目标等，因此储蓄机构往往能够得到政府的特别扶持。与商业银行一样，储蓄机构在金融市场上既是资金的供给者，又是资金的需求者。

3）信用合作社。信用合作社是指由一些具有共同利益的人组织起来的、具有互助性质的会员组织。其资金来源主要是会员的存款，也有非会员的存款，资金运用则主要是提供短期贷款、消费信贷、票据贴现以及从事证券投资等。信用合作社对金融体系起到了拾遗补阙的作用：在经济生活中广泛动员了社会资金，弥补了现代金融服务难以覆盖的地区，促进了社会闲散资金的聚集和利用。随着金融的不断发展，信用合作社的业务不断拓展，资金来源与运用从以前的以会员为主逐渐向多元化发展，并且在金融市场上发挥着越来越大的作用。

（2）非存款类金融中介。与存款性金融机构吸收公众存款不同，非存款性金融机构是通过发行证券或者以契约性的方式来聚集社会闲散资金的，主要有以下几种类型。

1）投资银行。投资银行是资本市场上从事证券发行、买卖及相关业务的金融机构，主要通过发行股票和债券筹集资金。随着金融市场的发展，投资银行的业务领域不断拓展，涉及证券承销和自营买卖、公司理财、企业并购、咨询服务、基金管理和风险资本管理等各个方面。投资银行既为资金需求者提供筹资服务，又充当投资者买卖证券的经纪人和交易商。目前，投资银行已经成为资本市场上重要的金融中介机构,在一级和二级市场上发挥着重要作用。

2)保险公司。保险公司主要包括人寿保险公司和财产及灾害保险公司两大类。这两种保险公司的资金来源主要是按照一定标准收取的保险费,但由于保险的对象不同,因此资金运用存在差别。人寿保险公司为人们因为意外事故或死亡造成的经济损失提供保险,财产及灾害保险公司为企业及居民的财产意外损失提供保险。人寿保险具有保险金支付的可预测性,因此资金可以投到收益相对较高、期限相对较长的项目中,如股票等,是金融市场上的资金供给者之一。财产及灾害保险事故的发生具有不确定性,因此资金运用更注重流动性,主要投资于货币市场上的金融工具和安全性较高的政府债券、高级别企业债券等。

3)投资基金。投资基金是通过向社会公众出售其股份或者受益凭证来募集资金,并将所获资金分散投资于多样化的证券组合的金融机构。投资基金的当事人有四个:委托人是基金的发起人;受托人是基金管理公司,代理投资机构经营基金所募资金;受益人是投资者,即持有基金份额的人;信托人负责基金资产的保管,一般由投资银行、信托公司和商业银行等大型金融机构充当。投资基金按照基金份额的规模是否固定可以划分为开放式基金和封闭式基金。

4)养老基金。养老基金是类似于人寿保险公司的一种金融组织,其资金来源是公众为退休后生活所准备的储蓄金,通常由劳资双方共同缴纳,有的只由资方缴纳。养老金的缴纳一般由政府立法规定,资金来源有可靠保障。养老基金由于能够比较精确地估计未来的支付,因此其资金运用主要是投资于长期公司债券、优质股票以及发放长期贷款。养老基金是金融市场上的资金供给者之一。

5)风险投资公司。除了投资对象是一些起步公司而不是大公司这一点以外,风险投资公司类似于投资银行。缺乏经验的年轻公司除了资金以外,常常还需要经营企业的中肯建议,对此,风险投资公司都能提供。风险资本家将资金投资于新的企业,帮助管理队伍将公司发展到可以"上市"的程度,即将股份出售给投资公众。一旦达到这一目标,典型的风险投资公司将售出其在公司的权益,转向下一个新的企业。

6)信息咨询、资信评估等金融中介。该类机构主要是指资信评估公司及其他以金融信息资讯服务业务为主的金融机构。这类金融机构既为企业和社会服务,也为其他金融机构提供服务。最早的信息服务公司是评级机构,比如为证券行业评级的穆迪和标准普尔,以及为保险行业评级的贝氏公司(A. M. Best)。最近发展起来的行业是提供财务数据(如彭博资讯和路透社)或进行共同基金业绩统计(如 Lipper、Morningstar 和 SEI)的公司或公司的部门。

4. 工商企业

工商企业在金融市场的运行中无论是作为资金的需求者还是资金的供给者,都具有重要的地位。在生产经营过程中,经常会有一些企业出现暂时性的资金盈余,而另外一些企业则出现暂时性的资金短缺。此时,企业不仅可以向金融中介机构进行资金余缺的融通,还可以在金融市场上发行或者购买各种金融工具,从而实现盈余资金的投资或者得到所需资金,以此实现企业生产经营过程当中的不同目的。工商企业还可以通过发行股票或者中长期债券等方式来筹集资金,用于扩大再生产和经营规模。此外,工商企业为了控制财务风险,也经常在金融市场上进行套期保值等活动。

5. 居民个人

居民个人主要是金融市场上的资金供给者和金融工具的购买者。居民个人除了必要的消费外,为了存集资金或者留存部分资金以备不时之需,往往会将手中的资金存入银行或者在金融市场上购买股票、债券等金融工具。通过这些金融投资组合,既可以满足居民个人日常的流动性需求,又可以达到保值增值的目的。居民的投资可以直接购买金融工具,也可以通过金融中介进行间接投资,例如投入保险、购买共同基金等,最终都是向金融市场提供资金。此外,居民有时也会有资金需求,例如耐用消费品的购买以及住房、汽车消费等。

6. 外国参与者

外国参与者(Foreign Participants)构成了外国部门。这个部门包括所有来自国外的参与者:家庭、非金融机构、政府以及中央银行。随着世界各国逐步放开其金融市场,外国参与者参与国内金融市场和国际金融市场的现象将越来越普遍。

金融机构是金融市场最重要的参与者,表1-1汇总了金融机构的资金来源和运用情况。

表1-1 金融机构的资金来源和运用情况

金融机构	主要资金来源	主要资金运用
商业银行	家庭、企业和政府机构存款	购买政府和公司债券;发放贷款
储蓄机构	家庭、企业和政府机构存款	购买政府和公司债券;发放住房抵押贷款;发放贷款
信用合作社	信用社会员	向信用社会员贷款
金融公司	向家庭、企业出售证券	发放贷款
基金公司	向家庭、企业发行基金	购买政府债券、公司证券
货币市场基金	向家庭、企业发行基金	购买政府债券、公司证券、货币市场工具
保险公司	保费收入和投资收益	购买政府债券、公司证券
养老基金	雇员、雇主缴纳	购买政府债券、公司证券

二、金融市场的客体

金融市场的客体是指金融市场主体交易的对象,包括各种票据、债券、股票、外汇、凭证及各种衍生工具,可以分为货币市场工具和资本市场工具两大类。货币市场工具包括短期的、可转让的、具有高流动性的低风险债务工具,它是固定收益市场的一个子市场。资本市场工具则包括风险更高的长期证券。债务类资本市场工具是由比货币市场交易工具期限更长的一些借款工具构成的,一般由国债、政府机构债券、市政债券、公司债券和抵押支持证券等组成。权益市场工具主要是指公司公开发行的股票。自20世纪70年代以来,金融市场的一个显著发展就是期权和期货市场的发展。例如,从股票交易中派生出来的股指期货、股票期权等;从债券交易中派生出来的利率期货、信用违约互换等;从外汇交易中派生出来的外汇期货、货币期权、货币互换和汇率掉期等。期权和期货价值是从其他资产价值中衍生出来的,所以也称为衍生金融工具(或金融衍生品),而其他金融工具则称为原生金融工具。

金融工具的发展是与货币、信用和金融市场的发展分不开的,在商业信用基础上发展起来的银行信用和金融市场促进了信用工具成为金融市场上的交易工具。随着金融市场范围和深度的不断拓展,金融创新的速度不断加快,金融工具的种类也会越来越多。

三、金融市场的组织方式

金融市场的组织方式是指把交易双方和交易对象通过金融机构联系起来,共同确定交易价格,最终实现转让交易对象目的的形式。金融市场的组织方式主要有拍卖方式和柜台方式两种。

(一) 拍卖方式

金融市场上的拍卖(Auction)方式是指买卖双方通过公开竞价来确定买卖的成交价格。目前,公开竞价有两种方式。一种是人工拍卖,即由金融工具的出售方通过呼喊加手势报出要价,购买方之间激烈竞争报出买价,出价最高的购买方将最终获得所售金融工具。另一种方式是计算机自动撮合,即买卖双方不必直接见面,而是分别将欲买和欲售金融工具的价格输入计算机,由计算机按照时间优先、价格优先的原则自动配对,实现成交。时间优先是指同样的价格先提出者优先成交。价格优先是指对购买方而言,同一时间价格高的优先成交;对出售方而言,同一时间价格低的优先成交。金融市场工具的拍卖在交易所内进行。但交易所内除了真正要买卖金融工具的市场参与者之外,还有受人委托代理买卖的经纪人和交易商。他们由作为交易所会员的经纪人公司和证券公司派出,这些公司受实际投资者、筹资者、套期保值者或者投机者的委托,按照委托人的要求以尽可能有利的价格进行交易。

(二) 柜台方式

柜台(Over-the-Counter, OTC)方式是指通过交易中介来买卖金融工具,而不是通过交易所竞价方式确定交易价格。在这种方式中,金融工具的买卖双方都分别同金融机构进行交易,或者将出售的金融工具卖给金融机构,或者从金融机构买进金融工具。

在柜台方式组织的金融交易中,买卖价格不通过交易双方直接竞争来确定,而是由证券公司根据市场行情和供求关系自行确定。对于同意交易的某种金融工具,金融机构以双边报价的方式进行挂牌,即同时报出该工具的买入价格(Bid Price)和卖出价格(Asked Price),表示愿意以所报出价格买入或者卖出金融工具。金融机构一旦对某种金融工具报出价格,则在报出新的价格之前,不得拒绝以已经报出的买入或者卖出的价格来买卖该种工具。一般金融机构的报价中,买入价格低于卖出价格,价差(Spread)就是它的主要利润来源。

第三节 金融市场的类型

根据不同的分类标准可以把金融市场划分为许多具体的子市场。每个金融市场都可以同时具备多种市场属性。采取多样的分类方法有助于更好地把握每个金融市场的具体特征,从而更充分、更全面地理解金融市场。

一、货币市场和资本市场

按要求权的期限可将金融市场分为货币市场和资本市场。货币市场被称为短期金融市场,是指以期限在一年或一年以下的金融资产为交易标的的市场。而以期限在一年以上的金融资产为交易标的的市场是资本市场。债务工具等短期金融资产在一年期或一年期以下,是货币市场的一部分,而一年期以上的就归到了资本市场;普通股和优先股等权益工具一般是永久性的,因此是资本市场的一部分。

货币市场的主要功能是保持金融资产的流动性,将金融资产转换成现实的货币。货币市场主要进行国库券、商业票据、银行承兑汇票、可转让定期存单、回购协议、联邦资金等短期金融资产的买卖，政府、金融机构、工商企业等是货币市场的主体。货币市场是无形市场，交易量巨大；货币市场又是公开的批发市场，按照市场价格进行交易，具有很强的竞争性。

货币市场的发展，为中央银行有效实施公开市场操作提供了必要的基础性条件。通过市场所形成的银行间同业拆借利率、回购利率以及现券交易利率，不仅为全社会的金融资源配置提供了越来越重要的基准价格，也为货币当局判断市场资金供求状况提供了一个更为接近真实的参照系。

资本市场是专门融通期限在一年以上的中长期资金的市场。资本市场包括银行中长期存贷款市场和有价证券市场，证券市场是资本市场中最重要的部分。资本市场与货币市场相比，除了期限不同和交易的金融工具各异之外，在融资目的、风险程度、收益水平、资金来源等方面也不相同；同时，二者又在很多方面相互联系、相互影响。例如，资金的相互流动、利率同向变动趋势、资金存量相互影响等。货币市场、资本市场、权益市场和债务市场之间的关系如图 1-2 所示。

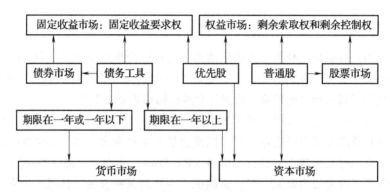

图 1-2　货币市场、资本市场、权益市场和债务市场之间的关系

二、现货市场和金融衍生品市场

按金融交易合约性质的不同可将金融市场分为现货市场、期货市场及其他金融衍生品市场。现货市场是须在交易协议达成后的若干个交易日内办理交割的金融交易市场。现货交易是金融市场上最普遍的一种交易方式，包括现金交易、固定方式交易以及保证金交易。现金交易是指成交日和结算日在同一天的交易；固定方式交易是成交日和结算日相隔七天以内的交易；保证金交易也叫垫头交易，是在投资者资金不足，但又想获得较多投资收益时，采取交付一定比例的现金，其余资金由经纪人贷款垫付买卖金融工具的交易方式。

金融衍生品市场是各种金融衍生品进行交易的市场。本书第六章会详细介绍金融衍生品市场的相关知识。

三、发行市场和流通市场

按金融资产的发行和流通特征可将金融市场分为发行市场和流通市场。资金需求者将金融资产首次出售给公众时所形成的交易市场称为发行市场或一级市场。金融资产的发行有公募和私募两种方式。前者的发行对象是社会公众,后者的发行对象是机构投资者,两者相比,公募涉及的范围大、影响广、成本高、准备的手续复杂、需要的时间长。私募发行又分为包销、代销和自销。包销是由银行等承销机构按照商定的条件把全部证券承接下来负责向公众销售,包销期满后无论金融资产是否已经全部销售出去,包销机构都要如数付给发行人应得的资金。代销是发行人自己承担全部发行风险,代销商如投资银行接受委托收取手续费用,销售多少是多少,不必承担任何风险。自销是发行人通过私下洽商的方式直接销售给少数的个人或者团体投资者。

流通市场又称二级市场,是指金融工具发行后在投资者之间买卖、转让所形成的市场。金融工具通过流通市场而更具有流动性,使社会范围内的资源能够得到充分利用。按照其组织形式,流通市场又可以分为场内交易市场和场外交易市场。前者有证券交易所,后者是在证券交易所之外进行证券买卖的市场,一般针对未上市的证券提供交易服务。

发行市场和流通市场是密不可分的,发行市场是流通市场的基础和前提,没有发行市场就没有流通市场;而流通市场是发行市场存在与发展的重要条件之一,无论在流动性上还是在价格的确定上,发行市场都要受到流通市场的影响。

四、国内金融市场和国际金融市场

按金融市场作用的地域范围来划分可将金融市场分为国内金融市场和国际金融市场。国内金融市场是指金融交易的作用范围仅限于一国之内的市场,包括全国性的以本币计值的金融资产交易市场和一国范围内的地方性金融市场。国内金融市场又可分为两部分:本国金融市场和外国金融市场。居住于本国的发行人发行的金融工具及其交易的市场成为本国金融市场;外国金融市场是指金融工具的发行人不居住在本国,但在本国发行和交易金融工具的市场,发行遵守所在国监管当局法令的限制。例如,美国的外国证券市场被称为"扬基市场",日本的被称为"武士市场",英国的被称为"猛犬市场",荷兰的被称为"伦勃朗市场",西班牙的被称为"斗牛士市场",我国的被称为"熊猫市场"。

● 中国故事

菲律宾在中国银行间债券市场成功发行"熊猫债券"

中国金融信息网2018年3月20日讯,菲律宾在中国银行间债券市场成功发行14.6亿元人民币债券,期限为3年,票面年利率为5.00%。境外投资人通过"债券通"参与了本次债券的发行,境外获配占比88%。

该笔债券是菲律宾进入中国银行间债券市场发行的首只主权熊猫债券,是中国资本市场迎来的又一成功案例和里程碑。该笔债券的成功发行无疑将有力促进中国债务资本市场的发展,推动中菲两国"一带一路"双边政经合作。同时,该笔债券是东南亚地区第一只主权熊猫债券,为东南亚地区及更多准备尝试在中国资本市场融资的国际主流发行人树立了成功的样板。

中国银行是该笔债券牵头主承销商及簿记管理人。该笔债券获得了联合资信AAA评级、穆迪Baa评级、标准普尔BBB评级。

募集说明书显示,本次募集资金净额将汇往境外并作为菲律宾国际储备的一部分。在必要时,该募集资金的一部分可能通过菲律宾央行兑换为比索,用于发行人包括预算支出在内的一般用途,将来可能用于包括支持"一带一路"的有关倡议。

在中国银行间债券市场曾发行人民币债券的主权发行人包括加拿大不列颠哥伦比亚省、匈牙利、波兰、韩国和阿联酋沙迦酋长国。此前最近一次为 2018 年 2 月阿联酋沙迦酋长国发行 20 亿元人民币债券，期限为 3 年，票面年利率为 5.80%。

资料来源：新华财经，rmb.xinhua08.com/a/20180321/1753240.shtml.

国际金融市场是金融工具的交易跨越国界、进行国际交易的场所。该市场上金融工具的显著特点是，它们同时向许多国家的投资者发行，且不受一国法令的制约。国际金融市场有广义和狭义之分。广义的国际金融市场又称传统的国际金融市场，是指进行各种国际金融业务的场所，包括货币市场、资本市场、外汇市场、黄金市场以及衍生品市场等。狭义的国际金融市场是指同市场所在国的国内金融体系相分离，主要由市场所在国的非居民从事境外交易，既不受所使用货币发行国政府法令的管制，又不受市场所在国法令管制的金融市场，它又叫离岸金融市场（或欧洲市场）。离岸金融市场（或欧洲市场）是无形市场，只存在于某一城市或地区而不在一个固定的交易场所，由所在地的金融机构和金融资产的国际性交易形成。离岸金融市场（或欧洲市场）并不只局限于欧洲，由于该类型市场在欧洲产生，因此"欧洲市场"只是习惯称谓。

● **知识点**
世界三大金融市场

第四节　金融市场的发展趋势

最近半个世纪以来国际金融市场发生了重大的变化，呈现出明显的金融自由化、金融全球化、资产证券化、金融工程化和金融科技化趋势。

一、金融自由化

经济自由主义是一种提倡市场机制，反对人为干预经济的经济理论体系。它前承魁奈的自然秩序和斯密的"看不见的手"，后接哈耶克的新自由主义和卢卡斯的理性预期，在整个西方世界崛起和繁荣发展的过程中发挥了重要作用。金融自由化的趋势是指 20 世纪 70 年代中期以来，在西方国家特别是发达国家出现的一种逐渐放松甚至取消对金融活动的管制措施的过程，进入 20 世纪 90 年代以来表现得尤为突出。金融自由化的目的是改革金融制度，减少政府对金融的过度干预，主张放松对金融机构的限制，以使利率反映资金供求、汇率反映外汇供求，最终实现内外部平衡和经济稳定增长。狭义的金融自由化是指利率市场化、取消定向贷款、增加中央银行的独立性、降低银行准备金率和对国有银行实行私有化等一系列旨在减少政府对金融体系的管制的措施。广义的金融自由化涉及对内金融自由化和对外金融自由化两方面的目标，前者是后者的必要条件，后者则是前者的必然结果。

20 世纪 30 年代大萧条之后，发达国家为了防止金融业过度竞争而采取了金融管制措施，随着经济的发展，金融管制的缺陷逐渐暴露出来。到了 20 世纪 70 年代，以美国和英国为代表的发达国家经济发展缓慢，公共财政赤字急剧增加，使经济陷入了"滞胀"的困境。在此情况下，发达国家不得不放弃 1929 年大萧条以来所实施的国家干预主义，转而实施"新保守主义"改革，以此减少国家干预，重新恢复市场的主导地位。这一改革在金融领域表现为放松金融管制，通过解除对跨国资本流动的限制来引进国际投资，弥补和解决国内日益增长的公共债务和双赤字的问题，推动经济发展。1979～1982 年，美国和英国率先采取了放松金融管制的政策，澳大利亚、新西兰、日本和德国等国在后来的若干年内也相继采取了同样的政策；同时，在发达国家的推动下，发展中国家也实施了金融自由化改革。金融自由化使各国先前封闭和孤立的金融体系的内部和外部阻隔得以消除，从而为金融全球化的发展提供了市场空间。

金融自由化不仅为金融全球化提供了空间条件，而且也为金融全球化提供了制度基础。在 20 世纪 80 年代以前，由于实施金融管制和金融压抑政策，国内金融活动遵循的是国家干预制度，金融市场以政府主导为主。而国际资本流动遵循的是市场原则，由市场机制来决定国际金融活动。因此，当时国际金融制度与国内金融制度并行，金融活动要同时遵守两个规则，这无疑阻碍了资本的跨国流动。而金融自由化变革了政府干预的国内金融制度，转向市场机制，为金融全球化的发展消除了制度障碍。

□ **案例分析**

以色列的金融自由化改革

1985 年以前，以色列经济发展严重受政府和犹太人国际组织等公共部门干预，金融抑制现象十分明显。1985 年以后，以色列的金融自由化和市场化改革拉开序幕，具体表现如下。

（1）放松对金融机构的控制。① 银行私有化。20 世纪 90 年代末，银行开始大规模兼并和私有化。1997～1998 年政府出售工人银行（Bank Hapoalim）、联合东方银行（United Mizrahi Bank Ltd.）、国民银行（Bank Leumi）的股权，2004 年将以色列贴现银行（Israel Discount Bank Ltd.）私有化。② 完善银行业监管法律和制度。③ 放开商业银行服务性收费的标准，使商业银行能够更加自由地运作。

（2）利率市场化。以色列利率市场化有三个特点。① 存贷利差的缩小。政府将利率作为控制通货膨胀的主要手段。随着以色列资本市场的开放，对外借款的机会增加，银行的外汇贷款利率下降到 LIBOR。② 定向贷款比例不断降低。③ 禁止政府向中央银行借款来弥补赤字。

（3）汇率自由化。汇率自由化经历了一个渐进过程。① 实行有管理的浮动汇率制度，逐步扩大波动幅度，减少并最终取消对汇率的直接干预。以色列汇率制度的演进包括盯住一篮子货币的汇率制度（1986 年）、围绕中心汇率在一定幅度内自由浮动的"水平汇率制度"（1989 年）和中心汇率不固定、限制年累积的"爬行波幅汇率制度"（1991 年）。② 实现经常项目下的新谢克尔（NIS）可自由兑换。③ 取消个人外汇投资和交易限制，以及放款机构外汇业务限制。④ 彻底取消外汇管制。

（4）放松对资本市场的管制。① 放松养老基金的投资限制。② 企业股权融资迅速增长。③ 取消资本国际流动限制。以色列政府为了促进本国的基础建设投资，逐步放开资本市场。

资料来源：本文引自 2009 年第 2 期《管理世界》的一篇文章《以色列金融深化与金融发展》（作者张东祥、武泉冬）。

二、金融全球化

金融全球化是指因全球范围内金融管制放松和金融业开放加速而使国别资本能够在全球范围内自由流动的状况和趋势，是资金或资本或金融服务在全球范围内迅速、大量和自由流动，最终形成全球统一金融市场、统一货币体系的状况和趋势。金融全球化是与金融自由化、金融国际化和金融一体化紧密相关的，金融自由化、金融国际化和金融一体化从不同侧面推动了金融全球化。在经济全球化大潮中，金融领域的跨国活动也以汹涌澎湃之势迅猛发展。金融全球化成为世界经济发展最为关键而敏感的一个环节。金融全球化是经济全球化的内在要求，同时又成为经济全球化的重要动力，将经济全球化推向前所未有的广度和深度。综观几十年国际金融发展的历史，金融全球化已成为其最重要、最显著的特征。金融全球化从整体上有力地推动了世界经济和国际金融的发展，带来了众多的利益。金融全球化也与现代国际金融危机的爆发与传导有着极为密切的关系。在金融全球化的发展过程中，与其相伴的蔓延效应使金融危机迅速扩散，产生巨大的波及和放大效应，国际金融动荡已成为一种常态。

从微观层次来看，金融活动的全球化主要可包括以下几个方面。第一，资本流动全球化。随着投资行为和融资行为的全球化，即投资者和融资者都可以在全球范围内选择最符合自己要求的金融机构和金融工具，资本流动也全球化了。第二，金融机构全球化。金融机构是金融活动的组织者和服务者。金融机构全球化就是指金融机构在国外广设分支机构，形成国际化或全球化的经营。第三，金融市场全球化。金融市场是金融活动的载体，金融市场全球化就是金融交易的市场超越时空和地域的限制而趋向于一体。目前全球主要国际金融中心已连成一片，全球各地以及不同类型的金融市场趋于一体，金融市场的依赖性和相关性日益密切。

● 中国风格
中国推进的新型全球化

请扫码查看

中国风格

三、资产证券化

资产证券化（Asset Securitization）是把流动性较差的资产以某种方式集中、重新组合，以这些资产作为抵押来发行债券，从而实现相关债权的流动化。其主要特点在于将原来不具有流动性的融资形式变成具有流动性的市场性融资。按照国际上通用的分类标准，资产证券化产品可分为抵押贷款证券化产品（MBS）与信贷资产证券化产品（ABS）。

资产证券化能够建立连接不同金融市场的通道，将短期资金转化为长期资本，从而实现资源和风险的最优配置。资产证券化有助于完善现有融资体制，提高资源利用效率，改善金融结构和化解金融风险。对于中央银行来说，资产证券化不仅有利于疏通货币政策传导渠道，提高货币政策的传导效率，而且还可以拓展公开市场操作的工具。但是，资产证券化中的风险也表现出复杂性，使得政府和金融监管当局在信贷扩张和货币供应量的估计上面临更多问题，金融调控监管的难度加大。

资产证券化最早起源于美国，最初是对住宅抵押贷款的证券化。20世纪80年代后期，资产证券化不断产生新的发展，开始成为国际金融市场的一个显著特点。目前世界各国的资产证券化均有不同程度的发展。美国的信贷资产证券化主要是指抵押贷款证券化（Collaterized Loan Obligation，CLO）。美国创新的信贷资产证券化市场在繁荣金融市场的同时，也带来了一些失败的教训。例如多层次嵌套的再证券化等，使得信贷资产证券化风险大增，这也是导致2008年金融危机从美国爆发的重要原因之一。

2005年4月，中国人民银行、中国银监会发布《信贷资产证券化试点管理办法》，将信贷资产证券化明确定义为"银行业金融机构作为发起机构，将信贷资产信托给受托机构，由受托机构以资产支持证券的形式向投资机构发行受益证券，以该资产所产生的现金支付资产支持证券收益的结构性融资活动"，正式推行信贷资产证券化注册制。但是随着2008年金融危机的爆发，我国信贷资产证券化陷入停滞状态，直到2012年又重启了信贷资产证券化试点。尽管我国人民币贷款余额不断攀升,但信贷资产证券化总额却相对较小,2017 年信贷资产证券化总额仅为 5 977.29 亿元,且所占比重极小,仅为 0.50%,远远低于美国的信贷资产证券化率。

四、金融工程化

金融工程是指将工程方法引入金融领域,综合采用各种工程技术方法(主要有数学建模、数值计算、网络图解和仿真模拟等)设计、开发新型的金融产品,创造性地解决金融问题。这里的"新型"和"创造性"指的是金融领域中思想的跃进,对已有观念的重新理解与运用,或者是对已有的金融产品进行分解和重新组合。

金融工程化的动力来自 20 世纪 70 年代以来社会经济制度的变革和电子技术的进步。布雷顿森林体系的崩溃及汇率的浮动化使得国际贸易和国际投资活动的风险大大加剧,工商企业不仅要应付经营上的风险,还要面对汇率波动的风险。为保证国际贸易和国际投资的稳定,各国货币当局力图通过货币政策控制汇率的波动幅度,其中最常用的是调整贴现率。这样汇率的波动就传导到了利率上。20 世纪 70 年代的另外一个重大的冲击是石油提价引起的基础商品价格的剧烈变动。这些变化共同形成了对风险管理技术的需求。

在过去的近半个世纪里,金融环境发生了变化,但是如果没有相应的技术进步,金融方面的发展将是不可能的。今天的金融市场日益依赖于信息的全球传播速度、交易商迅速交流的能力和互联网的发展及复杂的分析软件的出现。金融工程采用图解、数值计算和仿真技术等工程手段来研究问题,直接而紧密地联系着金融市场的实际。

金融工程化的趋势为人们创造性地解决金融风险问题提供了空间。金融工程的出现标志着高科技在金融领域内的应用,它大大提高了金融市场的效率。值得注意的是,金融工程是一把双刃剑:1997 年东南亚金融危机中,国际炒家正是利用它来设计精巧的套利和投机策略,从而直接导致这一地区的金融、经济动荡;反之,在金融市场日益开放的背景下,各国政府和货币当局要保卫经济和金融的稳定,也必须求助于这种高科技的手段。

五、金融科技化

金融科技(Fintech)是 Financial Technology 的缩写,可以简单理解为 Finance(金融)+ Technology(科技),但又不是两者的简单组合,而是指通过利用各类科技手段创新传统金融行业所提供的产品和服务,从而进一步提升效率并有效降低运营成本。根据金融稳定理事会(FSB)的定义,金融科技主要是指由大数据、区块链、云计算、人工智能等新兴前沿技术带动,并对金融市场以及金融服务业务供给产生重大影响的新兴业务模式、新技术应用、新产品服务等。金融科技为推动金融业实现高质量发展提供了重要机遇。当前,科技与金融呈现出持续融合态势,金融科技在全球范围内快速发展。金融科技在提升金融运行效率、加强风险防范等方面有巨大潜力,能有效解决金融领域信息不对称问题,降低交易成本,大幅提升金融业的规模和范围经济。

大数据、云计算、人工智能、移动互联等新兴科技手段正在加速向金融领域渗透,产生了第三方支付、互联网信用、网络贷款、虚拟货币、智能投资、智能客服等新的应用和业务模式。新模式、新业务开辟了金融业发展的新蓝海,创造了金融业提质增效的新途径,主要包括以下几个方面。

(1)第三方支付。第三方支付是伴随互联网的发展而产生的,是互联网金融中最具有核心竞争力的功能,是在智能化的移动终端的协助下,以第三方支付、移动支付为基础的新型支付清算体系。

第三方支付极大地促进了支付体系和互联网的融合，目前已经成为中国金融体系的重要组成部分。在中国的第三方支付体系中，最主要的业务模式有两种，分别是网关支付模式和账户支付模式。

（2）互联网信用业务。互联网信用业务也就是网络融资，是指以互联网为平台而进行的融资活动，可以使得资金需求者和资金供给者在互联网上完成资金融通的工作；包括网络贷款、基于P2P平台的借贷、众筹等网络融资形式，可分为网络债券融资和网络股权融资。网络债券融资可以给资金供给方和资金需求方提供基于网络信任机制的直接信用交易服务，也可以借助网络，利用自身的数据优势，直接介入信贷市场。

（3）虚拟货币。虚拟货币主要用于金融投资、价值传输，也可以作为新式货币直接在生活中使用，具有与真实货币转变的可能性，比如比特币、莱特币，还有如美国的eBay、Facebook、Google等提供的虚拟货币。

金融科技为金融行业带来了机遇，但是机遇往往伴随着风险和挑战。科技与金融的结合使得金融行业的风险更为复杂，具有极强的传播力、破坏力，而且形式多样且多变，不仅具有传统金融的风险，还新增了金融科技特有的一些风险。

本章小结

1. 金融市场是指以金融资产为交易对象而形成的供求关系及其机制的总和。
2. 金融市场具有资金聚敛、资源配置、流动性提供、风险管理、信息反映和公司控制等功能。
3. 金融市场的主体按照金融活动的特点可以划分为筹资者、投资者、套期保值者、套利者及监管者五类；按照自身的特性可以划分为政府部门、中央银行、金融中介、工商企业、居民个人和外国参与者几大类。
4. 不同的具体的子市场组成的金融市场体系，便构成了金融市场的结构。金融市场按照要求权的期限可划分为货币市场和资本市场，按照金融交易合约性质的不同可划分为现货市场、期货市场和其他金融衍生品市场，按照金融资产的发行和流通特征可划分为发行市场和流通市场，按照金融市场作用的地域范围可划分为国内金融市场和国际金融市场。
5. 金融市场的组织方式是指把交易双方和交易对象通过金融机构联系起来，共同确定交易价格，最终实现转让交易对象目的的形式。金融市场的组织方式主要有拍卖方式和柜台方式两种。
6. 最近半个世纪以来国际金融市场发生了重大的变化，呈现出明显的金融自由化、金融全球化、资产证券化、金融工程化和金融科技化趋势。

推荐网站

1. 中国人民银行：http://www.pbc.gov.cn.
2. 中国金融新闻网：http://www.financialnews.com.cn.

推荐阅读

1. 聂庆平，蔡笑. 金融创新、金融力量与大国崛起——基于荷兰、英国和美国的分析[J]. 财贸经济，2008（5）：41-47.
2. 陈雨露. 大金融框架下的金融发展[J]. 中国金融，2014（19）：71-73.

第二章 货币市场

本章提要

货币市场一般认为是期限在一年以内的资金融通和短期金融工具交易所形成的供求关系及其运行机制的总和。相对于资本市场来说,货币市场是基础,它为资本市场提供流动性,为从资本市场退出的资金找到投资出路。货币市场为短期投融资者提供便利,同时为中央银行的货币政策提供传导机制和渠道。根据交易对象的不同,可将货币市场分为同业拆借市场、国库券市场、票据市场、大额可转让定期存单市场、证券回购市场及货币市场共同基金市场。在这一章,我们分别介绍货币市场的各个子市场。

学习目标

1. 了解货币市场的特点、功能,了解货币市场的参与者,理解货币市场收益率的计算方法。
2. 理解货币市场各个子市场的定义、特点、作用,理解各个子市场的交易机制。
3. 了解我国货币市场各个子市场的特点和现状。

重点难点

本章重点:货币市场各个子市场的运作机制和作用。
本章难点:收益率的计算,银行承兑汇票的产生过程。

案例导入

上海银行间同业拆放利率

2007年,我国正式推出上海银行间同业拆放利率(Shanghai Interbank Offered Rate,Shibor),它以位于上海的全国银行间同业拆借中心为技术平台计算、发布并命名,是由信用等级较高的银行组成报价团自主报出的人民币同业拆出利率计算确定的算术平均利率,是单利、无担保、批发性利率。目前,对社会公布的Shibor品种包括隔夜、1周、2周、1个月、3个月、6个月、9个月及1年。

Shibor报价银行团现由18家商业银行组成。报价银行是公开市场一级交易商或外汇市场做市商,是在中国货币市场上人民币交易相对活跃、信息披露比较充分的银行。中国人民银行成立Shibor工作小组,依据《上海银行间同业拆放利率(Shibor)实施准则》确定和调整报价银行团成员、监督和管理 Shibor 运行、规范报价行与指定发布人行为。

全国银行间同业拆借中心授权 Shibor 的报价计算和信息发布按下述原则进行。每个交易日根据各报价行的报价，剔除最高、最低各 4 家报价，对其余报价进行算术平均计算后，得出每一期限品种的 Shibor，并于 11:00 对外发布。

与其他市场利率相比，拆借市场参与主体众多，既有政府金融机构、国有大型商业银行及股份制银行，也有成熟的基金及证券公司。巨大的资金流通规模及成熟的资金定价系统使得拆借市场上的利率更具代表性，成为了市场公认的"资金价格灯塔"。Shibor 经过多年的发展，利率期限完整，规模交易量大，报价行也通过扩展覆盖到政策性银行、国有大型商业银行、股份制银行、城商行及外资银行，充分反映了各大金融机构对市场资金及宏观经济的判断。同时，市场上越来越多的衍生品选择 Shibor 作为定价参考，Shibor 的重要作用已被市场广泛接受。

什么是 Shibor？货币市场利率有什么重要意义？我国货币市场包括哪些子市场？什么是买断式回购？它和质押式回购有什么区别？通过本章的学习，你将会弄清楚这些问题。

第一节 货币市场概述

货币市场（Money Market）即短期资金市场，是期限在一年以内的资金融通和短期金融工具交易所形成的供求关系及其运行机制的总和。货币市场的功能是将个人、公司和政府部门的短期资金转移给那些短期资金短缺的经济主体。

一、货币市场的特点

货币市场的存在是因为个人、公司和政府对短期资金的需求和资金的供给不同步。比如，政府的财政收入只能发生在纳税人缴税期，而政府的支出却时时刻刻在发生，即使政府财政预算在整个年度内是平衡的，也有可能发生季节性的资金短缺。企业在经营过程中也可能会发生资金进项和出项不匹配的情况。企业可能因为自己的短期运营资本不足而遭遇财务困境；如果企业拥有的短期资金过多，不用于投资就会遭受盈利损失。政府、企业和个人都需要进入货币市场，进行资金短期的投融资，货币市场由此产生。货币市场相对于资本市场有其自身的特点。

（1）货币市场工具都是短期的，且平均质量较高，风险较小。货币市场参与者的目的是调剂短期的资金余缺，所以在货币市场交易的货币市场工具期限都较短，利率风险小；并且，融资方主要是政府和相关机构、大金融机构、声誉卓著的大公司，它们的信誉很高，违约风险小；一般的二级市场的流动性都很高，变现能力强，市场风险很小。

（2）货币市场是一个批发市场。货币市场工具一般面值较大，在美国，通常一级市场发行面值在 10 万美元以上；二级市场的交易量通常在 100 万美元以上。货币市场交易成本较低，是一个典型的货币批发市场。如此巨额的交易使得个人投资者无法直接参与其中，他们只能通过货币基金市场间接参与。

（3）货币市场又是一个不断创新的市场。20 世纪 60 年代，美国联邦储备委员会的 Q 条例对商业银行存款最高利率的限制，使得美国商业银行吸纳存款的能力下降，为规避 Q 条例的限制，货币市场工具创新层出不穷。

（4）中央银行直接参与。货币市场作为金融体系的中心机制，是中央银行同商业银行及其他金融机构的资金连接渠道，中央银行直接参与货币市场调节和控制货币供应量，影响国内利率水平。

二、货币市场的参与者

货币市场是一个开放的市场，但能够在货币市场上进行筹资的参与者只限于财政部、政府其他机构、各银行和非银行金融机构以及少数大公司。而与此相对应，任何拥有闲置资金的个人和机构都可以进入货币市场购买货币市场工具。具体地讲，货币市场的参与主体主要有以下六类。

（1）各类金融机构。包括商业银行和其他非银行金融机构，其中商业银行是货币市场的最主要参与者，商业银行积极参与银行同业拆借、发行大额可转让定期存单、买卖国库券和其他短期政府债券来保持资金头寸，筹集可直接用于发放贷款的资金，进行短期投资，构建和调整自己的资产组合。其他金融机构可能作为资金需求者或资金供给者，也可能作为货币市场的中介参与货币市场的发行和交易，为市场创造流动性，实现货币市场的功能。

（2）机构投资者。包括保险公司和货币市场共同基金，它们参与货币市场的目的是实现短期资产的保值增值，使自己的投资在期限、风险和收益等方面合理组合，并且通过投机活动实现套利。

（3）各类企业。包括各行业短期资金的需求者和供给者。短期资金需求者主要通过货币市场募集短期营运资金，解决暂时性资金周转困难，避免财务困境的出现，实现企业平稳运行。有些企业拥有暂时闲置的资金，它们在资金需求尚未发生前，用这笔资金购买货币市场工具，实现资金保值增值的目的。

（4）政府部门。国家的财政部是货币市场上唯一纯粹以卖方身份进入的参与者。财政部只是货币市场上初级交易的参与者，它为了满足短期资金的需求（包括偿还到期的国库券）而发行国库券。在有些国家，除了财政部以外，地方政府和政府金融机构也发行大量的短期债券，这些短期债券在很多方面与国库券相似。

（5）中央银行。中央银行主要通过公开市场操作参与货币市场。中央银行参与货币市场不是为了筹措资金或进行投资谋取利润，也不是为了给货币市场工具创造二级市场，而是执行货币政策，控制和调节货币供应量。当中央银行认为需要调整货币供应量时，就买进或卖出这些货币市场工具，使商业银行的资产结构发生变化，进而放松或者抽紧银根。

（6）个人投资者。主要通过购买国库券、货币市场共同基金来参与。

三、货币市场的功能

货币市场产生和发展的初始动力是为了保持资金的流动性，它借助于各种短期资金融通工具将资金需求者和资金供给者联系起来，既满足了资金需求者的短期资金需要，又为资金盈余者的暂时闲置资金提供了获取盈利的机会。

（一）短期资金融通功能

各种经济主体客观上有资金盈余方和资金不足方之分，相对于资本市场为中长期资金的供需提供服务，货币市场则为季节性、临时性资金的融通提供了可行之径。短期性、临时性资金需求是微观经济行为主体最基本也是最经常的资金需求，因为短期的临时性、季节性资金不足是由日常经济行为的频繁性造成的，是必然的、经常的。

（二）资产管理功能

经济主体通过参与货币市场加强资金运营管理，提高经营水平和盈利能力。例如，同业拆借市场、证券回购市场等有利于商业银行业务经营水平的提高和利润最大化目标的实现。同业拆借和证券回购是商业银行在货币市场上融通短期资金的主渠道。充分发达的同业拆借市场和证券回购市场可以适时有度地调节商业银行准备金的盈余和亏缺，使商业银行无须为了应付提取或兑现而保有大量的超额准备金，从而将各种可以用于高收益的资产得以充分运用，可谓"一举两得"。

（三）政策传导功能

货币市场具有传导货币政策的功能。同业拆借市场是传导中央银行货币政策的重要渠道。中央银行通过对同业拆借利率和商业银行超额准备金的影响来执行货币政策。首先，同业拆借利率是市场利率体系中对中央银行的货币政策反应最为敏感和直接的利率之一，成为中央银行货币政策变化的"信号灯"。其次，就超额准备金而言，发达的同业拆借市场会促使商业银行的超额准备金维持在一个稳定的水平，这显然给中央银行控制货币供应量创造了良好的条件。

国库券等短期债券是中央银行进行公开市场操作的主要工具。开展公开市场操作需要中央银行具有相当规模、种类齐全的多种有价证券，其中国债，特别是国库券是主要品种。而且公开市场操作影响的主要是短期内货币供应量的变化，所以对短期债券和票据要求较多。因此，具有普遍接受性的各种期限的国库券成为中央银行进行公开市场业务操作的主要工具。

（四）促进资本市场尤其是证券市场发展的功能

货币市场和资本市场作为金融市场的核心组成部分，前者是后者规范运作和发展的物质基础。首先，发达的货币市场为资本市场提供了稳定充裕的资金来源。从资金供给角度看，资金盈余方提供的资金层次是由短期到长期、由临时性到投资性的，因此货币市场在资金供给者和资本市场之间搭建了一个"资金池"，资本市场的参与者必不可少的短期资金可以从货币市场得到满足，而从资本市场退出的资金也能在货币市场找到出路。其次，货币市场的良性发展减少了由于资金供求变化对社会造成的冲击。长期市场退出的资金有了出路，短期游资对市场的冲击力大减，投机活动受到了最大可能的抑制。因此，只有货币市场发展健全了，金融市场上的资金才能得到合理的配置。

四、货币市场收益率

政府部门和公司为了获取短期资金发行了各种各样的货币市场证券，货币市场中的一些证券（如国库券、回购协议、短期商业票据、同业拆借、商业票据及可转让定期存单）在进行买卖时一般以银行贴现收益率来计算收益，而一些权威的媒体往往以等值收益率来计量货币市场的收益状况。

（一）银行贴现收益率

货币市场交易工具往往是以贴现形式发行的，在投资期内，这种证券通常不会直接带来收益，其收益来源于面值（到期价格）P_f和购买时价格P_0之差。另外，这种债券的收益通常按

360 天为基础计算。银行贴现收益率的计算如下。

$$Y_{BD} = \frac{P_f - P_0}{P_f} \times \frac{360}{n} \times 100\% \tag{2-1}$$

式中，Y_{BD} 为银行贴现收益率；P_f 为面值；P_0 为发行价格；n 为票据期限。

（二）等值收益率

等值收益率和银行贴现收益率的计算方法不同，在计算年利率时，以短期证券的发行价为基础，而非以面值为基础。另外，贴现时间以一年365天计算，计算公式如下。

$$等值收益率 = \frac{P_f - P_0}{P_0} \times \frac{365}{n} \times 100\% \tag{2-2}$$

式中的符号含义和式（2-1）相同。

要比较银行贴现收益率和等值收益率的高低，就必须对两种利率的基础价格和一年所包含的天数进行转化，把贴现收益率转化为等值收益率。

$$等值收益率 = Y_{BD} \times (P_f/P_0) \times (365/360) \tag{2-3}$$

上述的两种收益率都不能用于衡量货币的时间价值，而实际年利率（EAR）是在对年内利息计算复利的情况下得到的利率，可以代表以上两种收益率，实际年利率的计算公式如下。

$$EAR = [1 + i/(365/n)]^{365/n} - 1 \tag{2-4}$$

第二节　同业拆借市场

同业拆借市场，也称银行拆借市场或银行同业拆借市场，是金融机构之间进行短期资金调剂、融通的场所或机制，也是中央银行进行货币政策操作的窗口和传导机制，它对金融市场利率的形成发挥着基础性的作用。

一、同业拆借市场的形成与发展

同业拆借市场形成的根本原因在于法定存款准备金制度的实施。美国于1913年通过的《联邦储备法》规定，加入美联储的会员银行，必须按存款数额的一定比率向联邦储备银行缴纳法定存款准备金。然而，商业银行在日常经营活动中，存款余额随时在发生变动，因此不可能要求商业银行时时刻刻保持在中央银行准备金存款账户上的余额恰好等于法定准备金额。银行间客观存在的相互调剂、融通准备金的要求，为同业拆借市场的产生创造了条件。1921年，美国纽约形成了以调剂联邦储备银行会员银行的准备金头寸为内容的联邦基金市场。

在经历了20世纪30年代的第一次资本主义经济危机之后，西方各国相继引入法定存款准备金制度作为控制商业银行信用规模的手段，与此相适应，同业拆借市场也得到了较快发展。在经历了长时间的运行与发展过程之后，同业拆借市场，较之形成之时，无论在交易内容、开放程度方面，还是在融资规模、交易主体等方面，都发生了深刻变化。

我国同业拆借市场建立于1984年，其从无到有、再到规范发展，经历跌宕起伏，发展历经波澜。中国人民银行在2007年7月3日发布《同业拆借管理办法》，并于同年8月6日起实施，为同业拆借市场的发展树立了新的里程碑。在此之后，中国人民银行在实行加强透明度管理、加强事后监督检查等管理措施的同时，逐步实现了管理手段的市场化转型，以开放的政策促进同业拆借市场健康发展。目前，我国同业拆借市场迅速发展，主要体现在以下几个方面。

1. 成交量不断增长

从成交规模来看，银行间同业拆借市场的市场容量明显扩大，融资能力得到了加强；同业拆借市场交易更活跃，市场效率得到了有效提高。图2-1反映了我国同业拆借市场2000~2016年拆借额绝对值和相对值的变化情况。其中，柱状图反映的是我国同业拆借额，折线图反映的是我国同业拆借额增长率。2016年市场成交量为95.78万亿元，较上年增长49.38%。

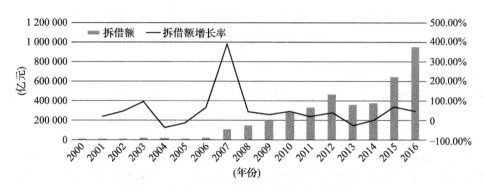

图2-1　2000~2016年同业拆借市场交易情况

2. 同业拆借利率趋于稳定

在经历了2017年以来的多次快起快落之后，同业拆借利率近年来趋于稳定，且利率曲线重心整体下移，融资成本下降。这表明同业拆借利率的健康发展以及对于宏观调控政策、资本市场变化、社会公众预期等因素合理、有效的反映。图2-2反映了2015年3月到2017年3月我国同业拆借利率的均价走势。

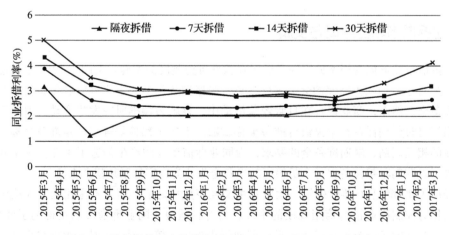

图2-2　同业拆借利率均价走势（2015年3月至2017年3月）

3. 市场成员更加多元化

市场成员构成更趋于多元化，其中财务公司、信托公司和证券公司等非金融机构成员354家，占总成员的20.44%。更有民营银行、境外人民币清算银行参与同业拆借市场，这类其他金融机构共有 104 家,占总成员的 6%。其余传统的金融机构中,商业银行、政策性银行、农村信用社等占 73.56%。截至 2016 年年底,我国同业拆借市场参与主体共 1 732 家,市场成员逐步向多层次化与多元化发展,成员之间的互补性增强。

二、同业拆借市场的特点

同业拆借市场具有以下几个特点。

(1) 融资期限较短。同业拆借市场最初多为一日或几日的资金临时调剂,是为了解决头寸临时不足或头寸临时多余所进行的资金融通。我国同业拆借期限最短为 1 天,最长为 1 年。我国同业拆借交易共有 1 天、7 天、14 天、21 天、1 个月、2 个月、3 个月、4 个月、6 个月、9 个月、1 年共 11 个品种。

(2) 具有严格的市场准入条件。对进入市场的主体即进行资金融通的双方都有严格的限制,交易主体是经中国人民银行批准,具有独立法人资格的商业银行及其授权分行、农村信用社、城市信用社、财务公司和证券公司等有关金融机构,以及经中国人民银行认可经营人民币业务的外资金融机构。

(3) 交易额较大。同业拆借交易额大,2016 年,银行间市场同业拆借累计成交达 95.78 万亿元。表 2-1 为 2017 年 1 月我国同业拆借市场的交易情况,合计成交额达到 6 万多亿元。同业拆借一般不需要担保或抵押,完全是一种信用资金借贷式交易。双方都以自己的信用担保,都严格遵守交易协议。

表 2-1 2017 年 1 月我国同业拆借市场成交情况

品　　种	加权利率（%）	成交笔数（笔）	成交金额（亿元）
IBO001	2.217 4	5 508	50 192.18
IBO007	2.712 1	1 051	6 981.91
IBO014	3.148 5	302	1 813.98
IBO021	3.810 4	95	587.71
IBO1M	3.693 8	105	687.10
IBO2M	4.217 5	111	427.50
IBO3M	4.225 8	91	198.73
IBO4M	4.257 1	11	34.29
IBO6M	4.349 6	19	51.35
IBO9M	4.250 0	1	1.00
IBO1Y	4.666 0	20	90.20
合计	41.548 2	7 314	61 065.95

(4) 利率由供求双方议定。同业拆借市场上的利率可由双方协商,经过讨价还价,最后议价成交。同业拆借市场上的利率是一种市场利率,是市场化程度最高的利率,能够充分灵敏地反映市场资金供求的状况及变化。

(5) 技术先进,交易快捷。同业拆借市场作为一个无形市场,资金拆借双方通过电话、电报等现代化通信工具进行交易。达成协议后,就可以通过各自在中央银行的账户自动划拨清算,或者

● 知识点

伦敦银行同业拆借利率

知识点

向资金交易中心提出供求和进行报价，由资金交易中心撮合成交，并进行资金交割划账。

三、同业拆借市场的作用

同业拆借市场是各类金融机构之间进行短期资金拆借活动所形成的市场。同业拆借市场是货币市场的主要组成部分，备受金融机构及货币当局的重视。可以分以下三个方面来理解同业拆借市场的作用。

（1）同业拆借市场有利于金融机构间调剂在中央银行存款账户上的准备金余额。同业拆借市场满足了金融机构之间经常发生的头寸余缺调剂的需要。非银行性金融机构加入同业拆借市场当中来，交易对象也不再局限于商业银行的存款准备金，它还包括商业银行相互之间的存款以及证券交易商所拥有的活期存款。除了商业银行满足中央银行提出的准备金要求之外，拆借目的还包括市场参与人轧平票据交换差额，解决临时性、季节性资金需求等。

（2）同业拆借市场有利于保证金融机构的安全性、流动性和盈利性。金融机构持有大量的超额准备金及短期证券资产，虽然可以提高流动性水平，但同时也会丧失资金增值的机会，导致盈利能力下降。而有同业拆借市场的存在，银行就不用保持过高的超额准备金，一旦出现事先未预料到的临时流动性需求，很容易就可以通过同业拆借市场从其他金融机构借入短期资金来获得流动性，金融机构不必出售那些高盈利性资产。这样，既避免了流动性不足，又不会减少预期的资产收益。

（3）同业拆借市场利率通常被当作基准利率。同业拆借按日计息，拆息率每天甚至每时每刻都不相同，它的高低灵敏地反映着货币市场资金的供求状况。在整个利率体系中，基准利率是在多种利率并存的条件下起决定作用的利率。当它变动时，其他利率也相应发生变化。了解这种关键性利率水平的变动趋势，也就了解了全部利率体系的变化趋势。因此，中央银行往往把同业拆借利率作为其实施货币政策的中间变量。中央银行可以通过调整法定存款准备金率来调整同业拆借市场的货币供应量，进而影响到整个经济体系。

第三节 国库券市场

国库券是国家财政当局为弥补国库收支不平衡而发行的一种短期政府债券。因为国家作为债务人，以财政收入作为还款的保证，所以国库券几乎不存在信用违约风险，是金融市场中风险最小的信用工具。国库券市场就是国库券发行和转让交易活动的总称。

一、国库券的基本特征

国库券的期限较短，通常有 3 个月、6 个月、9 个月和 1 年四种。因为期限短于 1 年，所以国库券都是以折现形式发行的。与其他货币市场工具相比，国库券有一些优良的市场特征，主要包括以下四个方面。

（一）安全性高

由于国库券是中央政府的直接债务，并且有国家财政收入做保证，而且期限短，一般被认为不存在违约风险,因而,国库券利率往往被称为无风险利率,成为确定其他利率的基准。而货币市场工具,即使是信用等级较高的银行承兑汇票、大额可转让定期存单等,在经济衰退时期也存在一定的风险。

(二) 流动性强

极高的安全性,以及在组织完善、运行高效的市场上进行交易的特点,赋予了国库券极强的流动性,使得持有者需要资金时,能在交易成本较低和价格风险较低的情况下迅速变现。当然,投资者是否出售国库券,还取决于其所需资金的期限和筹集资金的机会成本。

(三) 享有税收优惠

政府为增强国库券的吸引力,通常给予购买者税收方面的优惠,如美国国库券豁免州和地方收入税。假定州收入税率为 T,则和没有税收优惠的其他货币市场票据相比,国库券可有相对较低的利息,国库券的利率和普通票据(如商业票据)的利率有如下关系。

$$RCP(1-T) = RTB \tag{2-5}$$

式中,RCP 为商业票据利率;RTB 为国库券利率。

(四) 面额小

在美国,1970 年以前,国库券的最小面额为 1 000 美元;1970 年年初,国库券的最小面额升至 1 000～10 000 美元,目前为 10 000 美元。国库券的面额远远低于其他货币市场票据的面额。对许多小投资者而言,他们能直接从货币市场购买的唯一有价证券就是国库券。

二、国库券的发行与流通

国库券市场由发行市场和流通市场两个层次构成。财政部在决定国库券的发行数量、时间、期限和利率时,通常要考虑政府短期资金的需求规模、市场利率水平及中央银行货币政策目标等因素。

(一) 国库券的发行市场

国库券的发行一般采用投标(拍卖)方式进行。国库券的投标分为竞价方式和非竞价方式两种。采用竞价方式时,投标者应在投标书中列明认购国库券的数量和价格,每个认购者可多次报价,并根据不同的价格决定认购数量。投标者可能因报价太低丧失购买机会,也可能因报价太高造成认购成本较高,因而风险较高。竞价方式多为熟悉市场的大投资者所使用,他们认购了国库券中的大部分。采用非竞价方式时,投标者应在投标书中表明参加非竞价投标,只需报出认购数量,并同意以竞价平均价格购买。采用非竞价方式的多为个人及其他小投资者。该方式虽然可以避免竞价方式的风险,但认购的国库券数额较少,通常低于总投标额的 15%。

(二) 国库券的流通市场

对大多数个人和其他小投资者而言,为避免直接向财政部购买国库券的烦琐手续,一般是在流通市场上购买国库券。在美国的货币证券市场中,短期国债市场规模最大,其核心是由纽约联邦储备银行所发行的一级政府债券交易商组成的。它们在一级市场通过竞争性投标购买到大多数的短期国债，同时创造出一个活跃的二级市场。此外，大量的规模较小的交易商参与其中，它们通过自己的账户买卖以及代客买卖。短期国债是一个分散的市场，多数交易是通过电话完成的。一级政府证券交易间的国库券的交易是通过美联储电子转账系统完成的，交易双方通过电话联系达成协议后，通知美联储电子转账系统，转账系统将每笔交易记录在簿记系统中，交易就完成了。下面我们通过一个例子来反映二级市场的交易过程。

【例2-1】 2019年3月21日，摩根士丹利和花旗银行达成协议，将卖给花旗银行价值1 000万美元的3个月短期国债，它会通知美联储，通过联邦电子系统将自己账户上的3个月的短期国债划到花旗银行的账上。美联储就会在摩根士丹利公司联储账户减去（借记）1 000万美元短期国债，同时记入（贷记）花旗银行账户，交易就完成了，无须实物交割。

一般的投资者可以通过银行和交易商联系，并完成交易。经营国债的银行或交易商将联系本地联储，联储将把这笔交易计入银行或交易商的电子账户。在收到投资者的资金后，交易商或银行将在自己的交易账户上保留投资者的交易记录，并为投资者保存国债。

三、国库券的收益

如上所述，国库券都是以折现的形式发行的，购买国库券的收益就是票面价格和买入价格的差值。国库券的收益报价一般以银行贴现收益率来表示。如一张面值为10 000元的国库券，现时买价为9 820元，期限为91天，根据本章第一节的银行贴现收益率公式可以计算收益如下。

$$Y_{BD} = \frac{P_f - P_0}{P_f} \times \frac{360}{n} \times 100\% = \frac{10\,000 - 9\,820}{10\,000} \times \frac{360}{91} \times 100\% = 7.12\%$$

我们知道这份国库券的银行贴现收益率，那么利用第一节所述的等值收益率和银行贴现收益率之间的换算关系就可以计算等值收益率。

$$等值收益率 = Y_{BD} \times (P_f/P_0) \times (365/360) = 7.35\%$$

等值收益率没有计算资金的时间价值，而以复利形式计算的实际年利率能避免这种缺陷，实际年利率计算如下。

$$EAR = \left[1 + \left(\frac{P_f - P_0}{P_0}\right)\right]^{365/n} - 1 = \left[1 + \left(\frac{10\,000 - 9\,820}{9\,820}\right)\right]^{365/91} - 1 = 7.56\%$$

第四节　票据市场和大额可转让定期存单市场

票据是金融市场上一种通行的信用结算工具，票据市场是以票据为交易对象的货币市场，是货币市场中与经济实体紧密联系的子市场，是金融市场参与者进行短期资金融通的重要场所。

● 知识点

票据的特点和种类

知识点

一、票据市场

票据是指由出票人依法签发的，约定自己或委托付款人在见票时或指定日期向收款人或持票人支付一定金额并可转让的有价证券。票据记载了交易所发生的价值转移、出票人和持票人所享有的债权债务关系，并且可以在二级市场上转让变现，具有较强的流动性。票据市场是票据发行和流通的场所。

(一) 商业票据市场

商业票据（Commercial Paper）是大公司为了筹措资金，以贴现方式出售给投资者的一种短期无担保承诺凭证。商业票据由规模巨大、信誉卓越的大公司发行，商业票据市场就是这些大公司所发行的商业票据交易的市场。商业票据市场上交易的对象是具有高信用等级的大企业所发行的短期、无担保期票。期限一般为3~270天不等。由于商业票据偿还期很短，所以大多数投资者往往将商业票据持有到期。

1. 商业票据的历史

商业票据是货币市场上历史最悠久的工具，最早可以追溯到19世纪初。早期商业票据的发展和运用几乎都集中在美国，纺织品工厂、铁路公司、烟草公司等非金融性企业为了筹措资金发行商业票据，商业票据再通过经纪商出售，主要购买者为商业银行。20世纪20年代以来，商业票据发生了本质上的变化。汽车和其他耐用消费品的进口产生了消费者对短期季节性贷款的需求，这时就产生了大量的消费信贷公司，其资金来源则通过发行商业票据来进行。美国通用汽车票据承兑公司最早发行商业票据为通用汽车的购买者融资，其商业票据没有通过商业票据经纪商销售，而是直接出售给投资者。

20世纪60年代，美国商业票据的发行量迅速增加，这主要是因为：① 美国经济的迅速增长，使得企业数量急剧增加，由于资金短缺，所以从银行贷款的费用上升较快，于是企业转向商业票据市场融资。② 美联储实行从紧的货币政策。1966年和1969年，那些过去使用银行短期贷款的公司发现，由于Q条例利率上限的限制，所以银行无法贷款给它们，于是许多公司转向商业票据市场寻找替代的资金来源。③ 银行为了满足自己的资金需要，也加入发行商业票据的队伍中来。为逃避Q条例的限制，美国商业银行仅在1969年就发行了110多亿美元的商业票据。

2. 商业票据市场的参与者

商业票据的发行者主要有工商业大公司、公共事业公司、银行持股公司以及金融公司。金融性公司包括一些大型公司附属的金融公司和财务公司、银行控股公司以及独立的金融公司。它们发行商业票据的目的是：或为自己，或为母公司筹集资金，也为支持母公司的销售业务。非金融性公司包括各类生产企业、服务企业、公用事业单位以及境外企业。这类公司从商业票据市场筹措资金，一般是为解决临时性的资金需要。当预计在近期内可以用一些即将收到的资金来偿付时，它们不必向银行以较高的利率借款，而通过商业票据市场筹措资金。因为商业票据的成本费用一般低于银行的短期借款，而且大公司发行商业票据可以筹到大笔资金而不需要登记注册。当商业票据到期时，公司亦可以发行新票据来偿还，以保证连续地大量借款。

商业银行在商业票据市场上扮演着极其重要的角色，它们采取为发行者提供可循环使用的信贷额度，或者对票据持有者签发备用信用证等方式对商业票据发行提供担保，增强了商业票据的信用等级，极大地促进了商业票据的发行。同时，商业银行还开展代理发行商业票据、代为保管商业票据等业务，也为商业票据的流通提供了较为良好的市场环境。商业票据的主要投资者是保险公司、非金融机构、银行信托部门、地方政府和养老基金等。

● 知识点

信用证和备用信用证

知识点

3. 商业票据的发行和流通

商业票据的发行方式通常有两种。第一种是发行公司直接发行，卖给购买者，这样可节省付给中间商的费用，但手续较烦琐。第二种是委托交易商代售。非金融性公司的短期信用需求通常具有季节性和临时性，建立自己的商业票据销售网络不划算，因此主要通过商业票据交易商间接销售，为此发行者需按一定的比例向承销商支付手续费。

尽管投资者急需资金时可以到商业票据市场上变现，但商业票据市场的流动性并不高。这一方面是因为商业票据期限非常短，直接销售的票据的平均偿还期限为 20~40 天，间接销售的票据的平均偿还期限为 30~45 天，最长一般不会超过 270 天，购买者往往计划持有到期。另一方面是因为不同发行人的信用等级往往相差很大，商业票据在期限、面值和利率等方面都相差很大，所以商业票据是高度异质的，商业票据市场难以保持活跃。

4. 商业票据的信用评级

商业票据的风险是指票据发行人到期无法偿还借款，因而发行公司的信用等级评定就显得尤为重要。信用等级评定向潜在的投资者提供了发行公司是否有能力按期还款的信息，这有助于投资者甄别不同公司所发行的商业票据的风险程度。美国有几家有名的评级公司可以对商业票据进行评级，如标准普尔、穆迪、费奇和德莱-菲尔普斯等。几乎所有发行商业票据的公司都会至少获得一家评级机构的评定结果，许多公司都具有两家评级机构的评定结果。

商业票据信用评级等级越高，发行时所支付的利率就越低，也就越容易发行。达不到高等级的发行者通常会从商业银行获得一笔信用额度来为自己发行的票据提供担保，在这种情况下，一旦发行者无力按期清偿债务，银行会按照事前的约定向商业票据的持有者付款。在其他一些情况下，商业票据发行者会与银行达成信用额度安排（一种贷款承诺），当商业票据到期无法偿还时，发行者会根据信用额度取款。

5. 商业票据的发行成本

发行商业票据有关的非利息费用，主要有：① 信用额度支持的费用，一般以补偿性余额的方式支付，有时要按信用额度的 0.375%~0.75% 一次性支付；② 承销费用，即根据承销金额、期限及承销方式支付承销机构相应的费用；③ 评级费用，是发行者支付给资信评级机构的报酬，在美国，国内发行者每年支付 5 000~25 000 美元，国外发行者还要多支付 3 500~10 000 美元；④ 保证费用，金融机构为商业票据发行者提供信用担保要收取保证费用，一般按商业票据保证金的年利息的 1% 收取，对发行量大、资信良好的公司可酌情减少。

6. 商业票据的收益

（1）商业票据贴现收益率的计算。商业票据是以低于面值的价格出售的，所得到的收益是面值和买价的差值，其贴现收益率的计算是以 360 天为基础的，计算公式如下。

$$i_{cp}(dy) = \frac{P_f - P_0}{P_f} \times \frac{360}{n} \times 100\%$$

转化为等值收益率为

$$i_{cp}(bey) = \frac{P_f - P_0}{P_0} \times \frac{365}{n} \times 100\%$$

【例 2-2】 假设一投资者以 955 000 美元的价格购买了一份期限为 182 天、面值为 100 万美元的商业票据。该商业银行的贴现收益率（$i_{cp}(dy)$）可以计算如下。

【解析】
$$i_{cp}(dy) = \frac{1\,000\,000 - 955\,000}{1\,000\,000} \times \frac{360}{182} \times 100\% = 8.90\%$$

折算成债券等值收益率为

$$i_{cp}(bey) = \frac{1\,000\,000 - 955\,000}{955\,000} \times \frac{365}{182} \times 100\% = 9.45\%$$

（2）影响商业票据收益的因素。商业票据的收益是指发行人支付给票据持有人的利息。利息既是投资者的收益，又是出票人的利息成本，利息的高低与以下影响票据质量的因素相关。

1）发行者的信用等级和票据的发行有无担保。因为这直接关系到投资者所承担风险的高低，票据的信用程度与票据的利率通常具有反向关系，资信等级越高，发行利率越低；有担保的商业票据比无担保的商业票据利率低，高等级银行担保的商业票据比低等级银行担保的商业票据利率低。

2）同期银行借贷利率和其他货币市场利率。商业票据的发行利率决定了发行者的资金成本和投资者的收益水平，发行者一般根据同期银行借贷利率和其他货币市场利率来确定商业票据的发行利率，以使商业票据更有竞争力，对投资者更有吸引力。当银行借贷利率和其他货币市场利率因资金供应紧张而提高时，意味着发行机构的借贷成本会相应提高，其发行利率随之上升。商业票据与其他货币市场工具的差别决定了利率的差异，如商业票据的风险比国库券高，流动性比国库券差，并且利息收入要纳税，因而其利率应高于国库券利率。

3）商业票据的期限长短。商业票据期限越长，意味着投资者承担的风险越大，投资者理应要求越高的收益率，所以发行利率越高。

4）商业票据是境内发行还是境外发行。境外机构发行的商业票据要比境内机构发行同等商业票据的利率高，这是因为境外机构发行的商业票据面临额外的政治、外汇风险，投资者往往要求提高利率以增加风险收益。

（二）银行承兑汇票市场

银行承兑汇票是在商品交易活动中，售货人为了向购货人索取货款而签发的汇票，经付款人在票面上加盖承诺到期付款的"承兑"字样并签章后，就成为承兑汇票。承兑即承兑人对收款人的一种无条件支付票款的保证。由实力雄厚、信誉卓著的企业承诺到期付款的汇票称为商业承兑汇票；由银行承诺到期付款的汇票称为银行承兑汇票。由于银行承担最后的付款责任，实际上是银行将其信用出借给了企业，因而要收取一定的手续费。这里银行是第一责任人，出票人只负次要责任。

1. 银行承兑汇票的产生

银行承兑汇票是为了方便商业交易活动而创造出来的一种信用工具，尤其在国际贸易中使用较多。在跨国贸易中，进口商和出口商对彼此的信誉都缺乏了解，进口商担心货款支付后不能收到货，或出口商不能按时保量地发货；出口商又担心进口商不能如约付款。在不了解对方信誉的情况下，国际贸易就难以进行。银行承兑汇票的出现解决了这一问题。银行承兑汇票一般是由国际上信誉很好的大商业银行承兑的，所以信誉很高，即使在交易双方互不了解的情况下，通过这种方式也能避免风险。贸易双方就不必费时费力去调查对方的信誉了。

下面我们通过一个例子来说明银行承兑汇票的原理。假设2009年3月22日中国出口商向美国出口一批纺织品，双方约定90天后付款，并使用信用证交易。达成协议后，美国进口商首先要求开证行如花旗银行开出一张不可撤销信用证，作为向中国出口商付款的保证，寄往中国出口商的通知行。通知行收到信用证后交与出口商，此时，出口商就可以发货了。出口商将货物装船后，就要开出以进口商开证行为付款人的远期汇票，汇票面值是出口纺织品的价值，连同发货单据一起寄往美国开证行，要求承兑。美国开证行检查票据无误后，将在票据上盖上"承兑"字样，并交与中国出口商的通知行，这样银行承兑汇票就产生了。通知行把以美国开证行为付款人的银行承兑汇票交与出口商，出口商可以向通知行贴现，这样可以提前收回账款。通知行可以将其持有到期，向美国开证行兑现，也可向票据经营商转让。图2-3展示了银行承兑汇票产生的过程。

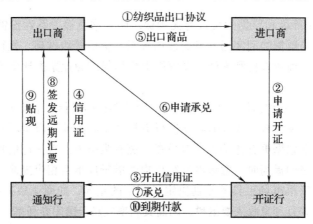

图2-3 银行承兑汇票产生的流程图

银行承兑汇票不仅在国际贸易中使用，也在国内贸易中运用，不过国际贸易创造的银行承兑汇票占绝大部分。银行承兑汇票最常见期限为30天、60天和90天，也有期限为180天和270天的。银行承兑汇票违约风险较小，但是有利率风险。

2. 银行承兑汇票的交易

银行承兑汇票是一种可以转让的金融工具，出口商取得银行承兑汇票后，可向通知行贴现，取得现金。银行在取得银行承兑汇票后可以当作投资自己持有，也可以在二级市场上出售。出售渠道有两种：利用自己的销售渠道直接销售给投资者；利用票据交易商卖给投资者。银行也可以将银行票据向中央银行再贴现。银行承兑汇票的转让流程如下。

（1）背书。背书是持票人将票据权利转让给他人的票据行为。如果被背书人在向付款人要求付款时遭到拒绝，有权向背书人追索钱款。因此，汇票背书人越多，责任人就越多，持票人的权利就越有保障。

（2）贴现。贴现是指汇票持有人以未到期的票据向银行换取现金，并贴付自贴现日至汇票到期日的利息的一种票据行为。从性质上看，贴现是银行以现款买入未到期票据上的债权，等票据到期再获得买入票据日至票据到期日这一段时间的利息。因此，贴现对银行来讲，实质上是一种票据买卖行为，同任何金融工具的买卖性质一样。在银行承兑汇票市场上将承兑汇票贴现，国外的做法是持票人可以在任何银行包括承兑银行贴现。

（3）转贴现。贴进承兑汇票的银行，如果资金并不短缺，一般会将贴现的汇票持有至汇票到期日收回资金。如果在汇票到期日之前需用资金，则银行可将其贴进的汇票进行转贴现，获得资金。所谓转贴现，是办理贴现的银行，将其贴进的未到期票据，再向其他银行或贴现机构进行贴现的票据转让行为，是金融机构之间相互融通资金的一种形式。

（4）再贴现。再贴现是指商业银行或其他金融机构将贴现所获得的未到期汇票向中央银行再次贴现的票据转让行为。一般情况下，再贴现是最终贴现，票据经过再贴现即退出流通过程。再贴现是中央银行对商业银行和其他金融机构融通资金的一种形式，也是中央银行调节市场银根松紧的重要手段。

3. 银行承兑汇票的作用

与其他货币市场金融工具相比较，银行承兑汇票某些方面的特点非常具有吸引力，深受进出口商、借款人、银行和投资者的欢迎。

（1）从借款人角度看，一方面，和传统银行贷款的利息成本及非利息成本之和相比，借款人通过银行承兑汇票融资成本较低。要求银行承兑汇票的企业实际上就是借者，它要支付一定的手续费给银行，当它向银行贴现后，又取得现款，故其融资成本为贴息和手续费之和。而传统的银行贷款，除必须按贷款利率支付贷款利息外，银行一般还要求借款者保持一定的补偿性余额，这部分存款既非企业正常周转所需资金，又没有存款利息，构成了企业非利息成本。

另一方面，借款者运用银行承兑汇票筹资要比发行商业票据有利。一般来说，只有规模大、信誉好的企业才能在商业票据市场上发行商业票据融资，而大多数没有规模和信誉优势的企业则很难以这种方式融资，但它们却可以利用银行承兑汇票来解决暂时的资金困难。即使是少数能发行商业票据的企业，其总筹资成本为发行费用和手续费加上商业票据利息成本，也要比运用银行承兑汇票融资成本高。

（2）从银行角度看，首先，银行运用承兑汇票可以增加收益。银行通过创造银行承兑汇票，一般无须动用自己的资金就可以赚取手续费，尽管银行有时也用自己的资金贴进承兑汇票，但由于银行承兑汇票具有庞大的二级市场，变现容易，因此银行承兑汇票不仅不会影响银行的资产流动性，而且提供了传统的银行贷款所无法提供的多样化的投资组合。其次，银行运用承兑汇票可以增加其信用能力。各国银行法基本上都规定了银行对单个客户提供信用的最高额度，但银行通过创造、贴现或出售符合中央银行要求的银行承兑汇票，对单个客户的信用一般可在原有的基础上增加10%左右。最后，银行法不要求出售合格的银行承兑汇票所取得的资金缴纳准备金。这样，在信用紧缩时期，流向银行的资金减少，而这一措施将刺激银行出售银行承兑汇票，引导资金从非银行部门流向银行部门。

（3）从投资者的角度来看，银行承兑汇票也符合其收益、安全和流动性的需求。汇票的投资收益要高于短期国库券，与货币市场其他信用工具的收益不差上下，票据的承兑银行负有不可撤销的第一责任，汇票的背书人负有次要责任，转手的次数越多，责任人越多，银行承兑汇票的安全性就越高。此外，质量好的银行承兑汇票投资者很多，流动性很强，可以随时转让。

二、大额可转让定期存单市场

大额可转让定期存单（Negotiable Certificates of Deposits，CDs），是商业银行发行的固定面额、固定期限、可以流通转让的大额存款凭证。它是20世纪60年代以来金融环境变革的产物。

1. 大额可转让定期存单的产生

20世纪60年代市场利率上升，而商业银行受美国联邦储备委员会Q条例的约束，活期存款不能支付利息，定期存款也有利率上限限制，低于市场利息，致使大公司纷纷将资金投资于安全性好，又具有可观收益的货币市场工具，如国库券和商业票据等，引起商业银行存款的大量流失。为了阻止存款的继续外流，花旗银行在一些大经纪商的支持下，向大公司和其他客户推出了大额可转让定期存单，吸引了大量的短期资金。由于该存单安全性、流动性和收益性都很好，很快就形成了强大的二级市场。后来，许多国家和地区的商业银行纷纷效仿美国的做法，发行该存单，使得大额可转让定期存单市场成为货币市场的重要组成部分。

我国在 1986 年曾发行大额可转让定期存单，但因为市场体制还不够完善，相关的政策法规也不够健全，最终以失败告终。随着我国市场经济体制的不断完善，我国金融市场呈现良性发展的状态。2010 年 5 月 14 日，中国工商银行纽约分行成功在美国市场发行了第一笔大额可转让定期存单，标志着我国大额可转让定期存单市场重新启动。2015 年 6 月，随着《大额存单管理暂行办法》的正式发布，包括工、农、中、建四大国有商业银行在内的 9 家市场利率定价自律机制核心成员发行了首批大额可转让定期存单，标志着已经关闭近 30 年的大额可转让定期存单市场正式重启，这是我国利率市场化进程中的关键步骤。

2. 大额可转让定期存单的特点

大额可转让定期存单的发行人通常是资金雄厚、信誉卓著的大银行，大额可转让定期存单通常安全性高、流动性强，并且和其他货币市场证券的利息不相上下，因此具有很强的吸引力，同时因为它对银行资产管理的作用和自身所具有的特点，所以是其他货币市场工具不可替代的。

> **立德思考**
>
> 创新是做大公司唯一之路。
>
> ——比尔·盖茨
>
> 想一想：如果在 20 世纪 60 年代商业银行不进行金融创新会是什么结果？

大额可转让定期存单和传统定期存款不同。大额可转让定期存单是定期存款的一种，但它又不同于传统的定期存款，二者具有以下几个方面的区别：

（1）定期存款的存单采取记名形式，不可转让，更不能在金融市场上流通；而大额可转让定期存单通常不记名，并且可以在金融市场上转让流通。

（2）定期存款的金额不固定，依据存款人的要求可大可小、可零可整；而大额可转让定期存单金额固定且较大，例如，在美国最低为 2.5 万美元，通常为 10 万、50 万和 100 万美元，二级市场上的交易单位为 100 万美元。

（3）定期存款利率大多固定；而大额可转让定期存单的利率既有固定的，也有浮动的，即使利率固定，在二级市场上转让时，仍要按照转让时的市场利率计算转让价格。

（4）定期存款尽管可以提前支取，但存款人要损失一部分利息收入；大额可转让定期存单不能提前向银行提取本息，但可以在二级市场上流通转让。

（5）普通定期存款一般以长期为主；而大额可转让定期存单通常为短期。

此外，大额可转让定期存单也不同于商业票据及债券等金融工具。因为存单的发行人是银行，而商业票据和债券的发行人通常是企业，其信誉等级、利率、到期时间等都不同。

3. 大额可转让定期存单的种类

大额可转让定期存单按照发行者的不同可以分为四类，它们具有不同的利率、风险及流动性。

（1）国内存单。国内存单是历史最为悠久的大额可转让定期存单，它由美国国内银行发行，其中大多数采取无记名方式发行，在存单上注明了存款的金额、到期日及利率。国内存单的期限由银行和客户协商确定，常常根据客户的流动性要求灵活安排，一般为 30 天到 1 年，也有超过 1 年的，流通中未到期的国内存单的平均期限为 3 个月左右。国内存单的发行利率一般由当时货币市场上的资金供求关系决定，利率有固定和浮动之分。采用固定利率时，期限在 1 年以内的国内存单的利息到期支付；期限超过 1 年的，每半年支付一次利息。采用浮动利率时，利率一般每 1 个月或每 3 个月调整一次，调整时主要参考同期的二级市场利率水平。

（2）欧洲美元存单。欧洲美元存单最早出现于 1966 年，由于 Q 条例对美国国内货币市场筹资形成了限制，而银行在欧洲美元市场为国内放款筹资则不受该限制，所以欧洲美元存单的数量迅速增加。美国大银行在早期曾是欧洲美元存单的主要发行者，但 1982 年以后，日本银行逐渐成为欧洲美元存单的主要发行者。欧洲美元存单是美国境外银行（外国银行和美国银行在国外的分支机构）发行的以美元为面值货币的一种可转让定期存单。欧洲美元存单市场的中心在欧洲，但欧洲美元存单的发行范围并不仅限于欧洲。

（3）扬基存单。扬基存单是外国银行（主要是欧洲和日本等地的著名国际性银行）在美国的分支机构发行的一种可转让定期存单，其期限一般较短，大多在 3 个月以内。早期，大多数扬基存单通过经纪商销售，后来随着外国银行的资信逐渐为美国投资者所熟悉，扬基存单也广泛被人们接受，这时发行者直接以零售方式出售扬基存单变得更为普遍。由于外国银行不受美国联邦储备委员会 Q 条例的限制，没有准备金的要求，所以其成本与美国国内银行的成本不相上下，甚至更低，从而扬基存单能比国内存单支付更高的利息。另外，这些国际性银行拥有的良好声誉，也增加了投资者对扬基存单的信赖度。

（4）储蓄机构存单。储蓄机构存单是由一些非银行金融机构（例如美国的储蓄贷款协会、互助储蓄银行、信用合作社）发行的一种可转让的定期存单。其中，储蓄贷款协会是主要的发行者。储蓄机构存单因法律上的规定，或实际操作困难而不能流通转让，因此，其二级市场规模较小。

4. 大额可转让定期存单发行和流通市场

（1）大额可转让定期存单的发行。商业银行在进行大额可转让定期存单发行的决策时，要比较各种负债方案，通过权衡利弊对存单发行方案进行选择。一般来说，商业银行要考虑银行资产业务需要量及支付日期、市场资金供求状况和利率变动情况、自身的资信等级和市场形象、相关金融管理法规等因素。

大额可转让定期存单可以采取直接发行或者通过承销商发行两种发行方式。一些大银行由于地理位置优越、分支机构众多，多直接在各营业网点零售或开展通信销售以节约发行成本。采用通过承销商发行的方式时，发行人首先公布发行存单的总额、利率、发行日期、到期日和面值等内容，然后选择一家或数家经纪商组成包销团销售大额可转让定期存单，此时发行者要支付承销佣金、法律费用和宣传费用等，成本较高。

存单发行价格是否恰当往往决定着发行的成败，因此商业银行在确定发行价格时，要综合考虑自身资信等级、市场利率水平、存单期限及市场资金状况等因素。在 20 世纪 60 年代，大额可转让定期存单主要以固定利率的方式发行，从 20 世纪 60 年代后期开始，由于市场利率波动剧烈并呈上升趋势，所以大额可转让定期存单开始采用浮动利率的方式发行，期限也大大缩短。

（2）大额可转让定期存单的流通转让。在一级市场购买大额可转让定期存单的投资者，如果急需资金，可以在二级市场上将其出售给经纪商，以维持流通性；经纪商买入这些存单后，可以持有存单直至到期兑取本息，也可以再到二级市场出售，从而形成连续的市场转让。经纪商在大额可转让定期存单流通市场中发挥着极其重要的作用。

大额可转让定期存单的转让价格主要取决于转让时的市场利率。存单转让时的市场利率与存单的约定利率存在差异,而存单的新购买者总是以当时的市场利率作为可接受的收益率,这就要求存单的转让价格依据市场利率的变化而进行相应的调整,当市场利率高于存单利率时,存单转让价格要比发行价格低,反之则比发行价格高。

(3)大额可转让定期存单的投资者。大额可转让定期存单最主要的投资者是大企业。企业将暂时闲置的资金投资于存单,并将存单的到期日同各种固定的预期支出的支付日期相匹配,到期以存单的本息支付,若有意外的资金需要,则可在二级市场上转让存单获取资金。这样,既可以保证资金的流动性和安全性,也有助于实现剩余资金收益的最大化。

金融机构也是大额可转让定期存单的积极投资者。货币市场基金在存单的投资上占据着很大的份额,其次是商业银行和银行信托部门。此外,政府机构、外国政府、外国中央银行及个人也是存单的投资者。

(4)大额可转让定期存单的风险和收益。我国的大额可转让定期存单可以转让、提前支取和赎回。大额可转让定期存单转让可以通过第三方平台开展,转让范围限于非金融机构投资人及中国人民银行认可的其他机构;通过发行人营业网点、电子银行等自有渠道发行的大额存单,可以根据发行条款通过自有渠道办理提前支取和赎回。此外,大额可转让定期存单还可以用于办理质押。大额可转让定期存单作为一般性存款,纳入存款保险的保障范围。

发行人通过第三方平台发行大额可转让定期存单前后,都应当在本机构官方网站和中国人民银行指定的信息披露平台进行信息披露;对存单存续期间发生影响发行人履行债务的重大事件也应予以披露,信息披露应当遵循诚实信用原则。对于通过第三方平台发行的大额存单,由银行间市场清算所股份有限公司提供登记、托管、结算和兑付服务;对于在发行人营业网点、电子银行发行的大额存单,银行间市场清算所股份有限公司应当对每期大额存单的日终余额进行总量登记。

● 知识点

大额可转让定期存单的价值分析

第五节 证券回购市场

证券回购(Repurchase)是指债券持有人在卖出一笔债券的同时,与买方签订协议,约定一定期限和价格买回同一笔债券的融资活动。证券回购业务实际上是一种短期抵押贷款,其抵押品是交易的债券。证券回购市场是指通过证券回购进行短期资金融通交易的市场。

一、证券回购协议的交易机制

(一)交易原理

许多企业都在资金使用之前通过回购协议的形式把资金投入货币市场,以获取少量的报酬,企业会以自己的闲置资金从银行购买短期国债,而银行则同意在将来以较高的价格将短期国债买回。大多数回购协议发生在银行之间,作为同业拆借资金的抵押品。如前文所述,银行通过彼此之间的同业拆借进行银行保证金的交易,但是这种纯粹的信用交易可能面临到期资金无法偿还的危险,因此拆出行可能要求拆入行提供一些优质资产作为融资抵押品。这样在拆入行融进资金时卖出国债等有价证券,在偿还资金时赎回国债等有价证券。

证券回购协议可以在交易双方直接进行，也可通过经纪商和交易商间接完成。下面通过一个例子来说明证券回购协议交易过程。

【例2-3】 假设2015年3月24日招商银行和交通银行签署了一笔价值1 000万元、期限是31天的回购协议。回购协议的买方是招商银行，从交通银行买入1 000万元的国库券，同时，协议规定，2015年4月24日，交通银行买回短期国债。协议一旦达成，招商银行就会要求央行通过电子转账系统将1 000万元的超额准备金转到交通银行的准备金账户上；现在所发售的短期债券一般是记账式国债，交通银行就可以通知央行把自己账户上价值1 000万元的短期国债划到招商银行短期国债账户上。到期日，交通银行通知央行把1 000万元连带应付的利息划转到招商银行的准备金账户上；而证券回购协议买方招商银行通知央行从自己短期国债账户转1 000万元的国债到交通银行的准备金账户上，这样这笔交易就结束了。当然，招商银行持有这1 000万元的短期国债期间，可以将它投放到债券市场上交易，或用作其他抵押的形式进行融资，只要在该回购协议到期之前买回即可，在此期间可以赚得少许收益。

（二）证券回购协议的期限

证券回购协议的期限一般是短期的。按照到期日的性质，证券回购可以分为约定期间的回购和无固定到期日的回购。约定期间的回购，必须在约定日期进行证券的回购，大多数回购都属于这种类型。约定的时间有1天、7天、14天、21天、1个月、2个月、3个月或6个月。在无固定到期日的回购交易中，交易双方都无须预先通知对方即可结束回购协议，这种方式可以避免不断更新回购协议的手续，只要双方合作有利可图，该回购交易就会自动持续下去。证券回购交易的标的物主要有国库券、政府债券、其他有担保债券、大额可转让定期存单、商业票据等。

（三）证券回购协议和逆回购协议

由于所有的回购协议交易双方都是相互对应的，因此一项交易既可称为回购协议，也可称为逆回购协议。逆回购协议是指证券交易的买方在购入证券时承诺在协议到期日卖给对方的协议。一项既定的交易从证券买方的角度来看是回购协议，而从证券卖方的角度来看则是逆回购协议。

（四）证券回购交易主体

规范化的证券回购市场应分为以下三个组成部分。

一是中央银行公开市场操作的证券回购。它是中央银行实施货币政策的重要工具之一，是中央银行开展公开市场业务的主要方式。中央银行与商业银行或证券交易商办理证券回购，其目的就在于：① 满足商业银行或证券交易商对流动性即"头寸"资金的需要，或者说是中央银行向商业银行或证券交易商提供再融资的手段，进而起到调节市场货币供应量的作用；② 为货币市场确定一个较为合理的利率。

二是同业拆借市场操作的证券回购，即商业银行、城市合作银行、农村合作银行、金融信托投资公司之间开展的证券回购交易。它是同业拆借市场拆借短期资金的一种方式，即通过证券回购交易调剂商业银行、城市合作银行、农村合作银行、金融信托投资公司之间的头寸余缺。

三是证券交易场所（证券交易所、期货交易所、证券交易中心和STAQ系统⊖等）操作的

⊖ STAQ系统全称为全国证券交易自动报价系统（Securities Trading Automated Quotation System），该系统已于1999年关闭。

证券回购,它是证券商、企事业法人、非银行金融机构和非居民的海外投资家进行套期保值和融通短期资金的一种手段。

二、证券回购协议的收益和风险

证券回购市场属于无形市场,大多数交易由资金供求双方直接以电信方式进行。在证券回购市场中,回购利率和风险是交易双方十分关注的因素。在回购交易中,约定的回购价格与售出价格之间的差额反映了借款者的利息支出,它取决于回购利率的水平。证券回购价格、售出价格和回购利率之间有如下关系。

$$RP = PP + I$$

$$I = PP \times RR \times \frac{T}{360}$$

$$RR = \frac{RP - PP}{PP} \times \frac{360}{T} \times 100\%$$

式中,RP 为证券回购价格;PP 为证券售出价格;I 为应付利息;RR 为交易双方协议确定的回购协议利率;T 为证券回购的期限。

一般回购协议利率由交易双方协议确定,回购利率的确定取决于多种因素:① 证券卖出者的信用越高,证券的流动性越强,回购协议利率越低;② 回购期限越短,回购利率越低;③ 如果采用实物交割的方式,回购利率会较低,而采用其他交割方式,回购利率就会相对高些;④ 证券利率常常低于银行担保贷款利率、同业拆借利率等其他货币市场的利率水平。

在期限相同时,回购协议利率与货币市场其他利率的关系如图 2-4 所示。

图 2-4　回购协议利率与货币市场其他利率的关系

尽管证券回购是一种高质量的抵押借款,但是交易双方当事人也会面临一定的风险,包括信用风险和清算风险。信用风险是指交易双方不履行回购协议中的买回或卖出义务,从而使双方遭受损失的可能性。在实际业务中,一般是通过设置保证金和根据抵押品市值调整回购价格或保证金的做法来减少信用风险。为降低交易费用和节省时间,一般在期限较短的回购交易中,证券的交付很少采用实物交割的方式,而是采取账户划转的方式,并以证券保管凭单代替实物证券,这就带来了清算风险。为避免清算风险,许多国家要求证券第三方金融机构统一进行保管,保管凭单必须以真实足额证券为依据,以防同一笔债券被多次用于回购协议。

三、我国的证券回购市场

我国证券回购市场从 20 世纪 80 年代末 90 年代初开始发展,大体上经历了场内市场和场外市场两个阶段,目前已经成为货币市场的重要组成部分,无论在交易量还是市场主体方面都远远超过同业拆借市场。

(一)发展概况

(1)以场内市场为主的阶段(1991~1997 年)。我国证券回购协议业务开始于 1991 年 7 月

STAQ系统，随后以武汉证券交易中心为代表的各证券交易公司纷纷推出证券回购协议。1993年以上海为试点的银行间及证券中介机构间的国债回购协议兴起。1994年回购市场交易激增到3 000亿元。然而，以武汉为中心的STAQ系统缺乏全国统一的国债托管和清算系统，出现严重的卖空和金融欺诈现象，1995年开始，交易主体全部转入证券交易所内市场，债券交证券交易所托管。但由于场内交易的风险控制机制尚未建立，所以交易所的国债也相继出现了风险事件，如"3·27"国债期货风波。在此背景下，国家决定对武汉、天津证券交易中心和STAQ系统回购市场进行整顿。

(2) 以场外市场为主的阶段（1997年至今）。1997年中国人民银行发布《关于各商业银行停止在证券交易所证券回购及现券交易的通知》，要求各商业银行全部退出上海证券交易所和深圳证券交易所，各商业银行可通过全国银行间同业拆借中心提供的交易系统进行证券回购交易。1997年以来，银行间债券市场在规范中发展，交易规模不断扩大，交易品种不断增多。目前我国交易品种有R001、R007、R014、R021、R1M、R2M、R3M等多个品种；交易方式不仅有传统质押式回购，还有债券买断式回购（2004年5月20日推出）。近年来的发展规模可以参见表2-2。表2-2是从中央国债登记结算有限责任公司网站（中国债券信息网）收集的1997～2018年银行间证券回购成交量统计数据，可以看出近十几年回购协议交易增长速度相当快。

表2-2 银行间市场证券回购成交情况　　　　　（单位：亿元）

年份	质押式回购	买断式回购	回购交割量
1997	327	0	327
1998	1 020	0	1 020
1999	4 513	0	4 513
2000	15 715	0	15 715
2001	40 186	0	40 186
2002	101 978	0	101 978
2003	119 759	0	119 759
2004	98 379	1 274	99 653
2005	162 883	2 195	165 078
2006	270 588	2 925	273 513
2007	455 609	7 263	462 872
2008	582 376.61	17 576.99	599 953.60
2009	699 711.21	26 018.88	725 730.09
2010	917 646.62	30 282.8	947 929.42
2011	1 092 429.38	29 047.78	1 121 477.16
2012	1 426 486.18	49 469.32	1 475 955.5
2013	1 528 560.64	60 705.24	1 589 265.88
2014	2 038 066.27	97 474.21	2 135 540.48
2015	3 867 098.24	182 193.78	4 049 292.02
2016	4 777 086.34	224 241.48	5 001 327.82
2017	4 942 660.55	200 147.48	5 142 808.03
2018	5 741 866.09	115 037.4	5 856 903.49

资料来源：中国债券信息网，http://www.chinabond.com.cn/d2s/index.html。

从表 2-2 中可以看出，我国银行间回购协议可以分为质押式回购和买断式回购，表中展示了这两种债券回购协议的发展状况。其中买断式回购协议是我国货币市场的创新，它为货币市场参与者提供了一种新的投融资模式，并且提供了融资融券功能。

（二）我国证券回购市场存在的问题

虽然我国的证券回购市场有了很大的发展，但是与发达国家相比，还存在一定的缺陷。首先，目前的银行间市场回购交易的目的主要限于金融机构的头寸调节，而在其他发达市场上，回购具有多种用途。其次，目前参与银行间回购的交易成员仅仅限于金融机构。实际上，回购适用于作为金融机构与非银行间回购交易主体的交易。因此通过银行间回购交易主体的范围的扩大，特别是允许非金融机构参与回购交易，将大大扩大货币市场的范围，促进货币市场的活跃程度，从而提高货币政策的传导效果。

● 中国风格
我国货币市场的创新：债券买断式回购

请扫码查看

中国风格

第六节　货币市场共同基金市场

货币市场共同基金是在货币市场上从事短期有价证券投资的一种基金。该基金资产主要投资于货币市场工具，如国库券、大额可转让定期存单和商业票据等，以其风险小、收益高的特点而广受投资者青睐，已经成为一种不可缺少的金融工具，并在金融领域中发挥着重要作用。

一、货币市场共同基金的定义

共同基金是将众多小额投资者的资金集合起来，由专门的经理人进行市场运作，赚取收益后按一定的期限及持有的份额进行分配的一种金融组织形式。而对于主要在货币市场上进行运作的共同基金，则称为货币市场共同基金（也简称为货币基金）。

货币市场共同基金最早于 1972 年出现在美国。当时，美国政府出台了限制银行存款利率的 Q 条例，银行存款对许多投资者的吸引力下降，他们急于为自己的资金寻找到新的能获得货币市场现行利率水平的投资渠道。货币市场共同基金正是在这样的情况下产生的。它能将许多小额资金集合起来，由专家操作。自产生之日起，它就获得了迅速的发展，并很快扩散到世界各地。目前，在发达市场经济国家，货币市场共同基金在全部基金中所占比重最大。

2003 年 12 月底，我国出现了第一只货币市场共同基金——华安现金富利基金。随着货币市场共同基金的发展，不少基金公司将货币市场共同基金分为 A 级和 B 级，针对不同的客户提供服务。货币市场共同基金 A 级面向普通客户，申购额度较低，通常起点为 1 000 元；货币市场共同基金 B 级面向资金量大的客户和机构客户，申购门槛不等，一般在 100 万元以上。从设立主体来看，我国最初的货币市场共同基金主要是由基金公司设立的。2005 年，我国金融监管当局允许商业银行设立基金管理公司。2006 年年初，交银货币、工银货币、建信货币三只货币市场共同基金的设立发行意味着我国商业银行正式进入基金领域，是我国商业银行尝试混业经营的又一新举措。2014 年 12 月至 2017 年 12 月，由我国基金公司管理的开放式货币市场共同基金的规模已由 2 万亿元增长至 6.7 万亿元，年均复合增速近 50%，远高于同时期个人存款增速，且远高于 M2 增速。

二、货币市场共同基金的特点

货币市场共同基金均为开放式基金，基金份额可以随时申购和赎回。货币市场共同基金是一种特殊类型的共同基金，它与一般的投资基金相比，除了具有分散投资、专业理财等特点之外，还具有以下几个特点。

1. 流动性强

货币市场共同基金是一种开放式基金，没有固定的到期日，流动性几乎接近商业银行的活期存款，客户可以随时注资或提取资金，而且通常没有提款处罚。

2. 安全性高、收益稳定

货币市场共同基金主要投资于期限较短的货币市场工具，相当部分具有准现金的性质，流动性非常高，而且货币市场共同基金的投资组合一般高度分散，变现能力强，所以尽管货币市场共同基金不对投资人承诺本金安全，但其安全性并不输于银行存款。与股票债券投资基金相比，货币市场共同基金的收益比较稳定。

3. 支付功能强

货币市场共同基金账户具有灵活的支付功能，在美国，货币市场共同基金如同支票账户。投资者可以对基金资产签发支票，从而使自己既享受活期存款的支付便利，又享受相对较高的利息收入。

4. 费用低

与其他大部分基金种类不同，货币市场共同基金是非收费基金。这意味着它没有销售佣金，管理费用也较低，所以货币市场共同基金的成本会低于其他类基金。因此与其他基金种类相比，在成本费用方面，货币市场共同基金具有较大的吸引力。

三、货币市场共同基金的市场运作

货币市场共同基金属于开放式基金，即发行在外的基金单位或受益凭证没有数额限制，投资者可以随时退回基金单位或增加基金单位，基金管理公司则随时准备按照招募说明书中的规定以资产净值向投资者出售或从投资者那里赎回基金单位。当符合条件的基金经理人设立基金的申请获得批准后，就可以着手基金的募集。投资者认购基金与否，一般依据基金的招募说明书来加以判断。基金可以采取公募和私募两种发行方式，具体来说，基金的发行可采取发行人直接向社会公众招募、由投资银行或证券公司承销或通过银行及保险公司等金融机构进行分销等办法。

货币市场共同基金的初次认购按面额进行，一般不收或收取很少的手续费。由于开放式基金的单位总数是随时变动的，因此，货币市场共同基金的交易实际上是指基金购买者增加持有基金单位或退出基金的选择过程。与其他开放式基金不同的是，一方面，货币市场共同基金的购买价格或赎回价格所依据的净资产值不变，一般是每个基金单位 1 元；另一方面，对基金所分配的盈利，基金投资者可以选择转换为新的基金单位或是领取现金。由于货币市场共同基金的净资产值固定不变，因此，人们就用投资收益率为标准来评价该类基金的表现。

四、我国发展货币市场共同基金的意义

货币市场共同基金的推出给我国金融业带来重大影响，主要表现在以下几方面。

（1）可减轻商业银行资金难以运行的压力。目前大量资金积压在商业银行，同时商业银行存款利息负担过重，贷款风险过大。发展货币市场共同基金可以有效地分流商业银行资金，减轻商业银行的资金压力。

（2）促进货币市场发展。推出货币市场共同基金，将给货币市场工具增加流动性，丰富货币市场的资金供给，拓展新的参与主体。货币市场共同基金不断地买卖货币市场工具，在赚取利差的同时，也活跃了二级市场交易。

（3）促进货币政策的有效传导及利率市场化进程。由于公开市场操作是宏观调控下主要的货币政策工具，因而货币市场共同基金所持有的短期政府债券就成了央行吞吐基础货币的重要渠道，同时，投资于货币市场共同基金的投资者会对利率的波动更加敏感，因而提高了利率信号的调节能力，从而可以加快利率市场化进程。

（4）促进商业银行业务创新，提高市场效率。由于货币市场共同基金具有收益高、流动性强、风险低的特征，所以必将会夺走商业银行大批的存款客户。在竞争的压力下，商业银行就会产生创新的动力，创造出新的金融工具。创新的同时也会提高金融市场效率。

● 中国故事

人人皆可参与的货币市场共同基金

阿里巴巴和天弘基金合作推出的"余额宝"产品的出现，让互联网金融的概念变得家喻户晓，普通民众可以在几乎"零门槛"的情况下轻松进行理财，获得高于传统银行活期存款的收益。余额宝带来的"鲶鱼效应"颠覆了传统的理财市场，深刻影响了现代金融业的格局。根据《天弘余额宝货币市场基金2017年第3季度报告》，从2013年6月13日成立之初到2017年6月末，余额宝货币基金的管理规模已经达到1.5万亿元人民币，成为国内规模最大的货币市场共同基金，余额宝的出现，不仅提高了居民的理财收益，也深刻影响着普通民众的理财意识。在金融市场不完善的情况下，个人投资者的投资渠道非常有限，闲散的资金大多存入银行的活期存款，收益极低。而随着互联网金融的快速发展，居民的消费方式也发生了巨大的变化，网络购物的盛行让第三方支付平台成为天然的资金池，余额宝的推出也变得顺理成章。简单的操作界面、极低的投资门槛、便捷的支付功能极大提升了用户体验，也给余额宝的快速发展奠定了坚实基础。

本章小结

1. 货币市场是短期资金市场，是期限在一年以内的资金融通和短期金融工具交易所形成的供求关系及其运行机制的总和。货币市场包括同业拆借市场、国库券市场、票据市场、大额可转让定期存单市场、证券回购市场和货币市场共同基金市场等。货币市场的主要参与者有：各类金融机构、机构投资者、各类企业、政府部门、中央

银行及个人投资者。货币市场的功能主要有短期资金融通、资产管理、政策传导及促进资本市场发展等。

2. 同业拆借市场，也称银行拆借市场或银行同业拆借市场，是金融机构之间进行短期资金调剂、融通的场所或机制。同业拆借市场形成的根本原因在于法定存款准备金制度的实施。同业拆借市场主要的特点是融资期限较短；具有严格的市场准入条件；交易额较大；利率由供求双方议定；技术先进，交易快捷。同业拆借时间较短，利率对市场供求情况反应灵敏，是市场利率的基础。中国大陆地区已经生成了自己的同业拆借利率——Shibor。

3. 国库券是国家财政当局为弥补国库收支不平衡而发行的一种短期政府债券，因此对调节财政平衡很有意义。其主要特点是安全性高、流动性强、享有税收优惠及面额小等。国库券的发行通常采用投标发行的方式进行，投资者可采用竞价方式和非竞价方式。对大多数个人和其他小投资者而言，为避免直接向财政部购买国库券的烦琐手续，一般是在流通市场上购买国库券。

4. 票据是一种信用结算工具，它记载了交易所发生的价值转移、出票人和持票人所享有的债权债务关系，并且可以在二级市场上转让变现，具有较强的流动性。票据有三种形式：汇票、本票、支票。票据市场是以这些票据为媒介而形成的金融市场，票据以签发人为依据可分为商业票据、银行承兑汇票。

5. 商业票据是大公司为了筹措资金，以贴现方式出售给投资者的一种短期无担保承诺凭证。商业票据由规模巨大、信誉卓越的大公司发行。商业票据的发行者主要有工商业大公司、公共事业公司、银行持股公司以及金融公司。商业银行为商业票据的发行和流通做出了巨大贡献。商业票据可直接发行或间接发行，这要看发行人的发行成本。公司发行的商业票据要请专业评级机构来评级，相应地发生评级费用。除此之外还有承销费用、信用额度支持的费用及保证费用。费用高低受票据的信誉等级、市场利率、商业票据期限的长短的影响。

6. 银行承兑汇票是经银行承诺到期付款的汇票。大多数的银行承兑汇票是国际贸易使用信用证交易创造出来的产物。银行承兑汇票可在二级市场背书、贴现、转贴现及再贴现。银行承兑汇票给票据发行人提供低利息的短期资金，银行可以不动用自有资金增加收益，也为投资者提供了一种理想的投资工具。

7. 大额可转让定期存单是商业银行发行的固定面额、固定期限、可以流通转让的大额存款凭证。大额可转让定期存单具有面值固定、不记名、利率灵活、可转让等特点，能为投资者提供流动性，为发行银行提供稳定资金来源。大额可转让定期存单的投资者主要是一些大企业，此外还有金融机构、政府机构、外国政府、外国中央银行及个人。

8. 证券回购是指债券持有人在卖出一笔债券的同时，与买方签订协议，约定一定期限和价格买回同一笔债券的融资活动。证券回购市场是指通过证券回购进行短期资金融通交易的市场。所有的回顾协议交易双方都是相互对应的。一项既定的交易从证券买方的角度来看是回购协议，而从证券卖方的角度来看则是逆回购协议。

9. 货币市场共同基金是在货币市场上从事短期有价证券投资的一种基金。该基金资产主要投资于货币市场工具，如国库券、大额可转让定期存单和商业票据等。货币市场共同基金属于开放式基金。投资者可以对基金资产签发支票，从而使自己既享受活期存款的支付便利，又享受相对较高的利息收入。货币市场共同基金的发展对我国金融体系的发展意义重大。

案例分析

武汉中百拟再发 5 亿元短期融资券

武汉中百关于再次发行 5 亿元短期融资券的议案在其 2007 年股东大会上获得了全票通过，这是公司第二次发行短期融资券。早在 2007 年 4 月，武汉中百就曾发行过 3 亿元年利率为 4.00%、期限为一年的短期融资券，用于补充公司的流动资金。该融资券已到期兑付。

武汉中百 2007 年年报显示，与 2006 年同期相比，公司 2007 年业绩取得了相当明显的进步。截至报告期末，公司连锁网点总数达 551 家，其中，仓储超市网点 104 家，便民超市网点 443 家。公司实现营业收入 69.59 亿元，同比增长 29.23%；规模销售 113.8 亿元，同比增长 20%；营业利润 1.63 亿元，同比增长 70.04%；净利润 1.26 亿元，同比增长 53.33%，公司所取得的这些成绩无不得益于其合理的资本运作方案和规模扩张战略。

武汉中百董事长表示，仅 2007 年 4 月发行 3 亿元的短期融资券就为公司节约了近 900 万元的银行利息，有效降低了公司的财务成本。除此之外，2007 年，公司为了满足拓展网点的资金需求，还以配股的方式在 A 股市场进行融资，并于 2008 年 1 月顺利完成了发行工作，共募集资金 4.37 亿元，为公司抓住机遇、实现快速发展奠定了良好基础。2008 年 4 月，武汉中百还发布了一季度净利润预增 50%~60% 的公告。

据中百董事长透露，由于预提了部分费用，降低了利润水平，所以这只是一个保守估计的数据。他表示，公司正处于高速发展期，需要充足的资金做保障，已经配股募集的 4.37 亿元将用于发展 25 家仓储超市及 100 家便民超市项目。2008 年，公司将继续采取发行 5 亿元短期融资券的方式融资，降低公司的财务成本。

问题：为什么我国企业越来越多地使用短期融资券来为企业融资？

资料来源：新浪财经，http://finance.sina.com.cn/stock/s/20080417/07344761128.shtml。

推荐网站

1. 中国货币网：http://www.chinamoney.com.cn。
2. 中国债券信息网：https://www.chinabond.com.cn。
3. 中国人民银行：http://www.pbc.gov.cn。
4. 中国金融新闻网：http://www.financialnews.com.cn。

推荐阅读

1. 谢百三. 金融市场学 [M]. 北京：北京大学出版社，2013.
2. 张亦春，郑振龙，林海. 金融市场学 [M]. 5 版. 北京：高等教育出版社，2017.
3. 桑德斯，科尼特. 金融市场与机构：原书第 6 版 [M]. 韩国文，张彻，主译. 北京：机械工业出版社，2017.

第三章 资本市场

本章提要

资本市场是期限在一年以上的各种资金借贷和证券交易的领域。因为在长期金融活动中,涉及资金期限长、风险大,具有长期较稳定收入,类似于资本投入,故称为资本市场。资本市场包括股票市场、债券市场和证券投资基金市场。其中,股票市场是股票发行和流通的场所;债券市场是发行和买卖债券的场所;基金市场是基金通过发行基金股份或基金契约募集资金并用于分散化投资的市场。

学习目标

1. 理解股票的定义、分类以及股东的权利,熟悉我国的股票市场。
2. 理解股票价格指数的计算。
3. 理解国债的定义、分类以及发行和流通方式。
4. 了解公司债券的分类及债券契约和债券等级。
5. 了解证券投资基金的定义、分类及特点,理解不同基金的投资策略。

重点难点

本章重点:股票一级市场和二级市场、国债和公司债券的特点、证券投资基金收益及运作方式。
本章难点:股票价格指数的计算。

案例导入

万科与宝能系的"权力游戏"

从王石宣布不欢迎姚振华,到"野蛮人撞门",到华润增持,再到引入深圳地铁,直至华润最后为了"利益"悍然反目。万科股权争夺战局势多变,但多方博弈仍在市场轨道内,各方力量的角逐,使得这场股权之争注定成为中国企业史册上浓墨重彩的一笔,也希望它能真正成为中国上市公司股权变更信息公开的示范。在需要证监会严查内幕交易、暗箱操作才能得以曝光内幕的资本市场中,这样呈现在阳光下的股权交易争夺实在不多。

"宝万之争"追根溯源,其实已近一年。早在 2015 年,宝能系就已布局入股万科,但自 2015 年 12 月底,王石内部讲话高调宣称"不欢迎'宝能系'成为万科第一大股东"后,"宝万之争"正式开打。随后,以王石为代表的管理层、被称为门口野蛮人的宝能,还有面孔和态度均显模糊的央企华润和深圳地铁,均入战局。

2016年6月17日晚间,万科召开复牌前的董事会会议,审议万科和深圳地铁的重组预案。18日发布公告,拟以发行股份的方式购买深圳地铁持有的前海国际100%股权,初步交易价格为456.13亿元。假设H股未进行增发,本次交易后,深圳地铁持有上市公司A股股份将占总股本的20.65%,而钜盛华及其一致行动人合计所持A股股份将占总股本的19.27%,华润方面持股降至12.10%。上述发行方案条件在万科6月17日召开的第十七届董事会第十一次会议上获得7票同意,3票反对,1票回避。投出反对票的是华润的3名董事会成员。

23日,万科第一大股东宝能反对万科重组,第二大股东华润随即发布公告力挺宝能,两个公告之间的时间仅差短短半小时。此后,万科发布重大资产重组停牌进展公告,披露与深圳地铁之外的另一个潜在交易对手进行意向交易谈判,重组B计划浮出水面。万科可能以现金方式或者发行可转换债券的方式购买资产,而两种方案的选择避不开股权博弈。B计划对华润和宝能是"妥协"还是"决裂"将成为市场关注的焦点。

万科拟购标的前海国际成立于2013年,作为枢纽上盖物业项目公司,前海国际主要资产为待开发的前海枢纽项目土地和安托山项目土地,计容积率建筑面积约181万平方米,两个项目合计新增权益可售面积约155万平方米。而可以换到的对价是456.13亿元,也就是说深圳地铁这两块地平均每平方米的价格不到3万元,而这两块地主要是商业用地。购买土地或许可以用现金,但要锁定未来,让深圳地铁成为万科重要股东,就成了深圳地铁唯一能接受的对价。

资料来源:腾讯财经,https://finance.qq.com/a/20160627/047743.htm.

"宝万之争"是中国股票市场上的经典案例,值得探讨和深思的地方很多,例如股票市场作为资本市场的基石,如何建立起完善的制度,监管层如何对待公司并购,公司如何完善治理结构等。要进一步研究这些问题,首先要学习好资本市场基础知识。

第一节 股票市场

股票市场也称权益市场,是股票发行和流通的场所。股票的交易都是通过股票市场来实现的。一般地,股票市场可以分为一级市场、二级市场。一级市场也称为股票发行市场,二级市场也称为股票交易市场。

一、股票市场概况

股票市场是上市公司筹集资金的主要途径之一。随着商品经济的发展,公司的规模越来越大,需要大量的长期资本。如果单靠公司自身的资本化积累,是很难满足生产发展的需求的,所以必须从外部筹集资金。发行股票来筹集资本就成为发展大企业经济的一种重要形式,而股票交易在整个证券交易中占有相当重要的地位。我国股票市场从1991年的"上海老八股""深市老五股",到2018年年底拥有上市公司3 584家,增长了近275倍;总股本从1991年的6.29亿元,到2018年的5.76万亿元,增长了9 000多倍;总市值方面,1991年全年总市值是110.19亿元,2018年达到43.49万亿元,增长了近3 946倍。而增长倍数最多的是总成交额,1991年中国股票总成交额是43.67亿元,而2018年达到了90.17万亿元,增长了2万多倍。表3-1反映了我国 1992~2018 年股市的飞速发展状况。

表 3-1 1992~2018 年我国股票市场发展的总体情况

年份	股票市价总值（亿元）	股票成交额（亿元）	股票成交量（亿股）	上市股票数（个）	境内上市公司数（家）
1992	1 048	681	37.95	72	53
1993	3 531	3 627	226.56	218	183
1994	3 691	8 128	101.33	345	291
1995	3 474	4 036	705.31	381	323
1996	9 842	21 332	2 533.14	599	530
1997	17 529	30 722	2 560.02	821	745
1998	19 506	23 544	2 154.11	931	851
1999	26 471	31 319.6	2 932.39	1 029	949
2000	48 091	60 827	4 758.38	1 174	1 088
2001	43 522	38 305	3 152.29	1 240	1 160
2002	38 329	27 990	3 016.19	1 310	1 224
2003	42 458	32 115	4 163.08	1 372	1 287
2004	37 056	42 334	5 827.73	1 463	1 377
2005	32 430	31 665	6 623.73	1 467	1 381
2006	89 404	90 469	16 145.23	1 520	1 434
2007	327 141	460 556	36 403.75	1 641	1 550
2008	121 366	267 112	24 131.39	1 690	1 604
2009	243 939	535 986	51 107.00	1 726	1 718
2010	265 422	545 633	41 319.03	2 084	2 063
2011	214 758	421 644	33 956.56	2 396	2 342
2012	230 357	314 583	32 860.54	2 548	2 494
2013	239 077	468 072	48 217.55	2 469	2 489
2014	372 547	742 385	73 383.09	2 667	2 613
2015	531 304	2 368 150	159 809.58	2 746	2 827
2016	507 685	1 277 680	95 525.43	3 134	3 052
2017	567 086	1 124 625	87 780.84	3 567	3 485
2018	434 924	901 739	82 037	3 665	3 584

资料来源：中经网统计数据库，综合年度库，https://db.cei.cn。

我国经济进入高质量发展阶段，创新已成为推动经济发展的核心驱动力。在新的经济发展阶段和发展模式下，我国金融体系也需要进一步创新、改革和调整。资本市场在推动经济创新转型中发挥着至关重要的作用，经济的高质量发展需要高质量的资本市场服务，但目前我国资本市场服务与实体经济无论是在总量上还是结构上，都存在巨大的提升空间。2018 年，我国社会融资结构中，间接融资占比达 63.97%，股票和债券等直接融资仅占比 14.73%。与此同时，中国有大量的新经济企业到境外上市。截至 2018 年年底，在美国和我国香港地区上市的中国企业分别达 213 家和 1 087 家，企业总数与 A 股上市公司总数的比值达 36.42%，总市值与 A 股的比值达 75.77%；并且在美国上市的中资企业中，医疗、信息技术、电信服务等新经济企业的市值占比超过 30%。我国资本市场在服务经济创新转型、完善创新资本形成机制方面仍然存在较大的创新空间。

二、股票的概念

股票是股份证书的简称,是股份有限公司为筹集资金而发行给股东作为持股凭证并借以取得股息和红利的一种有价证券。每股股票都代表股东对企业拥有一个基本单位的所有权。股票是股份公司资本的构成部分,可以转让、买卖或作价抵押。股票的作用有三点:① 股票是一种出资证明,当一个自然人或法人向股份有限公司参股投资时,便可获得股票作为出资的凭证;② 股票的持有者凭借股票来证明自己的股东身份,参加股份有限公司的股东大会,对股份有限公司的经营发表意见;③ 股票持有者凭借股票参加股份发行企业的利润分配,也就是通常所说的分红,以此获得一定的经济利益。股票市场使得资金能够从投资者(资金盈余者)向发行股票的公司转移;反过来,作为对持有公司股权的股东的回报,公司定期向投资者发放红利作为资金占用和风险补偿。另外,股东通过股票的转手可以得到股价上涨带来的资本利得。在 $t-1$ 期到 t 期,股东的股票投资收益率计算公式如下。

$$R_t = \frac{P_t - P_{t-1}}{P_{t-1}} + \frac{D_t}{P_{t-1}} \tag{3-1}$$

式中,P_t 为时间为 t 时的股票价格;D_t 为从 $t-1$ 到 t 这段时间内支付的股息;$P_t - P_{t-1}$ 为从 $t-1$ 到 t 这段时间内的资本利得。如果 $t-1$ 到 t 不是一年,该收益率还要转换成年化收益率才具有可比性。

【例3-1】 假设你去年买了一股"上柴动力"的股票。你最初的购买价为 50 元(P_{t-1}),而后来的出售价为 53 元(P_t),在当年年底,该股票获得了 5 元的股息收益,你投资这种股票的收益率是多少?

【解析】 $R_t = \dfrac{53-50}{50} + \dfrac{5}{50} = 6\% + 10\% = 16\%$

三、股票的分类及各种股票的特点

根据不同的分类标准可以将股票进行不同的分类。

(一) 普通股和优先股

根据股东拥有的求偿次序和控制权的不同可以将股票分为普通股和优先股。我们将依次介绍普通股和优先股的特点。

1. 普通股的概念及特点

普通股是在优先股要求权得到满足之后才参与公司利润和资产分配的股票合同,它代表着最终的剩余索取权,其股息收益上不封顶,下不保底,每一阶段的红利数额也是不确定的。每个股东拥有的股票份额代表着该股东占有公司的所有权份额。通常,每一张普通股代表在公司年度股东大会上拥有一份表决权,同时,它也代表着其持有者对公司利润的一份要求权。因此普通股股东拥有:制定股利政策的权利,公司经营重大事宜决策权,公司资产的剩余求偿权,并享有限责任的权利。

(1) 剩余求偿权。当公司宣布破产进入清算阶段,公司的资产清偿顺序依次是:应付工资清偿、公司债务清偿、应付税款、公司优先股清偿、普通股资本清偿。而当公司被迫破产时，往往是资不抵债，债务人都极有可能遭受损失，普通股股东也往往是血本无归。因此普通股的这种剩余求偿权使得它成为一种风险很大的投资资产。

（2）有限责任。相对于无限责任公司的股东而言，普通股的一个重要特征是它具有有限责任。从法律上讲，有限责任意味着当公司价值低于其债务价值时，普通股的损失只局限于其投入公司的初始资本，股东的其他财产不会因为公司的破产而受到影响，公司债权人无权对股东的其他财产进行追究。相反，对于非有限责任公司而言，当公司资不抵债时，股东应该以全部资产来偿还公司债务。此时，股东负有无限责任。

（3）投票权。现代公司制度的一个重要特点是采取所有权和经营权分离，公司股东拥有企业所有权，股东通过股东大会选举出董事会，再由董事会选择公司的经营管理层，间接控制公司的业务活动。虽然股东无权干涉公司的日常经营决策，但是有对公司重大事务的决策权，例如，公司重大战略制定和变更、公司章程的变更、更换公司高级管理层、企业兼并和重组等重大事宜，从而维护自身利益。

通常，普通股拥有每股一票的投票权，但是双重股份公司为了保持公司的控制权，往往发行享有不同投票权的股票 A 股和 B 股。其中，A 股为普通流通股，B 股为公司创始人所有。

许多股东不会直接参加股东大会，而是授权其他人行使投票表决权，许多公司预料到这一点，会在股东大会召开之前，将代理票寄给股东，股东将代理票填好之后，可由受托人行使代理权。显然，公司管理层会尽量争取更多的委托投票权。但是，如果股东对公司的管理层不满，也同样会尽可能多地争取代理选票，投票表决换掉当前公司的管理层。这就引起所谓的"代理之争"。

（4）优先认股权。公司发行新股时，普通股股东有权按持股比例优先认购新股，这样做是为了保障股东在公司中的地位和权益。由于新股票的发行价一般低于股票的市场价值，因此优先认股权是一种有价证券，相当于一种期权。公司通常采用配股方式向股东提供优先认股权，股东可以购买新股，卖出优先认股权，也可以放弃优先认股权。

● 知识点
股利的特点

股利是公司对股东直接或间接投入公司的资本的回报。股利的发放排在应付利息和应付税款之后，如果在支付利息和税款之后还有剩余，可以发放股利。可见股利是剩余所有权的一种；同时，一个公司能向股东发放股利被认为是公司运营状况良好的标志，所以大多数公司都很注重股利政策。股利的发放取决于公司的经营绩效和公司的股利政策。

【例 3-2】 股利支付和成长型股票资本利得收益的比较

假设市场年利率是 10%，个人所得税税率是 34%，资本利得税税率是 20%，某公司在缴纳公司所得税后仍有能力向股东支付每股 4 元的股利，起初股价是 100 元。如果该公司不发股息，而将税后利润用于再投资，则期末会收到相应的资本利得和原始股本。请问：哪种支付方法使得投资者有更高的收益？

【解析】 在支付股利的情况下，该公司能够进行的投资额是 100 元，支付的股利不再用于再投资，则可得到如下结果。

期末每股收益：$100 \times (1 + 10\%) = 110$（元）

期末总的税后净收益：$4 \times (1 - 34\%) + 100 \times 10\% \times (1 - 20\%) = 10.64$（元）

成长型公司期初总的投资额：$100 + 4 = 104$（元）

期末总收益：104×(1+10%)=114.4（元）

期末税后净收益：14.4×(1-20%)=11.52（元）

可见，投资于成长型股票的收益较高。

2. 普通股的分类

普通股的价格受公司的经营状况、政治经济环境、心理因素、供求关系等诸多因素的影响，其波动没有范围限制，暴涨暴跌现象屡见不鲜。因此，普通股的投资风险较大，其期望收益率较高。而根据其风险特征，普通股又可分成以下几类。

（1）蓝筹股。蓝筹股是指具有稳定的盈余记录，能定期分派较优厚的股息，被公认为业绩优良的公司的普通股票，又称为"绩优股"。"蓝筹"这一术语源自赌局中所使用的蓝筹码。在西方赌场中，有三种颜色的筹码，其中蓝色筹码最为值钱，红色筹码次之，白色筹码最差。我国的蓝筹股有长江电力、中国石化、中国联通、贵州茅台、恒瑞医药和中国工商银行等。

（2）成长股。成长股是指这样一些公司所发行的股票，它们的销售额和利润额持续增长，而且其速度快于整个国家和本行业的增长。这些公司通常有宏图伟略，注重科研，留有大量利润作为再投资以促进其扩张。它的股利发放较低，但是预期资本利得较高。

（3）收益股。收益股也称收入股、高息股，是指能够支付较高收益的股票。发行收益股的公司往往生意稳定，扩展机会不大，所以其净利润转化为较高的收益发放股利。收益股的特点是稳定性较好，受股价暴涨暴跌的影响相对于低息股而言要小，此外，尽管其市场价格较高，但上涨的幅度及潜力仍然较大。这类股票适于中长期投资者。需要指出，发行收益股的公司既可能是因为其是获利能力强、盈利多的公司，即所谓的绩优股公司，也可能是因为经营状况不甚健康，如公司不思扩展、大量分配盈利或从事某种非法活动以获得大量收入的公司。

（4）周期股。周期股有两种情况：一是指发行公司的经营状况易受整个经济周期的变化而波动，如建筑、水泥、钢材、汽车等行业；二是指发行公司本身的经营状况有周期变动的特征，如冰箱、饮料、服装等行业。繁荣时期，周期股的效益可观；萧条时期，周期股的收益降低。反映到股票的价格方面，其波动幅度则较大。

（5）防守股。防守股是指在经济条件恶化时，股息和红利要高于其他股票平均收益的股票。一般来说，此类股票的发行公司大多是经营公用事业及生活必需品的行业，例如水、电、交通、食品、医药等，其发行的股票也称"公用股"或"基础股"。与周期股相反，防守股经营比较稳定，不受经济周期变动影响，因而能持续地提供稳定的股利。一般而言，投资于防守股风险较小，收益较为稳定，适于以投资为主要目的而不是以短期价差为主要目的的投资者，即适用于长期投资。

（6）投机股。投机股是指那些易被投机者操纵而使价格暴涨暴跌的股票，也是指那些价格很不稳定或公司前景很不确定的股票。这主要是那些雄心很大的具有开发性或冒险性的公司的股票、热门的新发行股以及一些面值较低的石油与矿业公司发行的普通股票。投机股通常是内行的投机者进行买卖的主要对象，由于这种股票易暴涨暴跌，所以投机者通过经营和操纵这种股票可以在短时间内赚取相当可观的利润。这些股票有时在几天内上涨许多倍，因而能够吸引一些投机者。另外，这种股票的风险也很大。

● **中国风格**

我国股票的特殊分类

请扫码查看

中国风格

3. 优先股

优先股是指在剩余索取权方面较普通股优先的股票，这种优先性表现在分得固定股息并且在普通股之前收取股息。但是，优先股在剩余控制权方面则劣于普通股，优先股股东通常是没有投票权的，只是在某些特殊情况下才具有临时投票权，例如，当公司发生财务困难而无法在规定时间内支付优先股股息时，优先股就具有投票权而且一直延续到支付股息为止。

由于优先股股息通常是固定的，因此优先股的价格与公司的经营状况关系不如普通股密切，而主要取决于市场利息率，其风险小于普通股，期望收益率也低于普通股。但是有些优先股是可以参加分红的，根据是否可以参加分红可将优先股分为参与优先股和非参与优先股。当公司盈利非常高时，参与优先股就能分得一部分红利，并根据优先股股利能否递延到下一期，可将优先股分为累积优先股和非累积优先股。当公司某一年度无力发放优先股股利时，非累积优先股股利就不能顺延到以后的各期，而累积优先股股息在将来公司盈余时再补齐。

对需要融资的公司来说，优先股是一种较好的融资手段，它与债券的利息不同，当公司不能支付优先股股利时，不会导致公司的破产。另外，优先股的风险相对较小，它的股利也相对较低，因此能减少公司的融资成本。对于机构投资者来说，优先股股利70%是免交所得税的，因此优先股对机构投资者来说很受欢迎。这也导致了绝大多数的优先股被机构投资者所持有。这是优先股的优势。

但是相对于债券，优先股也有些弊端，优先股的股利支出不能作为资本费用而免缴个人所得税，即优先股的股利是以税后利润来支付的。另外，优先股的利息支付和破产清偿都发生在债券之后，所以，优先股的风险比债券要大，所要求的收益补偿比债券要高。这是优先股的劣势。

（二）记名股和无记名股

按照股票的票面是否记载股东姓名划分，股票可以分为记名股和无记名股。

记名股是将股东姓名记载于股票票面和股东名册的股票。投资者认购记名股票，不仅要在股票票面上记载其姓名，还必须把姓名和住址记入发行该股的股份有限公司的股东名册。

无记名股是股票票面不记载股东姓名的股票。此类股票与记名股相比，在股东权益内容上是没有区别的，只是记载方式不同。

一般来说，无记名股可以请求改换为记名股，但记名股不能改换为无记名股，也可以用公司章程禁止转换。由于无记名股有一定的弊端，因此有的国家不允许发行无记名股。

（三）有面值股和无面值股

按股票是否用面值金额加以划分，可分为有面值股与无面值股。

有面值股是指在股票票面上记载一定金额（股票面值）的股票。此类股票的票面金额计算方法是资本余额除以股份数，通常，有面值股的股息是用其票面金额的百分比来表示的。

无面值股是指在股票票面上不记载股票面额，只注明它在公司总股本中所占的比例的股票。无面值股没有票面价值，其价值反映在股票发行公司的账面上。

● 知识点

存托凭证、中国存托凭证、美国存托凭证和全球存托凭证

四、股票的发行与流通市场

股票发行市场也称一级市场,是指公司通过发行新的股票筹集资金的市场。股票发行是指符合条件的发行人按照法定的程序,向投资人出售股份、募集资金的过程。发行者(资金的使用者)通过向初始投资者(资金供给者)出售新的股票来换取自己所需要的资金。新公司的成立,老公司的增资,都要通过发行市场,都要借助于发行、销售股票来筹集资金,使资金从供给者手中转入需求者手中,也就是把储蓄转化为投资,从而创造新的实际资产和金融资产,增加社会总资本和生产能力,以促进社会经济的发展。

股票流通市场也称二级市场,是投资者之间买卖已发行股票的场所。这一市场为股票创造流动性,即能够迅速脱手换取现值。

股票在一级市场发行后,将在二级市场进行交易。如果二级市场非常狭小,流动性很低,那么一级市场的股票发行就有困难。所以,一个国家的二级市场的发育程度是该国股票市场是否发达的标志。

在"流动"的过程中,投资者将自己获得的有关信息反映在交易价格中,而一旦形成公认的价格,投资者凭此价格就能了解公司的经营概况,公司则知道投资者对其股票价值即经营业绩的判断,这样一个"价格发现过程"降低了交易成本。同时,股票的价格最基本的决定因素是该公司的经营状况。当股票在二级市场上表现良好时,人们就会购买并且持有它,这样资金就会流向公司;当公司经营业绩不佳时,投资者就会抛出该公司的股票,资金就会流出该公司。这样二级市场的交易实现了资金的合理配置。

五、股票价格指数

股票价格指数(Indexes)通常简称为股价指数、股票指数或股指,它通常被投资者视为市场的"风向标"。那么,股价指数是怎样编制和计算出来的呢?

计算股价指数,要考虑四个因素:① 样本股票必须具有典型性、普遍性,为此,选择样本应综合考虑其行业分布、市场影响力、股票等级、适当数量等因素;② 计算方法应具有高度的适应性,能对不断变化的股市行情做出相应的调整或修正,使股价指数或平均数有较好的敏感性;③ 要有科学的计算依据和手段,计算依据的口径必须统一,一般以收盘价为计算依据,但随着计算频率的增加,有的以每小时价格甚至更短的时间价格计算;④ 基期应有较好的均衡性和代表性。

1. 简单算术股价指数

计算简单算术股价指数的方法有两种:相对法和综合法。

相对法又称平均法,就是先计算各样本股价指数,再加总求总的算术平均数。其计算公式如下。

$$股价指数 = \frac{1}{n} \sum_{i=1}^{n} \frac{P_1^i}{P_0^i} \tag{3-2}$$

式中,P_0^i 是第 i 种股票的基期价格;P_1^i 是第 i 种股票的报告期价格;n 是样本数。

英国的《经济学人》普通股价格指数就是采用这种计算方法计算出来的。

综合法是先将样本股票的基期和报告期价格分别加总,然后相比求出股价指数。其计算公式如下。

$$股价指数 = \frac{\sum_{i=1}^{n} P_1^i}{\sum_{i=1}^{n} P_0^i} \tag{3-3}$$

2. 加权股价指数

加权股价指数是根据各期样本股票的相对重要性予以加权，其权重可以是成交股数、总股本等。按时间划分，权数可以是基期权数，也可以是报告期权数。以基期成交股数（或总股本）为权数的指数称为拉斯拜尔指数，其计算公式如下。

$$加权股价指数 = \frac{\sum P_1^i Q_0^i}{\sum P_0^i Q_0^i} \tag{3-4}$$

以报告期成交股数（或总股本）为权数的指数称为派许指数。其计算公式如下。

$$加权股价指数 = \frac{\sum P_1^i Q_1^i}{\sum P_0^i Q_1^i} \tag{3-5}$$

式中，P_0^i 和 P_1^i 分别是基期和报告期的股价；Q_0^i 和 Q_1^i 分别是基期和报告期的成交股数（或总股本）。

拉斯拜尔指数偏重基期成交股数（或总股本），而派许指数则偏重报告期的成交股数（或总股本）。目前世界上大多数股价指数都是派许指数，只有德国法兰克福证券交易所的股价指数为拉斯拜尔指数。

3. 我国的股价指数

由上海证券交易所编制并发布的上证指数系列，包括上证180指数、上证50指数、上证综合指数、A股指数、B股指数、分类指数、债券指数、基金指数等。这些指数从总体上和各个不同侧面反映了上海证券交易所上市的证券品种价格的变动情况，可以反映不同行业的景气状况及其价格整体变动状况，从而给投资者提供不同的投资组合分析参照系。其中，最早发布的上证综合指数，是以上海证券交易所挂牌上市的全部股票为计算范围，以发行量为权数的加权综合股价指数。这一指数自 1991 年 7 月 15 日起开始实时发布，基日定为 1990 年 12 月 19 日，基日指数定为 100 点。

● **知识点**
世界上几种著名的股票价格指数

综合反映深圳证券交易所全部 A 股和 B 股上市股票股价走势的深证综合指数，也是以发行量为权数的加权综合股价指数。这一指数以 1991 年 4 月 3 日为基日，基日指数定为 100 点。目前通常被用来描述深圳股市走势的深证成分指数，是从深圳证券交易所上市的所有股票中抽取具有市场代表性的 40 家上市公司的股票作为计算对象，并以流通股为权数计算得出的加权股价指数，综合反映深圳证券交易所上市 A、B 股的股价走势。这一指数取 1994 年 7 月 20 日为基日，基日指数定为 1000 点。成分指数于 1995 年 1 月 23 日开始试发布，1995 年 5 月 5 日正式启用。2015 年，样本股数量由 40 扩容为 500。

2005 年 4 月 8 日，中国股市诞生了首个跨市场指数沪深 300 指数。这一指数由上海和深圳证券市场中选取的 300 只 A 股作为样本编制而成，以 2004 年 12 月 31 日为基日，基日指数定为 100 点。

上证、深证指数系列均采用派许加权综合股价指数公式，并进行"实时逐笔"计算。具体做法是，在每一交易日集合竞价结束后，用集合竞价产生的股票开盘价（无成交者取前一天收盘价）计算开盘指数，以后每有一笔新的成交，就重新计算一次指数，直至收盘，实时向外发布。

● **中国故事**

上海证券交易所科创板正式开板

2019年6月13日，在第十一届陆家嘴论坛开幕式上，中国证监会和上海市人民政府联合举办了上海证券交易所科创板开板仪式。中共中央政治局委员、国务院副总理刘鹤，中共中央政治局委员、上海市委书记李强，中国证监会主席易会满，上海市市长应勇，共同为科创板开板。易会满主持科创板开板仪式并致开板辞。中央财办、中央网信办、中央军民融合办，全国人大宪法和法律委员会、全国人大财政经济委员会，最高法，国务院办公厅、科技部、工信部、司法部、商务部、人民银行、国资委、国税总局、银保监会等单位有关负责同志出席开板仪式。科创板正式开板，标志着党中央国务院关于设立科创板并试点注册制这一重大改革任务的落地实施。下一步，证监会将会同市场有关各方，扎实细致深入地做好上市前的各项准备工作，推动科创板平稳开市、稳健运行。

在上海证券交易所设立科创板并试点注册制，对于完善多层次资本市场体系，提升资本市场服务实体经济的能力，促进上海国际金融中心、科创中心建设，具有重要意义，为上海证券交易所发挥市场功能、弥补制度短板、增强包容性提供了至关重要的突破口和实现路径。科创板是独立于现有主板市场的新设板块，并在该板块内进行注册制试点。

设立科创板并试点注册制是提升服务科技创新企业能力、增强市场包容性、强化市场功能的一项资本市场重大改革举措。通过发行、交易、退市、建立投资者适当性和证券公司资本约束等新制度以及引入中长期资金等配套措施，增量试点、循序渐进，新增资金与试点进展同步匹配，力争在科创板实现投融资平衡、一二级市场平衡、公司的新老股东利益平衡，并促进现有市场形成良好预期。

资料来源：中国证券监督管理委员会，www.csrc.gov.cn。

第二节　债券市场

通过上一节的学习，我们对股票市场有了一定的了解，下面来分析资本市场的另一种形式——债券市场。

一、债券市场概述

债券是投资者向政府、公司或金融机构提供资金的债权债务合同，该合同载明发行者在指定日期支付利息并在到期日偿还本金的承诺。其要素包括期限、面值与利息、税前支付利息、求偿等级（Seniority）、限制性条款、抵押与担保及选择权（如赎回与转换条款）。债券和股票是资本市场的两大支柱，它们各有特点。

（1）股票一般是永久性的，因而是无须偿还的；而债券是有期限的，到期必须偿还本金，且每半年或一年支付一次利息。因而对于公司来说若发行过多的债券就可能因资不抵债而破产，而公司发行越多的股票，其破产的可能性就越小。

（2）股东从公司税后利润中分享股利，而且股票本身增值或贬值的可能性较大；债券持有者则从公司税前利润中得到固定利息收入，而且债券面值本身增值或贬值的可能性不大。

(3) 在求偿等级上，股东的排列次序在债权人之后，当公司由于经营不善等原因破产时，债权人有优先取得公司财产的权利，其次是优先股股东，最后才是普通股股东。但通常，破产意味着债权人要蒙受损失，因为剩余资产不足以清偿所有债务，这时债权人实际上成了剩余索取者。尽管如此，债权人无权追究股东个人资产，同时，债券按索取权的排列次序也区分为不同等级，高级（Senior）债券是指具有优先索取权的债券，而低级或次级（Subordinated）债券是指索取权排名于一般债权人之后的债券，一旦公司破产清算，就会优先偿还高级债券，然后才偿还次级债券。

(4) 限制性条款涉及控制权问题，股东可以通过投票来行使剩余控制权，而债权人一般没有投票权，但他可能要求对大的投资决策有一定的发言权，这主要表现在债务合同常常包括限制经理及股东职责的条款，如在公司进行重大的资产调整时要征求大债权人的意见。另外，在公司破产的情况下，剩余控制权将由股东转移至债权人，债权人有权决定是清算公司还是重组公司。

(5) 权益资本是一种风险资本，不涉及抵押担保问题，而债务资本可要求以某一笔或某些特定资产作为保证偿还的抵押，以提供超出发行人通常信用地位之外的担保，这实际上降低了债务人无法按期还本付息的风险，即违约风险（Default Risk）或称信用风险（Credit Risk）。

(6) 在选择权方面，股票主要表现为可转换优先股和可赎回优先股，而债券的选择则更为普遍。一方面，多数公司在公开发行债券时都附有赎回（Redemption 或 Call）条款，在某一预定条件下，由公司决定是否按预定价格（一般比债券面值高）提前从债券持有者手中购回债券。另一方面，许多债券附有可转换性（Convertible），这些可转换债券在到期日或到期日之前的某一期限内可以按预先确定的比例（转换比率）或预先确定的价格（转换价格）转换成股票。

债券市场是发行和买卖债券的场所，是金融市场的一个重要组成部分。它有助于将个人、公司和政府部门的闲置资金转移给那些需要进行长期债券业务融资的公司和政府部门。

习惯上，债券可以被分为三类：政府债券、公司债券（企业债券）和金融债券。

我国实务界还经常将债券简称为债，并且将一些货币市场工具也当作债券。实务中将债券划分为利率债和信用债两大类，利率债主要包括国债、地方政府债和政策性银行债；信用债可分为企业债和公司债。表3-2 总结了我国的各种债券发行主体和监管主体。

● 知识点

利率债与信用债的概念及区别

知识点

表3-2 我国的各种债券发行主体和监管主体

债券品种	发行主体	监管主体
国债	财政部	财政部，中国人民银行，中国证监会
地方政府债	财政部，试点省、市政府	财政部
央行票据	中国人民银行	中国人民银行
同业存单	银行存款类金融机构	中国人民银行
政策性银行债	政策性银行	中国人民银行
商业银行债	商业银行法人	中国人民银行
企业债	具有法人资格的企业	国家发展改革委，中国人民银行，中国证监会
公司债	股份有限公司	中国证监会，中国人民银行
中期票据	具有法人资格的非金融企业	中国人民银行
短期融资券	具有法人资格的非金融企业	中国人民银行
可转债[①]	上市公司	中国证监会

(续)

债券品种	发行主体	监管主体
可交换债	上市公司股东	中国证监会
国际机构债	国际机构	中国人民银行，财政部，国家发展改革委，中国证监会
政策支持机构债	政府支持的金融机构或公司	中国人民银行
资产支持机构债	特定目的信托受托机构	中国人民银行，中国银保监会

注：① 可转债即可转换债券。

二、政府债券

政府债券是指中央政府、政府机构和地方政府发行的债券，它以政府的信誉作为保证，因而通常不需抵押品，其风险在各种投资工具中是最低的。根据发行债券的主体不同，可以将政府债券分为国债、市政债券和政府机构债券。

（一）国债

国债是各国中央政府以债务人的身份发行的，以国家信誉为担保的债券，在资本市场上，指的是政府发行的中长期债券。通常，国际上的中期国债是指期限在 1~10 年的国债；长期国债是指期限在 10~30 年的国债。国债的最小面值通常是 1 000 元。中央政府发行国债是为了平衡财务赤字，将其作为国家货币政策的工具并将筹集的资金用于经济建设，尤其是用于公共基础设施建设。

与国库券一样，中长期国债通常以国家的财政收入为保证，一般没有违约风险，因而中长期国债的到期收益率相对要低一些。然而购买国债并非没有风险。由于国债的期限较长，当利率变化时，国债也面临着再投资风险和价格风险。另外，一些以前发行的中长期国债流动性可能低于新发行的国债，这样可能会遭遇流动性的风险。

● 知识点

国债的本息是否可以分离

请扫码查看

知识点

国债可以按照不同的标准进行多种分类。从国债形式来看，中国现阶段发行的国债可以分为凭证式国债、无记名国债和记账式国债。凭证式国债是一种国家储蓄债，可记名，可挂失，不能上市，从购买之日起计息。无记名国债是一种实物国债，不记名，不挂失，可上市。记账式国债以记账的形式记录国债，通过证券交易所的交易系统发行和交易，可记名，可挂失，是一种无纸化国债。

1. 国债一级市场

国际上国债发行通常采用拍卖的方式。国债招标根据不同的标准可以划分为不同的类型。招标按照招标过程是否公开可以分为封闭招标和公开招标两种。相对而言，封闭招标中投标者之间达成勾结以操纵招标结果的可能性较小。从各国的实践来看，用于国债发行的招标也大多采取封闭招标的形式。

划分国债招标种类最主要的方法是按照中标者认购价格的确定方式不同来划分。据此，招标可分为荷兰式招标和美国式招标。这两种招标方式有两个方面的区别，现以利率招标为例分别说明如下。

（1）利率确定方式不同。在荷兰式招标方式下，先将所有投标人所报的利率标位由低到高排列，与此同时将各个投标额相加，当投标总额达到预定发行额时，此时对应的最高利率标位即为当期国债的票面利率；在美国式招标方式下，同样是将所有投标人所报的利率标位由低到高排列并将各个投标额相加直至投标总额达到预定发行额，所不同的是，美国式招标将所有中标标位加权平均的结果作为当期国债的票面利率，其中每个标位的权重是该标位上认购额度占发行总量的比例。

（2）各中标人的实际收益率不同。荷兰式招标中，所有中标人的实际收益率都等于中标利率，也就是都等于当期国债的票面利率；而在美国式招标中，各中标人的实际收益率为其投标时的实报标位。

与国际上普遍实行的招标方式不同，我国财政部于2004年推出了混合式国债招标方式。在混合式国债招标方式下，当标的为利息时，全场加权平均中标利率即为当前国债的票面利率。投标利率低于或等于票面利率的标位，按票面利率承销当期国债；投标利率高于或等于票面10%以内的标位，按各自中标利率承销当期国债；投标利率高于票面10%以上的标位，全部落标。当标的为价格时，以投标数量为权重计算全场加权平均中标价格。投标价格高于或等于全场加权平均价格的标位，按加权平均投标价位承销当期国债；投标价格低于全场加权平均投标价格10%的标位，按各中标价格承销当期国债；投标价格低于全场加权平均投标价格10%以下的标位，全部落标。总之，在混合式国债招标方式下，基本承销额按全场加权平均中标利率或价格承销。

我国国债的发行方式除了混合拍卖的方式以外，还先后使用过其他三种发行形式：直接发行、代销及包销。

2. 国债二级市场

国债二级市场也就是国债的流通市场，投资者在购买了国债后可以随时变现、交易，也可以作为回购交易的标的，这有利于机构资金的周转；国债同时也是中央银行实现宏观调控进行市场操作的工具。所以，国债二级市场对资本市场来说同样重要。

从世界各国的情况来归纳，国债二级市场有两种类型：一种是场外交易即柜台交易；另一种是在证券交易所交易。美国的国债有一个庞大的二级市场，场外交易遍及各地。参加场外交易的有金融机构、国债经纪人、交易商。场外交易主要是通过电话、电传等通信网络以及网上撮合来完成的。证券交易所交易是国债在证券交易所挂牌公开交易。国债在交易所交易采用公开竞价的方式进行。在这种交易中，采用的是价格优先和时间优先的原则。

我国的情况比较特殊，由于银证分业，因此还有一个交易额巨大的银行间交易市场。银行间建仓采用一对一询价、逐笔协议成交的方式进行，交易结果报中央国债登记结算有限责任公司和全国银行间同业拆借中心，资金清算由双方直接划往指定账户，债券由中央国债登记结算有限责任公司转托管。

（二）市政债券

在多数国家，地方政府都可以发行债券，市政债券是由地方政府和地方政府部门发行的，其目的是弥补暂时性的业务收入和支出的不平衡，或者是筹集资金进行长期投资，例如建学校、建设公用设施和运输系统等。市政债券对家庭投资者有很大的吸引力，因为市政债券收益可以免缴个人所得税，而且在多数情况下，还可以免缴地方税。而国债利息只能免缴地方税。这使得地方政府债券利息成本较低。

市政债券包括两类：普通债务债券和收入债券。普通债务债券以发行者的财政收入作为偿债担保。收入债券的发行者是为了特定的投资项目进行投资。投资的收益作为债务偿本付息的保证。如果投资失败，地方政府也不能用税收收入来偿债。因此，收入债券在市政债券中的违约风险相对较高。市政债券的二级市场非常冷清，与国债市场相比流动性较低，主要原因是发行者的信息不够公开。

（三）政府机构债券

在美国、日本等不少国家，除了财政部外，一些政府机构也可发行债券。这些债券的收支偿付均不列入政府预算，而是由发行单位自行负责。有权发行债券的政府机构有两种：一种是政府部门机构和直属企事业单位，如美国联邦住房和城市发展部下属的政府国民抵押贷款协会（GNMA）；另一种是虽然由政府主办却属于私营的机构，如联邦国民抵押贷款协会（Fannie Mae）和联邦住宅抵押贷款公司（Freddie Mac）。这些政府有关机构或资助企业具有某些社会功能，它们通过发行债券给经济部门增加信贷资金以及降低融资成本，其债券最终由中央政府作后盾，因而信誉也很高。

三、公司债券

在我国，不同企业作为发债主体，其发行的债券由不同政府主管部门批准，故有企业债券和公司债券之分，其差别如表3-3所示，但在下文中我们统称为公司债券。

表3-3 公司债券与企业债券的区别

比较项目	公司债券	企业债券
发行主体	由股份有限公司或有限责任公司发行	由中央政府部门所属机构、国有独资企业或国有控股企业发行
发债资金用途	主要用于固定资产投资、技术更新改造、改善公司资金来源结构、调整公司资产结构、降低公司财务成本、支持公司并购和资产重组等	主要用于固定资产投资和技术革新改造方面，并与政府部门的审批项目直接相关
发债额度	最低大致为1 200万元和2 400万元	发债数额不低于10亿元
管制程序	公司债券监管机构往往对债券的信用评级和发债主体的信息披露有严格要求，特别重视发债后的市场监管工作	发行由国家发展改革委和国务院审批，要求银行予以担保；一旦债券发行，审批部门则不再对发债主体的信息披露和市场行为进行监管
市场功能	作为各类公司获得中长期债务性资金的一种主要方式	受到行政机制的严格控制，每年的发行额度远低于国债、央行票据和金融债券的融资额，也明显低于股票的融资额

公司债券是指公司所发行的全部中长期债券。债券合约是一项规定了持有者权利和发行者义务的法律合同。该合同要求不管公司业绩如何都应优先偿还其固定收益，否则持有者可在《中华人民共和国企业破产法》的框架内寻求解决方案，因而其风险小于股票，但比政府债券高。

（一）公司债券的分类

公司债券的种类很多，通常可分为以下几类。

1. 按抵押担保状况分类

公司债券按抵押担保状况可分为信用债券、次级信用债券、抵押债券、担保信托债券。

信用债券（Debenture Bonds）是完全凭公司信誉，不提供任何抵押品而发行的债券。其持有者的求偿权排在有抵押债权人对抵押物的求偿权之后，对未抵押的公司资产有一般求偿权，即和其他债权人排名相同。发行这种债券的公司必须有较好的声誉，一般只有大公司才能发行，而且期限较短，利率较高。信用债券并不提供担保品，是无担保债券。

次级信用债券（Subordinated Debentures）也是无担保债券，且其权益排在抵押债券和普通债券后面。发行公司破产时，只有抵押债券和信用债券偿还完毕才能清偿次级信用债券。因此次级信用债券是一种风险最大的债券，它要求的收益率通常也高于其他债券，由于其信用级别在投资级以下，因此也被称为高收益债券或垃圾债券。

抵押债券（Mortgage Bonds）是以土地、房屋、设备等不动产为抵押品而发行的一种公司债券。如果公司不能按期还本付息，债权人有权处理抵押品以资抵偿。在以同一不动产为抵押品多次发行债券时，应按发行顺序分为第一抵押债券和第二抵押债券，前者对抵押品有第一置留权，首先得到清偿；后者只有第二置留权，只能待前者清偿后，用抵押品的剩余款偿还本息。由于抵押债券有发行公司的具体资产作为保证，因此其投资风险要低于无担保债券，同时，抵押债券的收益率要低于无担保债券。设备信托债券就是以项目投资所购买的设备作为抵押品的债券。

担保信托债券（Collateral Trust Bonds）是以公司特有的各种动产或有价证券为抵押品发行的公司债券，也称流动抵押公司债券。用作抵押品的证券必须交由受托人保管，但公司仍保留股票表决及接受股息的权利。

2. 按票面利率分类

公司债券按票面利率可分为固定利率债券、浮动利率债券、指数化债券和零息债券。

固定利率债券（Fixed Rate Bonds）是指事先确定利率，每半年或一年付息一次，或一次还本付息的公司债券。这种公司债券最为常见。

浮动利率债券（Floating Rate Bonds）是在某一基础利率（例如同期限的政府债券收益率、优惠利率、LIBOR 等）之上增加一个固定的溢价，如 100 个基点即 1%，以防止未来市场利率变动可能造成的价值损失。对某些中小型公司或状况不太稳定的大公司来说，发行固定利率债券发生困难或成本过高时，可考虑选择浮动利率债券。

指数化债券（Index-linked Bonds）是指数挂钩债券的简称，是指债券利息的支付与特定价格指数［如消费者价格指数（CPI）］相关联的债券。通胀指数化债券（Inflation-indexed Bonds）是指债券本金和利息的到期支付根据既定的通胀指数变化情况调整的债券。该种债券发行时通常先确定一个实际票面利率，而到期利息支付除按票面确定的利率标准外还要再加上按债券条款规定期间的通货膨胀率升水，本金的到期支付一般也根据债券存续期间通货膨胀率调整后支付。指数化债券的持有人收到的利息等于宣布的实际利息加上通货膨胀率。

零息债券（Zero-Coupon Bonds）即以低于面值的贴现方式发行，到期按面值兑现，不再另付利息的债券。它与短期国库券相似，可以省去利息再投资的麻烦，但该债券价格对利率变动极为敏感。

3. 按内含选择权分类

公司债券按内含选择权可分成可赎回债券、偿债基金债券、可转换债券、可卖回债券和带认股权证的债券。

可赎回债券（Callable Bonds）是指公司债券在发行时包含了赎回条款（Call Provision），允许发行者在特定时间按照某一固定的价格将债券从市场买回。这一赎回价格通常高于债券面值，一般是面值加上一年的利息收入。赎回价和面值之间的差额叫赎回溢价。公司设立赎回条款是为了在市场利率低于票面利率时赎回旧债，以较低的成本发行新债来筹集资金。这样往往对投资者不利，因此许多国家为了保护投资者的利益都设立了延期赎回条款。该条款规定债券的赎回权一般只能在发行十年后才能生效。因为赎回条款对投资者不利，所以这种债券的收益率比同条件下其他债券高一些。

偿债基金债券（Sinking Fund Bonds）是要求发行公司每年从盈利中提取一定比例存入信托基金，定期偿还本金，即从债券持有人手中购回一定量的债券。由于偿债基金条款降低了债券的到期违约可能性，因此对投资者有利。它的收益率要低于相同条件下没有偿债基金的债券。

可转换债券（Convertible Bonds）是指发行人按法定程序发行的，赋予债券投资者在发行后的特定时间内，按照自身的意愿选择是否按照约定的转化价将债券转换为股票的权利的一种债券。可转换条款使其所有者可以分享公司股票升值。可转换条款实质上是提供给投资者的一种期权。一张债券可转换为股票的份额称为转换率。例如，一张可转换债券的面值是1 000元，转换率为20，现在股票价格是45元/股。如果现在进行转换，转换后的股票价值是900元（45×20），持有者不会转换。假设一段时间后，股票价值上涨到60元/股时，投资者进行转换是有利的，此时转换后的股票价值是1 200元（60×20），转换后获得超额收益的比例是20%。因为转换赋予投资者一种权利，所以它的收益率往往较同样条件的非转换债券低。

可卖回债券或可延长债券是一种新发展起来的债券工具。可赎回债券给予发行者在赎回期内选择是否赎回债券的选择权。而可卖回债券把这种选择权赋予投资者，如果债券的利率超过当前的市场收益率，持有者将选择持有；如果债券的价格低于市场利率，持有者就会选择把债券卖回发行公司，再选择高收益率投资工具。

带认股权证的债券赋予其持有者在固定日期之前以事先确定的价格购买股票的机会。当债券持有人决定购买股票时，只需交换认股权证，无须返还债券。当股票的市场价格比认股权证上规定的价格高时，债券的持有者就会行使认股权证。此外，债券的持有者可以在保留基础债券所有权的同时不行使认股权证，而将它出售。

4. 按企业性质分类

公司债券按企业性质可分为非金融机构债券和金融机构债券。

非金融机构债券是非金融性公司发行的债券。金融机构债券是银行等金融机构为筹集信贷资金而发行的债券。在西方国家，由于金融机构大多属于股份公司组织，故金融机构债券可纳入公司债券的范围。发行金融机构债券，表面看来同银行吸收存款一样，但由于债券有明确的期限规定，不能提前兑现，所以筹集的资金要比存款稳定得多。更重要的是，金融机构可以根据经营管理的需要，主动选择适当时机发行必要数量的债券以吸引低利率资金，故金融机构债券的发行通常被看作银行资产负债管理的重要手段，而且，由于银行的资信度比一般公司要高，因此金融机构债券的信用风险也较一般公司债券低。

（二）公司债券一级市场

公司债券一级市场是公司发行债券的市场。债券的发行与股票类似，不同之处主要有发行债券契约和债券评级两个方面,同时,由于债券是有期限的,因而其一级市场多了一个偿还环节。

1. 债券契约

债券契约是债券发行者与投资者之间的协议,包括发行的基本条款和维护持有者利益并约束发行者权利的一系列措施,主要包括偿债基金、次级债务、红利限制和担保品等一系列规定。

(1) 偿债基金。偿债基金可以两种方式运作:公司可以在公开市场上回购一部分流通在外的债券;公司也可以以一个与偿债基金条款有关的特别价购买部分债券。公司具有选择是否以偿债基金价格进行回购的权利。为了在债券持有者之间公平分配偿债基金,被购债券的选择按照数字序列随机产生的方式进行。

从表面上看,偿债基金主要是通过提供偿债准备金来保障债权人的权益的,但它实际上更可能伤害投资者。主要是当利率下降时,债券价格上涨,公司更可能按照偿债基金的规定以低于市场价格回购债券,股东将受益,而债券持有人将受损。

(2) 次级债务。决定公司安全性的因素之一是发行公司全部的未清偿债务的数额。投资者购买某公司债券以后,若该公司以后又发行更多的债务,则持有者债务违约的可能性将增加,即债券的质量将随着后续债券的发行而降低。为了防止发行者额外发行债务,次级条款规定限制了发行者额外债务的数量。原始债务清偿优先,后续债务要清偿原始债务。

(3) 红利限制。一些公司在临近破产时,会以超额红利等形式将公司的财产转移。为了防止这种行为的发生,契约条款限制了公司支付红利的数额。一个典型内容是,如果公司有史以来的红利支付超过了累计留存收益与股票销售收入之和,就不得继续向股东支付红利。

(4) 担保品。某些债券的发行以特定的资产作为发债担保。当公司违约时,公司债券持有者可以得到公司部分资产。担保品的种类有:公司财产和有价证券。如果担保品是公司财产,则该债券称为抵押债券。如果担保品是有价证券形式,则该债券称为担保信托债券;如果担保品是设备,则该债券称为设备契约债券。

由于有特殊担保品的支持,所以抵押债券通常被称为最安全的公司债券。

公司债券发行还规定其他条款:公司同意将其营运资本维持在某一最低水平;公司必须按规定向债权人提供财务报表。

2. 债券等级

公司经常出资聘请权威评级机构评定其债券的级别。穆迪、标准普尔公司是最著名的两家评级公司。债券等级取决于两点:①公司违约的可能性;②公司违约时,贷款合同所能提供给债权人的保护。债券等级的评定主要依据公司提供的信息,主要是通过公司的财务报表进行的。有关债券等级的分类如表3-4所示。

中国自身发展需要一个安全的国际信用环境,履行世界经济发展职责需要中国为国际信用体系安全做出应有的贡献。通过国际评级实践活动,向世界提供更客观真实的评级资讯,推动建立一个超主权利益的国际信用评级体系是中国评级机构参与国际评级的最主要目标。成为评级机构需要经过国家批准。国内有五大政府各部门发的全牌照的资信评级机构,分别为大公国际、中诚信、联合资信、东方金城和上海新世纪,其中大公国际、上海新世纪、中诚信联合占有评级市场90%以上的份额。

表 3-4 债券评级表

评级机构 债券等级	穆迪	标准普尔	级别含义
高等级	Aaa	AAA	是债券等级中最高的级别,表明债券具有极强的偿付本息的能力
	Aa	AA	有较强的本息偿付能力,它同最高等级债券一起构成债券的最高级别
较高级	A	A	偿还本息能力强,但是它比较容易随经济状况变动而发生不利的变动
	Baa	BBB	具有足够的偿债能力,比起高等级债券,不利的经济状况或环境变化更能削弱该级别债券的本息偿还能力,这类债券属于中级债券
投机级	Ba	BB	一般认为该等级债券具有显著的投机性,Ba 和 BB 级债券的投机度较低
	B	B	这类公司收益较低,其债券还本付息的能力的保证程度很低,无法判断其未来的安全性
低级	Caa	CCC	这类公司债务过多,信誉不太好,信用较差,有可能违约
	Ca	CC	经常违约,拖欠本息,问题较多且十分明显,这类公司的债券具有极大的投机性,风险很大
	C	C	这类公司前途无望,其债券有可能拒绝还本付息,根本不能作为真正的投资
	D	D	无力清偿债务,无法按时支付本息

3. 债券的偿还

债券的偿还一般可分为定期偿还和任意偿还两种方式。

（1）定期偿还。定期偿还是在经过一定宽限期后,每过半年或 1 年偿还一定金额的本金,到期时还清余额。这一般适用于发行数量巨大、偿还期限长的债券,但国债和金融债券一般不使用该方法。

定期偿还具体有两种方法：一是以抽签方式确定并按票面价格偿还；二是从二级市场上以市场价格购回债券。为增加债券信用和吸引力,有的公司还建立偿还基金用于债券的定期偿还。

（2）任意偿还。任意偿还是债券发行一段时间（保护期）以后,发行人可以任意偿还债券的一部分或全部,具体操作可根据早赎或以新偿旧条款,也可在二级市场上买回予以注销。

投资银行往往是具体偿还方式的设计者和操作者,在债券偿还的过程中,投资银行有时也为发行者代理本金发还。

● 中国风格
中债估值中心成功发布中债长三角系列债券指数

请扫码查看

中国风格

第三节　证券投资基金市场

证券投资基金（简称投资基金或基金）是资本市场的一个新形态,它本质上是股票、债券及其他证券投资的机构化,不仅有利于克服个人分散投资的种种不足,而且成为个人投资者分散投资风险的最佳选择,从而极大地推动了资本市场的发展。

一、投资基金的定义和形式

1. 投资基金的定义

通俗地讲,投资基金就是汇集众多分散投资者的资金,委托投资专家(如基金管理人),由投资管理专家按其投资策略,统一进行投资管理,为众多投资者谋利的一种投资工具。投资基金集合大众资金,共同分享投资利润,分担风险,是一种利益共享、风险共担的集合投资方式。

投资基金就是通过向社会公开发行基金单位(份额)筹集资金,并将资金用于证券投资。基金单位的持有者就是基金的投资人,他们是基金资产的实际所有者,享有资产所有权、收益分配权、基金信息的知情权、表决权、剩余财产处置权和其他相关权利,并承担相应义务。

2. 投资基金运作流程

投资基金是一种集合式投资方式,是投资的机构化,由专业投资人才经营,并把基金投资所获收益分配给基金持有者。投资基金的运作流程如图3-1所示。首先,基金发起人通过基金发行把投资者的资金汇集起来。然后,该基金委托投资专家,即基金管理人投资运作。其中:① 投资者、基金管理人、基金托管人通过基金契约方式建立信托协议,确立投资者出资(并享有收益、承担风险)、基金管理人受托负责理财、基金托管人负责保管资金三者之间的信托关系;② 基金管理人与基金托管人(主要是银行)通过托管协议确立双方的权责。最后,基金管理人经过专业理财,将投资收益分给投资者。

在我国,基金托管人由依法设立的商业银行或者其他金融机构担任;基金管理人是基金的组织者和管理者,在整个基金的运作中起着核心作用,不仅负责基金的投资管理,而且承担着产品设计、基金营销、基金注册登记、基金估值、会计核算以及客户服务等多方面的职责。依据《中华人民共和国证券投资基金法》的规定,基金管理人只能由依法设立的基金管理公司担任。

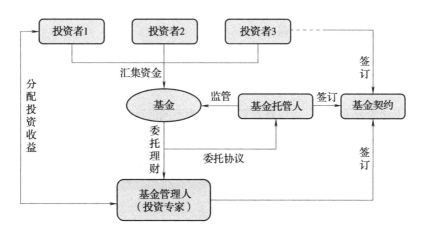

图 3-1 投资基金运作流程简图

3. 投资基金的形式

投资基金在不同的国家或地区有不同的形式，在美国主要的基金形式是公司型开放式基金，称为"共同基金"；在英国及中国香港地区主要的基金形式是契约型开放式基金，称为"单位投资信托"；在日本主要的基金形式也是契约型开放式基金，称为"证券投资信托"；在中国大陆地区主要的基金形式是契约型封闭式基金，称为封闭式证券投资基金。

4. 投资基金的特点

20 世纪 70 年代以来，投资基金市场得到极大的发展，这跟基金的特点有关。投资基金的特点如下。

（1）集合理财，专业管理。基金将众多投资者的资金集中起来，委托基金管理人进行共同投资，表现出一种集合理财的特点。通过汇集众多投资者的资金，积少成多，有利于发挥资金的规模优势，降低投资成本。基金由基金管理人进行投资管理和运作。基金管理人一般拥有大量的专业投资研究人员和强大的信息网络，能够更好地对证券市场进行全方位的动态跟踪与分析。

（2）组合投资，分散风险。为降低投资风险，基金通常以组合投资的方式进行基金的投资运作，从而使"组合投资、分散风险"成为基金的一大特色。中小投资者由于资金量小，一般无法通过购买不同的股票分散投资风险。基金通常会购买几十种甚至上百种股票，投资者购买基金就相当于用很少的资金购买了一篮子股票，某些股票下跌造成的损失可以用其他股票上涨的盈利来弥补，因此可以充分享受到组合投资、分散风险的好处。

（3）利益共享，风险共担。基金投资者是基金的所有者。基金投资者共担风险，共享收益。基金投资收益在扣除由基金承担的费用后的盈余全部归基金投资者所有，并依据各投资者所持有的基金份额进行分配。为基金提供服务的基金托管人、基金管理人只能按规定收取一定的托管费、管理费，并不参与基金收益的分配。

（4）严格监管，信息透明。为切实保护投资者的利益，增强投资者对基金投资的信心，中国证监会对基金业实行比较严格的监管，对各种有损投资者利益的行为进行严厉的打击，并强制基金进行较为充分的信息披露。

（5）独立托管，保障安全。基金管理人负责基金的投资操作，本身并不经手基金财产的保管。基金财产的保管由独立于基金管理人的基金托管人负责。这种相互制约、相互监督的制衡机制对投资者的利益提供了重要的保护。

二、投资基金的分类

根据以下不同的分类标准，可以将投资基金分为不同的种类。

（一）按基金的组织形式和法律地位分类

按基金的组织形式和法律地位不同，投资基金可分为公司型基金和契约型基金。

1. 公司型基金

公司型基金（Corporate Type Fund）依《中华人民共和国公司法》成立，通过发行基金股份将集中起来的资金投资于各种有价证券。公司型基金在组织形式上与股份有限公司类似，基金公司资产为投资者（股东）所有，由股东选举董事会，由董事会聘请基金管理人，基金管理人负责管理基金业务。

公司型基金的设立要在工商管理部门和证券交易委员会注册,同时还要在股票发行的交易所在地登记。

2. 契约型基金

契约型基金(Contractual Type Fund)也称信托型投资基金,是依据信托契约通过发行受益凭证组建的投资基金。该类基金一般由基金管理人、基金托管人及投资者三方当事人订立信托契约。基金管理人可以作为基金的发起人,通过发行受益凭证将资金筹集起来组成信托财产,并依据信托契约,由基金托管人负责保管信托财产,具体办理证券、现金管理及有关的代理业务等;投资者也是受益凭证的持有人,通过购买受益凭证,参与基金投资,享有投资受益。基金发行的受益凭证表明投资者对投资基金所享有的权益。

(二)按基金清偿的方式分类

按基金清偿的方式分类,投资基金可以分为封闭式基金和开放式基金。

1. 封闭式基金

封闭式基金是指基金的发起人在设立基金时,事先确定发行总额,筹集到该总额的80%以上时,基金即宣告成立,并进行封闭。在封闭期内不再接受新的投资,投资者不能要求退回资金,基金也不能增加新的份额。尽管在封闭的期限内不允许投资者要求退回资金,但是基金可以在市场上流通。投资者可以通过市场交易套现。

我国封闭式基金单位的流通方式采取在证券交易所挂牌上市交易的办法,投资者买卖基金单位,都必须通过证券商在二级市场上进行竞价交易。

2. 开放式基金

开放式基金是指基金发行总额不固定,基金单位总数随时增减,投资者可以按基金的报价在基金管理人确定的营业场所申购或者赎回基金单位的一种基金。开放式基金可根据投资者的需求追加发行,也可按投资者的要求赎回。对投资者来说,既可以要求发行机构按基金的现期净资产值扣除手续费后赎回基金,也可再买入基金,增持基金单位份额。

我国开放式基金单位的交易采取在基金管理公司直销网点或代销网点(主要是银行营业网点)通过申购与赎回的办法进行,投资者申购与赎回都要通过这些网点的柜台、电话或网站进行。

通过表3-5可以看出封闭式基金与开放式基金的主要区别。

(三)按投资目标分类

按投资目标分类,投资基金可以分为收入型基金、成长型基金和平衡型基金。

1. 收入型基金

收入型基金(Income Funds)是以获取最大的当期收入为目标的投资基金,其特点是损失本金的风险小,但长期成长的潜力也相应较小,适合较保守的投资者。收入型基金又可分为固定收入型(Fixed-Income)和权益收入型(Equity-Income)两种,前者主要投资于债券和优先股股票,后者则主要投资于普通股股票。

表 3-5 封闭式基金和开放式基金的区别

比较项目	封闭式基金	开放式基金
交易场所	深沪证券交易所	基金管理公司或代销机构网点（主要指银行等网点）
基金存续期限	有固定的期限	没有固定期限
基金规模	固定额度，一般不能再增加发行	没有规模限制（但有最低的规模限制）
赎回限制	在期限内不能直接赎回基金，需通过上市交易套现	可以随时提出购买或赎回申请
交易方式	上市交易	基金管理公司或代销机构网点（主要指银行等网点）
价格决定因素	交易价格主要由市场供求关系决定	价格依据基金的资产净值而定
分红方式	现金分红	现金分红、再投资分红
费用	交易手续费：成交金额的 2.5‰	申购费：不超过申购金额的 5% 赎回费：不超过赎回金额的 3%
投资策略	不可赎回，无须提取准备金，能够充分运用资金进行长期投资，取得长期经营绩效	必须保留一部分现金或流动性强的资产，以便应付投资者随时赎回，进行长期投资会受到一定限制；因随时面临赎回压力，所以须更注重流动性等风险管理，要求基金管理人具有更高的投资管理水平
信息披露	基金单位资产净值每周至少公告一次	单位资产净值每个开放日进行公告

2. 成长型基金

成长型基金（Growth Funds）是以追求资本的长期增值为目标的投资基金，其特点是风险较大，可以获取的收益也较大，适合能承受高风险的投资者。成长型基金又可分为三种：一是积极成长型，这类基金通常投资于有高成长潜力的股票或其他证券；二是新兴成长型基金，这类基金通常投资于新行业中有成长潜力的小公司或有高成长潜力行业（如高科技）中的小公司；三是成长收入型基金，这类基金兼顾收入，通常投资于成长潜力大、红利也较丰厚的股票。

3. 平衡型基金

平衡型基金（Balanced Funds）是以净资产的稳定、可观的收入及适度的成长为目标的投资基金，其特点是具有双重投资目标，谋求收入和成长的平衡，故风险适中，成长潜力也不是很大。

（四）按投资对象分类

按投资对象不同，投资基金可以分为股票基金、债券基金、货币市场共同基金、混合基金、期货基金、期权基金、认股证基金、房地产基金、贵金属基金、基金中的基金及对冲基金与套利基金。根据定义就可以明白，以哪种证券为投资标的即为什么基金，表 3-6 选取了三种基金类型进行对比分析。在上述众多的基金种类中，下面只介绍对冲基金和套利基金。

对冲基金（Hedge Funds），又称套期保值基金，是在金融市场上进行套期保值交易，利用现货市场和衍生市场对冲的基金，这种基金能最大限度地避免和降低风险，因而也称避险基金。套利基金（Arbitrage Fund）是在不同金融市场上利用其价格差异低买高卖进行套利的基金，也属低风险稳回报基金。

● 知识点

投资基金的费用与收益

知识点

表 3-6 货币市场共同基金与股票基金、债券基金比较

投资品种	安全性	收益性	投资成本	流动性
货币市场共同基金	本金相对安全	收益稳定，免征利息税	低（免赎回费用，管理费低）	$T+1$ 划出
股票基金	风险高	收益不稳定，受证券市场影响	高（有申购、赎回费，管理费高）	$T+7$ 划出
债券基金	本金有可能损失	收益不稳定，受债券市场影响	高（有申购、赎回费，管理费高）	$T+7$ 划出

【例3-3】 假设华夏基金持有招商银行 5 000 股，江淮汽车 4 000 股，宇通客车 8 000 股。这三只股票现在的交易价格分别是 13.75 元/股、3.09 元/股及 9.90 元/股。该基金现已向投资者发售了 15 000 股。这样，该基金现在的净资产价值是多少？

【解析】
$$\text{NAV} = \frac{\text{基金所管理资产的市场价值总额}}{\text{共同基金现有的股份数}}$$
$$= (13.75 \times 5\,000 + 3.09 \times 4\,000 + 9.90 \times 8\,000)/15\,000$$
$$= 10.687 \text{（元）}$$

开放式基金在市场上的份额每天都会随着股份的买入和卖出而变动。因此，股份的需求决定了市场的股份数额，让我们看一下开放式基金净资产价值的计算。

【例3-4】 仍然以华夏基金为例，假设又有投资者以 10.687 元/份买入华夏基金的份额 3 000 份，这意味着华夏基金经理人可用 32 061 元（10.687×3 000）买入股票。按照现在的股价，买入宇通客车 3 238 股（32 061/9.90），现在的基金组合是招商银行 5 000 股、江淮汽车 4 000股和宇通客车 11 238 股（8 000＋3 238）。假设第二天这三只股票的价格分别是 14.55 元/股、3.20 元/股、10.30 元/股，则第二天的基金净资产价值是多少？

【解析】 $\text{NAV} = (14.55 \times 5\,000 + 3.20 \times 4\,000 + 10.30 \times 11\,238)/(15\,000 + 3\,000) = 11.183$ （元）

三、投资基金的发行和流通

(一) 投资基金的发行方式

投资基金的发行也叫基金的募集，它是指基金发起人在其设立或扩募基金的申请获得国家主管部门批准之后，向投资者推销基金单位、募集资金的行为。发行方式就是指基金募集资金的具体办法。

● 知识点
投资基金的投资策略

在国外，常见的基金发行方式有四种：① 直接销售发行，是指基金不通过任何专门的销售部门直接销售给投资者的销售办法；② 包销方式，是指基金由经纪人按基金的资产净值买入，然后再以公开销售价格转卖给投资人，从中赚取买卖差价的销售办法；③ 销售集团方式，是指由包销人牵头组成几个销售集团，基金由各销售集团的经纪人代销，包销人支付给每个经纪人一定的销售费用的销售方式；④ 计划公司方式，是指在基金销售过程中，由一家公司在基金销售集团和投资人之间充当中间销售人，以

使基金能以分期付款的方式销售出去的方式。

在我国，投资基金的发行方式主要有两种：上网发行和网下发行。上网发行是指将所发行的基金单位通过与证券交易所的交易系统联网的全国各地的证券营业部，向广大的社会公众发售基金单位的发行方式。这主要是封闭式基金的发行方式。网下发行方式是指将所要发行的基金通过分布在一定地区的银行或证券营业网点，向社会公众发售基金单位的发行方式。这主要是开放式基金的发行方式。

购买首次发行的基金称为认购，以后的基金买卖称为申购和赎回，开放式基金申购和赎回的手续十分简便，申购时投资者只需将有关申请表格填妥，连同款项交给基金销售机构，基金销售机构在收到申请书及款项后交给基金托管人核收，经复核无误后，基金托管人便在持有人名册上增加投资者的记录，并出具所持有单位的收据给投资者，投资者便正式成为基金的持有人。投资者在出售基金单位时，只需填写赎回申请，按指定程序向基金销售机构发出赎回申请，经基金托管人核准及注销有关记录后，便将赎回款支付给投资者。

（二）投资基金的流通方式

基金的交易是在基金成立之后进行的买卖活动。封闭式基金一般是在证券交易所申请挂牌上市的。由于封闭式基金的封闭性，即买入的封闭基金是不能卖回给发起人的，所以投资者若想将手中的基金出手，只能通过证券经纪商，再通过证券交易所的交易主机进行撮合转让给其他投资者；若想买入，也要通过证券交易所从其他投资者手中买进。开放式基金一般不在证券交易所挂牌上市交易，而是通过指定的销售网点进行申购或赎回。开放式基金的开放性对于投资者来说，就是可以随时从基金发起人和基金管理公司申购或赎回基金。

本章小结

1. 股票市场是股票发行和流通的场所。根据股东拥有的求偿次序和控制权的不同，可将股票分为普通股和优先股。作为对股东投资的回报，股东可得到红利和股息。普通股股东有制定股利政策的权利、公司经营重大事宜决策权、公司资产的剩余求偿权，并享有限责任的权利。优先股是指在剩余索取权方面较普通股优先的股票，可分为参与优先股和非参与优先股。另外，股票还可以分为记名股和无记名股、有面值股和无面值股。
2. 股票发行市场也称一级市场，是指公司通过发行新的股票筹集资金的市场。股票流通市场也称二级市场，是投资者之间买卖已发行股票的场所。
3. 债券市场是发行和买卖债券的场所。国债是各国中央政府以债务人的身份发行的，以国家信誉为担保的债券，一般没有违约风险。国际上国债发行通常采用拍卖的方式。国债的二级市场是国债的流通市场，可分为场外交易和证券交易所交易。市政债券和政府机构债券分别是由地方政府和地方政府部门与政府机构发行的债券。
4. 公司债券通常可分为以下几类：① 按抵押担保状况分为信用债券、次级信用债券、抵押债券和担保信托债券；② 按票面利率可分为固定利率债券、浮动利率债券、指数化债券和零息债券；③ 按内含选择权可分为可赎回债券、偿还基金债券、可转换债券、可卖回债券和带认股权证的债券；④ 按照企业性质可分为非金融机构债券和金融机构债券。公司债券的发行和股票市场的发行有很多相似之处，不同的是债券有发行债券契约和债券等评级。

5. 证券投资基金是资本市场的一个新形态，它本质上是股票、债券及其他证券投资的机构化。基金的特点是：集合理财，专业管理；组合投资，分散风险；利益共享，风险共担；严格监管，信息透明；独立托管，保障安全。基金的分类有：公司型基金和契约型基金；封闭式基金和开放式基金；收入型基金、成长型基金和平衡型基金；股票基金、债券基金、期货基金、期权基金等。

6. 证券投资基金的发行也叫基金的募集。在国外，常见的基金发行方式主要有直接销售发行、包销、销售集团、计划公司四种方式；在我国，主要有上网发行和网下发行两种方式。

推荐网站

1. 当代金融家：http://www.modernbankers.com.
2. 金融界：http://www.jrj.com.cn.
3. 上海证券交易所：http://www.sse.com.cn.
4. 深圳证券交易所：http://www.szse.cn.
5. 中国债券信息网：https://www.chinabond.com.cn.
6. 国债网：http://www.bond-china.com.

推荐阅读

1. 桑德斯，科尼特. 金融市场与机构（原书第6版）[M]. 韩国文，张彻，主译. 北京：机械工业出版社，2017.
2. 米什金，等. 金融市场学 [M]. 杜惠芬，译. 北京：中国人民大学出版社，2015.

第四章 外汇市场

本章提要

外汇是外国货币或以外国货币表示的能用于国际结算的支付手段。外汇市场是外汇交易场所和机制的总和。外汇市场是由众多参与主体的供给和需求推动,并由众多的机制推动和约束的。汇率是两种不同货币之间的比价,汇率的波动意味着国际贸易和投资的风险。

学习目标

1. 理解外汇的动态和静态含义;理解直接标价法和间接标价法的含义;了解汇率的分类。
2. 理解外汇市场广义和狭义的含义;了解外汇市场的参与者;理解外汇市场的运行机制。
3. 理解即期外汇交易、远期外汇交易、掉期交易及套汇活动,并熟练运用。
4. 理解汇率变动的影响因素和汇率的变动对经济的影响;理解一价定律理论。

重点难点

本章重点:即期外汇交易、远期外汇交易、掉期交易、套汇交易。
本章难点:交叉汇率的计算、掉期交易和套利交易。

案例导入

中国加入"SDR"意义重大

1969 年,国际货币基金组织(IMF)首次提出特别提款权(Special Drawing Right,SDR)这一概念,SDR 是成员方除"普通提款权"外在 IMF 可以获得的储备资产补充。

根据 IMF 2015 年 11 月 30 日的决定,自 2016 年 10 月 1 日起,人民币被认定为可自由使用货币,根据新公式,SDR 货币篮子中各货币的权重分别是:美元 41.73%,欧元 30.93%,人民币 10.92%,日元 8.33%,英镑 8.09%。

IMF 依据各成员方缴纳份额进行 SDR 分配,SDR 的持有方可以在发生国际收支逆差时,动用配额向 IMF 指定的其他成员方换取外汇,以偿付国际收支逆差或偿还 IMF 的贷款并支付利息,还可与黄金、自由兑换货币一样充当国际储备。

长远来看,加入 SDR 对我国具有重大意义:第一,提升人民币储备货币地位;第二,有利于增强市场对人民币的信心;第三,全球投资人对人民币资产的配置将大幅上升;第四,人民币加入 SDR 意味着人民币国际化取得了重大进展，随着"对外战略"的逐步实施，经济上稳增长、保就业、促转型都将获得更大的回旋余地和新的动力；第五，中国的金融市场将因此变得更加开放，中国的资产价格将逐步跟国际接轨，资产泡沫问题将逐步得到解决。

1. 人民币成为储备货币会给国内资本市场带来新增资金

人民币纳入 SDR 将在中期刺激外国央行将人民币纳入其储备资产，进而增加人民币债券的配置需求。再者，人民币国际货币地位的接受度提高，离岸人民币清算行持有的离岸人民币存量也将上升，这类银行配置人民币债券的需求也会相应提升。

虽然人民币在 SDR 货币篮子中的份额略高于日元及英镑，但人民币存在一个不利因素，即人民币资本项目开放程度远低于日元或英镑，虽然中国正不断加大资本项目开放步伐，但在维持经济、金融稳定和开放中始终要取得平衡，短期很难达到日本、英国的开放程度，而人民币货币和资产可得性可能会限制外国央行增加人民币资产配置的热情。因此，我们预计中期内，4% 是人民币资产占比的上限，3% 是一个中性的预测，2% 可能是较为悲观的预测。换言之，外国央行持有的人民币资产目前看最多将达到 4 600 亿美元，较之目前 1 000 亿美元左右的人民币资产存量，增长 3 600 亿美元。

2. 增量资金对于债券收益率的影响

境外机构新增资金将主要投资于国内银行间债券市场。据预测，未来数年内外国央行将增持我国利率债的规模约为 23 040 亿元，假设利率债存量以 2014 年 22 000 亿元为标准每年递增 1 000 亿元，即 2015 年增加到 23 000 亿元，2016 年增加到 24 000 亿元，以此类推，债券收益率有望下行 60～70 个基点。

资料来源：搜狐网，https://www.sohu.com/a/48260671_114988。

本章主要对外汇、汇率、外汇市场的构成要素以及汇率的决定和外汇变动的经济影响进行介绍，通过本章内容的学习有助于从市场角度理解中国加入"SDR"的意义，有助于培养国际化意识和全球视野。

第一节 外汇与汇率

本节主要介绍外汇和汇率的基本知识。

一、外汇的定义

外汇（Foreign Exchange）就是"国际汇兑"，有动态和静态两种含义。动态含义指的是把一国货币兑换成另一国货币，借以清偿国际债权和债务关系的一种经营活动。静态含义指的是外国货币或以外币表示的能用来进行国际结算的资产。根据 2008 年修订的《中华人民共和国外汇管理条例》规定，外汇是指下列以外币表示的可以用作国际清偿的支付手段和资产：

（1）外国现钞，包括纸币、铸币。
（2）外币支付凭证或者支付工具，包括票据、银行存款凭证、银行卡等。
（3）外币有价证券，包括债券、股票等。
（4）特别提款权。
（5）其他外汇资产。

人们通常所说的外汇，一般是就其静态意义而言的。这一定义说明以下几点含义。

（1）外币性，即外汇必须是以外币表示的资产。任何以本币表示的支付手段、有价证券对本国人来说都不能称为外汇。比如，英镑是一种世界上广泛接受的外汇，但是对英国人来说，英镑就不能称为外汇。

（2）自由兑换性，即外汇必须是可以自由兑换成其他形式的货币资产。

（3）可偿性，即这种外币资产是可以保证得到偿付的。

（4）普遍接受性，即这种外币在国际经济往来中被各国普遍接受和使用。这说明不是所有的外币都能称为外汇，更不能把外国金融资产统统理解为外汇。

二、汇率的定义和标价方法

不同货币间的兑换是按汇率进行的。汇率也称为汇价，是两种不同货币之间的比价，即以一种货币表示另一种货币的价格。在汇兑过程中，不同的货币可以相互表示对方的价格，由此产生了两种基本的汇率标价方法：直接标价法和间接标价法。

（1）直接标价法（Direct Quotation）是指以一固定单位（1或100）的外国货币为标准，来计算折合多少单位的本国货币的标价方法。例如，2009年2月20日，中国人民银行公布的人民币对美元的基准汇率是 USD100 = CNY683.52。包括中国在内的绝大多数国家采用的是直接标价法。

（2）间接标价法（Indirect Quotation）是指以一固定单位的本国货币为标准，来计算折合若干单位的外国货币的标价法。目前世界上采用这种标价方法的国家有美国、原英联邦国家及欧元区国家，但在美国，美元对英镑的标价方法是直接标价法。例如上面的直接标价法转变为间接标价法，即 CNY100 = USD14.63。

可以看出，在直接标价法下，汇率越高，意味着一单位的外币可以兑换越多的本币，也就是本国的币值越低。通常，一国货币币值提高称为本币升值（Appreciation or Revaluation），升值意味着直接标价法汇率降低，间接标价法汇率升高。相反，一国货币币值降低称为贬值（Depreciation or Evaluation），贬值意味着直接标价法下汇率升高，间接标价法下汇率降低。例如，2016年8月17日到2016年8月19日3天的美元-英镑汇率分别是 GBP1 = USD1.304 2，GBP1 = USD1.316 1，GBP1 = USD1.307 3。对于美国银行来说，这种标价法是直接标价法。美元对英镑在18日是贬值的，汇率上升；在19日美元升值，汇率下降。

三、汇率的种类

汇率的种类极其繁多，可以根据不同的角度进行分类。

1. 基本汇率和交叉汇率

基本汇率（Basic Rate）是指本国货币与关键货币之间的比价。与本国有关的货币有多种，没必要逐一制定汇率。各国在制定汇率时必须选择某一国货币作为主要对比对象，通常选择一种国际经济交易中最常使用、在外汇储备中所占比重最大的可自由兑换的关键货币作为主要对象，这种货币称为关键货币。根据本国货币与关键货币实际价值的对比，制定出来的汇率就是基本汇率。一般美元是国际支付中使用较多的货币，各国都把美元当作制定汇率的主要货币，常把对美元的汇率作为基本汇率。

从 2005 年 7 月 21 日开始，人民币汇率开始改革，由原来的盯住美元的做法改为参考一篮子货币。我国现在报出的外汇基准价除了美元外，还有英镑、港元、日元及欧元。

交叉汇率（Cross Rate）又称为套算汇率，是指两种货币都通过各自对第三国货币的汇率算出来的汇率。世界外汇市场只公布按美元标价计算的外汇汇率，不直接反映其他外币之间的汇率，要换算出其他各种货币的汇率，就要用各种货币对美元汇率进行套算。一个国家制定出基本汇率后，对其他国家货币的汇率，可以按基本汇率计算出来。例如，2016 年 8 月 19 日，美元对人民币直接汇率：USD1 = CNY6.651 5，美元对澳大利亚元直接汇率：USD1 = AUD1.322 2，这样我们可以套算出人民币对澳大利亚元在直接标价法下的交叉汇率：AUD1 = CNY(6.651 5/1.322 2) = CNY5.030 6。

● **中国风格**
人民币汇率制度改革

请扫码查看

中国风格

2. 固定汇率和浮动汇率

固定汇率（Fixed Exchange Rate）是政府用行政或法律手段选择基本参照物，并确定、公布和维持本国货币与该单位参照物之间的固定比价。充当参照物的可以是黄金，也可以是某一种或某一组货币。当一国政府把本国货币固定在某一组货币上时，我们就称该货币盯住一篮子货币。固定汇率并不是汇率僵死不动，在纸币流通的条件下及经济形式发生较大的变化时，就需要对汇率水平进行调整。因此，纸币流通条件下的固定汇率实际上是一种可调整的固定汇率。

浮动汇率（Float Exchange Rate）是指汇率水平完全由市场的供求决定，政府不加任何干预的汇率制度。随着经济理论的发展，政府也逐步认识到汇率是实现四大经济目标（促进就业、维持物价稳定、保持经济稳定增长和实现国际收支平衡）的有力工具，随着对经济活动的干预日益加深，各国政府都对本币汇率或多或少地进行干预和指导。

第二次世界大战后至 20 世纪 70 年代初，世界各国都采用固定汇率制度。但随着各国经济发展的极度不平衡以及 1973 年布雷顿森林体系的瓦解，各国之间的固定汇率制度不能再维持下去了，大多数西方发达国家采用了浮动汇率制度。到现在为止，固定汇率制度和浮动汇率制度之间已经没有绝对的界线，只是波动幅度的大小不同。并且，在有管理的浮动汇率制和可调整的盯住汇率制之间有许多折中的汇率制度。

3. 单一汇率和复汇率

单一汇率（Single Exchange Rate）是指一国政府对本国货币与另一国货币的兑换只规定一种兑换率。在实行单一汇率的国家，贸易、非贸易外汇收付均按一种汇率结算。

复汇率（Multiple Exchange Rate）又称"多元汇率"，是与"单一汇率"相对的汇率制度。一国在外汇管制情况下，对同一外国货币，因其目的不同，而规定不同的汇率。设置复汇率的主要目的在于：① 鼓励或限制某些商品出口；② 鼓励或限制某些货物进口；③ 鼓励某些商品在国内生产；④ 高价卖出或低价买入以充实国库。

4. 即期汇率和远期汇率

即期汇率（Spot Exchange Rate）也称现汇，是外汇现货交易时所采用的汇率。这一汇率一般就是现时外汇市场的外汇水平。通常所说的电汇汇率、信汇汇率等，均属即期汇率。

远期汇率（Forward Exchange Rate）是交易双方达成外汇买卖协议，约定在将来某段时间进行外汇实际交割时所采用的汇率。通常的远期汇率有1个月远期汇率、3个月远期汇率和6个月远期汇率。超过一年的远期汇率较少见，因为时间越长，不稳定因素越多，外汇风险越大。关于远期汇率的更多内容可见本章第三节的"远期汇率的决定"。

5. 买入汇率和卖出汇率

买入汇率（Buying Rate）也称买入价，是外汇银行向同业或客户买入外汇时所使用的汇率。卖出汇率（Selling Rate）也称卖出价，是外汇银行向同业或客户卖出外汇时所使用的汇率。和其他商品一样，在交易外汇这种特殊商品时外汇银行也是根据贱买贵卖的方式进行的。在外汇银行报出的外汇牌价上会同时报出买入汇率和卖出汇率，并且数值前小后大。在直接标价法下，较小的汇率是买入汇率，因为外汇银行会以较低的价格以本币买入一单位外汇；较大的汇率是卖出汇率，因为银行会以较高的价格卖出一单位的外汇，这样才能赚到利差。间接标价法下情况刚好相反。

6. 实际汇率和有效汇率

实际汇率（Real Exchange Rate）和有效汇率（Effective Exchange Rate）是国际金融研究和决策的两个重要概念。实际汇率和有效汇率是相对于名义汇率而言的。名义汇率是外汇银行的机构公布的汇率。政府鼓励出口和限制进口时，往往对出口商品进行财政补贴或减免税收，而对进口商品征收各种附加税。实际汇率便是名义汇率与这些补贴和税收的和或差，用公式表示如下：

$$\text{实际汇率} = \text{名义汇率} + \text{财政补贴和财政减免} - \text{附加税} \tag{4-1}$$

在研究汇率调整、调查倾销、考察货币购买力时常常用到实际汇率。实际汇率的另一种解释是名义汇率减去通货膨胀率。

有效汇率是一种加权平均汇率，通常以对外贸易比重为权数。有效汇率是一个非常重要的经济指标，通常被用于度量一个国家贸易商品的国际竞争力，也可以被当作研究货币危机的预警指标使用，还可以用于研究一个国家相对于另一个国家居民生活水平的高低。在具体的实证过程中，人们通常将有效汇率区分为名义有效汇率和实际有效汇率。一国的名义有效汇率等于其货币与所有贸易伙伴国货币双边名义汇率的加权平均数，如果剔除通货膨胀对各国货币购买力的影响，就可以得到实际有效汇率。实际有效汇率不仅考虑了所有双边名义汇率的相对变动情况，而且剔除了通货膨胀对货币本身价值变动的影响，能够综合地反映本国货币的对外价值和相对购买力。目前，通行的加权平均方法包括算术加权平均和几何加权平均两类。在测算有效汇率时，研究人员往往根据自己的特殊目来设计加权平均数的计算方法、样本货币范围和贸易权重等相关参数，得出的结果可能存在一定的差异。有效汇率的公式如下：

$$A \text{货币的有效汇率} = \sum_{i=1}^{n} A \text{货币对} i \text{国的汇率} \times \frac{A \text{国对} i \text{国的出口贸易值}}{A \text{国的全部对外出口贸易值}} \tag{4-2}$$

第二节 外汇市场的构成要素

外汇市场由交易者、交易对象、交易方式和运行机制等要素构成。外汇市场的交易者是外汇市场的主体，包括外汇银行、外汇经纪人、中央银行和顾客。外汇市场的交易对象是各种可自由兑换的外国货币、外币有价证券和支付凭证等。外汇市场的交易方式即组织形式，包括柜台市场交易形式和交易所交易形式。

一、外汇市场的参与者

外汇市场的参与者分为四大类别，即外汇银行、外汇经纪人、中央银行和顾客。

1. 外汇银行

外汇银行又叫外汇指定银行，是指经过本国中央银行批准，可以经营外汇业务的商业银行或其他金融机构。外汇银行可分为三种类型：① 专营或兼营外汇业务的本国商业银行；② 在本国的外国商业银行分行；③ 其他经营外汇业务的本国的金融机构。外汇银行是外汇市场的主体，是外汇供求的中介机构，它不仅对客户买卖外汇，而且在同业之间进行大量交易。外汇银行在外汇交易中可以通过三种渠道获利：① 直接向客户买卖外汇或在客户要求下代其向国际外汇市场进行外汇交易，银行可从买入价和卖出价中赚取差价；② 通过创新业务为客户安排外汇保值或套利，从中收取高额服务费和手续费；③ 外汇银行在本行的经营方针和限额之内，通过调动头寸，自己进行一定的外汇投机而赢利。

2. 外汇经纪人

外汇经纪人是指介于外汇银行之间或介于外汇银行和其他外汇市场参与者之间，为买卖双方接洽外汇交易并赚取佣金的中间商。外汇经纪人一般有两类：① 一般经纪人，这种经纪人一方面介绍外汇买卖成交，另一方面亲自参与外汇买卖赚取利润；② 跑街经纪人，这种经纪人本身不具有资本，只是以赚取佣金为目的代客户买卖外汇，又称"掮客"。

客户在同一市场内进行外汇交易，一般要通过外汇经纪人，因为经纪人熟悉外汇供求行市，能找到最低价，但必须向其支付手续费。在不同的外汇市场上，一般不通过经纪人，而是直接找到熟悉的往来银行，由买卖双方直接洽谈成交。商业银行之间的外汇买卖一般也通过外汇经纪人代理。外汇经纪人代理客户进行外汇买卖时，不披露交易双方名称，通过隐蔽身份，使报价不处于被动地位。

3. 中央银行

各国中央银行参与外汇市场的活动有两个目的：一是储备管理，二是汇率管理。中央银行或直接拥有，或代理财政经营本国的官方外汇储备，中央银行这时在外汇市场上扮演的角色与一般参与者相同。另外，在外汇市场汇率急剧波动时，中央银行为稳定汇率，控制本国货币的供应量，实现货币政策，也经常通过参与市场交易进行干预，在外汇过多时买入或在外汇短缺时抛出。中央银行在外汇市场发挥的这种监督市场运行、干预汇率走势的作用表明，中央银行不仅是一般的外汇市场参与者，在一定程度上也可以说是外汇市场的实际操纵者。但是，中央银行不直接参与外汇市场上的活动，而是通过经纪人和商业银行进行交易。

4. 顾客

顾客是外汇的实际供应者和需求者，包括从事进出口贸易的工商企业、旅行者、投资者、投机者、留学生、移民等。他们通过外汇市场进行买卖，以获得或兑换外汇。

二、外汇市场的交易方式

各个国家的外汇市场，由于各自长期的金融传统和商业习惯，其外汇交易方式不尽相同。外汇市场的交易方式分为柜台市场交易形式和交易所交易形式。

柜台市场交易形式无固定的开盘收盘时间，无具体场所，交易双方不必面对面地交易，只靠电传、电报、电话和互联网等通信设备相互接触和联系，最后达成交易。这种交易方式的参与者必须对市场充分了解，并以正式或其他某种方式获得认可。英国、美国、加拿大和瑞士等国的外汇市场均采取这种柜台市场的交易方式，因此这种方式又称为英美体制。

交易所交易形式有固定的交易场所，如德国、法国、荷兰、意大利等国的外汇交易所，这些外汇交易所有固定的营业日和开盘收盘时间，外汇交易的参与者于每个营业日规定的营业时间集中在交易所进行交易。由于欧洲大陆各国多采用这种方式组织外汇市场，因此该方式又称为大陆体制。

柜台市场交易形式是外汇市场的主要交易方式，不仅因为世界上最大的两个外汇市场（伦敦外汇市场和纽约外汇市场）是用这种方式组织运行的，还因为外汇交易本身具有国际性。由于外汇交易的参与者来自不同的国家，交易范围广泛，交易方式日渐复杂，参加交易所交易的成本显然高于通过现代化通信设备进行柜台交易的成本。因此，即使是欧洲大陆各国，其大部分当地的外汇交易和全部国际性交易也都是通过柜台方式进行的，而交易所市场通常只办理一小部分当地的现货交易。

三、外汇市场的运行机制

外汇市场的运行机制包括供求机制、汇率机制、效率机制和风险机制等。

（一）供求机制

外汇的供求关系是市场汇率形成的主要基础，汇率又反过来调节外汇的供求，这是供求机制的核心。外汇供求关系形成的原因是多种多样的，主要是因为参加外汇交易的不同单位和个人有不同的动机或目的。

第一，各国中央银行直接参与外汇市场买卖的最主要目的，是维护官方认为对国家有利的汇率水平和转移官方外汇储备的风险。当中央银行认为当前市场汇率有害于国内经济及国际收支平衡时，就会直接干预外汇市场，其主要干预手段是在外汇市场上大量买进或卖出本国货币或外币。当市场上对本国货币需求过度，造成本国货币对外升值压力过大时，中央银行可能会抛出本国货币买入外币；反之，如果市场本币过多，形成对内和对外严重贬值的压力时，中央银行则会抛出外币回笼本币，以使汇率趋于稳定。当中央银行抛出本币买入外币时，就形成了对外汇的需求；而当中央银行抛出外汇回收本币时，就形成了对外汇的供给。

第二，外汇银行参与外汇市场，一是受客户委托从事外汇买卖，目的是获取代理佣金或交易手续费；二是以自己的账户直接进行外汇交易，以调整自己的外汇头寸，目的是减少外汇头寸可能遭受的风险，以及获得买卖外汇的价差收入。外汇银行是外汇汇集的中心，集中了外汇的供给和需求，并最终决定汇率水平。因此，外汇银行在外汇市场上起着组织和创造外汇市场的作用。当外汇银行以外汇交易的代理人或委托人身份参与外汇市场交易时，它们既是外汇供给者的集中代表，同时也是外汇需求者的集中代表；而当它们以自己的账户为自己进行外汇买卖时，如果是售出盈余的外汇头寸，则形成外汇市场的供给，如果是买入外汇弥补外汇头寸的不足，则形成外汇的需求。由于外汇银行所进行的外汇交易占外汇市场交易总量的90%以上，因此以外汇银行为主体形成的外汇供求，已成为决定市场汇率的主要力量。

第三，外汇经纪人参与外汇市场，主要是为外汇银行之间或外汇银行与其他外汇市场参与者之间进行外汇买卖交易充当中介，自己并不买卖外汇，而是促进外汇供求双方之间的交易。外汇经纪人是外汇市场的纽带和催化剂，是外汇市场供求机制形成过程中不可缺少的要素。

第四，进出口商是外汇市场上最大的外汇供给者和需求者。一方面，出口商出口商品后，取得外币或外汇债权票据，其为了保值或取得本币资金等目的，需要售出所取得的外汇，由此形成外汇的供给；另一方面，当进口商进口商品时，一般需要支付对方国家的货币或对方愿意接受的第三国货币，进口商就需要从外汇市场买进外汇以支付进口货款，由此形成外汇的需求。

第五，个人是外汇市场的重要参与者。个人会从工资、劳务及亲属汇款等途径取得一部分外汇，出于保值等目的，需要将外汇存入银行或卖出，从而形成外汇的供给；同时也会因出国旅游、探亲等需要取得一部分外汇，从而形成外汇的需求。

（二）汇率机制

汇率机制是指外汇市场交易中汇率升降同外汇供求关系变化的联系及相互作用。外汇汇率的变化能够引起外汇供求关系的变化，而供求关系的变化又会引起外汇汇率的变化。过高的汇率表示购买外汇的成本过高，由此导致对外汇需求减少，外汇供给相对过多，从而促使汇率趋于下跌；当汇率跌到均衡点或均衡点以下时，对外汇的需求会迅速增加，外汇供给会大大下降，这时外汇汇率又会上升。过低的汇率表示购买外汇成本过低，会导致对外汇需求过旺，供给相对不足，由此将推动汇率的回升。

各国中央银行正是利用外汇供求与汇率之间的这种相互联系、相互作用的机制，通过在外汇市场上买卖外汇来调节外汇市场的供求关系，进而调节汇率的实际水平，使之更有利于或无害于国内经济的健康增长及国际收支关系的改善。虽然市场自身也具有自我调节、自我平衡的机制，但靠其自我平衡，不仅需要一定的过程，而且平衡的方向及水平，不一定符合货币管理当局的期望和国家的经济利益，即汇率在使外汇供求达到新的平衡之前，可能会出现较大幅度的波动，可能会损害国内及国际经济，甚至会造成金融或货币危机，导致金融、经济恐慌。因此，中央银行有必要干预外汇市场，通过买卖外汇来调节外汇供求，以求得汇率的基本稳定。

（三）效率机制

效率机制是外汇市场交易中能够促使交易双方实现公平竞争，公正、快速交易，同时能够促进资金合理配置的机制。市场效率通常是指市场价格能反映和促进资源的正确分配，及时提供充分、准确的信息，为投资者决策提供参考。外汇市场的效率机制表现为外汇市场的远期汇率能够准确地反映未来即期汇率的变化，为外汇交易者提供准确的信息作为其交易的参考。

外汇市场的这种效率机制对外汇交易者交易决策的影响在于：当远期汇率表明未来的即期汇率将上升时，谨慎的交易者就会根据手中持有的外币负债买进相同数额的远期外汇，从而保证到时以外币债权的增加抵销汇率上升造成的外币负债的增加，实现外汇债权、债务的平衡。而冒险的交易者则会凭借一纸合同和少许保证金做远期买空交易，以期未来汇率上升时谋取暴利。而当远期汇率表明未来的即期汇率将下降时，交易者一般会低价补进现期外汇以交割远期外汇。大胆的交易者则可能会凭一纸合同和少量保证金做远期卖空交易，以期到时低价补进外汇，赚取价差。

（四）风险机制

外汇市场运行中的风险机制，主要是指外汇交易中风险因素的变化同汇率变动之间的相互联系、相互作用。客观上，外汇市场交易风险主要来自三个方面。① 外国货币购买力的变化。在浮动汇率制度下，两种货币的比价即汇率的变动，在很大程度上取决于两国货币购买力的变化。一般情况下，外国发生严重的通货膨胀，货币购买力下降，不仅意味着外国货币对内贬值，也意味着对外贬值，反映到汇率上，就会出现一定单位的外国货币只能换取较少的本国货币，即汇率下降，外国货币贬值。② 本国货币购买力的变化。国内出现通货膨胀，物价上涨，表示本国货币购买力下降，在其他情况不变时，会导致汇率上升，本币贬值。反之，本国货币购买力上升，外汇供过于求，最后使汇率下降，本币升值。③ 国际收支状况。当一国国际收支发生顺差时，外汇供过于求，汇率会下降；当国际收支发生逆差时，外汇供不应求，汇率会上升。但是，国际收支状况的统计及公布要有一定的过程和时限，其对每日汇率的影响是难以察觉和预知的，由此会增加外汇交易的风险。

汇率及外汇交易风险一方面来自政府的人为干预。一国政府或其货币当局会通过调节利率，吞吐外汇，以及人为贬低本国货币的办法，使汇率朝着有利于本国经济的方向变化。由于外汇交易者难以准确判断政府干预的时间和程度，所以难以真正判断市场汇率的变化，难以把握和控制外汇交易的风险。汇率及外汇交易风险另一方面来自外汇投机活动的干扰。外汇投机者经常利用外汇市场的动荡不安，凭借自己对未来汇率变动的预测谋取暴利。但是，外汇投机常常会加剧外汇市场的动荡，加大汇率的波动，从而会使外汇交易者遭遇更大的风险。

● 知识点

欧元的产生和美元化

第三节　外汇市场的交易方式

在了解了外汇市场的一些基本知识以后，我们将要学习外汇市场的实务知识。首先我们将了解外汇报价表，接着我们将学习即期外汇交易、远期外汇交易等知识。在此基础上，我们将学习它们的应用：掉期交易和套汇交易。

一、外汇报价表

外汇市场上交易者最关注的就是汇率，汇率的变动意味着其持有财富的增减。所以，要进入外汇市场进行交易首先要了解外汇的行情。我们可以到外汇银行柜台去询问报价，也可通过银行的报价系统去了解实时行情，或通过一些金融报纸（《金融时报》《证券时报》等）来查看，还可以通过一些金融网站实时查询。表 4-1 是 2019 年 6 月 26 日人民币对主要货币的汇率

● 知识点

世界各国（或地区）的货币

数据。

表 4-1 人民币对主要货币的汇率数据 (2019 年 6 月 26 日)

货币对	即期汇率①	3 个月远期汇率②	6 个月远期汇率③
USD/CNY	6.870 10	6.889 10	6.892 50
EUR/CNY	7.810 90	7.880 40	7.935 00
100JPY/CNY	6.412 10	6.452 30	6.493 20
HKD/CNY	0.879 83	0.882 53	0.883 66
GBP/CNY	8.722 30	8.774 70	8.806 00
AUD/CNY	4.784 60	4.809 20	4.821 40
NZD/CNY	4.560 20	4.586 60	4.594 10
SGD/CNY	5.074 70	5.088 60	5.096 10
CHF/CNY	7.051 10	7.111 00	7.168 10
CAD/CNY	5.216 50	5.235 10	5.241 20
CNY/MYR	0.602 95	0.601 89	0.602 87
CNY/RUB	9.143 60	—	9.365 60
CNY/ZAR	2.085 90	2.108 40	2.132 00
CNY/KRW	168.190 00	167.650 00	167.010 00
CNY/AED	0.534 35	0.533 35	0.533 35
CNY/SAR	0.545 59	0.544 62	0.544 48
CNY/HUF	41.381 00	41.101 90	40.889 00
CNY/PLN	0.544 53	0.542 84	0.542 12
CNY/DKK	0.955 50	0.946 90	0.939 90
CNY/SEK	1.350 70	1.340 50	1.332 60
CNY/NOK	1.242 70	1.237 30	1.235 20
CNY/TRY	0.842 91	0.887 15	0.926 99
CNY/MXN	2.797 10	2.792 70	2.791 40
CNY/THB	4.477 00	4.469 40	4.460 70

注：① 即期汇率为当日人民币汇率中间价，该价格由银行间外汇市场主要做市商报价形成。
②③ 3 个月、6 个月远期汇率为银行间外汇市场 11:30 最优买卖报价的中值。
资料来源：中国货币网，http://www.chinamoney.com.cn/chinese/sddshl/.

二、即期外汇交易

(一) 即期外汇交易的概念

即期外汇交易 (Spot Exchange Transaction)，又称现汇买卖，是交易双方以当时外汇市场的价格成交，并在成交后的两个营业日内办理有关货币收付交割的外汇交易。即期外汇交易可以通过外汇银行完成，也可通过外汇银行以外的外汇交易商来完成。假设 2019 年 2 月 22 日（星期五）16:50，当时美元对日元汇率 USD/JPY = 93.23/93.28，有一家日本外汇银行（日本瑞穗银行）认为日元被高估了，接下来美元可能会升值，于是致电美国摩根大通银行，愿意以当时摩根大通银行报的 USD1 = JPY93.28 的价钱买入 10 亿美元，摩根大通银行也同意。2009 年 2 月 25 日（星期一），日本瑞穗银行将 932.8 亿日元汇入摩根大通银行的账户，而摩根大通银行将 10 亿美元存入日本瑞穗银行的账户，双方交易顺利完成。

（二）交易程序

即期外汇交易程序通常如下。

（1）自报家门：询价者必须首先说明自己的单位名称，以便让报价者知道交易对方是谁，并决定交易对策。

（2）询价：询价内容一般包括交易货币、起息日和交易金额。

（3）报价：一般只报汇率的最后两位数，并同时报出买价和卖价。

（4）成交：询价银行首先表示买或卖的金额，然后由报价银行承诺。

（5）证实：交易双方互相证实买或卖的汇率、金额、交割日期以及资金结算。

（三）即期外汇交易的方式

即期外汇交易可分为电汇、信汇和票汇三种方式。

1. 电汇

电汇即汇款人用本国货币向外汇银行购买外汇时，该行用电报或电传通知国外分行或代理行立即付出外汇。在电汇方式下，银行在国内收进本国货币，在国外付出外汇的时间相隔不过一两天。由于银行不能利用客户的汇款，而国际电报费又较贵，所以电汇汇率最高。

2. 信汇

信汇是指汇款人用本国货币向外汇银行购买外汇时，由银行开具付款委托书，用航邮方式通知国外分行或代理行办理付出外汇业务。信汇方式下，由于信汇委托书的传递时间较长，银行有机会利用这部分资金来谋利，因此，其汇率要比电汇汇率低。

3. 票汇

票汇是指外汇银行开立由国外分行或代理行付款的汇票交给购买外汇的客户，由其自带或寄给国外收款人办理结算的方式。同信汇一样，票汇也需花费邮寄时间或旅行时间，银行同样可占用客户的资金，因此其汇率也较电汇汇率低。

● 知识点
交叉汇率的计算

知识点

随着计算机的广泛应用和国际通信的电脑化，邮期大为缩短，几种汇款方式之间的差别正在逐渐消除。目前，电汇汇率已成为外汇市场的基本汇率，其他汇率都以电汇汇率作为计算标准。

三、远期外汇交易

（一）远期外汇交易的概念

远期外汇交易（Forward Exchange Transaction），又称期汇交易，是指买卖外汇双方先签订合同，规定买卖外汇的数量、汇率、交割时间和地点等，在规定的到期日交割标的货币的外汇交易。在签订合同时，除交纳10%的保证金外，不发生任何资金的转移。

远期外汇交易的期限有1个月、3个月、6个月和1年等几种，其中3个月最为普遍。远期外汇交易很少超过1年，因为期限越长，汇率的不确定性越大。

(二) 远期外汇交易的目的

人们进行远期外汇交易总是围绕着避免外汇风险和增加外汇收益，具体目的可以分为套期保值、轧平远期头寸及投机获利。

（1）进出口商和外币资金借贷者为避免商业或金融交易遭受汇率变动的风险而进行期汇买卖。与国内资产和负债一样，外汇资产的收益和负债的成本也来源于投资收益和融资成本，但外汇资产还可能受到汇率变化的影响。即期外汇交易所面临的风险在于外汇和本币之间的相对价值可能发生变化。在国际贸易中，自买卖合同签订到货款清算之间有相当一段时间，在这段时间内，进出口商和国际投资者可能因计价货币的汇率变动而遭受损失。例4-1说明适当的外汇远期操作对即期外汇交易起到了套期保值的作用。

【例4-1】 假设2019年4月20日，美国摩根大通银行准备于一个月后从英国渣打银行买入英镑计价的4 000万英镑国债，而渣打银行要求使用英镑现金。当天摩根大通银行以GBP1 = USD1.444 1的汇率买进英镑，支付美元。

$$USD5\,776.4\,(万) = 1.444\,1 \times GBP4\,000\,(万)$$

一个月后，英国国债价格大跌，已经没有投资价值。此时汇率变为GBP1 = USD1.433 1。这时英镑的价值下降为：

$$USD5\,732.4\,(万) = 1.433\,1 \times GBP4\,000\,(万)$$

所以，一个月内因为英镑的贬值，净损失44万美元（5 776.4 - 5 732.4）。

为避免汇率风险，进出口商可预先向银行买入或卖出远期外汇，到支付或收进货款时，就可按原先约定的汇率来办理交割。同样地，拥有外币的债权人和债务人可能在到期收回或偿还资金时因外汇汇率变动而遭受损失，因此也可在贷出或借入资金时，就相应卖出或买入相同期限、相当金额的期汇，以防范外汇风险。

假如摩根大通银行在买进外汇的当天就做了一项反向操作：以当天的1个月远期汇率GBP1 = USD1.442 2卖出4 000万的英镑远期。一个月后所投资的英镑价值是：

$$USD5\,768.8\,(万) = 1.442\,2 \times GBP4\,000\,(万)$$

外汇远期操作使摩根大通银行少损失了36.4万美元（5 768.8 - 5 732.4）。

（2）外汇银行为平衡其远期外汇头寸而进行期汇买卖。如上所述，金融机构（如商业银行）是外汇市场的主要参与者，只有当金融机构预期收益和风险相匹配时，才会从事外汇资产负债业务。而进出口商等客户为避免外汇风险而进行远期外汇交易，实质上就是把汇率变动的风险转嫁给外汇银行。外汇银行为满足客户要求而进行远期外汇交易时，难免会出现同一货币同一种交割期限或不同交割期限的超买或超卖。这样，银行就处于汇率变动的风险之中。为此，银行就要设法把它的外汇头寸予以平衡，即将不同期限不同货币头寸的余缺进行抛售或补进，由此求得期汇头寸的平衡。例4-2将说明金融机构如何利用外汇远期来进行套期保值。

【例4-2】 假设花旗银行在2018年2月24日发行一笔以美元计价的1亿美元大额存单，所承诺的年收益率是5%，期限是1年。现在花旗银行若把这笔存款投资到美国市场，年收益率为6%，若投资到中国市场，年收益率为11%，且到期收回偿还本息。考虑到收益率的高低，花旗银行决定把这 1 亿美元投资到中国市场。

为了在中国投资,花旗银行首先须把这笔美元兑换成人民币。当时的汇率是 USD1 = CNY6.835 8。所以可以兑换人民币 6.835 8 亿元。1 年后本金和利息共计人民币 7.587 738 亿元 [6.835 8 × (1 + 11%)]。如果 2019 年 2 月 24 日的汇率还是 USD1 = CNY6.835 8,花旗银行将能兑换 1.11 亿美元,花旗银行在华投资收益就是 11%。偿还存单的本息后收益率为 6%。

如果 2019 年 2 月 24 日人民币对美元直接汇率变为 USD1 = CNY7.435 8,花旗银行能兑换 1.020 433 亿美元 (7.587 738/7.435 8)。此时美元在华投资年收益率降为 2.04%。偿还大额存单后的收益率为 -2.96%。

假如此时花旗银行进行了卖出期限是 1 年的远期人民币合约,就可避免人民币汇率变动所带来的风险。2018 年 2 月 24 日人民币远期汇率是 USD1 = CNY 7.002 5,2019 年 2 月 24 日花旗银行卖出人民币 7.587 738 亿元,换回 1.083 58 亿美元 (7.587 738/7.002 5)。这样花旗银行在华投资收益率为 8.36%,偿还大额存单后的收益率为 3.36%。可见,经过远期的套期保值后,避免了大部分损失。

(3) 外汇投机者为谋取投机利润而进行期汇买卖。在浮动汇率制度下,汇率的频繁剧烈波动,会给外汇投机者进行外汇投机创造有利的条件。所谓外汇投机,是指根据对汇率变动的预期,有意保持某种外汇的多头或空头,希望从汇率变动中赚取利润的行为。其特点是:① 投机活动并非基于其对外汇的实际需求,而是想通过汇率涨落赚取差额利润;② 投机者与套期保值者不同,投机者是通过有意识地持有外汇多头或空头来承担外汇风险,以期从汇率变动中获利。

外汇投机有两种形式。第一种是先卖后买,即卖空 (Sell Short) 或称"空头"(Bear)。当投机者预期某种外币的汇率将下跌时,就在外汇市场上以较高的价格预先卖出该种货币的期汇,若到时该种外币的汇率果真下跌,投机者就可按下跌后的汇率低价补进现汇,交割远期合约,赚取差价利润。第二种是先买后卖,即买多 (Buy Long) 或称"多头"(Bull)。当投机者预期某种外币的汇率将上升时,就在外汇市场上预先以低价买进该种货币的期汇,若到期时,该种货币的汇率果真上升,投机者就按上升后的汇率卖出该种货币的现汇来交割远期,从中赚取投机利润。

(三) 远期汇率的决定

远期外汇交易所使用的汇率称为远期汇率,其标价方法有两种:一种与即期标价法相同,直接标出远期汇率的卖出价和买入价;另一种是报出远期汇率与即期汇率的差价,即远期差价 (Forward Margin),也称远期汇水。虽然交易双方是以即期汇率为基础的,但是远期汇率受利率的变动、国际资本的流向乃至各国国内和国际政治经济形势的变化的影响,所以与即期汇率有一定的差额。远期汇率高于即期汇率的差额称为升水 (Premium);远期汇率低于即期汇率的差额称为贴水 (Discount)。当远期汇率和即期汇率相等时,称为平价 (Par Value)。就两种货币而言,一种货币的升水必然是另一种货币的贴水。

在不同的汇率标价方式下,远期汇率的计算方法不同。

直接标价法下,远期汇率 = 即期汇率 + 升水,或远期汇率 = 即期汇率 - 贴水。

间接标价法下,远期汇率 = 即期汇率 - 升水,或远期汇率 = 即期汇率 + 贴水。

(1) 当远期汇率前小后大时,表示单位货币的远期汇率上升,计算远期汇率时应用即期汇率加上远期汇水。

例如,市场即期汇率为 GBP/USD = 1.443 6/1.444 1,1 个月远期汇水为 20/25,则 1 个月的远期汇率为:

$$\begin{array}{r}\text{GBP/USD} = 1.4436/1.4441 \\ +20 \quad +25 \hline\end{array}$$

1 个月远期汇率　GBP/USD = 1.4456/1.4466

（2）当远期汇水前大后小时，表示单位货币的远期汇率贴水，计算远期汇率时应用即期汇率减去远期汇水。

例如，市场即期汇率为 GBP/USD = 1.4436/1.4441，3 个月远期汇水为 40-30，则 3 个月的远期汇率为：

$$\begin{array}{r}\text{GBP/USD} = 1.4436/1.4441 \\ -40 \quad -30 \hline\end{array}$$

GBP/USD = 1.4396/1.4411

四、掉期交易

掉期交易（Swap）是指同时买进和卖出相同金额的某种外汇，但买与卖的交割期限不同的一种外汇交易。掉期交易的特点为：① 买与卖是有意识地同时进行的；② 买与卖的货币种类相同，金额相等；③ 买卖交割期限不相同。

掉期交易与前面讲到的即期外汇交易和远期外汇交易有所不同。即期外汇交易与远期外汇交易是单一的，要么做即期外汇交易，要么做远期外汇交易，并不同时进行，因此，通常也把它叫作单一的外汇买卖，主要用于银行与客户的外汇交易之中。掉期交易的操作涉及即期外汇交易与远期外汇交易或买卖的同时进行，故称之为复合的外汇买卖，主要用于银行同业之间的外汇交易。一些大公司也经常利用掉期交易进行套利活动。

掉期交易的目的包括两个方面：一是轧平外汇头寸，避免汇率变动引发的风险；二是利用不同交割期限汇率的差异，通过贱买贵卖，谋取利润。

掉期交易可分为以下三种形式。

（一）即期对远期的掉期交易

即期对远期的掉期交易（Spot-forward Swap）是指买进或卖出某种即期外汇的同时，卖出或买进同种货币的远期外汇。它是掉期交易里最常见的一种形式。这种交易形式按参加者不同又可分为两种。

（1）纯粹的掉期交易，指交易只涉及两方，即所有外汇买卖都发生于银行与另一家银行或公司客户之间。

（2）分散的掉期交易，指交易涉及三个参加者，即银行与一方进行即期交易的同时与另一方进行远期交易。但无论怎样，银行实际上仍然同时进行即期和远期外汇交易，符合掉期交易的特征。进行这种交易的目的就在于避免风险，并从汇率的变动中获利。

例如，美国一家银行某日向客户按 GBP1 = USD1.4441 的汇率，卖出 5 000 万英镑，收入 7 220.5 万美元。为防止将来英镑升值或美元贬值，该银行就利用掉期交易，在卖出即期英镑的同时，又买进 3 个月的远期英镑，其汇率为 GBP1 = USD1.4490。这样，虽然卖出了即期英镑，但又补进了远期英镑，使该银行的英镑、美元头寸结构不变。虽然在这笔远期买卖中该行要损失若干英镑的贴水，但这笔损失可以从较高的美元利率和这笔现汇交易的买卖差价中得到补偿。

在掉期交易中，决定交易规模和性质的因素是掉期率或兑换率（Swap Rate 或 Swap Point），也就是换汇率。掉期率本身并不是外汇交易所使用的汇率，而是即期汇率与远期汇率或远期汇率与即期汇率之间的差额,即远期贴水或升水。掉期率与掉期交易的关系是,如果远期升(贴)水值过大,则不会发生掉期交易,因为这时交易的成本往往大于交易所能得到的益处。掉期率有买价掉期率与卖价掉期率之分。

(二)即期对即期的掉期交易

即期对即期的掉期交易(Spot-spot Swap)是指在买进或卖出一笔即期交易的同时,卖出或买进相同货币的另一笔即期交易。两种即期交易的区别在于它们的交割日不一致(交割日往往只差1天)。这种交易主要用于银行同业间的短期资金拆借,以避免汇率变动的风险。

(三)远期对远期的掉期交易

远期对远期的掉期交易(Forward-forward Swap)是指买进并卖出两笔同种货币不同交割期的远期外汇。该交易有两种方式:一是买进较短交割期的远期外汇(如30天),卖出较长交割期的远期外汇(如90天);二是买进期限较长的远期外汇,而卖出期限较短的远期外汇。假如一个交易者在卖出100万元30天远期美元的同时,又买进100万元90天远期美元,这个交易方式即远期对远期的掉期交易。由于这一形式可以使银行及时利用较为有利的汇率时机,并在汇率的变动中获利,因此越来越受到重视。

例如,美国某银行在3个月后应向外支付100万英镑,同时在1个月后又将收到另一笔100万英镑的收入。如果市场上汇率有利,它就可进行一笔远期对远期的掉期交易。假设某天外汇市场汇率为:

即期汇率:GBP1 = USD1.596 0/1.597 0

1个月远期汇率:GBP1 = USD1.586 8/1.588 0

3个月远期汇率:GBP1 = USD1.572 9/1.574 2

这时该银行可进行如下两种掉期交易。

第一种,进行两次"即期对远期"的掉期交易。即将3个月后应支付的英镑,先在远期市场上买入(期限3个月,汇率为1.574 2美元),再在即期市场上将其卖出(汇率为1.596 0美元)。这样,每英镑可得益0.021 8美元,同时,将1个月后将要收到的英镑,先在远期市场上卖出(期限1个月,汇率为1.586 8美元),再在即期市场上买入(汇率为1.597 0美元)。这样,每英镑须贴出0.010 2美元。两笔交易合计,每英镑可获得收益0.011 6美元。

第二种,直接进行远期对远期的掉期交易。即买入3个月的远期英镑(汇率为1.574 2美元),再卖出1个月期的远期英镑(汇率为1.586 8美元),每英镑可获净收益0.012 6美元。可见,这种交易比上一种交易更有利。

● 知识点

掉期交易的作用

知识点

五、套汇交易

套汇交易是套利交易在外汇市场上的表现形式之一,是指套汇者利用不同地点、不同货币在汇率上的差异进行贱买贵卖,从中套取差价利润的一种外汇交易。由于空间的分割,不同的外汇市场对影响汇率诸因素的反应速度和反应程度不完全一样,因而在不同的外汇市场上,同种货币的汇率有时可能出现较大差异，这就为异地套汇提供了条件。套汇交易又可分为直接套汇和间接套汇。

（一）直接套汇

利用两个外汇市场之间某种货币汇率的差异进行的套汇，称为直接套汇，也叫两点套汇或两地套汇。例如，在伦敦市场上，汇率为 GBP1 = USD1.442 1，同时，纽约外汇市场上汇率为 GBP1 = USD1.444 1。可见，英镑在纽约市场上的汇率高于伦敦市场上的汇率，套汇者就可在伦敦市场上用 144.21 万美元买入 100 万英镑，同时在纽约市场上卖出 100 万英镑，收入 144.41 万美元，从而获得 2 000 美元的收益。

（二）间接套汇

间接套汇又称三点套汇或三角套汇，是指套汇者利用三个不同外汇市场中三种不同货币之间交叉汇率的差异，同时在这三个外汇市场上贱买贵卖，从中赚取汇率差额的一种套汇交易。例如：

在纽约市场上：USD1 = FRF7.080 0/7.081 5。
在巴黎市场上：GBP1 = FRF9.653 0/9.654 0。
在伦敦市场上：GBP1 = USD1.432 5/1.433 5。

根据这三个外汇市场的外汇行市，套汇者首先在纽约市场上以 1 美元兑换 7.080 0 法郎的行市卖出 10 万美元，买进 708 000 法郎；然后在巴黎市场上以 1 英镑兑换 9.654 0 法郎的行市卖出 708 000 法郎，买进 73 337 英镑（708 000/9.654 0）；最后再在伦敦市场上以 1 英镑兑换 1.432 5 美元的行市卖出 73 337 英镑，买进 105 055 美元（73 337×1.432 5）。结果，在纽约市场上以 10 万美元进行套汇，最后收回 105 055 美元，汇率差额利润为 5 055 美元（未扣除套汇费用）。

为了把握三地之间的套汇机会，可依据下述原则进行判断：将三地外汇市场的汇率均以直接标价法（或间接标价法）表示，然后相乘。如果乘积等于 1 或接近等于 1，说明没有套汇机会；如果乘积不等于 1 且与 1 的偏差较大，说明有套汇机会（在用同一标价法表示汇率时，被标值的货币单位皆为 1）。

目前，由于电信技术的高度发达，不同外汇市场上的汇率差异日益缩小，因此，套汇交易的机会已大大减少。

● 知识点
汇率变动的影响因素和经济后果

本章小结

1. 外汇就是国际汇兑，有动态和静态两种含义。动态含义指的是把一国货币兑换成另一国货币，借以清偿国际债权和债务关系的一种经营活动。静态含义指的是外国货币或以外币表示的能用来进行国际结算的资产。汇率是两种不同货币之间的比价。汇率标价的方式有直接标价法和间接标价法。汇率按照不同的标准可以进行不同的分类。

2. 外汇市场的参与者有外汇银行、外汇经纪人、顾客、中央银行。外汇市场的运行机制包括供求机制、汇率机制、效率机制、风险机制，外汇市场的这四种机制相互联系，相互作用。

3. 即期外汇交易是交易双方以当时外汇市场的价格成交，并在成交后的两个营业日内办理有关货币收付交割的外汇交易。即期外汇交易的流程是自报家门、询价、报价、成交和证实。交易方式有电汇、信汇和票汇。

4. 远期外汇交易是指买卖外汇双方先签订合同，规定买卖外汇的数量、汇率、交割时间和地点等，在规定的到期日交割标的货币的外汇交易。人们进行远期外汇交易的主要目的是套期保值、轧平远期头寸和投机获利。

5. 远期外汇交易所使用的汇率称为远期汇率。远期汇率的决定法则是：直接标价法下，即期汇率减贴水，加升水；间接标价法下，即期汇率加贴水，减升水。当远期汇率前小后大时，计算远期汇率时应用即期汇率加上远期汇水；当远期汇率前大后小时，计算远期汇率时应用即期汇率减去远期汇水。

6. 掉期交易是指同时买进和卖出相同金额的某种外汇，但买与卖的交割期限不同的一种外汇交易。掉期交易的目的包括：轧平外汇头寸，避免汇率变动引发的风险；利用不同交割期限汇率的差异，通过贱买贵卖，谋取利润。掉期交易可分为即期与远期的掉期交易、即期对即期的掉期交易和远期对远期的掉期交易。

7. 套汇交易是指套汇者利用不同地点、不同货币在汇率上的差异进行贱买贵卖，从中套取差价利润的一种外汇交易。它包括直接套汇和间接套汇。

推荐网站

1. 金融界-外汇频道：http://forex.jrj.com.cn.
2. 新华网-新华证券：http://www.xinhuanet.com/finance.
3. 中国货币网：http://www.chinamoney.com.cn.

推荐阅读

《金融时报》《证券时报》《华尔街日报》。

第五章 黄金市场

本章提要

黄金市场是一个全球性的市场,从事黄金交易的主体包括世界各国的公司、银行、私人以及各国官方机构。黄金交易的去向主要是工商业用金、私人贮藏、官方储备、投机商谋利等。黄金具有不可替代的"保值避险"优势。影响黄金价格的因素较多,但主要因素是供求关系,经过长期发展,黄金市场形成了门类齐全的交易方式和投资品种。

学习目标

1. 了解国际黄金市场的产生与发展。
2. 理解黄金市场的特点。
3. 了解国际黄金市场的分类与功能。
4. 理解黄金价格。
5. 掌握影响黄金价格的因素。
6. 熟悉黄金市场的交易品种与投资策略。

重点难点

本章重点:黄金市场的特点;黄金价格。
本章难点:影响黄金价格的因素。

案例导入

"中国大妈"大战华尔街圆了"黄金梦":何时解套

2013年4月,国际金价"跌宕起伏",资本大鳄纷纷看空,以2011年9月创纪录的1 923.70美元/盎司⊖为参照,到2013年4月中旬金价下跌了28%。据统计,全球央行和国际货币基金组织为此损失了5 600亿美元,交易所黄金相关产品价值蒸发了372亿美元,黄金基金净流出112亿美元。原以为下跌之势已经不可阻挡,没想到,半路杀出的"淘金热"抢走了华尔街大

⊖ 盎司是一种英制质量单位,1盎司=28.349 5克。

佬的风头。华尔街卖出多少,"中国大妈"照单全收,短短十几天已经横扫300多吨黄金,以至于连高盛公司的经济师也不得不修正持续看空黄金的言论。经过一个月,到了2013年5月13日,有媒体报道说在前期长达三周的"抢金潮"中,中国大妈买入了数百吨黄金,建仓点位并不算低,也没有抄到名副其实的"底",5月初金价再次大跌,多数中国大妈进入了被套阶段,最惨者被套深度高达28%以上。这一个月时间,黄金的各种变化真是惊心动魄,媒体也是热闹非凡,以下是一些有代表性的评论。

（1）从现实角度来看,中国大妈购买的黄金首饰多不用于投资谋利,无所谓被套。从投资角度来看,中国大妈是在短期被套,但从长远来看显然是盈利的。

（2）对于中国大妈而言,她们根本不是要投资黄金,而是把它当成了首饰,她们买了后会放很久甚至可能一辈子。所以对于她们来说,黄金就像自己住的房子,价高价低都不会卖,而投资黄金期货的风险是很大的。

（3）所谓中国大妈对抗华尔街不过是个伪命题。黄金在中国有其必然的需求性,对于普通民众来说,大部分人只是为了消费而买黄金,多少年都不见得去卖。

（4）黄金总比纸币好,不管怎么变化,不管什么国家,黄金人人喜欢。

（5）当所有的媒体、主力都在唱空黄金的时候,说不定就是底,其实主力早已经悄悄建仓了,为的就是让你们割肉。

（6）美元与黄金注定是死对头!

（7）中国大妈为了收藏,买的是心情。

2019年6月20日凌晨2:00,美联储公布了2019年6月议息决议,维持目标利率2.25%~2.50%不变,与市场之前的降息预期相左。消息一出,黄金应声大涨。现货黄金价格升破1 370美元/盎司关口,创2016年7月以来新高。随后,美国黄金期货价格升破1 382美元/盎司关口,创下5年新高。而2019年6月以来,黄金一路上涨,人们最关心的一个问题就是:"中国大妈解套了吗?"

黄金为什么具有如此巨大的作用力和影响力?黄金市场是如何交易的?黄金价格是如何形成的?对于以上的评价和认识你同意哪些?不同意哪些?各自的理由又是什么?你如何评价中国大妈的抢买黄金行为?通过本章的学习你就会有一个清晰的认识,不仅如此,你还会知道如何参与黄金市场。

第一节 黄金市场概述

黄金是一种具有金融属性的特殊商品。黄金具有商品、货币和投资等功能。多元化黄金交易市场满足不同类型企业和投资者多样化的需求。黄金市场包括黄金商品市场、黄金投资市场和黄金信贷市场。

一、国际黄金市场的产生与发展

从某种意义上说,世界黄金市场的发展历史就是一部国际货币制度变迁的历史。早在19世纪初期,世界上就已经出现了较为健全的国际黄金市场。当时处于金本位制时期,西方国家的黄金市场都是自由交易、自由输出输入的。后来,随着金本位制的崩溃,各国政府纷

> **立德思考**
>
> 黄金在我们的制度中具有重要的作用。它作为最后的卫兵和紧急需要时的储备金,还没有任何其他的东西可以取代它。
>
> ——经济学家 凯恩斯
>
> **想一想**:黄金在当今时代是否有任何其他东西可以取代?为什么?

纷实行外汇管制，黄金交易受到很大程度的限制，如规定黄金一般要出售给官方外汇管理机构或指定的银行，至于工业和其他用途的黄金，也需向外汇管理机构或指定的银行购买。

1. 皇权垄断时期

在19世纪之前，因黄金极其稀有，所以黄金基本为帝王独占的财富和权势的象征，或为神灵拥有，成为供奉器具和修饰保护神灵形象的材料。虽然公元前6世纪就出现了世界上的第一枚金币，但一般平民很难拥有黄金。黄金矿山也属皇家所有，当时黄金是由奴隶、犯人在极其艰苦恶劣的条件下开采出来的。正是在这样的基础上，黄金培植起了古埃及及古罗马的文明。16世纪殖民者为了掠夺黄金而杀戮当地民众，毁灭文化遗产，在人类文明史上留下了血腥的一页。抢掠与赏赐成为黄金流通的主要方式，自由交易的市场交换方式难以发展，即使存在，也因黄金的专有性而限制了黄金的自由交易规模。

2. 金本位制时期的黄金市场

进入19世纪以后，黄金生产量迅速增长，先后在俄国、美国、澳大利亚和南非以及加拿大发现了丰富的金矿资源。仅在19世纪后半叶，人类生产的黄金就超过了过去5 000年的产量总和。黄金需求有了物质上的保证，黄金也得到了广泛的应用，黄金从帝王专有走向了社会，人类由此进入了金本位制时期。金本位制始于1816年的英国，到19世纪末，世界上主要的国家大多数都实行了"金本位制"。

随着金本位制的形成，黄金充当着商品交换的一般等价物，成为商品交换的中间媒介。黄金的社会流动进一步增强，各国中央银行都可以按各国货币平价规定的金价无限制买卖黄金，这使得黄金市场得到了一定程度的发展，但此时的黄金市场不是完全意义上放开的市场，黄金交易受到官方的严格控制，不能自由发展。

20世纪初，第一次世界大战的爆发严重冲击了"金本位制"，加之20世纪30年代世界性的经济危机，"金本位制"彻底崩溃。世界各国又纷纷加强了贸易管制，禁止自由买卖和进出口黄金，自由的黄金市场失去了存在的基础，伦敦黄金市场也被迫关停，直到1954年才重新开张。黄金的货币功能被大大削弱，退出了国内流通支付领域。但在国际储备中，黄金仍是最后支付手段，充当世界货币职能，黄金仍受国际严格管制。西方矿产黄金大部分被各国中央银行吸收，国与国之间又存在着森严的贸易壁垒，致使黄金流动性很差，市场发展受到了严重影响。

3. 布雷顿森林体系时期的黄金市场

1944年，英美两国达成共识，美国于当年7月邀请参与筹建联合国的44国政府的代表在美国布雷顿森林举行会议，签订了"布雷顿森林协定"，即《国际货币基金组织协定》和《国际复兴开发银行协定》，建立了"金本位制"崩溃后的第二个国际货币体系。其实质是建立了一个以美元为中心的国际货币制度，即美元与黄金挂钩，其他成员方货币与美元挂钩。美元在该体系中处于中心地位，起世界货币的作用，实际是一种新的金汇兑本位制。

> **立德思考**
>
> 金银天然不是货币，但货币天然是金银。
>
> ——马克思
>
> **由于价值高、稳定、易分割、易携带等特点，黄金很早就开始被当成货币使用。**

布雷顿森林体系使得金价与美元的信誉地位密切相关，20世纪60年代，美国由于侵略战争，财政赤字巨大，国际收支极度恶化，美元信誉受到很大的冲击，各国政府纷纷抛售美元，抢购黄金，致使金价暴涨。为了抑制金价暴涨，美国联合英国、瑞士、法国、联邦德国、意大利、荷兰、比利时于 1961 年 10 月建立了"黄金总库"，由英格兰银行为黄金总库代理机构来维持伦敦市场黄金价格。20 世纪 60 年代后期，由于美国战争及经济进一步恶化，美元危机再度爆发，美国已无力维持黄金官价，经与黄金总库成员协商，美国宣布不再以美元官价向市场供应黄金，市场金价自由浮动，但各国政府仍按官价结算，黄金开始了双价制。1971 年 5 月，爆发了第三次美元危机，西方外汇市场出现了大量抛售美元、抢购黄金的风潮。美国政府被迫于 1971 年 8 月宣布停止履行对外国政府或中央银行以美元向美国兑换黄金的义务。1973 年年初，国际金融市场再一次掀起了抛售美元、抢购黄金的风潮，美元再次贬值，西方国家放弃了固定汇率，实行浮动汇率。至此，布雷顿森林体系完全崩溃，开始了黄金非货币化的改革进程。

4. 黄金非货币化时期的黄金市场

1976 年 1 月，国际货币基金组织达成"牙买加协议"，对《国际货币基金组织协定》做了修改，该协定删除了以前有关黄金的所有规定，宣布黄金不再作为货币定值标准；废除黄金官价，会员国可以自由在黄金市场按市价买卖黄金；取消对国际货币基金组织必须用黄金支付的规定；出售国际货币基金组织 1/6 黄金，所得利润用于建立帮助低收入国家的优惠贷款基金；黄金作为国际储备资产的地位将由特别提款权取代。

1978 年 4 月 1 日，国际货币基金组织批准了修改后的《国际货币基金组织协定》，黄金迈上了非货币化的道路。国际黄金市场出现了新的变化，主要表现在以下几个方面。

（1）市场规模进一步扩大。一些国家和地区相继开放黄金市场或放松对黄金输出输入的管制。例如，加拿大温尼伯商品交易所于 1972 年 11 月开业进行黄金买卖；美国于 1975 年宣布允许居民持有和买卖黄金；我国香港地区在 1974 年撤销了对黄金输出输入的管制。此外，澳大利亚、新加坡也先后于 1978 年 4 月和 11 月设立了黄金期货市场。这样，加上原有的伦敦、巴黎和苏黎世黄金市场等，黄金市场几乎遍布世界各地，而且黄金交易量也迅猛增加，最终导致巨大的国际黄金市场的形成。

（2）伦敦以外的一些黄金市场的重要性上升。伦敦黄金市场在历史上虽然始终是西方世界最重要的国际黄金市场，但是，由于 20 世纪 60 年代以来世界各地黄金市场的开放及其业务的不断扩大，伦敦作为国际黄金市场的重要性有所下降。例如，1969 年后，苏黎世通过给予南非储备银行以优惠的信贷支持，获得了南非 80% 黄金新产量的供应，加之苏联所抛售的黄金大部分也通过苏黎世黄金市场进行交易，使其很快成为西方世界很重要的国际黄金市场之一。另外，纽约、芝加哥国际黄金市场的扩展也十分迅速。

据不完全统计，现在世界上有 40 多个黄金市场，如表 5-1 所示。

（3）各黄金市场金价波动剧烈，投机活动越来越频繁。自从布雷顿森林体系崩溃以来，国际黄金市场的金价一直动荡不定。如 1980 年 1 月黄金价格曾达到 850 美元/盎司的破纪录高峰，然而仅到当年 3 月，又迅速下跌至 470 美元/盎司，波动幅度高达近 80%。与此紧密相连，国际黄金市场中"买空、卖空"的投机活动日益盛行，而这种投机活动又进一步加剧了金价的波动。

（4）期货市场发展迅速。自 1947 年美国解除黄金禁令，开办了黄金期货市场以来，纽约期货交易所、芝加哥期货交易所的发展速度十分惊人。受此影响，不仅新加坡、澳大利亚相继开辟了期货市场，就连一贯以黄金现货交易著称的伦敦市场也于 1981 年开办了期货市场，使国际黄金市场的结构和布局发生了重大的变化。

表 5-1　全球主要黄金市场

洲别	国别	市场名称	洲别	国别	市场名称
欧洲	瑞士	苏黎世	亚洲	黎巴嫩	贝鲁特
	英国	伦敦		印度	孟买　新德里　加尔各答
	法国	巴黎		巴基斯坦	卡拉奇
	比利时	布鲁塞尔		新加坡	新加坡
	德国	法兰克福		中国	香港　澳门　上海
	意大利	米兰　罗马		日本	东京　横滨　神户
	葡萄牙	里斯本		泰国	曼谷
	荷兰	阿姆斯特丹		菲律宾	马尼拉
	土耳其	伊斯坦布尔		以色列	特拉维夫
	瑞典	斯德哥尔摩	美洲	加拿大	多伦多　温尼伯
	希腊	雅典		乌拉圭	蒙得维的亚
非洲	摩洛哥	卡萨布兰卡		委内瑞拉	加拉加斯
	塞内加耳	达喀尔		墨西哥	墨西哥
	利比亚	的黎波里		巴西	里约热内卢　圣保罗
	索马里	吉布提		阿根廷	布宜诺斯艾利斯
	埃及	开罗　亚历山大		巴拿马	巴拿马
	刚果（金）	金沙萨		美国	纽约　芝加哥　底特律　布法罗　旧金山

当今的黄金分为商品性黄金和金融性黄金。国家放开黄金管制不仅使商品性黄金市场得以发展，同时也促使金融性黄金市场迅速地发展起来，并且由于交易工具的不断创新，几十倍、上百倍地扩大了黄金市场的规模。现在商品实物黄金交易额不足总交易额的 3%，90% 以上的市场份额是黄金金融衍生物，而且世界各国央行仍保留了高达 3.4 万吨的黄金储备。在国际货币体制黄金非货币化的条件下，黄金开始由货币属性主导的阶段向商品属性回归的阶段发展，国家放开了黄金管制，使市场机制在黄金流通及黄金资源配置方面发挥出日益增强的作用。但目前黄金仍是一种具有金融属性的特殊商品。所以，不论是商品性黄金市场，还是金融性黄金市场都得到了发展。商品黄金交易与金融黄金交易在不同地区、不同市场中的表现和活跃程度有所不同。

● 知识点

黄金是一种重要的投资资产

请扫码查看
知识点

二、黄金市场的特点

从世界黄金市场发展的轨迹看，黄金市场是金融市场的一部分，世界黄金市场的特点表现在以下几个方面。

1. 黄金市场是多元化交易市场的集合

黄金市场不同于其他任何市场，其同时涉及商品领域和金融领域。黄金商品属性主要体现于黄金制品市场，黄金制品市场分布在各大商场和金饰店。黄金制品市场提供多样化黄金制品品种以及金条买卖，满足人们的装饰需求。一般来说，企业购买标准金块的目的，一是作为加工原料；二是规避黄金价格波动风险。企业从黄金投资市场获取黄金资源的经济行为，类似于商品黄金买卖。但是，投资黄金的主要目的是获利，从投资角度分析，这是金融行为。

2. 实金交易为基础，衍生品交易占主导

黄金衍生品的价值是从实金的价值衍生而来的，实金交易是当今黄金市场体系存在的基础，但从交易规模来看，黄金衍生品的交易量占市场97%以上的规模，居绝对主导地位。实金交易与衍生品交易两个市场相互依存，表现在以下两个方面。

（1）黄金衍生品交易工具，如黄金提前销售、黄金抵押贷款、黄金对冲保值、黄金期货和黄金期权等，必须以实金即期交易为基础，并形成互动，才能有效地运作。没有实金即期交易市场，黄金金融市场也就不复存在，实金即期交易市场是整个黄金市场体系的基础。

（2）实金即期金价是远期金价的基础，对金融衍生品价格走势具有根本性的影响。现货即期交易市场是否活跃，不仅影响近期市场人气，而且会对市场未来的走势产生影响，也会对金融衍生品的交易价格产生影响。实金现货交易市场是黄金金融投资市场运行发展的基础。

3. 商业银行在黄金市场中居主导地位

商业银行在黄金市场中是重要的做市商。这种地位是由黄金产品的特殊性和商业银行所具备的优势决定的。鉴于黄金的特殊属性，世界上大部分国家对黄金实施商业化运作、货币化管理。这种运作模式是通过商业银行参与黄金市场实现的，而商业银行所经营的业务受中央银行监管、调控，国家的黄金政策实施，是通过中央银行传导于商业银行实现的。另外，商业银行参与黄金市场所具备的条件与其他市场主体相比，具有明显的优势。首先，黄金交易需要充裕的资金保证，商业银行的资金优势，无疑为拓展黄金业务提供了必要条件。其次，商业银行拥有分布广泛、遍及各地的营业网点，能够为分散于各地的金矿企业、用金单位、投资者提供方便快速的交易平台，有利于降低交易成本。再次，商业银行拥有覆盖全国的资金清算和交割系统，可以为客户提供快捷、高效的结算服务和产品安全交割服务，极大地提高了黄金市场交易效率。特别是，商业银行的信誉及客户资源是开拓黄金市场的重要资源。商业银行参与黄金市场的广度、深度对黄金市场有重要的影响。

三、国际黄金市场的分类

根据黄金市场的性质、作用、交易类型、交易方式、交易管制程度和交割形式等不同标准对黄金市场可进行各种分类。

1. 主导性市场和区域性市场

按黄金市场的性质和对整个世界黄金交易的影响程度，黄金市场可以分为主导性市场和区域性市场。主导性市场是指其价格的形成及交易量的变化对其他黄金市场起主导性作用的市场。这类市场主要有伦敦、纽约、苏黎世、芝加哥、香港等黄金市场。区域性市场主要指交易规模有限，且大多集中在本地区并对整个世界黄金市场影响不很大的市场。这类市场主要有巴黎、法兰克福、布鲁塞尔、卢森堡、新加坡、东京等黄金市场。

● 知识点
国际主导性黄金市场

知识点

2. 现货交易市场和期货交易市场

按交易类型和交易方式的不同，黄金市场可以分为现货交易市场和期货交易市场。黄金现货交易基本上是即期交易，在成交后即交割或者在两天内交割。交易的标的主要是金条、金锭和金币。期货交易是指交易双方按签订的合约在未来的某一时间交割的一种交易方式。在同业间通过电话联系进行交易的欧洲型市场，如伦敦、苏黎世黄金市场等，以现货交易为主；设有具体交易场所的美国型市场，如纽约、芝加哥、香港黄金市场等，以期货交易为主。

由于黄金交易及其类型上的差异，黄金市场又呈现出国际化的趋势，因而世界上就出现了两大黄金集团：一个是伦敦—苏黎世集团，另一个是纽约—香港集团（包括芝加哥）。这两大集团之间的合作十分密切，共同操纵着世界黄金市场。其中伦敦黄金市场的作用尤为突出，至今该市场的黄金交易和报价仍然是世界黄金市场的一个"晴雨表"。

3. 无形市场和有形市场

按交易有无固定场所可以将黄金市场划分为无形市场和有形市场。无形市场是指黄金交易没有专门的交易场所，如主要通过金商之间形成的联系网络形成的伦敦黄金市场、以银行为主买卖黄金的苏黎世黄金市场。有形市场是黄金交易在某个固定的地方进行交易，它分为有专门独立的黄金交易场所的黄金市场和设在商品交易所之内的黄金市场，前者如中国香港金银业贸易场、新加坡黄金交易所等；后者如设在纽约商品交易所内的纽约黄金市场、设在芝加哥商品交易所内的芝加哥黄金市场，以及加拿大的温尼伯商品交易所内的温尼伯黄金市场。

四、黄金市场的功能

黄金市场的功能是随着黄金市场的发展而不断丰富与完善的。在 20 世纪 70 年代黄金非货币化之前，黄金市场的功能是把黄金作为交换商品的结算工具。黄金非货币化后，由于各国放松对黄金管制，使黄金流动性大幅度增强了，一些国家相继建立了黄金市场，并赋予黄金市场的功能以新的内容，即黄金资源配置优化功能和黄金价格发现功能。到 20 世纪 80 年代，随着全球网络化的推行，黄金市场又衍生出投资避险功能。

1. 黄金价格发现功能

黄金具有多重属性。从商品属性分析，黄金同一般商品一样具有价值和使用价值。一般商品定价受成本因素、供求关系和价值规律的影响，而黄金商品的价格决定与一般商品相比，具有不同特点。黄金商品对供求规律敏感性较差，受价值规律的影响较弱。从货币属性分析，黄金价格受到美元汇率波动的影响，同时受到国际政治动荡、经济金融危机的影响。正是这些因素的影响使黄金成为国际货币的避风港，因此黄金价格与美元汇率呈负相关性。黄金被认为是最可靠的保障资产，黄金资产具有无国界和易变现的特性。黄金的特性引起人们关注，更吸引人们对黄金价格波动的关注，而黄金市场则为人们发现黄金价格提供了渠道。

2. 信息传递诱导功能

黄金市场属于国际化市场，黄金市场信息传递快捷，黄金市场价格是信息传递的综合反映。这种综合反映不仅包含了黄金供需状况，还包括国际政治动荡、经济和金融危机的信息，尤其是美元汇率波动对黄金价格影响重大，因此信息公开传递对市场主体的行为具有重要的诱导作用。当黄金价格持续上涨时，黄金生产者就会扩大其产品的生产量，黄金消费者则会减少对黄金的购买量；当黄金价格走势疲软时，黄金生产者就会压缩黄金资源投入，而黄金消费者则会根据信息变化调节自己的经济行为。这样，通过市场传递的价格和供求信息可以使黄金生产者和消费者不断调整黄金生产规模和消费规模，使黄金的供给和需求趋于平衡。通过市场机制的信息传递诱导功能所达到的市场供求均衡状态，不仅实现了生产效率，而且实现了资源配置效率，同时，黄金市场信息传递还会影响外汇市场主要货币汇率走势，从而影响各国央行对黄金储备的态度以及广大消费者和投资者对持有黄金的信心。

3. 黄金资源配置优化功能

黄金资源合理配置不仅体现在商品黄金上，而且反映在货币黄金上。商品黄金资源配置包括采金企业与用金单位在公开、公平、公正的市场条件下，通过竞争实现优胜劣汰。例如，采金企业通过竞争将资源利用效率和配置效率较低的金矿企业挤出市场，使资源流向利用效率和配置效率高的金矿企业，从而起到提高资源利用效率和配置效率的作用。用金单位根据黄金价格高低或资源替代效应，确定对黄金资源的需求量和配置时间，使市场由单纯的交易场所日益转化为社会资源的调节者，充分发挥配置社会资源的功能。

货币黄金资源配置，主要体现在国家外汇储备结构上。为了国家经济金融安全，有些国家的央行通过黄金市场购入黄金用以储备以便调整外汇储备结构。有些国家央行通过黄金市场抛售部分黄金储备，以便提高外汇收益率。这种调节过程在整个社会的角度上体现了资源配置优化功能。

4. 黄金投资避险功能

黄金具有投资价值，黄金价格与其他投资产品价格变动具有负相关性。例如，利率升高会使黄金投资需求减少；美元汇率看涨会使黄金需求减少。黄金与大多数投资产品之间存在的负相关关系，使之成为一种重要的分散风险的投资工具。因此，每当世界经济受到美元汇率下跌、石油价格上涨、资本市场波动或各种政治事件的冲击时，黄金的价格便会出现异常波动。特别是有关战争或其他影响国际政治格局的重大政治事件，往往造成黄金价格的飙升；同时，在经济低迷和通货膨胀高涨时期，投资黄金又是规避风险的可靠选择。

● 知识点
黄金市场是金融市场的重要组成部分

黄金价格完全市场化，价格波动经常受到多重经济或政治因素影响，这为投机力量介入黄金市场提供了机会，而投机交易必然促使黄金价格波动进一步加剧。出于规避价格波动风险的目的，黄金市场主体便利用黄金期货、黄金期权、黄金互换、黄金抵押贷款等业务手段，开拓了黄金投资的避险功能。

第二节　黄金价格

黄金价格是人们关注的问题，因为它是经济的风向标。深入研究黄金价格，有助于把握黄金价格的合理价位以及价格的变动趋势。

一、黄金价格的类型

黄金价格主要有三种类型：市场价格、生产价格以及准官方价格。

1. 市场价格

市场价格包括现货和期货价格。这两种价格都受供需等各种因素的制约和干扰，变化大，而且价格确定机制十分复杂。一般来说，现货价格和期货价格所受的影响因素类似，因此两者的变化方向和幅度基本上是一致的。但由于市场走势的收敛性，黄金的现货价格与期货价格之差会随期货交割期的临近而不断减小，到了交割期，期货价格和交易的现货价格大致相等。从理论上来说，期货价格应该稳定地反映现货价格加上特定交割期的持有成本。因此，黄金的期货价格应高于现货价格，远期的期货价格应高于近期的期货价格。决定现货价格和期货价格的因素错综复杂，如黄金的近、远期供给，黄金的市场需求状况，世界各国政府的稳定性等，都有可能使世界黄金市场上黄金的供求关系失衡，出现现货和期货价格关系扭曲的现象，这可能会导致现货价格高于期货价格，近期期货价格高于远期期货价格。

2. 生产价格

生产价格是根据生产成本建立一个固定在市场价格上面的明显稳定的价格基础。随着技术的进步，找矿、开采、提炼等的费用一直在降低，黄金成本呈下降趋势。2013年1月和2月国际资源黄金的成本仅为450美元/盎司，比2012年的生产成本低了244美元/盎司，而2013的黄金平均价格和2012年的平均价格相差无几。

3. 准官方价格

这是被中央银行用作与官方黄金进行有关活动而采用的一种价格。准官方价格在世界黄金交易中已成为一个较为重要的黄金价格。在准官方价格中，又分为抵押价格、记账价格和黄金回收价格。

（1）抵押价格。抵押价格是意大利1974年为实现向联邦德国借款，以自己的黄金作抵押而产生的。抵押价格的确定在现代黄金史上有重要意义。一方面符合国际货币基金组织的每盎司黄金等于35个特别提款权的规定，另一方面又满足了持有黄金的中央银行不冻结黄金的需要。实际上，这种价格是美国对黄金不要"再货币化"与欧洲对黄金"非货币化"谨慎要求的组合。借款时，以黄金作抵押，黄金在市场价格的基础上再打折扣，要是金价下滑，借款期的利率就得高于LIBOR。

（2）记账价格。记账价格是在1971年8月布雷顿森林体系解体后提出的。由于市场价格的强大吸引力，在市场价格和官方价格之间存在巨大差额的状态下，各国因为其官方黄金储备定价的需要，都提高了各自的黄金官价，所以就产生了为确定官方储备的准官方记账价格。

在操作中主要有三种方法：① 按不同折扣标准（以市场净价或直至30%的折扣）同市场价格联系起来，按不同的基础以不同的调整期来确定金价（分为3个月的平均数、月底平均数等）；② 以购买价作为定价基础；③ 有些国家以历史官价确定，如美国1973年3月定的42.22美元/盎司，一些国家按1969年国际货币基金组织35美元/盎司来确定。

（3）黄金回收价格。我国的黄金回收价格一般按国际价格或者上海黄金交易所的价格减去3%~5%的折旧，这个价格在全国通用。

二、影响世界黄金价格的主要因素

20世纪70年代以前，黄金价格基本由各国政府或中央银行决定，国际上黄金价格比较稳定。20世纪70年代初期，黄金价格不再与美元直接挂钩，而逐渐市场化，影响黄金价格变动的因素日益增多，其中主要有黄金供给与需求、通货膨胀、美元汇率上升等因素。

1. 供给因素

（1）黄金存量。全球目前大约存有13.74万吨黄金，而地上黄金的存量每年还在以大约2%的速度增长。

（2）年供给量。黄金的年供给量大约为4 200吨，每年新产出的黄金占年供应的62%。

（3）新的金矿开采成本。黄金开采平均总成本大约略低于260美元/盎司。由于开采技术的发展，黄金开采成本在过去20年以来持续下跌。

（4）中央银行的黄金抛售。中央银行是世界上黄金的最大持有者，1969年官方黄金储备为36 458吨，占当时全部地表黄金存量的42.6%，而到了1998年，官方黄金储备大约为34 000吨，占已开采的全部黄金存量的24.1%。由于黄金的主要用途由重要储备资产逐渐转变为生产珠宝的金属原料，或者为改善本国国际收支，或者为抑制国际金价，因此，30年间中央银行的黄金储备无论在绝对数量上还是在相对数量上都有很大的下降。数量的下降主要是由于其在黄金市场上抛售库存储备黄金，例如英国央行的大规模抛售、瑞士央行和国际货币基金组织准备减少黄金储备，这也是国际黄金市场金价下滑的主要原因。

2. 需求因素

黄金的需求与黄金的用途有直接的关系。

（1）黄金实际需求量（首饰业、工业等）的变化。一般来说，世界经济的发展速度决定了黄金的总需求。例如，在微电子领域，越来越多地采用黄金作为保护层；在医学以及建筑装饰等领域，尽管科技的进步使得黄金替代品不断出现，但黄金以其特殊的金属性质使其需求量仍呈上升趋势。而某些地区因局部因素对黄金需求产生重大影响。例如，一向对黄金饰品有大量需求的印度和东南亚各国因受金融危机的影响，从1997年以来黄金进口大大减少，世界黄金协会数据显示，泰国、印度尼西亚、马来西亚及韩国的黄金需求量分别下跌了71%、28%、10%和9%。

（2）保值的需要。黄金储备一向被各国中央银行用作防范国内通货膨胀、调节市场的重要手段。而对于普通投资者，投资黄金主要是为了在通货膨胀的情况下达到保值的目的。在经济不景气的态势下，由于黄金相对于货币资产更加保险，所以导致对黄金的需求上升，金价上涨。例如，在第二次世界大战后的三次美元危机中，由于美国的国际收支逆差趋势严重，各国持有的美元大量增加，所以市场对美元币值的信心动摇，投资者大量抢购黄金，直接导致布雷顿森林体系破产。1987年，美元贬值、美国赤字增加、中东形势不稳等也都促使国际金价大幅上升。

（3）投机性需求。投机者根据国际国内形势，利用黄金市场上的金价波动，加上黄金期货市场的交易体制，大量"沽空"或"补进"黄金，人为地制造黄金需求假象。在黄金市场上，几乎每次大的下跌都与对冲基金公司借入短期黄金在即期黄金市场抛售和在纽约商品交易所黄金期货交易所构筑大量的空仓有关。

3. 其他因素

(1) 美元汇率影响。美元汇率也是影响金价波动的重要因素之一。一般在黄金市场上有美元涨则金价跌、美元降则金价扬的规律。美元坚挺一般代表美国国内经济形势良好，美国国内股票和债券将得到投资人竞相追捧，黄金作为价值贮藏手段的功能受到削弱；而美元汇率下降则往往与通货膨胀、股市低迷等有关，黄金的保值功能再次体现。这是因为，美元贬值往往与通货膨胀有关，而黄金价值含量较高，在美元贬值和通货膨胀加剧时往往会刺激对黄金保值和投机性需求的上升。1971 年 8 月和 1973 年 2 月，美国政府两次宣布美元贬值，在美元汇率大幅度下跌以及通货膨胀等因素作用下，1980 年年初黄金价格上升到历史最高水平，突破 800 美元/盎司。回顾过去几十年历史，美元对其他西方货币坚挺，则国际市场上金价下跌；如果美元小幅贬值，则金价就会逐渐回升。

● 知识点
外汇与黄金的"亲密关系"

(2) 各国的货币政策与国际黄金价格密切相关。当某国采取宽松的货币政策时，由于该国的货币供给增加，利率下降，加大了通货膨胀的可能，所以造成了黄金价格的上升。如 20 世纪 60 年代美国的低利率政策促使国内资金外流，大量美元流入欧洲和日本，各国由于持有的美元净头寸增加，出现对美元币值的担心，于是开始在国际市场上抛售美元，抢购黄金，并最终导致了布雷顿森林体系的瓦解。但在 1979 年以后，利率因素对黄金价格的影响日益减弱。

(3) 通货膨胀对金价的影响。对此要从长期和短期两方面来分析，并要结合通货膨胀在短期内的程度而定。从长期来看，每年的通胀率若是在正常范围内变化，那么其对金价的波动影响并不大；只有在短期内，物价大幅上升，引起人们恐慌，货币的单位购买力下降，金价才会明显上升。虽然进入 20 世纪 90 年代后，世界进入低通胀时代，作为货币稳定标志的黄金用武之地日益缩小，而且，作为长期投资工具，黄金收益率日益低于债券和股票等有价证券，但是，从长期来看，黄金仍不失为对付通货膨胀的重要手段。

(4) 国际贸易、财政、外债赤字对金价的影响。债务问题这一世界性难题已不仅是发展中国家特有的现象。在债务链中，不但债务国本身会因为无法偿债而导致经济停滞，而经济停滞又会进一步恶化债务，就连债权国也会因与债务国关系破裂，面临金融崩溃的危险。这时，各国都会为维持本国经济不受伤害而大量储备黄金，从而引起市场黄金价格上涨。

(5) 国际政局动荡、战争等对金价的影响。国际上重大的政治、战争事件都将影响金价。政府为战争或为维持国内经济的平稳而支付费用、大量投资者转向黄金保值投资，这些都会扩大对黄金的需求，刺激金价上扬。例如，第二次世界大战、越南战争、1976 年泰国政变、1986 年"伊朗门"事件等，都使金价有不同程度的上升。再如，2001 年恐怖组织袭击美国世贸大厦事件曾使黄金价格飙升。

(6) 股市行情对金价的影响。一般来说，股市下挫，金价上升。这主要体现了投资者对经济发展前景的预期，如果大家普遍对经济前景看好，则资金大量流向股市，股市投资火热，金价下降。

除了上述影响金价的因素外，国际金融组织的干预活动，以及本国和地区的中央金融机构的政策法规，也会对世界黄金价格的变动产生重大影响。

第三节 黄金市场投资

与其他的金融市场一样,在经历了几百年的发展之后,黄金市场也形成了门类齐全的交易方式和投资品种。一般来说,黄金交易从交易品种的形态上来说,有实物形式、凭证形式;从交易的方式上来说,有现货交易、衍生交易。

一、黄金市场的交易品种

（一）实物黄金

实物黄金投资主要包括金条、金币、首饰投资等。金条也称金块,是目前黄金存在于世的一种最主要的形式,也是进行黄金投资较为普遍的渠道之一。大型的金条,又称为金砖。从投资和收藏的角度看,金条可以分为普通金条和纪念金条。

金币有广义和狭义之分。广义的金币是指所有在商品流通中专作货币使用的黄金铸件。狭义的金币是指经过国家证明,以黄金作为货币的基材,按规定的成色和重量,浇铸成一定规格和形状,并标明其货币面值的铸金币。与金条一样,金币主要分为普通金币和纪念金币。

（二）黄金账户

黄金账户是与实物黄金投资相对应的一种黄金投资形式,是指黄金的纸上交易,投资者的买卖交易记录只在个人预先开立的"黄金账户"上体现,而不涉及实物黄金的提取。黄金账户投资可以分为纸黄金、黄金存折、黄金存单和黄金管理账户等多种类型。

（1）纸黄金是指凭证式黄金,投资者按银行报价在账面上买卖虚拟黄金,个人通过把握国际金价走势低吸高抛,赚取黄金价格的波动价差。投资者的买卖交易记录只在个人预先开立的"黄金存折账户"上体现,不发生实金提取和交割。纸黄金是专为克服实物黄金存在的问题而研发出的新型投资方式。纸黄金投资是目前中国黄金投资市场中的重要投资渠道。

（2）黄金存折是指银行为投资者设有黄金存折储蓄户头,投资者只需像以往存款一样,存入一定金额的现金,银行就可以为其购入黄金。

（3）黄金存单又称黄金凭证,是指以黄金账户类的资金划拨来标明黄金买卖的一种黄金投资工具。购入大量的黄金时,由于存放不便,投资者会将黄金实物存入银行,银行出具"黄金存单"。持单者可以提取实物黄金,也可以直接卖出存单。由于在黄金存单的交易过程中,黄金交易商与投资者买卖的标的物是黄金的所有权凭证,而不是黄金实物,因此这种交易的实质是一种权益凭证交易。

（4）黄金管理账户是指黄金投资者将资金缴付给银行或经纪商,然后由银行或经纪商进行投资管理的一种黄金投资工具。黄金管理账户最常见的一种投资方式就是黄金累积账户,即投资者每月定期缴纳一笔款项给银行或经纪商,银行或经纪商利用这笔款项进行投资,尽量购买大数量的黄金,月底投资者可以评估一下自己实际所拥有的黄金数量。

（三）标准化的场内黄金衍生品

世界黄金市场衍生品分为标准化的场内交易品种和非标准化的场外交易品种。标准化的场内交易产品,是指产品交易要素标准化程度较高的黄金市场衍生品,其交易的场所大多为官方认可的较为规范的市场,主要品种包括黄金延期交收(T+D)、黄金期货、期权、黄金ETF等。

1. 黄金延期交收

黄金延期交收(T+D)是指上海黄金交易所规定的延期交收交易品种。它以保证金方式进行交易,是一种以黄金为标的,个人客户仅付部分款项且不用实物交割就可进行交易的新型黄金投资方式。会员及客户可以选择合约交易日当天交割,也可以延期至下一个交易日进行交割,同时引入延期补偿费机制平抑供求矛盾。

2. 黄金期货与期权

黄金期货交易和一般的商品与金融工具的期货交易一样,买卖双方先签订买卖黄金期货的合同并交付保证金,规定买卖黄金的标准量、商定价格、到期日,在约定的交割日再进行实际交割。一般不真正交货,绝大多数合同在到期前就对冲掉了。黄金期货交易是一种非交割转移的买空卖空交易,由套期保值和期货投资交易组成。保值性期货交易是黄金企业根据生产、市场供求关系,为规避风险、降低库存及成本进行的交易,它有利于保障生产者、经营者利益,有利于维护生产的正常进行。投机性期货交易是投资人利用期货市场价格波动进行投资获利的交易,体现的是黄金投资的金融属性。

黄金期权交易以期货交易为基础,既可以对冲风险,又可以投资获利,为黄金交易商提供了更加灵活的投资避险和获利工具。期权交易是一种权利的买卖,是一种权利在一定时间内以一定价格购买或出售黄金,而没有买进和卖出义务的交易。期权的价格由市场上期权的供求关系决定,同时市场价与成交价差及期权时间等因素都将对期权价格产生影响。

【例5-1】 如某矿产企业黄金生产成本为210元/克,未来3个月会有5吨黄金产出,目前黄金现货价格为290元/克,而3个月黄金期货价格为300元/克,那么该矿产企业就有10元/克超额利润,而客观上黄金期现价差有逐步缩小的可能,为了规避未来黄金价格下滑所产生的风险,该黄金生产商应如何防范风险?

【解析】 对于黄金生产商来说,其所面临的风险主要在于预期黄金价格下滑风险,即使用卖出套期保值,通常情况下,如果黄金期货价格高于现货价格,那么黄金生产商就可以通过期货市场进行操作以实现稳定盈利。可在期货市场上卖出5 000手⊖合约,若3个月后价差缩小至10元/克以下,那么套期保值成功(不计交易成本)。

3. 黄金ETF

黄金ETF是指一种以黄金为标的资产,追踪现货黄金价格波动的金融衍生品。其运行原理为:由大型黄金生产商向基金公司寄售实物黄金,随后由基金公司以此实物黄金为依托,在交易所内公开发行基金份额,销售给各类投资者,商业银行分别担任基金托管和实物保管行,投资者在基金存续期间可以自由赎回。

黄金ETF在证券交易所上市,投资者可以像买卖股票一样方便地交易黄金ETF。其交易费用低廉,投资者购买黄金ETF可免去黄金的保管费、储藏费和保险费等费用,只需交纳通常为0.3%~0.4%的管理费用,相较于其他黄金投资渠道平均2%~3%的费用便宜很多。黄金ETF

⊖ 黄金期货1手=1 000克。

还具有保管安全、流动性强等优点。由于黄金价格较高，黄金 ETF 一般以 1 克作为一份基金单位，每份基金单位的净资产价格就是 1 克现货黄金价格减去应计的管理费用。

● 中国故事

上海黄金交易所

上海黄金交易所是经国务院批准，由中国人民银行组建，专门从事黄金交易的国家金融要素市场，于 2002 年 10 月正式运行。

截至 2017 年年底，上海黄金交易所有会员 253 家，其中国内金融类、综合类会员共 165 家，特别会员 19 家，国际会员 69 家。国内会员单位年产金、用金量占全国的 90%，冶炼能力占全国的 95%，国际会员均为国际知名银行、黄金集团及投资机构。截至 2017 年年底，机构客户 12 269 户，个人客户 977 万户。

经过十多年的发展，上海黄金交易所建成了由竞价、询价、定价、租赁等市场共同组成的，集境内主板市场与国际板市场于一体的多层次黄金市场体系。竞价市场实行集中竞价撮合机制，是目前交易量最大的市场，金融机构、产用金企业等机构和个人均可参与，交易标的包括黄金、白银和铂金三大类品种，有现货实盘合约、现货即期合约和现货延期交收合约等 16 个合约。询价市场是机构之间开展定制化衍生品交易的重要平台，主要提供黄金即期、远期、掉期和期权等交易品种，近年来交易规模增长迅速，已成为上海黄金交易所市场的重要组成部分。租借市场主要开展商业银行之间的黄金拆借业务、银行与企业之间的黄金租借业务，是上海黄金交易所支持产用金企业发展、更好发挥黄金市场投融资职能的重要创新和有益探索。

上海黄金交易所实行"集中、净额、分级"的结算原则，目前主板业务共有指定保证金存管银行 18 家，国际板业务共有指定保证金存管银行 8 家。上海黄金交易所实物交割便捷，在全国 35 个城市使用 61 家指定仓库，并在全国范围内对金锭和金条进行统一调运配送。

2016 年 4 月 19 日，上海黄金交易所发布了"上海金"，是全球首个以人民币计价的黄金基准价格。"上海金"定价机制是中国金融要素市场创新开放、积极融入全球一体化进程的重要尝试，为黄金市场参与者提供了良好的风险管理和创新工具，加快了中国黄金市场的国际化进程。2016 年 1 月 26 日，上海黄金交易所推出首款移动互联网产品"易金通"，打造真正惠及群众的"百姓金"平台，推动黄金投资实现便利普惠。

（四）非标准化的场外黄金衍生品

非标准化的场外交易产品是标准化程度较低的交易产品，主要包括黄金借贷、黄金凭证、黄金投资基金、黄金远期类产品等。

1. 黄金借贷

黄金借贷的主要目的，一是满足金矿企业资金周转的需要；二是满足企业套期保值的需求。黄金借贷的借方一般是金矿公司；而中央银行由于持有大量黄金储备，成为黄金借贷的贷方。20 世纪 90 年代以来，黄金借贷以每年 20% 的数量递增。作为贷方的中央银行和作为借方的金矿公司通常不会直接交易，而是要由大银行作为中介，即大银行从中央银行借出黄金，再转贷给金矿公司。这样做的目的是防范信用风险、解决借贷期限结构不匹配的问题以及转移利率风险。

2. 黄金凭证

黄金凭证类似于"纸黄金",是由商业机构发行的黄金权益凭证,代表投资者持有一定的黄金要求权。黄金凭证分为分配账户和非分配账户。

分配账户是以实物黄金为基础的,账户上详细注明了投资者所持有的黄金数量和每一块金条的编号,投资者对账户上的黄金享有绝对的支配权,对账户上黄金的所有权不受发行人资信的影响,但要支付实物黄金的保管费和保险费。

非分配账户不以黄金实物为基础,而是依靠发行人的信誉作为担保。发行人可以持有少量黄金开立大量的非分配账户,只要大多数账户持有人不要求赎回黄金,发行人流动性就不会出现问题。非分配账户手续简便,成本较低,是目前黄金市场上大多数投资者所使用的账户。但非分配账户包含了一定的信用风险,能否兑现取决于发行人实力。如果发行人倒闭,非分配账户的持有人就无法拿回账户上本该属于自己的黄金。

3. 黄金投资基金

黄金投资基金是专门从事黄金实物和相关权益凭证买卖的投资基金。由于黄金的价格波动与其他市场(如股票市场、债券市场)波动的相关性较小,而且在通货膨胀时期黄金具有较好的保值增值功能,因此投资黄金基金可以起到分散投资风险、降低总资产配置的波动性,从而稳定投资价值的作用。投资黄金基金还具有门槛低、集合理财的特点。

4. 黄金远期类产品

黄金远期类产品包括黄金远期、黄金掉期、黄金的远期利率协议等。黄金远期合约是指交易双方约定在未来的某一日期按照约定的价格买卖既定数量的黄金,商业银行和金矿都可以借此锁定成本,对冲风险。黄金掉期由一次现货交易和一次反向的远期交易组合而成,掉期完成后,交易者的黄金长短头寸不变,所变化的只是头寸所对应的期限。黄金的远期利率协议是参与双方锁定未来黄金借贷的成本。这些工具一般进行场外交易,交易双方为大的金融机构、黄金企业和黄金投资人。

二、黄金的投资策略

(一)实物黄金的投资策略

实物黄金投资的主要是金币和金条。一般来说,投资金币是法定货币,具有法偿货币的地位,可以自由买卖,具有很好的流通性,而且重量较轻,交易以后不需要一般黄金交易必需的交割手续就能方便出售,同时还可以省下鉴定费用。因此,对中小投资者来说,金币是一种很好的投资工具,如今日益受到中小投资者的欢迎。对于一般投资者而言,最好的黄金投资品种是投资性金条。金条加工费低廉,各种附加支出不高,标准化金条在全世界范围内都可以方便地买卖,并且世界上大多数国家和地区对黄金交易不征收交易税。

1. 金币的投资策略

(1)要了解金币交易商的信誉和服务水平。在购买金币之前必须了解金币交易商的信誉和服务水平,这样做,一是了解交易商买卖的金币是否真实;二是了解交易商是否保证可以将售出的金币买回;三是了解交易商是否提供保存服务。

（2）要选择变现性好、美感好的投资品种。变现性好，表示金币的流动性强，买卖比较方便，这是投资者选择金币时首先应该考虑的因素。美感好，表示金币容易受到投资者的青睐，尤其是受到收藏者的喜爱。要选出美感好的金币，必须学会鉴别出它的设计水平和铸造水平。

（3）要抓龙头品种。由于金币有不同的类别和规格，尤其是普制金币，每年都发行，它们具有不同的投资价值和收藏价值，因此，投资者要想获得理想的回报，就必须学会抓龙头品种，这样可以在短时间内获得较高的回报。

（4）要学会放长线钓大鱼。这是指投资者在大市低迷时，可以加码买进，然后长线持有，尤其是对那些题材独特、工艺精湛，但新品面市价格不高的金币品种更要密切关注，这类金币面市之后的一段时间价格可能会短暂地上下震荡，在此之后，其市价往往会长期走强。这样，当价格达到自己的目标价位之后，将它抛出，便可以获得丰厚的利润。

2. 金条的投资策略

（1）选择好的交易商。好的交易商至少要具备三个条件：一是保证能够进行双向交易，即交易商保证能够将它们卖出的金条予以买回；二是获取的价差比较合理；三是收取的手续费比较合理。交易商收取的手续费，主要用于支付管理费和支付给经纪人的佣金。一般地，收费合理的交易商，其收取的手续费比较低，只要能够满足支付管理费和支付给经纪人的佣金即可，其赚取的利润，主要来自价差。

（2）要注意金条的商标与标志。好的黄金制造厂家打造的金条一般会得到业内人士的认同，并且可以在世界范围内流通。因此，投资者在选购金条时，最好购买由黄金交易商评选出来的印有"优良铸造者"标志的金条；同时，还要注意购买刻有铸造厂家标号以及刻有用以验明正身记号的金条。这样，在金条出手时，可以方便地卖出，同时，还可以省去鉴定费。

（3）要注意妥善保管。许多投资者购买金条后，往往希望随身携带或储存在自己的保管箱中。事实上这是很不明智的举措。从国外的经验看，主要是将金条托付给商业银行进行保管。通过银行托管，一是安全可靠；二是投资者可以省却一笔验明金条成色和来源所需的费用。此外，投资者还可以把金条托付给经纪商或交易商。

（二）黄金账户的投资策略

1. 纸黄金的投资策略

（1）在纸黄金交易方式中，黄金投机者每次通过银行进行黄金交易时，只需要在指定的资金账户上转账进行款项收付，同时在开设的黄金存折上做转账存取黄金记录，不需要做黄金实物的提取和交付。

（2）和其他投资一样，投资者在进行纸黄金投资时首先要货比三家。一是考虑交易时间。一般来说，银行的交易时间开放得越长越好，这样可以随时根据金价的变动进行交易。二是考虑报价方式。当前报价主要有按国内金价报价和按国际金价报价。"中行黄金宝"的报价参考国际金融市场黄金报价；"建行账户金"直接采用以金交所的实时报价为基准的报价方式；"工银金行家"把人民币报价和美元报价分开，综合采用按国内金价报价和按国际金价报价。

2. 黄金管理账户的投资策略

黄金管理账户投资可以通过定期分散投资有效地回避风险；可以享受专业人士管理投资的

益处；通过小额的投资，可以获得丰厚的回报。黄金管理账户的投资步骤如下。

（1）投资者与银行或经纪商签订协议，协议规定，在一定期限内，投资者定期将一笔款项缴付给银行或经纪商，银行或经纪商全权管理黄金账户，努力做到让投资者有较好的投资回报，同时，银行或经纪商要从黄金管理账户中收取一定的管理费和利润提成费。

（2）投资者按照协议，每月或每季定期地将一笔款项缴付给银行或经纪商。

（3）银行或经纪商将收缴的款项在黄金市场上进行投资，并定期收取一定的管理费。

（4）到期日，投资者评估自己实际拥有的黄金数量和投资收益，银行或经纪商从中收取一定的利润提成费。

3. 标准化场内黄金衍生品的投资策略

（1）黄金延期交收交易的投资策略。黄金延期交收交易是在少数银行中开设的一种风险性与收益性都最高的黄金投资方式。这种投资由于保证金制度的加入，产生的收益大，然而风险的提升也大，因此更适合那些风险投机者参与。

（2）黄金期货交易的投资策略。黄金期货交易的目的是套期保值和套利。就套期保值而言，要想达到理想的效果，交易者首先必须清楚黄金市场的基本特性，掌握黄金价格的各种因素和多种技术分析方法。此外，还需时常关注基差（现货价格与期货价格之差）的变动，将期货商品的现货价格和期货价格的资料记录在手；也要适时地进行对冲交易，切忌做同向对冲交易。

（3）黄金期权交易的投资策略。从世界范围来看，黄金期权交易首先是从黄金现货期权交易开始，然后发展到黄金期货期权交易。目前，世界上黄金期权交易的品种主要有三种：一是金块现货期权，二是金矿股票期权，三是黄金期货期权。

金块现货期权是以实物黄金（金条）为交易对象的一种现货期权交易形式。期权交易的买卖双方就交易的黄金数量、价格、履约日、到期日和权利金等达成一致的意见后，签订黄金期权合同。金矿股票期权是投资者以金矿公司的股票为交易对象的一种现货期权交易形式。黄金期货期权合约与黄金期货合约非常相似。之所以如此，是因为黄金期货期权交易主要是针对黄金期货价格的变动而进行的，因此，黄金期货合约所包含的条款在黄金期货期权合约当中基本上得到了体现。

□ 案例分析

企业套期保值案例

2007与2008年之交，国际金价一路飙升，并在2008年3月17日达到1033美元/盎司的历史高位。金融危机深化后，黄金价格自历史高点回落，并在2008年10月24日跌破700美元/盎司。剧烈的价格波动使金矿企业面临黄金价格下滑风险，但黄金期货的适时推出给了企业进行套期保值及无风险套利的利器。

请扫码查看
案例解析

本章小结

1. 按照不同的分类标准可将黄金市场划分为不同的类型。根据黄金市场的性质和对整个世界黄金交易的影响程度可分为主导性市场和区域性市场；根据交易类型和交方式的不同可分为现货交易市场和期货交易市场；按交易有无固定场所可分为无形市场和有形市场。
2. 黄金市场的功能表现在：一是黄金价格发现功能；二是信息传递诱导功能；三是黄金资源配置优化功能；四是黄金投资避险功能。
3. 全球黄金市场上的主要价格类型有生产价格、市场价格和准官方价格。影响黄金价格的因素主要有黄金的供给与需求、通货膨胀、美元汇率上升等因素。供给因素包括黄金存量、年供给量、新的金矿开采成本和中央银行的黄金抛售；需求因素包括黄金实际需求量（首饰业、工业等）的变化、保值的需要和投机性需求。其他因素包括美元汇率，各国的货币政策，通货膨胀，国际贸易、财政、外债，国际政局动荡、战争，股市行情等因素。
4. 黄金市场形成了门类齐全的交易方式和投资品种。

推荐网站

1. 上海黄金交易所：https://www.sge.com.cn.
2. 上海期货交易所：http://www.shfe.com.cn/products/au.

推荐阅读

1. 祝合良，刘山恩，许贵阳. 黄金市场投资精要 [M]. 北京：经济管理出版社，2012.
2. 焦瑾璞，等. 中国黄金市场国际化与发展 [M]. 北京：社会科学文献出版社，2019.

第六章
金融衍生品市场

本章提要

金融衍生品又称为衍生金融工具（Derivative Instruments），是指其价值依赖于标的资产价值变动的合约，如远期、期货、期权和互换等。本章在对金融衍生品市场的产生和发展进行介绍的基础上，对远期、期货、期权和互换市场进行讨论和比较，为以后章节的进一步分析和运用奠定了基础。

学习目标

1. 了解金融衍生品市场的产生和发展。
2. 理解金融远期合约的特点和功能，掌握远期利率协议结算金的计算。
3. 掌握外汇期货合约定义。
4. 掌握金融期权合约的盈亏分布。
5. 掌握金融互换的定义、特点以及货币互换和利率互换的计算。

重点难点

本章重点：各种金融衍生品相关问题的计算。
本章难点：各种金融衍生品之间的区别和联系。

案例导入

摩根大通银行"伦敦鲸"事件

2012年5月10日，摩根大通银行发布公告称首席投资办公室（CIO）在合成债券上的仓位出现了20亿美元交易损失，这些亏损主要来源于"伦敦鲸"的交易，由此揭开了"伦敦鲸"事件的始末。"伦敦鲸"是摩根大通银行雇员Bruno Michel Iksil的绰号，2007年加入摩根大通银行以来，他每年能给公司带来1亿美元的利润。摩根大通银行全球的存款（也即负债）为1.1万亿美元，而贷款大约为7 200亿美元，摩根大通银行使用这些多余的存款进行投资，投资对象集中在高评级、低风险的证券上，CIO和"伦敦鲸"的市场交易目的是对冲其投资资产的风险敞口。

"伦敦鲸"所做的对冲交易并非直接做空那些债券或购买相关债券的信用违约互换（CDS），

相反,"伦敦鲸"通过在CDX(CDS指数)实施大规模的flattener策略㊀或份额交易(tranche trades)来进行对冲,即做多CDX指数的短期合约,同时做空CDX指数的长期合约进行对冲。"伦敦鲸"没有直接针对该指数购买保险来表达看空的意图,因为此类针对债券的直接的风险敞口风险很高、波动性较大,且成本较高。"伦敦鲸"采取的是针对Markit CDX. NA. IG(北美投资级评级企业CDS)指数中的CDX IG9系列指数进行flattener策略,即针对IG9:购买5年期合约,出售10年期合约。

2011年8月到10月,IG9的10年期合约的偏斜度(公允基差与市场交易指数实际基差之间的差额)非常大,偏斜度越大,指数相对单一CDS就越便宜,诸多对冲基金做了套利交易:购买IG9指数的10年期合约,出售单一公司的CDS。然而,"伦敦鲸"CDS的空头头寸大得惊人,一直在大量抛售CDS,对冲基金一直在亏钱。由于CDS衍生品的场外市场不受监管,对冲基金向媒体抱怨,面临舆论指责其操控市场的压力,同时,由于2012年第一季度摩根大通银行采用了新的VaR测算模型,此模型下CIO的VaR值远小于旧的模型,摩根大通银行发现自己风险敞口计算错误,公司承受的风险远超此前的预计。因此,CIO和"伦敦鲸"停止了对冲,这意味着摩根大通银行的敞口变成了单向的看多或看空。

但是,2012年4月上旬,欧洲债务危机传染影响到债券市场与股票市场,摩根大通银行持有的CDX指数经历了大幅度的波动,在这种市场情况下,"伦敦鲸"的巨量敞口就遭受了巨额亏损,摩根大通银行第二季度财报显示,公司因"伦敦鲸"事件造成的衍生品交易损失已由最早预估的20亿美元激增至58亿美元,摩根大通银行市值已缩水397亿美元。

资料来源:和讯网,http://stock.hexun.com/2012-06-17/141509069.html2.

金融衍生品市场的历史虽然较短,却因其在融资、投资、套期保值和套利行为中的巨大作用而获得了飞速的发展。然而,金融衍生品是一把"双刃剑",对风险控制不力将会造成无法估计的后果。摩根大通银行的案例说明,理性对待金融衍生品,合理控制风险才能在市场当中立于不败之地。熟悉和掌握金融衍生品市场是运用它的基础和前提。

第一节 金融衍生品市场的产生和发展

20世纪70年代以来,以计算机和通信技术为核心的信息革命和以金融创新为核心的金融革命彻底改变了整个世界,而以远期、期货、期权和互换为主要内容的金融工具的创新更是这场金融革命的核心。随着金融创新的发展,金融衍生品经过衍生再衍生、组合再组合的螺旋式发展,繁衍出了更多的品种,创造出了巨大的金融衍生品市场。

一、金融衍生品市场的产生

随着以固定汇率为主要内容的布雷顿森林体系的宣告结束,取而代之的是浮动汇率制,导致汇率不稳定,从而给国际贸易和投资活动带来很大的风险,进而对利率和股市也产生了剧烈

㊀ flattener策略即预期CDS指数期限曲线在未来会变平坦的条件下,购买CPX的近端合约以达到对冲风险敞口的目标,同时出售CPX远端合约来降低交易成本。

的影响。因此，为适应时代需求，1972年5月芝加哥商品交易所（CME）诞生了第一个金融衍生品品种——外汇期货合约，以规避汇率风险。外汇期货的出现带动了整个衍生工具市场的发展，出现了更多创新金融衍生品，如利率期货、股指期货。1975年10月，芝加哥期货交易所（Chicago Board of Trade，CBOT）率先推出第一张利率期货合约，即政府国民抵押贷款协会的抵押凭证期货合约，不久之后，为满足市场管理短期利率风险的需要，美国芝加哥商品交易所的国际货币市场（International Monetary Market，IMM）在1976年1月6日推出了90天期的美国国库券期货合约。

20世纪70年代以来，西方各国受石油危机的影响，经济发展十分不稳定，利率波动剧烈，导致股票市场价格大幅波动，股票投资者迫切需要一种能够有效规避风险、实现资产保值的金融工具。1982年2月，美国堪萨斯期货交易所（KCBT）开办首只股指期货品种——价值线综合指数期货的交易，这也标志着金融期货三大类别的结构初步形成。金融期货推出之后，相应的期权、互换陆续推出，到20世纪末期，美国金融衍生品市场品种林立，开启了金融衍生品的繁荣。

二、金融衍生品市场的发展

美国金融期货的出现，带动了其他发达国家金融衍生品的诞生。英国伦敦国际金融期货交易所（LIFFE）于1984年1月推出了两种股指期货交易，即金融时报100指数期货和金融时报欧洲股票价格指数；1985年开始引入金融时报指数期权；1989年到1990年期间，引进了3个月欧洲马克利率期货和期权交易，这也是第一个3个月欧洲货币利率期货，促使交易量大增；2001年1月29日推出了全球股票期货（USF），引起巨大的反响。

和英国一样，欧洲其他各国也主要是以股指期货为主，法国国际期货交易所（MATIF）1988年6月推出了法国证券商协会40指数期货（CAC40）；荷兰阿姆斯特丹金融交易所（FTA）于1988年10月推出了阿姆斯特丹股指期货（EOEI）；德国期货交易所（DTB）于1990年9月推出了德国股指期货（DAX）；西班牙衍生品交易所（MEFFRW）于1992年1月推出了西班牙股指期货（IBEX35）等。从1999年开始，全球场内金融衍生品出现了"爆炸式"增长，全球交易所衍生品交易量从1999年的17.36亿张猛增到2007年的151.87亿张合约，其中美国交易所从6.56亿张增长到了60.91亿张。近两年增长的势头更是有增无减。到2006年年底，全球金融衍生品市场交易量已达到了20万亿美元，是两年以前的3倍，是2000年的20倍。到2008年，全球金融衍生品市场交易量超过30万亿美元，甚至会接近40万亿美元。据美国期货业协会（FIA）对全球84家衍生品交易所的最新统计，2013年，全球衍生品市场场内期货及期权合约交易量达216.4亿手，同比增长2.1%，较大幅萎缩的2012年略有反弹，但仍与2010年、2011年相差较远。2013年期权和期货的交易量占比分别为44%、56%，其中，期权交易量同比小幅下滑，期货交易则显著增加。

金融机构通过金融衍生品的设计开发以及担任中介，显著地推进了金融衍生品的发展。金融中介机构积极参与金融衍生品的发展主要有两方面原因。一是在金融机构进行资产负债管理的背景下，金融衍生品业务属于表外业务，既不影响资产负债表状况，又能带来手续费等收入。1988年国际清算银行（BIS）制定的《巴塞尔协议》规定，开展国际业务的银行必须将其资本对加权风险资产的比率维持在8%以上，其中核心资本至少为总资本的50%。这一要求促使各国银行大力拓展表外业务，相继开发了既能增加收益，又不扩大资产规模的金融衍生品，如远期利率协议。二是金融机构可以利用自身在金融衍生品方面的优势，直接进行自营交易，扩大利润来源。为此,金融衍生品市场吸引了为数众多的金融机构尤其是商业银行介入金融衍生品交易。加上计算机和通信技术突飞猛进的发展,电脑网络、信息处理及人工智能技术在国际金融市场的应用,使得个人和机构从事金融衍生品交易越来越容易。

三、金融衍生品的特点和功能

金融衍生品又称为衍生金融工具,是指其价值依赖于标的资产价值变动的合约。这种合约可以是标准化的,也可以是非标准化的。标准化合约是指其标的物(标的资产)的交易价格、交易时间、资产特征、交易方式等都是事先标准化的,此类合约大多在交易所上市交易,如期货。非标准化合约是指以上各项由交易的双方自行约定,因此具有很强的灵活性,如远期协议。金融衍生品具有三大基本特征。

(1) 零和博弈。遵循"有输必有赢,输赢必相等"的"会计原则"。因此,衍生证券的交易实际上是进行风险的再分配,它不会创造财富,甚至不会创造虚拟资本,这是衍生证券不同于股票等标的证券的特点之一。

(2) 高杠杆性。金融衍生品交易的高杠杆性可以大大降低交易成本,从而提高市场的流动性。但是高杠杆性一方面吸引着各类市场主体特别是大量的投机者参与到该市场,另一方面如果由于投机者内部管理系统不完善而过度投机的话,可能使投机者一夜之间倾家荡产。更有甚者,如果亏损额过大或众多投机者同时发生大量亏损时,衍生证券的投机甚至可以危及一国甚至全球金融体系的安全。

(3) 高风险性。金融衍生品的交易后果取决于交易者对基础工具未来价格(数值)的预测和判断的准确程度。基础工具价格的变幻莫测决定了金融衍生品交易盈亏的不稳定性,这是金融衍生品高风险性的重要原因。金融衍生品还伴随着信用风险、市场风险等风险。1995 年,有 233 年历史的巴林银行,因其年仅 28 岁的交易员尼克·里森在日经 225 股指期货投机中失败而宣布倒闭;大和银行纽约分行在衍生证券交易中损失 11 亿美元;中国最大的券商上海万国证券因国债期货交易而损失数十亿元人民币。这一连串铁的事实说明了衍生证券的确是个高风险的金融工具。

● 知识点
近 40 年来衍生品交易亏损事件及其特点

第二节 金融远期市场

金融远期合约是为规避现货交易价格风险的需要而产生的。相对于原始社会自给自足的状态而言,现货交易是人类的一大进步。通过交易,双方均可获得好处。但现货交易的最大缺点在于无法规避价格风险,远期合约正是适应这种需要而产生的。

一、金融远期合约的定义和特点

金融远期合约(Forward Contracts)是指交易双方在未来的某一约定时间,按照约定的价格买卖一定数量的某种金融资产的合约。合约中规定,在将来买入标的物的一方称为多方(Long Position),而在未来卖出标的物的一方称为空方(Short Position)。合约中规定的未来买卖标的物的价格称为交割价格（Delivery Price）。

金融远期合约有以下几个特点。

（1）非标准化合约。金融远期合约不在交易所交易，而是在金融机构之间或金融机构与客户之间通过谈判后签订。已有的金融远期合约也可以在场外市场交易。

（2）灵活性大。在签订金融远期合约之前，双方可以就交割地点、交割时间、交割价格、合约规模和标的资产的品质等细节进行谈判，以便尽量满足双方的需要，因此金融远期合约的灵活性较大。

（3）市场效率低。由于金融远期合约没有固定的、集中的交易场所，不利于信息交流和传递，不利于形成统一的市场价格，因此市场效率较低。另外，由于每份金融远期合约千差万别，这就给金融远期合约的流通造成较大不便，因此金融远期合约的流动性较差。

（4）存在违约风险。金融远期合约的履约没有保证，当价格变动对一方有利时，对方有可能无力或无诚意履行合约，因此金融远期合约的违约风险较高。

正是由于金融远期合约的这些特点，使得金融远期市场由于缺乏集中的交易场所、难以形成市场统一价格、金融远期合约的流动性差，从而相比其他衍生品市场发展得较慢。

二、金融远期合约的种类

金融远期合约主要有远期利率协议、远期外汇合约和远期股票合约等。

（一）远期利率协议

远期利率协议（Forward Rate Agreements，FRA）是买卖双方同意从未来某一商定的时期开始在某一特定时期内按协议利率借贷一笔数额确定、以具体货币表示的名义本金的协议。远期利率协议的买方是名义借款人，其订立远期利率协议的目的主要是规避利率上升的风险。远期利率协议的卖方则是名义贷款人，其订立远期利率协议的目的主要是规避利率下降的风险或是为了进行投机。之所以称为"名义"，是因为借贷双方不必交换本金，只是在结算日根据协议利率和参考利率之间的差额以及名义本金额，由交易一方付给另一方结算金。

1. 重要术语和交易流程

英国银行家协会（British Bankers' Association，BBA）于 1985 年颁布了远期利率标准化文件（简称 FRABBA），使得远期利率协议得到一定程度的标准化，该标准化文件使每一笔远期利率协议交易仅需一个电传确认即可成交，大大提高了交易速度和质量，克服了传统金融远期合约的不足。目前，世界上大多数远期利率协议都是根据 FRABBA 签订的。

FRABBA 对远期利率协议的重要术语做了规定，如表 6-1 所示。

实际上，远期利率协议在交易后通常延期 2 个营业日（到起算日）正式生效，而确定日和到期日之间通常也有 2 个营业日之差。

我们以一个实例来说明远期利率协议的交易流程。假定今天是 2013 年 2 月 28 日星期四，双方同意成交一份 1×4 名义金额 100 万美元，合同利率 2.25% 的远期利率协议。交易日与起算日时隔一般 2 个交易日。在本例中，起算日是 2013 年 3 月 4 日星期一，而结算日则是 2013 年 4 月 4 日星期四，到期时间为 2013 年 7 月 4 日星期四，合同期为 2013 年 4 月 4 日至 2013 年 7 月 4 日，即 91 天。在结算日之前的 2 个交易日（2013 年 4 月 2 日星期二）为确定日，确定参照利率。参照利率通常为确定日的 LIBOR。我们假定参照利率为 3.15%。这样，在结算日，由于参照利率高于合同利率，名义贷款方就要支付结算金给名义借款方（具体计算方法将在下文介绍）。上述流程如图 6-1 所示。

表 6-1　FRABBA 对远期利率协议的术语

术语名称	含　义
合同金额（Contract Amount）	借贷的名义本金额
合同货币（Contract Currency）	合同金额的货币币种
交易日（Dealing Date）	远期利率协议成交的日期
结算日（Settlement Date）	名义借贷开始的日期，也是交易一方向另一方交付结算金的日期
确定日（Fixing Date）	确定参照利率的日期
到期日（Maturity Date）	名义借贷到期的日期
合同期（Contract Period）	结算日至到期日之间的天数
合同利率（Contract Rate）	在协议中双方商定的借贷利率
参照利率（Reference Rate）	在确定日用以确定结算金的在协议中指定的某种市场利率
结算金（Settlement Sum）	在结算日，根据合同利率和参照利率的差额计算出来的由交易一方付给另一方的金额

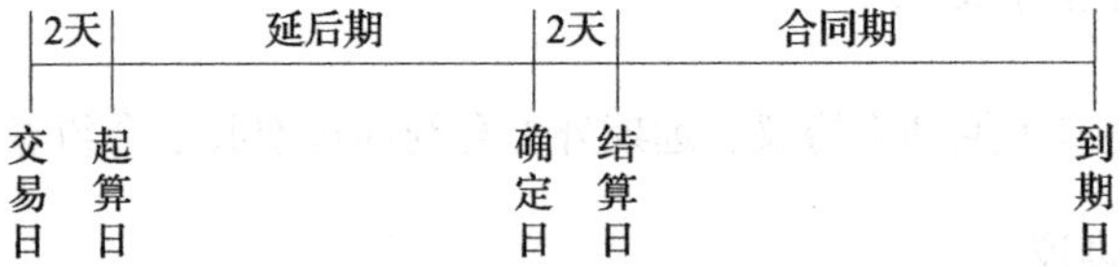

图 6-1　远期利率协议流程图

2. 结算金的计算

在远期利率协议下，如果参照利率高于合同利率，那么卖方就要支付买方一笔结算金，以补偿买方在实际借款中因利率上升而造成的损失。一般来说，实际借款利息是在贷款到期时支付的，而结算金则是在结算日支付的，因此结算金并不等于因利率上升而给买方造成的额外利息支出，而等于额外利息支出在结算日的贴现值，具体计算公式如下。

$$结算金 = \frac{(r_r - r_k) \times A \times \frac{D}{B}}{1 + \left(r_r \times \frac{D}{B}\right)} \quad (6-1)$$

式中，r_r 表示参照利率；r_k 表示合同利率；A 表示合同金额；D 表示合同期天数；B 表示天数计算惯例（例如，美元为 360 天，英镑为 365 天）。

在式（6-1）中，分子表示由于合同利率与参照利率之间的差异所造成的额外利息支出，而分母是对分子进行贴现，以反映结算金的支付是在合同期开始之日而非结束之时。

我们把上例的数字代入式（6-1），就可算出卖方应向买方支付的结算金。

$$结算金 = \frac{(0.0315 - 0.0225) \times 100 \times \frac{91}{360}}{1 + 0.0315 \times \frac{91}{360}} = 2\,257.03（美元）$$

3. 远期利率

上例中的合同利率实际上是远期利率（Forward Interest Rate）。所谓远期利率，是指现在时刻的将来一定期限的利率。如上例中的 1×4，即表示 1 个月之后开始的期限 3 个月的远期利率。

那么，远期利率是怎么决定的呢？远期利率是由一系列即期利率决定的。例如，如果一年期的即期利率为 10%，二年期的即期利率为 10.5%，那么其隐含的一年到二年的远期利率就约等于 11%，这是因为

$$(1+10\%)(1+11\%) \approx (1+10.5\%)^2$$

一般来说，如果现在时刻为 t，T 时刻到期的即期利率为 r，T^* 时刻（$T^* > T$）到期的即期利率为 r^*，则 t 时刻的 $T^* - T$ 期间的远期利率 $\hat{r}$ 可以通过式（6-2）求得。

$$(1+r)^{T-t}(1+\hat{r})^{T^*-T} = (1+r^*)^{T^*-t} \tag{6-2}$$

应注意的是，式（6-2）仅适用于每年计一次复利的情形。

4. 远期利率协议的优缺点

远期利率协议最大的优点在于通过固定将来实际交付的利率而避免了利率变动风险。签订远期利率协议后，不管市场利率如何波动，协议双方将来收付资金的成本或收益总是固定在合同利率水平上。另外，由于远期利率协议交易的本金不用交付，利率是按差额结算的，所以资金流动量较小，这就给银行提供了一种管理利率风险而无须改变其资产负债结构的有效工具。

当然，远期利率协议也不是完美的。由于远期利率协议是场外交易，故存在信用风险和流动性风险。

【例6-1】 远期利率协议的运用

某公司将在 2019 年 7 月 15 日借入一笔为期 3 个月，以 LIBOR 浮动利率支付利息的 1 000 万英镑债务，现在是 4 月 15 日，为防止利率上涨，该公司买入一份 3×6 名义金额 1 000 万英镑、合同利率 10.03% 的远期利率协议。假定 7 月 15 日 3 个月英镑 LIBOR 上升为 10.50%，该公司如果以此利率借入 3 个月期英镑，在 10 月 15 日须付息为：

$$利息 = 10\ 000\ 000 \times 10.50\% \times 92/365 = 264\ 657.5（英镑）$$

而由于购买了远期利率协议，7 月 15 日该公司得到支付利息差额现值为：

$$结算金 = \frac{10\ 000\ 000 \times (10.50\% - 10.03\%) \times 92/365}{1 + 10.50\% \times 92/365} = 11\ 541.1（英镑）$$

将这笔钱以 10.50% 利率存入 3 个月期，10 月 15 日得利息 302.95 英镑，因此，10 月 15 日 1 000 万英镑债务实际利息支出为：

$$利息支出 = 264\ 657.6 - 11\ 541.1 - 302.95 = 252\ 813.45（英镑）$$

这样，相当于利率为 10.03%。假如 7 月 15 日 LIBOR 降至 10.03% 以下，该公司须支付利差，从而将借款成本提高到 10.03%。由此可见，该公司通过购买远期利率协议将其借款成本锁定在 10.03%。

协议中的参考利率常常选择不容易被操纵的利率，如 LIBOR、银行优惠利率、短期国库券利率等。

（二）远期外汇合约

远期外汇合约（Forward Exchange Contracts）是指双方约定在将来某一时间按约定的远期汇率买卖一定金额的某种外汇的合约。交易双方在签订合同时，就确定好将来进行交割的远期汇

率，到交割日不论汇率如何变化，都应按此汇率交割。在交割时，名义本金并未交割，而只交割合同中规定的远期汇率与当时的即期汇率之间的差额。

【例6-2】　　　　　　　　远期外汇合约运用

日本某机构对美国国库券的投资将于12月20日到期，到期将收回1 000万美元。当时（同年6月20）美元即期汇率为USD1＝JPY120，12月20日到期的远期汇率为USD1＝JPY118。该机构担心到时美元贬值，就卖出12月20日到期的1 000万美元远期，从而把汇率固定在USD1＝JPY118上。

（三）远期股票合约

远期股票合约（Equity Forwards）是指在将来某一特定日期按特定价格交付一定数量单个股票或一篮子股票的协议。由于远期股票合约在世界上出现不久，仅在小范围内有交易记录，所以本书不做详述。

第三节　金融期货市场

随着社会经济的发展，市场供求状况变化更为复杂，一次性地反映市场供求预期变化的金融远期合约交易价格已经不能适应经济的发展，也不能有效防范信用风险，金融期货应运而生。

一、金融期货交易的特点和金融期货市场的功能

● 知识点

金融期货的产生背景

金融期货合约（Financial Future Contracts）是指协议双方同意在未来某个约定日期按约定的条件买入或卖出一定标准数量的某种金融工具的标准化协议。金融期货是以金融商品合约为交易对象的期货，即以各种金融商品如外汇、债券、股票价格指数等作为标的物的期货。

（一）金融期货交易的特点

（1）标准化合约。金融期货合约的合约规模、交割地点、交割时间都是标准化的，即在合约上有明确的规定，无须双方再协商。交易双方所要做的唯一工作就是选择适合自己的金融期货合约，并通过交易所竞价确定成交价格。

（2）交易所交易。金融期货合约均在交易所进行，交易双方不直接接触，各自跟交易所的清算部或专设的清算公司结算。清算公司充当所有期货买者的卖者和所有卖者的买者，交易双方无须担心对方违约，因此期货交易就克服了远期交易所存在的信息不对称和违约风险高的缺陷。

（3）很少以实物交割。金融期货合约的买者或卖者可以在交割日之前采取对冲交易以结清其期货头寸（平仓），而无须进行最后实物交割。这相当于买者把原来买进的期货卖掉，卖者可把原来卖出的期货买回，这就克服了远期交易流动性差的问题。由于通过平仓结清期货头寸比起实物交割既省事又灵活，因此目前大多数期货交易都是通过平仓来结清头寸的。

（4）逐日盯市制度。金融期货交易是每天进行结算的，而不是到期一次性进行的，买卖双方在交易之前都必须在经纪公司开立专门的保证金账户。经纪公司通常要求交易者在交易之前都必须存入一定数量的保证金，即法定保证金。在每天交易结束时，保证金账户都要根据期货

价格的涨跌而进行调整，以反映交易者的浮动盈亏，这就是所谓的盯市。浮动盈亏是根据结算价格计算的。结算价格的确定由交易所规定，它可能是当天的加权平均价，也可能是收盘价，还可能是最后几秒钟的平均价。当天的结算价格高于前一天的结算价格（或当天的开仓价）时，高出部分就是多头的浮动盈利和空头浮动亏损。这些浮动盈利和亏损就在当天晚上分别加入多头的保证金账户和从空头的保证金账户中扣除。当保证金账户的余额超过法定保证金水平时，交易者可随时提取现金或用于开新仓。而当保证金账户的余额低于交易所规定的维持保证金水平时，经纪公司就会通知交易者限期把保证金补足到法定保证金水平，否则就会被强制平仓。

（二）金融期货市场的功能

1. 转移价格风险的功能

在日常金融活动中，市场主体常面临利率、汇率和证券价格风险（通称价格风险）。有了期货交易后，它们就可利用期货多头或空头把价格风险转移出去，从而实现避险目的。这是金融期货市场最主要的功能，也是金融期货市场产生的最根本原因。

● 学术人物

金融期货之父梅拉梅德的故事：敢于冒险才有可能成功

应该注意的是，对单个主体而言，利用期货交易可以达到消除价格风险的目的，但对整个社会而言，期货交易通常并不能消除价格风险，期货交易发挥的只是价格风险的再分配即价格风险的转移作用。

不过，在有些条件下，期货交易也具有增大或减少整个社会价格风险总量的作用。具体而言，套期保值者之间的期货交易可以使两者的价格风险相互抵消，投机者之间的期货交易则是给社会平添期货价格的风险，而套期保值者与投机者之间的期货交易才是价格风险的转移。由此可见，适量的投机可以充当套期保值者的媒介，加快价格风险转移速度，而过度的投机则会给社会增加许多不必要的风险。

2. 价格发现功能

期货价格是所有参与期货交易的人，对未来某一特定时间的现货价格的期望或预期。不论期货合约的多头还是空头，都会依其个人所持立场或所掌握的市场资讯，并对过去的价格表现加以研究后，做出买卖委托。而交易所通过电脑撮合公开竞价出来的价格即为此瞬间市场对未来某一特定时间现货价格的平均看法，这就是金融期货市场的价格发现功能。市场参与者可以利用金融期货市场的价格发现功能进行相关决策，以提高自己适应市场的能力。

二、金融期货合约的种类

按标的物不同，金融期货合约可分为利率期货合约、外汇期货合约、股票价格指数期货合约。

（一）利率期货合约

利率期货是指交易双方在期货交易所内以公开竞价的方式进行的利率期货合约的集中性交易。同样，利率期货合约也是由期货交易所制定的一种标准化合约。交易双方按照交易所规定的报价方式和报价范围通过公开竞价的方式，约定在未来某日以成交时确定的价格交收一定数量的某种利率相关商品的标准化契约。

利率期货合约的种类繁多,但大体可分为两类:一类是以短期固定收益为主的债务凭证,主要有国库券、商业票据、可转让定期存单(Certificate of Deposits,CDs)以及各种欧洲货币(Eurocurrencies)等;另一类是以长期固定收益为主的债务凭证,主要有各国政府发行的中长期公债,如美国的中期债券(Treasury Notes,T-Notes)、长期债券(Treasury Bonds,T-Bonds),英国的金边债券(Gilt-Edged Securities),日本的日本政府债券(Japanese Government Bonds,JGB)。下面我们主要介绍几种常见的利率期货合约。

1. 国库券期货合约

美国国库券是期限在1年以内的美国政府债券,是美国货币市场的主要金融工具,其发行以拍卖方式定期贴现出售,到期以面值偿还。按期限分,美国国库券有91天、184天和364天三种。表6-2列出了IMM 90天国库券期货合约的要件。

表6-2　IMM 90天国库券期货合约

交易单位	100万美元面值短期国库券
最小变动价位	0.01
最小变动值	25美元
每日交易限价	0.60(1 500美元)
合约月份	3、6、9、12月
交易时间	芝加哥时间:8:00~14:00
最后交易日	交割前一日
交割日	交割月份中1年期国库券尚余13周期限的第一天
交割等级	还剩余90、91或92天期限,面值为100万美元的短期国库券

国库券期货在现货市场上是以贴现率报价的,而在国库券期货市场上则是以IMM指数报价的。例如,一份年贴现率8%的短期国库券期货合约,IMM指数就是92(100-8)。IMM指数只是一种报价方法,并不是期货合约的实际价格,但通过IMM指数可以计算出期货价格。如果IMM指数是92,则国库券期货合约的实际价格为98万美元(100-100×8%×90/360)。

2. 定期存单期货合约

定期存单是一种由银行发行的面额较大、不可以提前支取但可以转让的存单。定期存单以面值发行,到期一次偿还本金和利息。定期存单面值最少为10万美元,通常都在100万美元以上,期限最少为14天,一般在30~90天。与国库券相比,银行定期存单风险性较大,所以其利率也相应较高,但就具体的某一银行的定期存单而言,其利率水平还取决于该银行的信誉以及所发行的定期存单的流动性。与国库券期货合约相同,定期存单的报价方式也是以IMM指数报价的。表6-3是IMM 90天CDs期货合约。

3. 中期国债期货合约

国债是国家可转让政府债务凭证,期限在1~10年不等。中期国债由财政部按面值或接近面值的价格以拍卖方式出售,偿还时以面值为准,其付息方式是在中期国债到期前每半年付息一次。最后一笔利息在期满之日与本金一起支付。表6-4是中国金融期货交易所5年期国库券期货合约。这一合约的最小变动价位是1/64,它所代表的最小变动值是0.005元。中期国库券的报价方式是百元净价报价。

表 6-3 IMM 90 天 CDs 期货合约

交易单位	100 万美元面值短期国库券
最小变动价位	0.01
最小变动值	25 美元
每日交易限价	0.8（2 000 美元）
合约月份	3、6、9、12 月
交易时间	芝加哥时间：7:00～14:00
最后交易日	交割前一营业日
交割日	交割月份的 15 日至交割月月底
交割等级	到期价值为 100 万～120 万美元的合格银行发行的 CDs，其到期日应在交割月 3 个月之后的那个月 16 日至该月月底

表 6-4 中国金融期货交易所 5 年期国债期货合约

合约标的	面值为 100 万元人民币、票面利率为 3% 的名义中期国债
可交割国债	发行期限不高于 7 年、合约到期月份首日剩余期限为 4～5.25 年的记账式附息国债
报价方式	百元净价报价
最小变动价位	0.005 元
合约月份	最近的三个季月（3 月、6 月、9 月、12 月中的最近三个月循环）
交易时间	09:15～11:30，13:00～15:15
最后交易日交易时间	09:15～11:30
每日价格最大波动限制	上一交易日结算价的 ±1.2%
最低交易保证金	合约价值的 1%
最后交易日	合约到期月份的第二个星期五
最后交割日	最后交易日后的第三个交易日
交割方式	实物交割
交易代码	TF
上市交易所	中国金融期货交易所

● 中国故事

中国国债期货市场

国债期货，是由国债交易的双方订立的、约定在未来某日期以成交时确定的价格交收一定数量的国债凭证的标准化契约。国债期货是利率期货中的一员，主要用于规避市场利率不确定变动所引起的损失，对于促进利率体系的完善、提高债券定价的有效性和债券市场的流动性具有重要意义。

我国在 1992 年开展国债期货交易试点，在 1995 年 5 月结束试点，历时两年半。1992 年 12 月，上海证券交易所开放国债期货交易，推出 12 个品种，只对机构投资者开放。1993 年 10 月 25 日，上海证券交易所向个人投资者开放国债期货交易，同年 12 月，原北京商品交易所推出国债期货交易，成为第一家开展国债期货交易的商品交易所。至 1995 年，国债期货交易火爆，日交易量远大于同期市场上流通的国债现券。1995 年 2 月，"327"违规操作事件发生，国债期货市场被规范整顿。1995年6月，发生恶性违规事件"3·19"事件，5月31日，全国国债期货交易场所平仓暂停交易。

2012年2月13日，时隔17年，中国金融期货交易所等几家试点机构启动国债期货仿真交易，2013年9月6日，国债期货正式在中国金融期货交易所上市交易。

(二) 外汇期货合约

外汇期货（Foreign Exchange Futures）是指在期货交易所内以公开竞价方式进行的外汇期货合约的集中性交易。外汇期货合约是指由期货交易所制定的一种标准化合约，合约中对交易币种、合约金额、交易时间、交割月份、交割方式、交割地点等都有统一规定。在外汇期货交易中交易双方买卖的就是这种标准化合约。外汇期货交易实际上就是买卖双方在接受外汇期货合约既定内容的前提下，通过公开竞价的方式按照交易所规定的报价方式和报价范围而进行的外汇期货的买卖。

1. 外汇期货的套期保值

外汇期货的套期保值主要有两种：一种是多头套期保值，是指进口商或需要支付外汇的人，因担心自己所拥有的货币对所需支付的外汇贬值，而在外汇期货市场买进所需支付的外汇期货合约的行为；另一种是空头套期保值，是指出口商或将来有外汇收入的人，为避免外汇对本币贬值而可能造成的损失，而先行卖出外汇的行为。

2. 外汇期货的投机

外汇期货投机是通过买卖外汇期货合约，从外汇期货价格的变动中获利并同时承担风险的行为。投机者根据其对外汇期货价格趋势的判断，买卖一定数量的某一交割月份的外汇期货合约。一旦外汇期货价格的走势与其判断一致，则通过对其所进行的外汇期货合约对冲交易，就可以从中赚取差价。如果外汇期货价格的走势与其判断相反，则投机者就要承担相应的损失。外汇期货投机分为多头投机和空头投机。

3. 外汇期货的套利

外汇期货的套利是指交易者同时买进和卖出两种相关的外汇期货合约，然后再将其手中的合约进行对冲，从两种合约相对的价格变动中获利。外汇期货的套利分为跨市套利、跨币种套利和跨期套利三种类型。

(三) 股票价格指数期货合约

股票价格指数期货是指买卖股票价格指数的期货合约交易。与其他期货合约一样，股票价格指数期货合约也是标准化的。股票价格指数期货的标的物是股票价格指数。最具代表性的股票价格指数有美国的道琼斯股票指数和标准普尔500股票指数、英国的《金融时报》工业普通股票指数、中国香港地区的恒生指数、日本的日经指数等。股票价格指数期货与其他标的物的期货的最大区别是它没有具体的实物形式，双方在交易时只能把股票价格指数的点数换算成货币单位进行结算，没有实物的交割。例如，标准普尔500交易单元是500美元，那么，当标准普尔500的价格为300点时，合约的价值就是150 000美元（500×300）。我国2010年在中国金融期货交易所正式推出股票价格指数期货，分别以沪深300指数、中证500指数和上证50指数为标的。表6-5列出了沪深300股指期货合约要素。

表 6-5　沪深 300 股指期货合约表

合约标的	沪深 300 指数	最低交易保证金	合约价值的 8%
合约乘数	每点 300 元	最后交易日	合约到期月份的第三个星期五，遇国家法定假日顺延
报价单位	指数点	交割日期	同最后交易日
最小变动价位	0.2 点	交割方式	现金交割
合约月份	当月、下月及随后两个季月	交易代码	IF
交易时间	上午：9:30～11:30 下午：13:00～15:00	上市交易所	中国金融期货交易所
每日价格最大波动限制	上一个交易日结算价的 ±10%		

股票价格指数期货既可以防范非系统风险，又可以防范系统性风险。股票价格指数代表了整个股票市场的走向，股票价格指数期货本身就代表了股票投资组合。所以，购买了股票价格指数期货相当于投资于一批股票组合，这样就可以防范个别股票价格波动的非系统风险。如果投资者还希望利用股票价格指数期货来防范系统性风险，那么，它可以通过股票现货市场与股票期货市场的反向操作达到降低系统性风险的目的。

三、金融期货与金融远期的区别

金融期货合约和金融远期合约虽然都是在交易时约定在将来某一时间按约定的条件买卖一定数量的某种标的物的合约，但它们存在诸多区别，主要表现在以下几个方面。

● 中国风格
我国股指期货上市首日成交活跃运行平稳

请扫码查看

中国风格

（一）标准化程度

金融远期交易是非标准化的，金融远期合约中的相关条件如标的物的质量、数量、交割地点和交割月份都是根据双方的需要确定的。由于每份金融远期合约千差万别，这就给金融远期合约的流通造成较大不便，因此金融远期合约的流动性较差，金融远期合约的二级市场也不发达。

金融期货合约则是标准化的。金融期货交易所为各种标的物的期货合约制定了标准化的数量、质量、交割地点、交割时间、交割方式、合约规模等条款，只有价格是在成交时根据市场行情确定的。由于开展金融期货交易的标的物有限，相关条件又是固定的，因此金融期货合约满足人们各种需要的能力不如金融远期合约，但是标准化却大大便利了金融期货合约的订立和转让，使金融期货合约具有极强的流动性，并因此吸引了众多的交易者。

虽然金融远期合约目前也在走标准化的道路，但其标准化程度一定赶不上金融期货合约，否则金融远期合约就变成金融期货合约了，金融远期合约也就不存在了。

（二）违约风险

金融远期合约的履行仅以签约双方的信誉为担保，一旦一方无力或不愿履约时，另一方就得蒙受损失。即使在签约时，签约双方采取交纳定金、第三方担保等措施，也仍不足以保证金融远期合约到期一定能得到履行，违约、毁约的现象时有发生，因而金融远期交易的违约风险很高。

金融期货合约的履行则由交易所或清算公司提供担保。交易双方直接面对的都是交易所，即使一方违约，另一方也不会受到丝毫影响。交易所之所以能提供这种担保，主要是依靠完善的保证金制度和结算会员之间的连带无限清偿责任来实现的。可以说，金融期货交易的违约风险几乎为零。

（三）交易场所

金融远期交易并没有固定的场所，交易双方各自寻找合适的对象，因而是一个无组织的效率较低的分散的市场。在金融远期交易中，银行充当着重要角色。由于金融远期合约交割较方便，标的物同质性较好，因此很多银行都提供重要标的物的远期买卖报价供客户选择，从而有力地推动了金融远期交易的发展。

金融期货合约则在交易所内交易，一般不允许场外交易。交易所不仅为金融期货交易提供了交易场所，而且还为金融期货交易提供了许多严格的交易规则（如涨跌停板制、最小价格波动幅度、报价方式、最大持仓限额、保证金制度等），并为金融期货交易提供信用担保。可以说，金融期货市场是一个有组织的、有秩序的、统一的市场。

（四）价格确定方式

金融远期合约的交割价格是由交易双方直接谈判并私下确定的。由于金融远期交易没有固定的场所，因此在确定价格时信息是不对称的，不同交易双方在同一时间所确定的类似金融远期合约的价格可能相差甚远，因此金融远期交易市场定价效率很低。

金融期货交易的价格则是在交易所中由很多买者和卖者通过其经纪人在场内公开竞价确定的，有关价格的信息较为充分、对称，由此产生的期货价格较为合理、统一，因此金融期货市场的定价效率较高。

（五）履约方式

由于金融远期合约是非标准化的，转让相当困难，并要征得对方同意（由于信用度不同），因此绝大多数金融远期合约只能通过到期实物交割来履行。而实物交割对双方来说都是费时又费力的事。

由于金融期货合约是标准化的，金融期货交易又在交易所内，因此交易十分方便。当交易一方的目的（如投机、套期保值和套利）达到时，其无须征得对方同意就可通过平仓来结清自己的头寸并把履约权利和义务转让给第三方。实际中，绝大多数金融期货合约都是通过平仓来了结的。

（六）结算方式

金融远期合约签订后，只有到期才进行交割清算，其间均不进行结算。

金融期货交易则是每天结算的。当同品种的期货市场价格发生变动时，就会对所有该品种期货合约的多头和空头产生浮动盈余或浮动亏损，并在当天晚上就在其保证金账户体现出来。因此当市场价格朝自己有利的方向变动时，交易者不必等到到期就可逐步实现盈利。当然，若市场价格朝自己不利的方向变动时，交易者在到期之前就得付出亏损的金额。

（七）合约双方关系

由于金融远期合约的违约风险主要取决于对方的信用度，因此签约前必须对对方的信誉和实力等方面进行充分了解。

金融期货合约的履行完全不取决于对方而只取决于交易所或清算公司，因此可以对对方完全不了解。在金融期货交易中，交易者甚至根本不知道对方是谁，这就极大方便了金融期货交易。

第四节　金融期权市场

作为一种金融衍生品，金融期权合约产生的时间比金融期货合约产生的时间稍早，最早的标准化的期权合约是 1973 年芝加哥期权交易所（CBOE）推出的股票看涨期权。期权交易发展十分迅速，交易种类从普通股票期权发展到商品期权、利率期权、货币期权和期货期权等。几乎每个月都有新的期权交易类型产生，交易方式也日新月异。

一、金融期权的定义和特点

金融期权（Option），是指赋予其购买者在规定期限内按双方约定的价格［敲定价格（Striking Price）或执行价格（Exercise Price）］购买或出售一定数量某种标的金融资产的权利的合约。期权买者享有买进或卖出某种确定商品或期货的权利。所谓期权交易，实际上就是这种"权利"的买卖。对于权利的享有者来说，购买期权并没有得到任何商品，而只是购买到一种权利。这种权利使他可以在一定时期内（美式期权）或到期日（欧式期权）以一定的价格购买或者出售一定数量的某种商品，条件是他必须在购买这种权利时支付一笔费用，即期权费（Premium）或期权价格（Option Price）。对于期权的买方而言，如果市场价格对他不利的话，他可以选择放弃而无须承担任何责任。而对于期权的卖方而言，他必须在买方要求时无条件履约，这是他必须履行的义务。当买方放弃行使期权时，卖方的盈利就是他卖出期权时所收取的期权费。

金融期权的交易场所不仅有正规的交易所，还有一个规模庞大的场外交易市场。交易所交易的是标准化的期权合约，场外交易的则是非标准化的期权合约。对于场内交易的期权来说，其合约有效期一般不超过 9 个月，以 3 个月和 6 个月最为常见。为了保证期权交易的高效、有序，交易所对期权合约的规模、期权价格的最小变动单位、期权价格的每日最高波动幅度、最后交易日、交割方式、标的资产的品质等做出明确规定；同时，期权清算公司也作为期权所有买者的卖者和所有卖者的买者，保证每份期权都没有违约风险。

一般而言，金融期权具有以下几个特点。

1. 以金融资产作为标的物

期权是一种可以买卖某种商品的权利，它本身是一种抽象的、无形的东西。金融期权交易以某种金融资产作为交易标的，是一种权利的有偿使用，是期权的买方向期权的卖方支付了一定数额的期权费之后所拥有的、在规定有效期或有效期内按事先约定的价格、向卖方买进或卖出一定数量的某种金融商品的权利。

2. 期权买方与卖方非对等的权利义务

在期权交易中，期权的买方享有在有效期内买进或卖出一定数量的某种金融资产的权利，但没有必须做的义务；对期权卖方来说，其权利是有限的，即向买方收取一定数额的期权费用，而其义务则是无限的，一旦买方要求行使期权，卖方则必须按照约定卖出或买进一定数量的某种金融资产。

3. 风险与收益的不平衡性

对于期权的买方来说，一方面他所承担的风险是有限的，因为其可能遭受的最大的损失就是购买期权时支付的期权费，这种风险是可预知的并且已支付，另一方面他具有行使买进或卖出标的金融资产的权利，所以获利机会较多，并且收益额是无限的。但是对于期权的卖方来说，他在期权交易中所面临的风险是很难准确预测的，为此必须先交纳一笔保证金以表明其具有履约的财力，具体来说，在出售期权的情况下，其风险可能是无限的。与其承担的风险相比，期权卖方的收益额永远是有限的，即期权买方支付的期权费。

二、金融期权的种类

按期权买者的权利划分，期权可分为看涨期权也称作认购期权（Call Option）和看跌期权也称作认沽期权（Put Option）。看涨期权赋予期权买者购买标的资产权利；而看跌期权赋予期权买者出售标的资产权利。

按期权买者执行期权的时限划分，期权可分为欧式期权和美式期权。欧式期权的买者只能在期权到期日才能执行期权（行使买进或卖出标的资产的权利）。而美式期权允许买者在期权到期前的任何时间执行期权。

按照期权合约的标的资产划分，金融期权合约可分为利率期权、货币期权（或称外汇期权）、股价指数期权、股票期权以及金融期货期权，而金融期货又可分为利率期货、外汇期货和股价指数期货三种。我国上海证券交易所2015年2月9日推出了以上证50交易型开放式指数证券投资基金（50ETF）为标的的期权。表6-6列出了上证50ETF期权合约基本条款。

当标的资产在期权有效期内产生现金收益（如现金红利、利息等）时，目前通行的做法是不对协议价格进行相应调整。只有当股票期权的标的股票在期权有效期内发生股票分割、送红股、配股时，才根据除权公式对协议价格和买卖数量进行相应调整。为叙述方便，本书将在期权有效期内没有现金收益的标的资产称为无收益资产，将有现金收益的称为有收益资产。在本书中，若未特别指明，所指期权均为无收益资产的期权。

表6-6　上证50ETF期权合约基本条款

合约标的	上证50交易型开放式指数证券投资基金（"50ETF"）
合约类型	认购期权和认沽期权
合约单位	10 000份
合约到期月份	当月、下月及随后两个季月
行权价格	9个（1个平值合约、4个虚值合约、4个买值合约）
行权价格间距	3元或以下为0.05元，3元至5元（含）为0.1元，5元至10元（含）为0.25元，10元至20元（含）为0.5元，20元至50元（含）为1元，50元至100元（含）为2.5元，100元以上为5元
行权方式	到期日行权（欧式）

（续）

交割方式	实物交割（业务规则另有规定的除外）
到期日	到期月份的第四个星期三（遇法定节假日顺延）
行权日	同合约到期日，行权指令提交时间为 9:15~9:25，9:30~11:30，13:00~15:30
交收日	行权日次一交易日
交易时间	上午：9:15~9:25，9:30~11:30（9:15~9:25 为开盘集合竞价时间） 下午：13:00~15:00（14:57~15:00 为收盘集合竞价时间）
委托类型	普通限价委托、市价剩余转限价委托、市价剩余撤销委托、全额即时限价委托、全部即时市价委托以及业务规则规定的其他委托类型
买卖类型	买入开仓、买入平仓、卖出开仓、卖出平仓、备兑开仓、备兑平仓以及业务规则规定的其他买卖类型
最小报价单位	0.0001 元
申报单位	1 张或其整数倍
涨跌幅限制	认购期权最大涨幅 = max {合约标的前收盘价×0.5%，min [（2×合约标的前收盘价 - 行权价格），合约标的前收盘价］×10%} 认购期权最大跌幅 = 合约标的前收盘价×10% 认沽期权最大涨幅 = max {行权价格×0.5%，min [（2×行权价格 - 合约标的前收盘价），合约标的前收盘价］×10%} 认沽期权最大跌幅 = 合约标的前收盘价×10%
熔断机制	连续竞价期间，期权合约盘中交易价格较最近参考价格涨跌幅度达到或者超过50%且价格涨跌绝对值达到或者超过 5 个最小报价单位时，期权合约进入 3 分钟的集合竞价交易阶段
开仓保证金最低标准	认购期权义务仓开仓保证金 = ［合约前结算价 + max（12%×合约标的前收盘价 - 认购期权虚值，7%×合约标的前收盘价）］×合约单位 认沽期权义务仓开仓保证金 = min［合约前结算价 + max（12%×合约标的前收盘价 - 认沽期权虚值，7%×行权价格），行权价格］×合约单位
维持保证金最低标准	认购期权义务仓维持保证金 = ［合约结算价 + max（12%×合约标的的收盘价 - 认购期权虚值，7%×合约标的的收盘价）］×合约单位 认沽期权义务仓维持保证金 = min［合约结算价 + max（12%×合约标的的收盘价 - 认沽期权虚值，7%×行权价格），行权价格］×合约单位

● 中国故事

中国股市迎来"期权时代"

作为股票期权的首个试点品种，上证 50ETF 期权于 2015 年 2 月 9 日在上海证券交易所上市交易。这意味着起步 24 年后，中国内地股市迎来了"期权时代"。期权合约是指由交易所统一制定的，规定买方可以在将来特定时间以特定价格买入或卖出约定股票或者跟踪股票指数的交易型开放式指数基金等标的物的标准化合约。

在全球范围内，股票期权是一种被广泛使用的基础性的成熟风险管理工具。但在中国内地股市，股票期权尚处于"空白"状态。为了实现这一全新品种的平稳起步，监管层和交易所制定了完备的规则体系。继中国证监会 2015 年 1 月 9 日发布《股票期权交易试点管理办法》之后，《上海证券交易所股票期权试点交易规则》等系列规则文件同日发布。

上证 50ETF 期权被确定为首个试点品种。上证 50 指数由沪市规模大、流动性好且最具代表性的 50 只股票组成样本股,以综合反映上海证券市场优质大盘企业的整体状况。

股票期权试点获批,恰逢 A 股经历一波罕见的快速拉升行情。2014 年,中国内地股市跃居全球第二大证券市场,上证综指实现过半涨幅,沪深两市则一度创下逾 1.2 万亿元的单日"天量"。

资料来源:新华财经网,stock.xinhua08.com/a/20150110/1437374.shtml。

三、金融期权合约的盈亏分布

(一) 看涨期权的盈亏分布

假设 A 预期 M 公司的股票将上涨,而 B 则认为不会上涨。他们达成看涨期权合约,A 作为买方,B 作为卖方。期权的有效期为 3 个月,协议价格 X 为 20 元/股,期权费 c 为 3 元/股,合约规定股票数量为 100 股。在未来 3 个月中,A、B 双方的盈亏分布可分为以下几种情况,如表 6-7 所示。

表 6-7 A、B 双方的盈亏分布情况

股价 S 范围 (元)	看涨期权买方的盈亏 (元)	看涨期权卖方的盈亏 (元)
$S \leq 20$	-300	300
$20 < S \leq 23$	$(S - 20 - 3) \times 100$	$(20 + 3 - S) \times 100$
$S > 23$	$(S - 20 - 3) \times 100$	$(20 + 3 - S) \times 100$

(1) M 公司股票市价等于或小于 20 元/股,则买方的最大亏损为支付的期权费总额,即 300 元 (100 × 3),卖方的盈利则为 300 元。

(2) M 公司股价大于 20 元/股,却小于等于 23 元/股 (20 + 3 = 23),即协议价格加上期权费,买方将行使权利,其亏损介于 0 ~ 300 元之间,而卖方的盈利在 0 ~ 300 元间。

(3) M 公司股价大于 23 元/股,则买方将行使权利,且有盈利,此时卖方将亏损。

看涨期权买方的盈亏分布如图 6-2a 所示。由于期权合约是零和游戏 (Zero-Sum Games),买方的盈亏和卖方的盈亏刚好相反,据此我们可以画出看涨期权卖方的盈亏分布如图 6-2b 所示。从图 6-2 中可以看出,看涨期权买方的亏损风险是有限的,其最大亏损限度是期权价格,而其盈利可能却是无限的。相反,看涨期权卖方的亏损可能是无限的,而盈利是有限的,其最大盈利限度是期权价格。期权买方以较小的期权价格为代价换来了较大盈利的可能性,而期权卖方则为了赚取期权费而冒着大量亏损的风险。

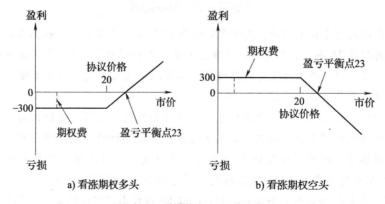

图 6-2 看涨期权盈亏分布图

从图 6-2 中可以看出，如果不考虑时间因素，期权的价值（盈亏）取决于标的资产市价与协议价格的差距。对于看涨期权来说，为了表达标的资产市价（S）与协议价格（X）的关系，我们把 $S>X$ 时的看涨期权称为实值期权（In the Money），把 $S=X$ 的看涨期权称为平价期权（At the Money），把 $S<X$ 的看涨期权称为虚值期权（Out of the Money）。

（二）看跌期权的盈亏分布

用同样的办法可以推导出看跌期权的盈亏分布，如图 6-3 所示。当标的资产的市价跌至盈亏平衡点 Q（等于协议价格减期权价格）以下时，看跌期权买方就可获利，其最大盈利限度是协议价格减去期权价格后再乘以每份期权合约所包括的标的资产的数量，此时标的资产的市价为零。如果标的资产市价高于 Q 点，看跌期权买方就会亏损，其最大亏损是期权费总额。看跌期权卖方的盈亏状况则与买方刚好相反，即看跌期权卖方的盈利是有限的期权费，亏损也是有限的，其最大限度为协议价格减期权价格后再乘以每份期权合约所包括的标的资产的数量。同样，我们把 $X>S$ 时的看跌期权称为实值期权，把 $X=S$ 的看跌期权称为平价期权，把 $X<S$ 的看跌期权称为虚值期权。

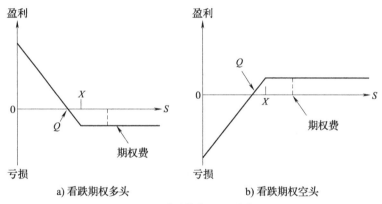

图 6-3 看跌期权盈亏分布图

四、金融期权交易与金融期货交易的区别

金融期权交易与金融期货交易的区别主要表现在以下几个方面。

1. 权利和义务

金融期货合约对双方赋予的权利和义务是对等的，如果交易双方在合约到期前没有做对冲交易，那么他们就必须进行实物交割。期货的空方甚至还拥有在交割月选择在哪一天交割的权利。而金融期权合约只赋予买方权利，卖方则无任何除收取期权费之外的权利，他只有在对方履约时进行对应买卖标的物的义务。特别是美式期权的买者可在约定期限内的任何时间执行权利，也可以不行使这种权利；期权的卖方则须随时准备履行相应的义务。

2. 标准化

金融期货合约都是标准化的，因为它都是在交易所中交易的。而金融期权合约则不一定。在美国，场外交易的现货期权是非标准化的，但在交易所交易的现货期权和所有的期货期权则是标准化的。

3. 保证金

金融期货交易的买卖双方都须交纳保证金。期权的买方则无须交纳保证金,而在交易所交易的期权卖方则也要交纳保证金,这跟金融期货交易一样。场外交易的期权卖方是否需要交纳保证金则取决于当事人的意见。

4. 盈亏风险

金融期货交易双方所承担的盈亏风险是对等的。而金融期权交易卖方的亏损风险可能是无限的(看涨期权),也可能是有限的(看跌期权),盈利风险是有限的(以期权费为限);金融期权交易买方的亏损风险是有限的(以期权费为限),盈利风险可能是无限的(看涨期权),也可能是有限的(看跌期权)。

5. 套期保值的作用和效果

金融期权和金融期货都可以用来套期保值。运用期货进行套期保值时,在把不利风险转移出去的同时,也把有利风险转移出去。而运用期权进行套期保值时,只把不利风险转移出去,而把有利风险留给自己。金融期权控制得好的话,不但可以做到套期保值,还有利可图。而金融期货的套期保值只能够把风险和盈利固定在某一价位上。

五、新型期权

近年来,金融期权已成为资产组合专家们修正资产组合特性的基本工具。由于金融期权合约所具有的套期保值和套利的功能、收益风险不平衡的特性,以及改善资产组合投资管理的功能,各种新的金融期权合约不断涌现。所谓新型期权(Exotic Option),是金融机构为满足客户的特殊需要而开发的,它通常在场外交易。新型期权种类繁多,目前较常见的有以下几种。

1. 亚洲期权

亚洲期权(Asian Option)也叫亚式期权。亚洲期权是不同于美式期权和欧式期权的一种期权,亚洲期权的收益取决于标的资产在至少是期权部分有效期内的平均价格。

亚洲期权有两个基本类型:一是平均价格期权(Average Price Option),它先按预定平均时期计算出标的资产的平均价格,然后根据该平均价格与协议价格的差距计算出期权多空双方的盈亏;二是平均协议价格期权(Average Strike Option),它是把按预定平均时期计算出的标的资产的平均价格作为平均协议价格,然后根据期权到期时标的资产的现货价格与平均协议价格之间的差距计算期权多空双方的盈亏。

2. 障碍期权

障碍期权(Barrier Option)也叫屏障期权,是指其收益依赖于标的资产价格在一段特定时期内是否达成了一个特定水平。就是说,其收益不仅取决于期权到期时标的资产的价格,还取决于资产价格是否达到了特定的值,达到了特定的"障碍"。

常见的障碍期权有两种,一是封顶期权(Cap option),一是失效期权(Knockout Option)。

封顶看涨期权规定,当标的资产价格高过协议价格一定幅度时,该期权就被自动执行。而封顶看跌期权则规定,当标的资产价格低于协议价格一定幅度时,该期权就被自动执行。

失效期权则规定,当标的资产价格达到一个特定水平时,该期权作废。例如,下降敲出期权（Down-and-out Option）就是一种当股价降至一定水平就自动失效的障碍期权。失效看涨期权的障碍一般低于协议价格，而失效看跌期权的障碍一般高于协议价格。

3. 回顾期权

回顾期权（Lookback Option）的收益取决于期权有效期内标的资产所达到的最大或最小值，等于最高值减去执行价格，而不是收盘价减去执行价格。这种期权实际上是一种完美的市场计时器，回顾看涨期权持有者的收益等于以最低价买入资产，而在有效期内的最高价将其卖出的收益。

4. 两值期权

两值期权（Binary Option）的收益是固定的，它取决于标的资产的价格是否满足预定条件。当到期日标的资产价格低于协议价格时，该期权作废；而当到期日标的资产价格高于协议价格时，期权持有者将得到一个固定的金额。例如，当股票价格超过执行价格时，两值看涨期权的收益固定为 100 美元。

5. 币种转换期权

币种转换期权（Currency-translated Option）的标的资产与执行价格以外币记值。Quanto 就是一个典型的例子，投资者可以按照事先确定的汇率将外汇投资兑换为美元。这种能设定汇率将外币兑换成美元的权利是一种简单的外汇期权。Quanto 的更有趣之处在于，它所能兑换的外币的数量取决于此项外汇投资的业绩，因此 Quanto 实际上所提供的期权数是随机的。

6. 打包期权

打包期权（Package Option）是由标准欧式期权与远期合约、现金和（或）标的资产构成的组合。打包期权包括股票与期权组合、差价组合、差期组合、对角组合、混合组合以及范围远期合约（Range Forward Contracts）等。例如，范围远期合约就是由一份远期多头与一份看跌期权多头和一份看跌期权空头构成的。

7. 非标准美式期权

标准美式期权在有效期内的任何时间均可行使期权，而非标准美式期权的行使期限只限于有限期内的特定日期。实际上，大多数认股权证都是非标准美式期权。有的认股权证甚至规定协议价格随执行日期的推迟而增长。

● 知识点
股票期权与股本权证的区别

8. 远期期权

远期期权是指期权费在现在支付，而有效期在未来某时刻开始的期权。

9. 复合期权

复合期权就是期权的期权，它有四种基本类型，即看涨期权的看涨期权、看涨期权的看跌期权、看跌期权的看涨期权和看跌期权的看跌期权。

10. 任选期权

任选期权（"As You Like It" Option，又称 Chooser Option）是指在一定期限内可由多头选择

该期权为看涨期权还是看跌期权的期权。

11. 资产交换期权

资产交换期权（Option to Exchang One Asset for Another）是指期权买方有权在一定期限内按一定比率把一种资产换成另一种资产。

还有很多新型期权，不胜枚举。另外，随着市场与客户的需求，新的期权形式必然还会源源不断地涌现出来。

第五节　金融互换市场

金融互换是两个或两个以上交易者按照事先商定的条件，在约定的时间内，交换一系列现金流的合约，它是20世纪80年代在平行贷款和背对背贷款基础上发展起来的。由于互换是负债的交换或资产的交换，因此，其现金流的流出和流入是互为条件的。

一、金融互换的产生及其特点

金融互换合约最早出现在1979年的伦敦，但一开始并没有引起市场的充分重视。1981年，所罗门兄弟公司促成了世界银行和IBM公司的一项货币互换，成为互换市场发展的里程碑。从此互换得到了迅速的发展，同年在伦敦推出了利率互换，第二年利率互换被引进美国。互换可以用来控制利率、汇率和商品价格变化所带来的风险，因此得到了广泛的应用。互换开始时是一种非标准化的合约，以满足不同客户的不同需求。但由于合约内容复杂，交易成本很高，所以妨碍了互换的进一步发展。1984年，一些从事互换交易的有代表性的银行（包括商业银行和投资银行）开始了促进互换合约文件标准化的进程。1985年，这些银行组织了"国际互换交易商协会"（International Swaps Dealers Association，ISDA）并在1987年促成了互换标准格式合约的出版，极大地减少了发起一项互换所需要的时间和费用。

金融互换的主要形式为利率互换和货币互换。在互换合约中，交易双方承诺在一定期限内或者就约定的本金额互相交换同种货币但性质不同的利息，或者就互相交换约定的不同货币的本金额及相同或不同性质的利息。其中前者为利率互换，后者为货币互换。所谓不同性质的利息是指固定利率的利息和浮动利率的利息。利率互换可以用来针对利率风险进行套期保值、套利和投机；货币互换可以用来针对汇率风险进行套期保值、套利和投机。

金融互换和掉期的英文都是Swap，但是互换和掉期两者之间有很大区别。首先，掉期是外汇市场上的一种交易方法，是指对不同期限，但金额相等的同种外汇做两笔反方向的交易，它并没有实质的合约，更不是一种衍生工具。而互换则有实质的合约，是一种重要的衍生工具。其次，掉期在外汇市场上进行，它本身没有专门的市场。互换则在专门的互换市场上交易。

金融互换具有以下几个特点。

（1）风险比较小。互换一般不涉及本金，信用风险仅限于息差，而且涵盖数个利息期间。

（2）灵活性大。互换为场外交易，虽然合约标准化，但只是指条款格式化而言，具体的条件可以商定，变通性较大。不通过交易所，手续简便。

（3）参与者信用比较高。互换通常在AA级信用以上交易者之间进行，一般不需要保证和抵押，而期货有保证金，期权有期权费，影响现金流量。

(4) 投机套利不太容易。因为期间比较多,期限比较长,所以短期资本一般不会对其发动冲击。

二、金融互换的种类

从是否发生货币交换的角度分类,金融互换可分为货币互换和利率互换。

(一) 货币互换

货币互换 (Currency Swaps) 指双方进行不同货币债务的交换,双方按固定汇率在期初交换两种不同货币的本金,然后按预先规定的日期,进行利息和本金的分散互换。它既涉及利息支付的互换,又涉及本金的互换。

货币互换的主要原因是双方在各自国家中的金融市场上具有比较优势。假定英镑和美元汇率为1英镑=1.4200美元。甲想借入5年期的1400万美元借款,乙想借入5年期的1000万英镑借款。但由于甲的信用等级低于乙,两国金融市场对甲、乙两公司的熟悉状况不同,因此市场向它们提供的固定利率也不同,如表6-8所示。

从表6-8可以看出,甲的借款利率均高于乙,即乙在两个市场都具有绝对优势。但是,乙在美元市场上的绝对优势为2%,在英镑市场上只有0.6%。即甲在英镑市场上具有比较优势,乙在美元市场上具有比较优势。这样,双方就可利用各自的比较优势借款,然后通过互换得到自己想要的资金,并通过分享互换收益1.4% (9%+10.4%-7%-11%)降低筹资成本。

表6-8 市场向甲、乙公司提供的借款利率

币种	甲公司	乙公司
美元	9.0%	7.0%
英镑	11.0%	10.4%

于是,甲以11%的利率借入5年期的1000万英镑借款,乙以7.0%利率借入5年期的1420万美元借款。然后,双方先进行本金的交换,即甲向乙支付1000万英镑,乙向甲支付1420万美元。

假定甲、乙公司商定双方平分互换收益,则甲、乙公司都将使筹资成本降低0.7%,即双方最终实际筹资成本分别为:甲支付8.3%的美元利率,而乙支付9.7%的英镑利率。

这样,双方就可根据借款成本与实际筹资成本的差异计算各自向对方支付的现金流,进行利息互换。即甲向乙支付7%的美元借款的利息计99.4万美元,乙向甲支付9.7%的英镑借款的利息计97万英镑。经过互换后,甲的最终实际筹资成本降为7%的美元借款利息加1.3%的英镑借款利息,而乙的最终实际筹资成本变为9.7%的英镑借款利息。若汇率水平不变的话,甲最终实际筹资成本相当于9.2%美元借款利息。若担心未来汇率水平变动,甲可以通过购买美元远期或期货来规避汇率风险。

在贷款期满后,双方要再次进行借款本金的互换,即甲向乙支付1420万美元,乙向甲支付1000万英镑。到此,货币互换结束。由于货币互换涉及本金互换,因此当汇率变动很大时,双方就将面临一定的信用风险。当然,这种风险仍比单纯的贷款风险小得多。

● 中国风格

中国人民银行与贸易伙伴国家或地区货币当局的货币互换

请扫码查看

中国风格

(二) 利率互换

所谓利率互换 (Interest Rate Swaps),就是互换双方交换一系列现金流的合约。在利率互换中,合约双方的标的资产都是相同数量的同种货币,根据合约的规定,一方定期向另一方支付名义本金的固定利息,而后者则定期向前者支付名义本金的浮动利息。其结果类似于两方交换相同价值的不同类型债券所引起的结果。注意,利率互换合约中的交易双方相互支付利息而不交换名义本金,因为在利率互换中,双方的名义本金不仅数额一样,而且币种相同。

利率互换合约的双方是基于对利率变化前景的不同估计而签约的,签约后的利率变化,无论方向如何,总是一方受损,一方受益。具体地说,签约后利率上升,固定利率支付方将受益,浮动利率支付方将受损;签约后利率下降,固定利率支付方将受损,浮动利率支付方将受益。在期货或远期的条件下,如果利率上升,多头方将在利率上升时受损失,在利率下降时受益,这与利率互换中的浮动支付方的风险收益特点相类似,而空头方与利率互换中的固定利率支付方的风险收益特点相类似。实际上,利率互换合约是一系列远期合约的集合。利率互换合约之所以有存在的价值,主要是因为它具有金融远期合约往往不具备的特点。

第一,利率互换合约的有效期更长,常常可以得到15年和更长期限的利率互换合约,而合约远期合约没有这样长的期限。

第二,利率互换可以代替一篮子合约远期合约,具有更好的交易性。

第三,利率互换合约比合约远期合约具有更好的流动性。

第四,利率互换合约比一系列合约远期合约的交易成本要低。

双方进行利率互换的主要原因是双方在固定利率和浮动利率市场上具有比较优势。假定甲、乙公司都想借入5年期的1 000万美元的借款,甲想借入与6个月期相关的浮动利率借款,乙想借入固定利率借款。但两家公司信用等级不同,故市场向它们提供的利率也不同,如表6-9所示。

表6-9 市场提供给甲、乙两公司的借款利率

利率	甲公司	乙公司
固定利率	10.00%	11.40%
浮动利率	6个月期 LIBOR +0.20%	6个月期 LIBOR +1.00%

从表6-9可以看出,甲的借款利率均比乙低,即甲在两个市场都具有绝对优势。但在固定利率市场上,甲比乙的绝对优势为1.4%,而在浮动利率市场上,甲比乙的绝对优势为0.8%。这就是说,甲在固定利率市场上有比较优势,而乙在浮动利率市场上有比较优势。这样,双方就可利用各自的比较优势为对方借款,然后互换,从而达到共同降低筹资成本的目的。即甲以10%的固定利率借入1 000万美元,而乙以LIBOR +1%的浮动利率借入1 000万美元。由于本金相同,故双方不必交换本金,而只交换利息的现金流。即甲向乙支付浮动利息,乙向甲支付固定利息。

通过发挥各自的比较优势并互换,双方总的筹资成本降低了0.6% (11.40% +6个月期 LIBOR +0.20% -10.00% -6个月期 LIBOR -1.00%),这就是互换利率。互换利率是双方合作的结果,理应由双方分享。具体分享比例由双方谈判决定。我们假定双方各分享一半,则双方都将使筹资成本降低0.3%,即双方最终实际筹资成本分别为:甲支付 LIBOR -0.1%浮动利率,乙支付11.1%的固定利率。

甲支付给乙的现金流=实际筹资成本-固定利率借款成本

$$= (\text{LIBOR} - 0.1\%) - 10\% = \text{LIBOR} - 10.1\%$$

乙支付给甲的现金流 = 实际筹资成本 - 浮动利率借款成本

$$= 11.1\% - (\text{LIBOR} + 1.00\%)$$
$$= -(\text{LIBOR} - 10.1\%)$$
$$= -\text{甲支付给乙的现金流}$$

在上述互换中,每隔6个月为利息支付日,因此互换协议的条款应规定每6个月一方向另一方支付固定利率与浮动利率的差额。假定某一支付日的LIBOR为11.00%,则甲应付乙4.5万美元 [1 000 × 0.5 × (11.00% - 10.1%)]。由于利率互换只交换利息差额,因此信用风险很小。

三、新型互换

金融互换虽然历史较短,但品种创新却日新月异。除了传统的利率互换和货币互换外,一大批新的金融互换品种不断涌现。其他主要的新型互换品种有以下几种。

1. 反向利率互换

反向利率互换是指希望退出利率互换合约的一方通过安排一项相反内容的利率互换合约退出原先的合约。相反内容的利率互换合约,就是新安排的到期时间与原合约的剩余时间相同,有关的利率水平相同,以及合约所涉及的名义本金额相同的合约。投资者现有两个方向相反的利率互换合约,新合约正好抵消了原合约的作用。但是,这种方式也有缺陷,即投资者并没有放弃原合约,他仍然要对原合约负责,并还要对新合约负责,那么他所面临的违约风险没有减少,反而增加了。

2. 出售利率互换合约

投资者可以通过出售利率互换合约来有效地克服上述的缺陷。所谓出售利率互换合约,就是希望退出互换合约的一方把没有到期的合约出售给另一位投资者。另一位投资者如果愿意购买这个合约,就应承担起前一投资者未尽的责任。如果在出售利率互换合约时,市场利率已有变化,两位投资者会达成相互补偿的协议。这个出售行为的最后完成有赖于利率互换合约另一方的同意,另一方是否同意,关键是后一投资者的信用等级是否能与前一投资者一样高。如果后者的信用等级与前者一样高甚至更高,另一方一般不会有异议;否则,另一方就很难接受。

3. 利率互换回购合约

利率互换回购合约就是售出的利率互换合约在一定时间一定条件下再由原售出方购回。这里也涉及交易双方的相互补偿问题。

上述几种合约都是在二级市场的交易,总的来看,利率互换合约的二级市场不是一个十分活跃的市场。在实际的利率互换中,为了满足客户的特别需要,交易商还发展出许多非标准化的利率互换合约。

4. 本金变化型利率互换

一般利率互换的名义本金在整个有效期是固定不变的,但是为了满足客户的特定需要也可以进行名义本金可变的利率互换安排。如果本金额初期较小,以后逐步增加,就可以称之为递增式或上升式利率互换（Accreting Swaps）；反之，如果本金额起初很大，以后逐步减少，就可以称之为递减式或下降式利率互换（Amortizing Swaps）；而在有效期内，本金额在一段时间增加，在一段时间减少，就可以称之为起伏式利率互换（Roller-Coaster Swaps）。在经济生活中常常可以遇到对这几种利率互换合约的需求。例如，商业银行向大型建设项目融资，每一阶段融资额的多少是随项目的进程不断变化的，有的可能表现为递增式的，有的可能表现为递减式的，有的可能表现为起伏式的。

5. 本息票利率互换

在一般的利率互换合约中，合约双方总是同时向对方支付约定的利息，即由当期的净债务人向对方支付利息差额。但是，也可以有零息票利率互换，在这种互换中，固定利息支付方在合约到期日前不作任何支付，但是他可以按期收取浮动利率方的付息。到到期日时，固定利息支付方再一次性向对方支付固定利息。这样的利率互换，不仅改变了利息是按固定或浮动利率支付的性质，以及固定方的现金流的时间安排，还改变了在一般互换中双方都面临违约风险的局面，使互换合约中的浮动利率支付方单方面承担了违约风险。

6. 基差利率互换

在一般的利率互换中，都是浮动利率与固定利率的交换，在基差利率（Basis Rate）互换中，合约双方交换的都是浮动利率。通常一方的利率与某一期限的 LIBOR 相连，另一方与另一种货币市场利率相连，譬如商业票据利率、大额存单利率、联邦基金利率等。基差利率互换的另一种形式是交易双方的利率都与同一种利率相连，只是双方相连利率的期限不同。

7. 远期利率互换

这是利率互换的远期合约，合约的条件在签约时已确定，但互换合约的实施从双方约定的未来某一时间才开始，这段间隔时间可能是几个星期，也可能是几个月或更长的时间。这有助于那些已确定融资或投资条件，但融资或投资是从一段时间以后开始的客户现在就通过互换合约把融资或投资所面临的风险控制住，或把融资或投资的成本降下来。

8. 利率互换期权

利率互换与期权的结合形成了利率互换期权（Swap Option）。利率互换期权的买方有权在未来的某一天参与一个条件已预先确定好的利率互换合约。而这一期权的卖方则允许其拥有者参与一个条件已约定的利率互换合约。看涨利率互换期权的买方有权参与一个支付浮动利率的利息并获得固定利率的利息的利率互换合约，看涨利率互换期权的卖方则需根据该合约的规定支付固定利率的利息并收取浮动利率的利息。当然，看跌利率互换期权的买方有权参与一个支付固定利率利息并获得浮动利率利息的利率互换合约，而看跌利率互换期权的卖方则需支付浮动利率的利息并收取固定利率的利息。这种利率互换期权也有美式与欧式之分。

本章小结

1. 金融衍生品是指其价值依赖于标的资产价值变动的合约，包括远期、期货、期权和互换等。

2. 金融远期合约是指交易双方在未来的某一约定时间，按照约定的价格买卖一定数量的某种金融资产的合约。金融远期合约主要有远期利率协议、远期外汇合约和远期股票合约等。金融远期交易是非标准化的，金融远期合约中的相关条件如标的物的质量、数量、交割地点和交割月份都是根据双方的需要确定的。
3. 金融期货合约是指协议双方同意在未来某个约定日期按约定的条件买入或卖出一定标准数量的某种金融工具的标准化协议。按标的物不同，金融期货合约可分为利率期货合约、外汇期货合约、股票价格指数期货合约。金融期货合约是标准化的，金融期货合约在交易所内交易，十分方便。
4. 金融期权合约是指赋予其购买者在规定期限内按双方约定的价格购买或出售一定数量某种金融资产的权利的合约。按期权买者的权利划分，期权可分为看涨期权和看跌期权。金融期权交易场所不仅有正规的交易所，还有一个规模庞大的场外交易市场。交易所交易的是标准化的金融期权合约，场外交易的则是非标准化的金融期权合约。期权的买方只有权利没有义务，卖方只有义务没有权利。
5. 金融互换是两个或两个以上交易者按照事先商定的条件，在约定的时间内，交换一系列现金流的合约。从是否发生货币交换的角度分类，金融互换可分为货币互换和利率互换。

推荐网站

1. 金融界-期货频道：http://futures.jrj.com.cn.
2. 新华网-新华证券：http://www.xinhuanet.com/finance.
3. 中国金融期货交易所：http://www.cffex.com.cn.

推荐阅读

1. 林清泉. 金融工程[M]. 5版. 北京：中国人民大学出版社，2018.
2. 叶永刚. 金融工程[M]. 大连：东北财经大学出版社，2012.
3. The Wharton School and The Chase Manhattan Bank, N. A., 1995, Survey of Derivative Usage among US Non-Financial Firms, Executive Summary.
4. GILSON S. Management turnover and financial distress [J]. Journal of Financial Economics, 1989 (25) 241-262.
5. MINTON B. Interest rate derivative products and firms' borrowing decisions: the case of interest rate swaps and short-term interest rate futures contracts [Z]. Working paper, Ohio State University, 1994.
6. KEDIA S, MOZUMDAR A. Is Foreign Currency Denominated Debt a Hedging Instrument? [Z]. Working paper, Virginia Tech, 1999.
7. BRENNAN M. J, SCHWARTZ E S. The Valuation of American Put Options [J]. The Journal of Finance, 1977 (32): 449-462.
8. COX J C. ROSS S A. The Pricing of Options for Jump Processes. unpublished working paper #2-75, University of Pennsylvania, 1975.
9. COX J C, ROSS S A. The Valuation of Options for Alternative Stochastic Processes [J]. Journal of Financial Economics 1976, 3 (1): 146-166.

第七章
天气衍生品市场

本章提要

天气衍生品作为金融工程创新的结晶,在防范由非灾难性天气因素产生的风险方面显示了巨大的活力和创造性。天气衍生品市场的发展,有助于保障重要行业的发展,推动金融市场和资本市场的繁荣,提高一国在国际市场的竞争力。

学习目标

1. 了解天气衍生品市场的产生背景、发展历史和特点。
2. 掌握天气衍生品与传统金融衍生品的异同。
3. 了解现有天气衍生品市场。
4. 掌握天气衍生品种及其交易。

重点难点

本章重点:天气衍生品与传统金融衍生品的异同。
本章难点:天气衍生品种类及其交易。

案例导入

天气持续低温 武汉天然气短缺限供

新华社 2013 年 1 月 8 日报道:随着低温天气持续,武汉市天然气供应缺口进一步扩大。对此,武汉市近日将居民每月采暖用气额度下调 150 立方米,以此缓解连日来的"气荒"压力。

据武汉市天然气有限公司介绍,2012 年 12 月中下旬起,全市天然气供应出现紧张局面。虽然已采取减限工业用气、保障居民用气等措施,但受大范围低温雨雪天气影响,居民采暖用气量攀升,上游继续增加供气困难,武汉市天然气供应缺口进一步扩大。

同时,当地以天然气为燃料的出租车"加气难"现象也进一步加剧。许多出租车司机反映,每次加气至少得排队等候 2 小时。

据介绍,目前武汉市登记的民用采暖户数量为 5 万户左右。为此,武汉市天然气有限公司决定,从 2013 年 1 月 6 日起,对民用采暖户采暖用气额度从每月 450 立方米下调至 300 立方米,并呼吁采暖用户降低采暖温度。另外,对一些用气工业大户也采取限气和停气措施,以确保一般居民生活用气。

资料来源:https://news.hexun.com/2013-01-08/149920824.html。

天气是指一个地区短时间内大气的具体状态。例如，案例中武汉市的持续低温。天气的变化时刻影响着我们的生产和生活活动。天气持续低温导致居民取暖等生产、生活活动对天然气的需求上升，而短期内天然气的供给能力又难以做出调整，很明显，限供措施会影响利益相关方的损益，那么从金融的角度看，有什么办法可以规避天气现象带来的风险呢？

第一节 天气衍生品市场概述

天气衍生品的产生，是多种因素共同作用的结果，但最主要的原因是天气事件带来的损失太大。由于天气风险对经济发展的影响非常明显，所以天气风险管理已经成为企业风险控制的重要组成部分，而天气衍生品作为天气风险管理的一个重要方式，为企业提供了规避风险的有效途径。

一、天气衍生品的产生和发展

天气衍生品是一种防范天气风险的创新产品。一般而言，交易双方就转移天气风险达成协定，从而形成天气衍生品合约，其内容通常包括合约类型、期限、指数参考地点、标的指数、指数的执行水平、赔付率、最高赔付额、期权费、交易的货币币种等要素。

● 知识点
天气与天气风险

知识点

能源企业对天气风险管理的需求催生了天气衍生品市场的产生。天气衍生品市场的历史并不算长，开始于1996年。当年美国解除了电力供应方面的管制，电力供应市场开始由一系列的地方性垄断企业分块垄断的局面变为竞争的区域性批发市场。在新的监管制度下，天气决定需求也决定长期供给。在解除管制的初期，当天气风险首次被定量时，能源市场指望保险业提供解决问题的办法，然而，保险业却不能提供非灾难性保险。因此，能源市场必须自己解决问题。认识到市场正在变化，能源公司采取了控制天气风险的措施，并围绕天气风险创造了新的业务。像安然、科氏工业集团和 Aquila 等公司都为管理这些风险推出了新产品。第一个被广为宣传的交易是1997年在科氏工业集团和安然两家公司间完成的。两家公司以美国威斯康星州东南部城市密尔沃基1997~1998年冬季气温为参考，基于主要气温指数安排了一个交易，也就是达成了以1997~1998年冬季美国密尔沃基市的取暖指数为标的变量的互换合同。这个天气衍生品完全是场外交易的私下合同，它的出现标志着现代天气风险管理的诞生，并使天气也成了一种可以交易的特殊商品。

二、天气衍生品市场的发展特点

（一）全球化趋势明显

尽管天气衍生品市场首先在美国建立，但随着其市场的进一步发展，已有越来越多的国家参与和完善该市场，天气衍生品的发展逐渐呈现出全球化的趋势。欧洲和亚太地区的一些发达国家，如英国、法国、德国、瑞士、芬兰、日本等，都已经出现了天气衍生品的场外交易产品，并且一些国家已经或正在计划推出天气衍生品场内交易产品。此外，一些新兴市场国家也在积极考虑将天气衍生品作为一项金融创新工具引入。

(二) 市场规模不断扩大

自建立之初,天气衍生品的市场规模便得到了极大的发展。据美国天气风险管理协会 (Weather Risk Management Association, WRMA) 统计, 2006 年,由于银行、再保险公司和基金公司等金融机构的进入,其市场规模空前扩大,高达 452 亿美元。天气风险管理协会的调查显示:2013~2014 年的天气衍生品市场交易量增长 20%,芝加哥商品交易所 CME,交易的夏季合约就增加了 25%,OTC 产品正在骤增。另外,天气衍生品在金融危机时表现出极好的抵抗力,交易量只增未跌。值得关注的是,2008~2009 年,仅亚洲地区天气风险管理交易合同数目便从 2007~2008 年的 1 940 份跃至 6 837 份,其增长速度已超过了欧洲市场。

(三) 市场参与者类型日益多样化

起源于能源行业的天气衍生品市场,现已发展成为涵盖多种行业的市场。天气衍生品的需求方主要有天气风险的套期保值者和投机者。套期保值者大都属于对天气风险敏感的农业、能源、交通等行业的企业,它们可以利用天气衍生品来对冲或平滑其面临的天气风险;投机者则包括对冲基金、投资银行、保险公司和再保险公司等金融机构,它们可以利用天气衍生品来优化其资产组合。而天气衍生品的供给方则主要包括混业经营公司、银行、交易经纪人和其他中介机构。

(四) 市场交易的风险和品种渐趋多元化

从交易的风险类型来看,天气衍生品以美国温度指数为标的的气温合约为主,但其他类型的天气风险交易所占的市场份额也在日趋增加。除温度指数外,市场上还包括湿度、降雪量、降雨量等指数。另外,农业天气衍生品选取适合农作物生长的生长温值 (Growth Degree Days, GDD) 作为标的指数。从交易的品种来看,天气衍生品品种繁多,包括各种天气期货、天气期权、天气互换和天气套保等。

(五) 交易方式从场外交易发展到场内交易

市场建立初期,天气衍生品是在场外进行交易的。随着市场的迅速扩大,交易者存在着降低交易成本、提高流动性、降低信用风险等方面的诉求。这使得对天气衍生品在交易所以标准化合约形式进行交易的需求日益增长。于是,1999 年 9 月,美国 CME 率先推出了标准化的天气衍生品合约。此后,其他一些交易所如伦敦国际金融期货交易所 (LIFFE)、芬兰赫尔辛基证券交易所等陆续开始挂牌交易天气衍生品,其交易方式逐步从场外交易发展到场内交易。

● 知识点
全球主要天气衍生品市场

三、天气衍生品与传统金融衍生品的比较

天气衍生品是一种防范天气风险的金融工程创新产品,有着独特的性质。由于同属于金融衍生品,天气衍生品和传统金融衍生品存在着诸多相似之处,但两者又存在着诸多不同。为了进一步了解天气衍生品的特性,非常有必要将天气衍生品和传统金融衍生品做一个比较,从而让我们更好地认识天气衍生品。

（1）天气衍生品与传统金融衍生品既有相同点，又有不同点。首先，两类衍生品存在以下几点相似之处。

1）天气衍生品与传统金融衍生品都存在标准化的集中交易场所，也就是说，它们都可以在集中的交易场内交易，信息透明度高，道德风险低，交易成本也低，都可以发挥保证金杠杆的作用。

2）天气衍生品与传统金融衍生品都存在着基差风险。所谓基差风险，也就是指保值工具与被保值商品之间价格波动的不同步所带来的风险，基差的波动给套期保值者带来了无法回避的风险，直接影响着套期保值的效果。

3）天气衍生品与传统金融衍生品都具有价格发现和套期保值的功能，可以最大限度地规避风险。

4）天气衍生品与传统金融衍生品都具有很高的流动性和投机性。

5）根据产品形态，天气衍生品与传统金融衍生品一样，都可以分为远期、期货、期权和互换四大不同的产品形态，具有不同的交易方式。

6）天气衍生品与传统金融衍生品的交易模式都分为场内交易和场外交易。

7）天气衍生品与传统金融衍生品交易的主体都涵盖了市场需求者和机构投资者，因此，它们都不再是简单的风险规避工具，而是具备了风险管理与风险配置功能。

8）从社会福利的角度看，衍生品的出现无疑增大了社会的总福利水平，因此，天气衍生品和传统金融衍生品的交易都不是零和博弈，它们都具有帕累托改进的性质。

但是，天气衍生品与传统金融衍生品也有一些不同，具体的不同点如表7-1所示。

表7-1 天气衍生品与传统金融衍生品的比较

产　　品	相同点	不同点			
		标的资产	规避风险性质	交易的不确定性	交易的广度
天气衍生品	信息透明，道德风险低，交易成本低，有杠杆作用；存在基差风险；有价格发现和套期保值功能；很高的流动性和投机性	天气指数	数量风险	很大	较小
传统金融衍生品		股票、债券等资产	价格风险	较小	较大

（2）天气衍生品是应对天气风险的管理手段；另外，天气保险也是应对天气风险的一个重要手段，在天气衍生品尚未出现的时候，天气保险就已经在应对天气风险方面发挥了重要作用。那么，我们也有必要了解一下天气衍生品与传统的天气保险有哪些差异。天气衍生品与传统的天气保险的差异主要体现在以下几个方面。

1）天气衍生品主要用于补偿由于低风险、高频率的天气事件如暖冬、凉夏等天气状况而带来的损失，而传统的天气保险则主要用于应对高风险、低频率的天气事件如雪灾、飓风等所造成的损失。

2）只要达到合约约定的指数值，企业便可以从天气衍生品中迅速获得支付，而企业投保天气保险则必须提供损失证明，才能获得赔偿。

3）购买天气衍生品后，投资者可以根据对冲效果来决定是继续持有还是出售合约，而天气保险往往不具有可转让性。

4）天气衍生品的基差风险大于天气保险。

由于存在上述的不同，天气衍生品相对于传统的天气保险而言，具有诸多优势。首先，信息公开极大地降低了道德风险。由于天气指数主要由气象部门公布，不受合约订立双方的影响，客观性强，因此天气衍生品发生道德风险的可能性很小。其次，天气衍生品的管理和经营成本很低，天气衍生品的赔付依赖于气象部门公布的数据，边际理赔成本小。而传统天气保险的理赔定损工作有赖于数据的收集，成本较高。最后，天气衍生品扩大了风险转移的范围。天气衍生品的出现为风险高发区人群提供了分散风险的机会，吸引了大量投资者进入市场。而传统的天气保险往往将风险高发区人群排除在外，也就是传统的天气保险中存在逆向选择的问题。

第二节　天气衍生品的种类

天气衍生品主要有期货、期权和互换等。而这些产品中，一般以气温、降雨量、降雪量和风力等天气指数作为标的。

一、温度指数期货

天气期货是一种指数期货。它与其他指数期货（如股指期货）并没有太大的区别。主要不同点是标的变量不同。股指期货的标的变量是股价指数，而天气期货的标的变量是天气指数，而其中又以温度指数最为普遍。

温度指数（Temperature Index）是衡量一天的平均温度与 65℉（相当于 18.3℃）偏离程度的。日平均温度是从午夜到午夜的日最高温度与最低温度的平均值。工业以 65℉作为启动熔炉的标准温度，这一温度通常出现在采暖通风和空气调节的技术标准中。现在这一温度用来假设当气温低于 65℉时消费者会使用更多的能源来保持房间的温度，当气温高于 65℉时会消耗更多的能源运行空调来降温。CME 的温度指数包括制热日指数（Heating Degree Days，HDD）和制冷日指数（Cooling Degree Days，CDD），温度为城市温度。选择的城市标准有两种：一是城市人口密度大，二是城市为能源中心。

（一）制热日指数与制冷日指数

（1）通过日平均温度与 65℉的比较来测量寒冷程度，也就是需要采暖的指数。HDD = max（0，65 - 日平均温度）。如果日平均温度是 40℉，那么日 HDD 就是 25，如果日平均温度是 67℉，那么日 HDD 就为 0。CME 的 HDD 是一个月的日 HDD 的累积，在最后结算日每一指数点为 100 美元（不同城市设置的合约乘数即每点价值不同，有些城市是 100 美元/点，有些城市是 20 美元/点）。例如，假设某一城市 11 月份的日均 HDD 为 25（65 - 40），在 11 月份的 30 天内，HDD 为 750（25 × 30），则期货合约的名义价值就为 75 000 美元（750 × 100）。

（2）通过日平均温度与 65℉的比较来测量温暖程度，也就是需要运行空调降温的指数。CDD = max(0，日平均温度 - 65)。与 HDD 的计算方式相同，如果日平均温度是 75℉，那么日 CDD 就是 10，如果日平均温度是 58℉，那么日 CDD 就为 0。表 7-2 展示了美国月度 CDD 期货合约（Monthly Weather Cooling Degree Days Futures）。

（二）制热日指数期货与制冷日指数期货

CME 的 HDD 和 CDD 期货合约是在规定的期货交易日买入或卖出 HDD 和 CDD 价值的法定协议，HDD 和 CDD 采用现金交割。CME 选择了十个城市的温度作为交易标的，分别是亚特兰大、芝加哥、辛辛那提、纽约、达拉斯、费城、波特兰、图森、得梅因和拉斯维加斯，每个城市用不同的符号表示，比如 H2HDD 表示芝加哥制热日温度指数。

表 7-2　美国月度 CDD 期货合约

合约标的	美国各个城市的月度 CDD
合约乘数	每点 20 美元
报价单位	美元/指数点
最小变动价位	1 指数点（=20 美元/合约）
合约月份	4月，5月，6月，7月，8月，9月，10月
交易时间（中央标准时间）	CME GLOBEX 电子交易平台，周日 17:00~周五 15:15 连续交易，每天 15:15~17:00 暂停交易
涨跌停板幅度	无
交易保证金	通过 SPAN 系统确定，不同城市的保证金比例不一定相同，并根据各标的城市参数的变化及时调整
最后交易日	合约到期月以后至少两个自然日后的第一个交易日早上 9:00
交割方式	现金结算（参照 CME 规则 40303）
持仓限制	全部月份合计不超过 10 000 个合约，如果交易者同时持有相应期权合约的话，则依据期权头寸限制规定

（1）合约规格。CME 的 HDD 和 CDD 期货合约的名义价值为 100 倍 HDD 或 CDD，合约以 HDD/CDD 点报价。例如一个 HDD 为 750，则期货合约的名义价值为 75 000 美元（750×100）。最小价格波动为 1.00HDD 或 CDD 点，价值为 100 美元。假设一个交易者在 1999 年 9 月 10 日在 750 指数点卖出芝加哥 1999 年 11 月 HDD 期货合约，在 10 月 11 日以 625 指数点买入平仓，则该交易者获得的收益为 12 500 美元（125×100）。

（2）合约月份。在任意交易时间，分别有 7 个连续的 HDD 和 CDD 期货合约和 5 个连续的 HDD 和 CDD 期权合约上市交易。例如，在 2016 年 9 月 15 日，7 个连续的 HDD 期货合约的到期月份从 2016 年 10 月一直延续到 2017 年 4 月，7 个连续的 CDD 期货合约的合约月份为 2017 年 4 月到 2017 年 10 月。在场外交易市场，通常 HDD 的合约月份从 10 月到 3 月，CDD 的合约月份从 5 月到 8 月，4 月和 9 月被看作双向月份。

（3）结算。每一月份合约的结算价格依据地球卫星有限公司（Earth Satellite Corporation）计算的 HDD 和 CDD 得出。

（4）交易系统。HDD 和 CDD 期货采用 CME 的 GLOBEX 电子交易系统进行全天（24 小时）交易。

（5）资料来源。资料来自地球卫星有限公司。地球卫星有限公司是一家全球性的开发遥感设备和提供地理信息的专业服务公司，可以提供每日和每小时的气温信息，该公司在为农业和能源市场提供气候信息方面居于世界公认领先地位。CME 所选择城市的气温由一个自动数据收集设备即自动表面观测系统（ASOS）测定，这一系统测出的每日最高和最低气温直接传输给美国国家气候数据中心（NCDC），该中心是美国国家海洋和大气管理局的一个下属部门。当 ASOS 系统出现故障或传输受阻时，地球卫星有限公司将及时进行质量控制并提供替代数据。表 7-3 展示了美国月度 HDD 期货合约（Monthly Weather Heating Degree Days Futures）。

（三）季节性天气指数期货合约

CME 在推出日温度指数期货以后，于 2003 年 5 月 26 日开始上市交易季节性天气产品。季节性天气指数期货以制热日指数和制冷日指数为基础，是日温度指数期货的延伸，它包括制冷季节指数期货（SCDD）和制热季节指数期货（SHDD）。季节性天气指数期货的长度为5个月，夏季合约从5月到9月，冬季合约从11月到3月。所选择的城市为芝加哥、辛辛那提和纽约。该产品通过GLOBEX电子交易平台进行交易。季节性合约可以使交易者在一个价格上交易整个季节的温度指数，而不需要把每个月份的合约分别进行交易，从而提高交易效率并减少交易者的交易成本。

表7-3 美国月度HDD期货合约

合约标的	美国各个城市的月度HDD
合约乘数	每点20美元
报价单位	美元/指数点
最小变动价位	1指数点（=20美元/合约）
合约月份	10月，11月，12月，1月，2月，3月，4月
交易时间（中央标准时间）	CME GLOBEX电子交易平台，周日17:00～周五15:15连续交易，每天15:15～17:00暂停交易
涨跌停板幅度	无
交易保证金	通过SPAN系统确定，不同城市的保证金比例不一定相同，并根据各标的城市参数的变化及时调整
最后交易日	合约到期月以后至少两个自然日后的第一个交易日早上9:00
交割方式	现金结算（参照CME规则40303）
持仓限制	全部月份合计不超过10 000个合约，如果交易者同时持有相应期权合约的话，则依据期权头寸限制规定

二、霜冻指数期货合约

在温度指数期货获得成功之后，为给企业和投资者提供更多类型的天气风险管理工具，CME霜冻指数期货于2005年9月上市。目前，霜冻指数期货合约标的城市只有一个，即荷兰的阿姆斯特丹（Amsterdam）；合约类型包括月度和季节性两种。欧洲月度霜冻指数期货合约（Monthly Frost Days Futures）内容如表7-4所示。欧洲季节性霜冻指数期货合约（Seasonal Frost Days Futures）内容如表7-5所示。

表7-4 欧洲月度霜冻指数期货合约

合约标的	欧洲各个城市的月度霜冻指数
合约乘数	每点10 000欧元
报价单位	欧元/指数点
最小变动价位	0.01指数点（=100欧元/合约）
合约月份	11月，12月，1月，2月，3月
交易时间（中央标准时间）	CME GLOBEX电子交易平台，周日17:00～周五15:15连续交易，每天15:15～17:00暂停交易
涨跌停板幅度	无
交易保证金	通过SPAN系统确定，不同城市的保证金比例不一定相同，并根据各标的城市参数的变化及时调整
最后交易日	11月~2月：合约月后至少6个自然日后的第一个交易日早上9:00 3月：本月最后一个星期五后至少6个自然日后的第一个交易日早上9:00
交割方式	现金结算（参照CME规则41603）
持仓限制	全部月份合计不超过10 000个合约，如果交易者同时持有相应期权合约的话，则依据期权头寸限制规定

表 7-5　欧洲季节性霜冻指数期货合约

合约标的	欧洲各个城市的季节性霜冻指数
合约乘数	每点 10 000 欧元
报价单位	欧元/指数点
最小变动价位	0.01 指数点（＝100 欧元/合约）
合约月份	3 月（对于 11 月～次年 3 月这个季节）
交易时间（中央标准时间）	CME GLOBEX 电子交易平台，周日 17:00～周五 15:15 连续交易，每天 15:15～17:00 暂停交易
涨跌停板幅度	无
交易保证金	通过 SPAN 系统确定，不同城市的保证金比例不一定相同，并根据各标的城市参数的变化及时调整
最后交易日	3 月最后一个星期五后至少 6 个自然日后的第一个交易日早上 9:00
交割方式	现金结算（参照 CME 规则 41703）
持仓限制	全部月份合计不超过 10000 个合约，如果交易者同时持有相应期权合约的话，则依据期权头寸限制规定

为了计算霜冻指数，从每年 11 月的第一个星期一开始到次年 3 月的最后一个周五，除去周六、周日及其他法定假日，每天都需要在当地时间早晨 7:00 和 10:00 测量指定地点的气温。如果出现以下任何一种情况，或者多种情况同时发生，那么这一天为霜冻日。

（1）当地时间早上 7:00 的气温不超过零下 3.5℃。

（2）当地时间早上 10:00 的气温不超过零下 1.5℃。

（3）当地时间早上 7:00 的气温不超过零下 0.5℃，且当地时间早上 10:00 的气温也不超过零下 0.5℃。

地球卫星有限公司根据各自国家气象局提供的霜冻日当天最终观测温度计算每日霜冻指数。月度霜冻指数是合约月份里所有霜冻日的霜冻指数之和，季节性霜冻指数是这五个月期间的所有霜冻日的霜冻指数之和。

因为霜冻指数期货的标的城市有限，所以目前主要的市场参与者以欧洲人为主，有部分套期保值者和投机者。

三、降雪指数期货合约

在温度指数及霜冻指数期货基础上，CME 紧接着推出了面向美国的降雪指数期货。最初标的城市只有波士顿和纽约，2009 年又新增芝加哥奥黑尔国际机场、明尼阿波利斯-圣保罗国际机场、底特律国际机场、纽约拉瓜迪亚机场 4 个标的地区。目前，合约类型包括月度降雪指数期货合约（Monthly Snowfall Index Futures）和季节性降雪指数期货合约（Seasonal Strip Snowfall Index Futures）两种，合约细则如表 7-6 和表 7-7 所示。

为了计算降雪指数，首先要得到每天的降雪量数据。日降雪量是指在标的地区每天从凌晨到午夜的总降雪量，该数据也由地球卫星有限公司的自动测量站提供，若当日只有微量降雪（微量的具体标准由地球卫星有限公司确定），则该日降雪量为 0。

月度降雪指数是合约月份里每个自然日降雪量的总和，季节性降雪指数是最短 2 个月、最长 6 个月的季节性连续月的所有自然日降雪量的总和。

表7-6 美国月度降雪指数期货合约

合约标的	美国各个城市的月度降雪指数（英寸）
合约乘数	每点500美元
报价单位	美元/指数点
最小变动价位	0.1指数点（=50美元/合约）
合约月份	11月、12月、1月、2月、3月、4月
交易时间（中央标准时间）	CME GLOBEX电子交易平台，周日17:00~周五15:15连续交易，每天15:15~17:00暂停交易
涨跌停板幅度	无
交易保证金	通过SPAN系统确定，不同城市的保证金比例不一定相同，并根据各标的城市参数的变化及时调整
最后交易日	合约月后至少两个自然日后的第一个交易日早上9:00
交割方式	现金结算（参照CME规则41803）
持仓限制	全部月份合计不超过10 000个合约，如果交易者同时持有相应期权合约的话，则依据期权头寸限制规定

表7-7 美国季节性降雪指数期货合约

合约标的	美国各个城市的降雪指数（英寸）
合约乘数	每点500美元
报价单位	美元/指数点
最小变动价位	0.1指数点（=50美元/合约）
合约月份	11月~4月，最少2个、最多6个连续自然月
交易时间（中央标准时间）	CME GLOBEX电子交易平台，周日17:00~周五15:15连续交易，每天15:15~17:00暂停交易
涨跌停板幅度	无
交易保证金	通过SPAN系统确定，不同城市的保证金比例不一定相同，并根据各标的城市参数的变化及时调整
最后交易日	合约月后至少两个自然日后的第一个交易日早上9:00
交割方式	现金结算（参照CME规则40203）
持仓限制	全部月份合计不超过10 000个合约，如果交易者同时持有相应期权合约的话，则依据期权头寸限制规定

降雪指数期货在规避天气风险中应用较为广泛，主要的风险对冲者（套期保值者）包括政府部门、滑雪场、岩盐开采公司、航空公司等，此外，也有部分投机者参与到降雪指数期货的交易中。

四、飓风指数期货合约

2005年的卡特里娜飓风给美国带来近790亿美元的损失，远超过保险业可以承受的避险能力，因此也激发了相关企业对更多天气风险管理工具的强烈需求。CME根据市场的需求，研发了3种类型的飓风指数期货，并于2007年3月正式推出该类产品。

飓风指数期货是 CME 在天气产品研发中最具有创新性的成果。通常，天气指数期货须基于指数化标的设计，计算指数的前提是相应天气条件易于测度。非巨灾型天气风险如高温、低温、降雪等比较易于测度，相对适合开展衍生品交易，而巨灾型天气风险如干旱、洪水等大多不易精确测度，较难确定一个指数来开展交易。在各类巨灾型天气中，飓风强度可通过等级来反映，相对易于测度，若将飓风强度等级和其波及范围结合起来，则可以反映其破坏程度。CME 集团基于飓风指数（CHI），设计了飓风指数期货，将天气衍生品拓展到巨灾型天气风险领域，也是天气衍生品开发理念的一次创新。

（一）标的指数——飓风指数

CME 飓风指数（CME Hurricane Index，CHI）是一种用来量化飓风造成的潜在威胁的指数，利用美国国家海洋和大气管理局下属的国家飓风中心（National Hurricane Center）在网站上公开的数据计算得到。

CHI 的计算最初由 Carvill America, Inc. 公司提供。Carvill America, Inc. 是一家大型的私人再保险公司，飓风业务是其再保险的主要业务。

2009 年 4 月 9 日，CME 宣布已从 Carvill America, Inc. 公司收购了 Carvill Hurricane Index，获得该指数的知识产权，同时将 Carvill Hurricane Index 更名为 CME Hurricane Index，并委托 EQECAT 公司作为新的 CHI 指数计算代理服务商。对单次飓风，其 CHI 指数的简化计算公式如下。

$$CHI = \left(\frac{V}{V_0}\right)^3 + \frac{3}{2}\left(\frac{R}{R_0}\right)\left(\frac{V}{V_0}\right)^2 \tag{7-1}$$

式中，R 是飓风半径；V 是飓风最大风速；参考值 $R_0 = 60$ 英里[⊖]；$V_0 = 74$ 英里/小时。当飓风半径和最大风速与参考值一样时，$CHI = 2.5$；如果飓风最大风速小于 74 英里/小时，CHI 的值取 0。

该指数相比传统的萨菲尔-辛普森飓风衡量标度（Saffir-Simpson Hurricane Scale，SSHS）而言，具有两个明显的优点。

(1) 指数连续性，CHI 可以从 0 连续变化到无穷大，而 SSHS 只有 1~5 五个离散的等级，无法精确测度飓风带来的潜在损失。

(2) 考虑了飓风的半径，更加科学地衡量了飓风的损失，有相关性实证研究表明 CHI 可解释保险行业损失的 72%，而 SSHS 仅能解释 54%，可见 CHI 指数比 SSHS 标度可以更好地衡量一场飓风的潜在投保损失额度。

（二）标的区域

目前，飓风指数期货面向 6 个区域设置：墨西哥湾、佛罗里达海岸、南大西洋海岸、北大西洋海岸、美国东海岸以及由西经 95 度 30 分、西经 87 度 30 分、北纬 27 度 30 分和美国北部海岸线围成的区域。其中，对于登陆或发生在最后一个区域内的飓风，其飓风指数又称为 CHI-Cat-In-A-Box，它的值等于当飓风在"盒子"范围内时所报告的全部 CHI 值中的最大值。

（三）合约类型

目前，CME 提供三种飓风指数期货合约类型：针对单次飓风设置的，交易标的为此次飓风

⊖ 英里是一种英制长度单位，1 英里 = 1 609.344 米。

的飓风指数 CHI 或 CHI-Cat-In-A-Box；季节性合约，交易标的为每年 1 月 1 日~12 月 31 日期间历次飓风的飓风指数 CHI 或 CHI-Cat-In-A-Box 的总和；针对飓风季内最大台风设置的，交易标的为全年飓风季中最大飓风的飓风指数 CHI 或 CHI-Cat-In-A-Box。

（四）市场参与者

飓风指数期货市场的主要参与者同样可以分为两大类：一是对冲风险者（套期保值者），包括保险与再保险公司、能源企业、飓风多发地区的政府部门以及公共事业企业等，它们主要通过购买飓风指数期货以转移本身的风险，平滑或稳定经营业绩；二是投机者或资本市场中的风险爱好者，包括社保基金、套利基金、养老基金等，它们主要看重飓风指数衍生品的获益能力，以期从飓风巨灾事件的不确定性中获得较高收益。飓风指数期货合约（CME Hurricane Index Futures）和季节性飓风指数期货合约（CME Hurricane Index Seasonal Futures）的合约详情如表 7-8 和表 7-9 所示。

表 7-8　美国飓风指数期货合约

合约标的	每个飓风的飓风指数
合约乘数	每点 1 000 美元
报价单位	美元/指数点
最小变动价位	0.1 指数点（=100 美元/合约）
交易的合约	每个飓风对应有一个合约； 在每个飓风季之初，根据世界气象组织提供的列表，将飓风从 A~Z 命名，如果本季飓风超过了 21 次，新增的飓风用希腊字母表 α、β、γ 等依次命名
飓风的标的区域	美国东海岸（得克萨斯州的布朗斯维尔到缅因州的东港），Galveston-Mobile（西经 87.5°~95.5°，北纬 27.5°至美国北部海岸线的区域）
交易时间（中央标准时间）	CME GLOBEX 电子交易平台，周日 17:00~周五 15:15 连续交易
涨跌停板幅度	无
交易保证金	通过 SPAN 系统确定，采用每手固定保证金的形式，不同海域的保证金不一定相同，并根据情况变化及时调整
最后交易日（中央标准时间）	在飓风离开指定区域或在指定区域强度已减弱之后至少两个自然日后的第一个交易日早上 9:00 停止交易，但在任何情况下，最后交易日都不能早于 1 月 1 日之后至少两个自然日后的第一个交易日，或者晚于 12 月 31 日之后至少两个自然日后的第一个交易日。如果一个已命名的飓风没有使用（比如说这个飓风最后并没有形成），应该在 12 月 31 日飓风季结束之后至少两个自然日后的第一个交易日早上 9:00 停止
交割方式	现金结算； 根据美国巨灾模拟公司 EQECAT 报告的本次飓风的 CHI 结算； 根据美国巨灾模拟公司 EQECAT 报告的本次飓风的 CHI-Cat-In-A-Box（飓风在指定区域内活动时的最大 CHI）结算
持仓限制	全部月份合计不超过 10 000 个合约

表 7-9　美国季节性飓风指数期货合约

合约标的	一个飓风季的飓风指数
合约乘数	每点 1 000 美元
报价单位	美元/指数点
最小变动价位	0.1 指数点（=100 美元/合约）
交易的合约	以一个自然年度内（1 月 1 日~12 月 31 日）发生在指定地点的飓风的 CHI 累计值为标的 以一个自然年度内（1 月 1 日~12 月 31 日）发生在指定地理区域的飓风的 CHI-Cat-In-A-Box 累计值为标的

(续)

飓风的标的区域	墨西哥湾、佛罗里达海岸、南大西洋海岸、北大西洋海岸、美国东海岸（得克萨斯州的布朗斯维尔到缅因州的东港），Galveston-Mobile（西经87.5°~95.5°，北纬27.5°至美国北部海岸线的区域）
交易时间（中央标准时间）	CME GLOBEX 电子交易平台，周日17:00~周五15:15连续交易
涨跌停板幅度	无
交易保证金	通过SPAN系统确定，采用每手固定保证金的形式，不同海域的保证金不一定相同，并根据情况变化及时调整
最后交易日（中央标准时间）	在12月31日飓风季结束之后至少两个自然日后的第一个交易日早上9:00停止
交割方式	现金结算； 根据美国巨灾模拟公司EQECAT报告的CHI累计值结算； 根据美国巨灾模拟公司EQECAT报告的CHI-Cat-In-A-Box累计值结算
持仓限制	全部月份合计不超过10 000个合约

第三节 天气衍生品的应用

天气衍生品的买卖双方是如何通过天气衍生品来达到其降低天气风险的目的，通过本节的学习，我们就会很清楚了。

一、天气期货的应用

目前在CME上交易的有分布在北美地区、欧洲和亚太地区的35个城市的气温指数的期货合同。对于某一个特定的城市，一般有特定月份的HDD和CDD期货合同和季节性HDD和CDD期货合同。例如，对于其中任一个美国城市（如费城），CME有10月、11月、12月、1月、2月、3月、4月等各月份的月累计HDD期货合同和4月、5月、6月、7月、8月、9月、10月各月份的月累计CDD期货合同。此外，还有取暖季节（包括从11月到第二年3月的五个寒冷月份）的HDD期货合同和制冷季节（包括从5月到9月的五个炎热月份）的CDD期货合同。

【例7-1】 CME的费城2016年1月份HDD期货合同的标的指数是根据地球卫星有限公司2016年1月份在费城国际机场测得的气温数据计算得到的月累计HDD。

期货价格是按指数的点数报价的。合同的规模为20美元乘以月HDD，即费城2016年1月份的月累积HDD上升或下降一个点，期货合同的价值就相应地有20美元的变动。

【解析】 在2015年10月的某一天，该期货合同的市场报价为740点。假设此时张先生买了一手合同，那么，对于张先生来说，期货价格每上升一个点，他就可以得到20美元的盈利；相反，如果期货价格每下降一个点，他就会有20美元的损失。

假设第二天期货报价上升到745点，那么张先生一天的收益为100美元[20×(745-740)]。如果张先生一直将这份合同持有到合同的到期日，实际观察到的2016年1月的月累积HDD变为752点。因此，他的期货交易总的收益为（未扣除佣金等交易成本）240美元[20×(752-740)]。

天气期货合同交易的终结日期为与合同标的HDD相对应的月份过去两天后的第一个交易日。在上述交易中，期货合约的终结日为2016年1月份过后两天之后的第一个交易日，即2016

年2月3日。

与其他期货交易一样,天气期货的交易也需要提供保证金。CME对于保证金额的最低要求经常会根据市场的状况而变动。对于上述HDD期货合同,交易所要求的最低法定保证金为6%左右,维持保证金为4%左右。

【例7-2】 在上述例子中,假设在2015年10月,CME对费城HDD期货的法定保证金要求为6%,维持保证金的要求为4%。当张先生买入2016年1月费城HDD期货的时候,期货价格为740点。因此,张先生买入时需要提供的法定保证金为888美元($20 \times 740 \times 6\%$)。

而在买入后,需要维持保证金水平则与当时的期货价格有关。

我们再以某空调生产企业为例,来说明天气期货在规避天气风险中的作用机制。例如美国某空调生产企业夏季主要销售市场在纽约。公司预计2018年7月销售空调5 000台,每台平均售价600美元,销售总收入为300万美元。公司由于担心7月份温度将比往年低从而减少销售额,于是决定用月度CDD期货进行套期保值操作。

公司财务人员发现,该企业的销售量与月度CDD期货的相关系数为0.8,即CDD下降1%时,销售量下降0.8%。假设在2017年12月,2018年7月的月度CDD期货价位为600点,这意味着根据历史数据市场预计2018年7月的平均气温约为29℃。当CDD下降1%时,一份CDD期货合约价值下降额为120美元($600 \times 20 \times 1\%$),而销售收入下降额为24 000美元($3 000 000 \times 0.8\%$),因此避险比率为200(24 000/120)。故该公司决定以600点的价位卖出200份2010年7月CDD期货合约。这样,在不考虑相关费用的情况下,无论气温怎么变化,公司的收入不会变,即可将2018年7月的总收入锁定在300万美元上。

假如2018年夏季是凉夏,7月平均气温只有23℃,即73.4℉,则在合约到期时,结算的CDD为260.4[($73.4-65) \times 31$]。此时,一方面,该公司在期货合约上盈利数额为1 358 400美元[($600-260.4) \times 20 \times 200$];另一方面,凉夏导致该公司销售收入减少数额为1 358 400美元[$3 000 000 \times 0.8 \times (600-260.4)/600$]。可见,在期货市场上的盈利正好与销售收入的减少相抵消。

假如2018年夏季是高温天气,7月平均气温达到了31℃,即87.8℉,则在合约到期时,结算的CDD为706.8[($87.8-65) \times 31$]。此时,一方面,该公司在期货合约上亏损数额为427 200美元[($706.8-600) \times 20 \times 200$];另一方面,酷暑引起该公司销售收入增加数额为427 200美元[$3 000 000 \times 0.8 \times (706.8-600)/600$]。可见,在期货市场上亏损正好与销售收入的增加相抵消。因此,空调生产企业可以通过卖出适当份数的月度CDD期货交易来进行避险操作,从而规避因天气变化对销售带来的不利影响。

二、天气期权的应用

CME天气的期权交易不是直接针对即时天气指数本身,而是针对天气指数的期货合同而进行的交易,换句话说,天气期权合同的标的资产不是天气指数,而是天气指数的期货合约,包括看涨期权和看跌期权两种。天气期权属于欧式期权,买方只能在到期日的执行指数处行使权利并进行结算,而不能提前。CME推出了对应于每一种天气指数的期权,即月度HDD(或CDD)指数期货期权、季度HDD(或CDD)指数期货期权及周平均温度指数期货期权。

(一) 看涨期权

看涨期权可以使风险暴露者将买入期权而获得的收入用于部分或全部弥补极端热冷天气因素而造成的经济损失。在合约期限内,当指数累积值超出了预先协定的水平时,期权具有执行价值。而当指数累积值没有超出协定的水平时,期权没有执行价值,看涨期权的买方将放弃行权,损失的只有支付给卖方的期权费。

图7-1给出了看涨期权买方支付及所获得的净收益状况。假如执行温度指数为K,上限温度指数为L,到期温度指数为x,D为单位温度指数的货币值,则该看涨期权买方的支付函数为:

$$P(x) = D \times \min(\max((x-K), 0), (L-K))$$
$$= \begin{cases} 0, x < K \\ D(x-K), K \leq x < L \\ D(L-K), x \geq L \end{cases}$$

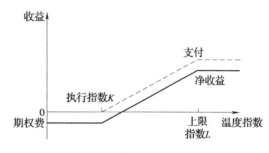

图 7-1　看涨期权买方的损益

实际操作中,买方根据所需对冲的风险大小来确定购买的期权合约的数量。例如,某一能源公司的风险均值在520CDD左右,该公司通过购买500份上限执行指数为580CDD和执行指数为530CDD的看涨期权来对冲风险。若每个CDD对应的货币价值为20美元,则当CDD超过530CDD时,该期权的支付函数为:

$$P(x) = 10\,000 \times \min(\max((x-530), 0), (580-530))$$

同时,假设该能源公司为了实现规避处于530CDD~580CDD之间的500 000美元的天气风险,需要支付120 000美元的期权费,因此,其净收益范围介于-120 000~380 000美元之间。

(二) 看跌期权

看跌期权是指该期权的购买者拥有在合约有效期间内以约定的执行价格卖出一定数量的标的物的权利。若到期时资产价格或指数低于执行价格,则买方行权,先以较低的市价买进标的物,再以执行价向卖方卖出标的物,从而获取利润。当期权不具有执行价值时,看跌期权的买方放弃行权,损失期权费。

图7-2给出了看跌期权买方所获得的支付及净收益状况。假如执行温度指数为K,下限指数为L,到期指数为x,D为单位温度指数的货币值,则该看跌期权买方的支付函数为:

$$P(x) = D \times \min(\max((K-x), 0), K-L)$$
$$= \begin{cases} 0, x > K \\ D(K-x), L < x \leq K \\ D(K-L), x \leq L \end{cases}$$

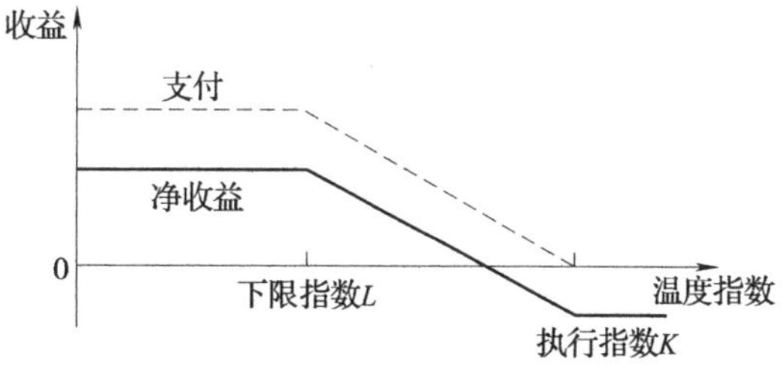

图 7-2　看跌期权买方的损益

下面我们以上文所提到的空调企业为例,说明看跌期权能在规避风险的基础上,兼具获利的可能性。该空调企业的财务预算做好以后,公司领导层决定通过购买天气期权而不是期货来进行套期保值。于是,该公司于2017年12月以600行权价格买入基于前例中天气期货的看跌期权200份,行权日为2018年7月31日。公司进行这个套期保值操作之后,就保证了其在2018年7月的收入可达到预期的300万美元,并可能由于气温的变化而获得额外收益。

假如2018年夏季是凉夏，7月平均气温只有23℃，即73.4℉，则在7月31日时，月度CDD期货的报价为260.4［(73.4－65)×31］。此时，一方面，该公司可行使期权，即以600的价格卖出200份期货，同时，以260.4的市场价买回该期货进行平仓，从而实现盈利数额为1 358 400美元［(600－260.4)×20×200］；另一方面，凉夏引起该公司销售收入减少数额为1 358 400美元［＝3 000 000×0.8×(600－260.4)/600］。可见，购买期权的盈利正好与销售收入的减少相抵消，该公司2018年7月的总收入正好等于预期的300万美元。

又假如2018年夏季出现了高温天气，7月平均气温达到了31℃，即87.8℉，则在7月31日时，月度CDD期货的报价为706.8［(87.8－65)×31］，高于该公司所购期权的行权价格。此时，一方面，该公司放弃行使期权，其期权收益为0美元（不考虑期权费）；另一方面，酷暑导致该公司销售收入增加数额为427 200美元［3 000 000×0.8×(706.8－600)/600］。此时，该公司2018年7月的销售收入为3 427 200美元（3 000 000＋427 200），获得了大于预期的300万美元的收入。由此可见，该空调生产企业利用天气期权进行套期保值的操作不仅有效地规避了天气风险，还保留了获利的可能性。

三、天气互换的应用

天气互换（Weather Swaps）是指交易双方为了交换由于天气的不确定性所带来的风险而签订的一种合约。订立合约时，双方均不必支付保证金。根据合约协定，当天气指数上升到某一特定水平之上（或下降到某一特定水平之下）时，交易者对获利的一方进行赔付；同时也授权该交易者在天气指数下降到同样的水平之下（或上升到同样的水平之上）时获得另一方赔付，即该交易者既可能是赔付者也可能是获赔者。

天气互换合约实质上是一连串的期货合约。它不是在合约到期日获取一次性收益支付，而是随时间变化发生一连串的收益事件，且每次收益支付都取决于实际天气指数和协定天气指数之间的差异。此外，互换双方所要规避的风险是逆向相关的，一方收入与天气风险因素正相关，而另一方的收入则与其负相关。当天气指数超过（或低于）执行值时，且其中一方收益较高时，收益较高的一方对另一方进行赔付。这样，双方的收益上限和损失上限都可以得到限制，从而可降低交易双方的收入波动。

图7-3为天气互换买方的收益示意图。假如执行温度指数为K，下限温度指数为L_1，上限温度指数为L_2，到期温度指数为x，令$L = K － L_1 = L_2 － K$，则该互换买方的收益为：

$$P(x) = D \times \min(L, \max(x-L, -L))$$

$$= \begin{cases} -DL, & x < L_1 \\ D(x-K), & L_1 \leq x < L_2 \\ DL, & x \geq L_2 \end{cases}$$

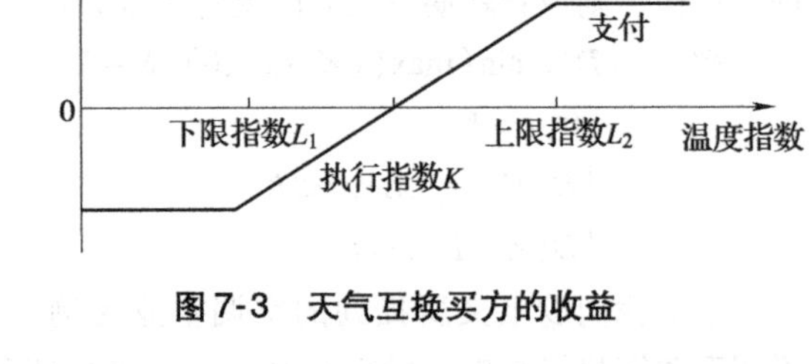

图7-3　天气互换买方的收益

下面同样以前面提到的空调企业为例，来说说利用天气互换进行套期保值的原理。例如，该空调企业打算与一家旅游企业互换2018年7月的气温风险。经双方协商，达成以下协议：若2018年7月的月度CDD为600，双方互不支付；若7月的CDD低于600，则CDD每下降一个点，旅游企业向空调企业支付4 000美元；若7月的CDD高于600，则CDD每上升一个点，空调企业向旅游企业支付4 000美元。公司签订了这份互换协议后，其2018年7月的收入也固定在了其计划的销售收入300万美元上。

假定2018年夏天是凉夏，7月平均气温只有23℃，即73.4℉，则合约到期的CDD为260.4［(73.4－65)×31］。此时，一方面，按照互换协议，空调企业将收到旅游企业支付的数额为1 358 400美元［4 000×(600－260.4)］；另一方面，由于是凉夏，该公司的销售收入减少数额为1 358 400美元［3 000 000×0.8×(600－260.4)/600］。因此，天气互换的盈利正好与销售收入的减少相抵。

又假定2018年夏季出现了高温天气，7月平均气温达到了31℃，即87.8℉，则合约到期的CDD为706.8［(87.8－65)×31］。此时，一方面按照互换协议，该公司将支付旅游公司数额为427 200美元［4 000×(706.8－600)］；另一方面，由于是酷暑，该公司的销售收入增加数额为427 200美元［3 000 000×0.8×(706.8－600)/600］。天气互换的亏损正好与销售收入的增加相抵消。这样，该空调生产企业也可以通过天气互换来进行避险操作，从而规避因天气变化而对销售带来的不确定性影响。

四、天气套保

买入天气套期保值期权（Weather Collars）相当于同时买入一个看涨期权和卖空一个看跌期权，卖出套期保值则恰好相反。套期保值有两个不同的执行价格，而且上限指数与上限执行指数的差等于下限执行指数与下限指数的差。和天气互换类似，购买套期保值期权也几乎不存在成本。利用套保值期权可以将公司的营业收入锁定在特定上下限范围。

图7-4为买入套期保值期权的运作机制图。假如下限执行温度指数为 K_1，上限执行温度指数为 K_2，下限温度指数为 L_1，上限温度指数为 L_2，到期温度指数为 x，令 $L = K_1 - L_1 = L_2 - K_2$，则该套期保值期权买方的支付函数为

$$P(x) = D \times \max(-L, \min(x - K_1, \max(0, \min(x - K_2, L))))$$

$$= \begin{cases} -DL, & x < L_1 \\ D(x - K_1), & L_1 \leq x < K_1 \\ 0, & K_1 \leq x < K_2 \\ D(x - K_2), & K_2 \leq x < L_2 \\ DL, & x \geq L_2 \end{cases}$$

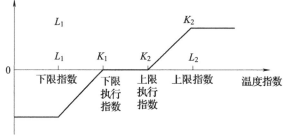

图7-4 套保期权买方的收益

下面以能源公司 Megawatt Retail Ltd（MRL）为例来说明天气套保期权的对冲机理。该公司地处悉尼，在炎夏和寒冬季节都可以通过出售能源获利，而在温和天气下销售收入却会下降。由于夏季是决定公司年盈利的关键时期，参考悉尼最近几年天气状况相对前些年的变化，MRL 抽样计算第一季度的 CDD 值，即该季节温度超过 18.33℃ 的累积值。2002 年悉尼的 CDD 值为 408，而此前年份的 CDD 值为 480，可见 2002 年悉尼的天气偏凉快。

尽管 MRL 可通过购买一份 CDD 看跌期权锁定其收入下限，但为了更进一步降低成本，MRL 决定通过卖出一份零成本的 CDD 套期保值期权来避险。合约设定每个指数点的价值为 10 万美元，下限执行指数值、上限执行指数值、下限指数值和上限指数值分别为 340、475、290 和 525。当 CDD 值介于 340 和 475 之间时，MRL 将得不到任何支付。协议最大支付金额为 500 万美元。

图 7-5 给出了 MRL 通过交易该合约所获得的支付金额的变化情况。当 CDD 值超过 475 但小于 525 时，MRL 将支付给合约买方该 CDD 值与 475 之间的差值与 10 万美元的乘积；而当凉夏出现且 CDD 值小于 340 但大于 290 时，MRL 将获得合约买方的支付，其数额等于 340 与该 CDD 值的差值与 10 万美元的乘积。

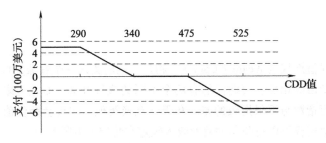

图 7-5　MRL 获得的支付

● 中国故事

天气衍生品在我国的发展前景

我国区域天气气候差异大，气象灾害、极端天气气候事件频发，气象灾害给各行各业造成的经济损失十分巨大，在各类自然灾害中，气象灾害大约占到 70% 以上，我国每年气象灾害所造成的经济损失占 GDP 的 1%～3%，加之传统风险转移的种种缺陷，目前在全国范围内还没有成熟的气象灾害保险产品及相应的气象灾害风险交易市场，所以我国迫切需要开发专门针对天气的保险产品来满足企业和居民转嫁风险的需求。目前，我国已经建立了可靠的气象观测网络系统，积累了 30 年以上的观测气象记录，存在具有大量需求的客户群并与客户建立了一定的联系渠道，保险业者和风险承担者愿意承受风险，并愿意采用市场工具对风险做出反应，因此我国已经完全具备开展气象指数保险的条件，气象指数保险在我国应是商机无限的。目前我国的天气衍生品市场还不成熟，存在品种少、交易制度交易程序不规范、信息披露制度不健全、法律法规及监管体制不完善等问题。但结合实际情况，我国已经具备了开发天气衍生品的基本条件：一是金融市场条件，随着改革开放的不断深入，我国目前具有市场主体多样化、交易场所多层次、交易品种多样化和交易机制多元化的结构齐全、功能完备的多层次金融体系；二是政策法律条件，从目前的政策和法律法规来看，我国推出天气衍生品没有任何政策和制度限制，且近年来我国出台的很多法律法规都为我国衍生品市场的发展营造了一个良好的政策、法律法规环境;三是技术条件,我国气象数据及通信网络、期货交易平台、气象探测网络系统等基础设施基本满足需要。

本章小结

1. 天气衍生品是一种防范天气风险的创新产品,具有全球化趋势明显、市场规模不断扩大、市场参与者类型日益多样化、市场交易的风险和品种日趋多元化、交易方式逐渐从场外交易发展到场内交易等五个特点。
2. 美国芝加哥商品交易所(CME)和英国伦敦国际金融期货交易所(LIFFE)是世界上有名的交易所,其所开展的天气衍生品交易无论是品种还是交易量都在迅速发展。
3. 天气衍生品中的霜冻、降雪和飓风期货合约及天气衍生品与传统金融衍生品既有相似之处又有不同。
4. 通过天气期货、期权、互换、套保期权的应用,交易者可以达到防范风险的目的。

推荐网站

中国天气网:http://www.weather.com.cn.

推荐阅读

1. 班克斯. 天气风险管理:市场、产品和应用 [M]. 李国华, 译. 北京:经济管理出版社, 2011.
2. 朱森, 布里克斯. 天气衍生品估值:气象、统计、金融和数学基础 [M]. 王红蕾, 孙香玉, 等译. 北京:北京大学出版社, 2018.

第八章
碳金融市场[一]

本章提要

碳金融市场是基于二氧化碳等温室气体减排而兴起的新型金融市场,它是顺应低碳经济发展路线而出现的金融市场,它服务于温室气体排放权交易,帮助国家和企业以较为理想的成本实现温室气体减排目标,同时还有利于促进低碳技术在市场所及的范围内传播。

学习目标

1. 了解碳金融的产生背景,掌握碳金融相关的基本概念。
2. 掌握碳金融发展的理论基础及碳金融市场交易工具和交易机制。
3. 了解全球主要的碳金融市场。
4. 思考中国碳金融的发展问题,熟悉中国的碳金融市场。

重点难点

本章重点:碳金融相关的基本概念、理论基础,碳金融、碳远期、碳期货和碳期权等概念。
本章难点:碳金融市场交易工具及交易机制、清洁发展机制和联合履约机制。

案例导入

全国碳排放权交易体系启动:湖北、上海分别牵头承建两个系统

据新华社北京 2017 年 12 月 19 日电,国家发展改革委 19 日宣布,以发电行业为突破口,全国碳排放权交易体系正式启动。国家发展改革委印发了《全国碳排放权交易市场建设方案(发电行业)》(以下简称《方案》),这标志着我国碳排放交易体系完成了总体设计,并正式启动。《方案》对全国的碳市场建设有三个方面的主要制度——一是碳排放监测、报告、核查制度,二是重点排放单位的配额管理制度,三是市场交易的相关制度;同时,也要进行碳排放的数据报送系统、碳排放权注册登记系统、碳排放权交易系统和结算系统等四个支撑系统的建设。之后再进行系统的测试,在测试的基础上开始真正的货币交易。在对承担全国碳排放权注册登记系统和交易系统建设运维任务进行公开征集和专家评审的基础上,确定由湖北省和上海市分别牵

[一] 本章是金融市场前沿和热点内容,不适合初学者,有兴趣的读者可以自行学习。

头承建两个系统，北京、天津、重庆、广东、江苏、福建和深圳共同参与系统建设和运营。

以发电行业作为突破口开展全国碳市场的建设，主要考虑了两个因素。一是发电行业的数据基础比较好，产品相对比较单一，比较容易进行核查核实，配额分配也比较简便易行。二是这个行业的排放量很大，目前发电行业纳入的企业达到1 700多家，排放量超过30亿吨。如果启动交易，这个规模远远超过世界上正在运行的任何一个碳市场。

资料来源：新浪网，news.sina.com.cn/2017-12-19/doc-ifypsvkp4978801.shtml。

碳金融市场通过价格信号，引导和优化配置资源，促进低碳技术研发，延缓和遏止全球气候变暖。中国已成为世界第二大经济体和第一大温室气体排放国，属于《京都议定书》非附件Ⅰ国家，暂时不必承担强制碳减排义务。然而，中国拥有巨大的碳减排潜力，同时，调整产业结构、转变经济发展方式、推动经济高质量发展的需求也日益迫切，学习和掌握碳金融知识，培养掌握碳金融知识的人才甚至更为迫切。

第一节　全球气候变化与碳金融的产生

全球气候变暖关系到经济的运行及我们获取能源的方式。气候变化议题涉及重大的国际政治经济贸易利益，具有相当的复杂性。全球应对气候变化行动是为了维护全人类的共同利益和世界范围内的可持续发展。在全球气候变暖的背景下，以低能耗、低污染为基础的低碳经济已经成为国际热点和全球新趋势，而低碳经济的发展则催生了碳金融。

一、碳金融的产生

（一）人类活动与全球气候变暖

近百年来，全球气候正在经历一次以全球变暖为主要特征的显著变化，这种全球气候变化给人类生产生活带来严峻的挑战，主要包括：全球性的水资源短缺，居住环境不断恶化；气温升高导致地球两极冰雪融化，高山冰川萎缩，海平面将上升到威胁沿海地区人类生存的地步，海啸更加频繁；热浪袭击增加，各地区高温、干热引发的森林火灾等事故不断出现；人类健康受到威胁，许多通过昆虫传播的传染性疾病的传播范围将扩大，极地冰雪融化可能释放史前病毒；物种变化加剧，生物物种活动范围的迁移将导致生物链混乱等。

2007年年初，联合国政府间气候变化专门委员会（IPCC）发布了第四次气候变化评估报告，进一步从科学上确认了人为活动引起全球气候变化的事实，使得气候变化受到前所未有的关注。世界舆论普遍认为"气候变化是人类21世纪最大的挑战"，联合国也把气候变化问题作为首要议题之一。气候变化日益成为国际政治、经济的主流议题，国际社会日益频繁的多边或双边活动，如达沃斯论坛、G8+5峰会、中外领导人会晤、APEC峰会，都把气候变化作为重要议题。在全球气候变暖的背景下，发展以低能耗、低污染为基础的低碳经济已经成为国际热点和全球新趋势。英国提出到2050年建成低碳经济社会。日本作为推动低碳经济的急先锋，正致力于发展低碳技术，投入巨资开发利用替代能源和可再生能源。德国环保技术产业日渐赶超传统制造业，成为主导产业。美国制订了低碳技术开发计划，投入巨资研发从生物燃料、太阳能设备到二氧化碳零排放发电厂的环保技术。而全球在发展低碳经济，以市场机制为主的一些制度的理论设计和实践方面,也出现了突破性的变化,为全球气候变化的应对政策注入了新的活力。碳市场、碳税、碳金融等工具或机制的发展尤其迅猛,这些工具是人类为应对气候变化所带来的风险,在全世界采取的以市场价格机制为基础的措施与方法,是促进人类社会向低碳经济转型的关键工具之一。

(二) 碳金融的产生

国际社会为应对气候变化这一全球性难题,实现人类社会的可持续发展,组织召开了一系列国际会议,相继签订了一系列国际条约,造就了基于碳排放配额和碳信用的各级碳交易市场,碳金融也由此应运而生。《联合国气候变化框架公约》和《京都议定书》是全球气候谈判的两份里程碑式协议,而针对《京都议定书》第一承诺期到期之后的后京都时代的谈判也直接决定着未来的发展道路。

> **立德思考**
>
> 气候变化是全球性挑战,任何一国都无法置身事外。
>
> ——习近平
>
> **想一想**:为什么气候变化是全球性挑战,与环境问题有什么异同?

1.《联合国气候变化框架公约》

1990 年,为促进应对气候变化问题的国际谈判,联合国在第 45 届会议上创建了政府间谈判委员会(Intergovernmental Negotiating Committee,INC)。INC 负责起草了《联合国气候变化框架公约》(United Nations Framework Combination on Climate Change,UNFCCC),于 1992 年 5 月在联合国会议上通过。UNFCCC 从 1994 年 3 月 21 日起正式生效,至 2012 年年底,共有 196 个国家和地区成为其签约方,共同参与这一协议框架下的国际谈判并接受协议约束,其基本框架如表 8-1 所示。

表 8-1 《联合国气候变化框架公约》基本框架

UNFCCC	一个最终目标	在 UNFCCC 的约束下,全体缔约方共同努力,削减温室气体的排放,降低人为活动对气候系统的危害,减缓由温室效应造成的异常气候变化,增强生态系统对气候变化的适应性与自我调节能力,确保粮食稳定生产、充足供给和经济可持续发展
	三个缔约类型	(1) 附件 I 国家,指缔约方中的工业化国家和经济转型期的缔约方,应调整国家政策并采取相应的应对措施,削减温室气体排放,减缓气候变化 (2) 附件 II 国家,指发达国家缔约方,不承担明确的碳减排义务,但有义务为发展中国家实现碳减排提供资金、技术等方面的支持 (3) 第三类缔约方,由发展中国家组成,不承担碳减排义务,以经济发展为首要目标,可接受发达国家的各种援助,但不得出卖碳排放指标
	五个基本原则	(1) "共同而区别"的原则,要求发达国家应率先采取措施,承担更多责任 (2) 应充分考虑发展中国家的具体需要和特殊国情 (3) 缔约方应全面合作,经济有效地降低气候变化对人类可持续发展的威胁 (4) 尊重缔约方的可持续发展权,应对气候变化的措施要适应经济发展 (5) 建立合作开放的国际经济体系,应对措施不能成为贸易壁垒或歧视手段

资料来源:整理自 UNFCCC 网站。

UNFCCC 由 26 条正文和相关附件组成,由于没有对缔约方规定具体需承担的义务,也未规定具体的实施机制,因此缺少法律上的约束力。但是,该公约规定可在后续从属的议定书中设定强制排放限制。到目前为止,意义最为重大的议定书是《京都议定书》。

2.《京都议定书》

1997 年 12 月,《联合国气候变化框架公约》第三次会议在日本京都举行,共计 149 个国家和地区的代表参加了这次意义重大的会议。经过一系列围绕碳减排权责分配的谈判博弈,《京都议定书》作为 UNFCCC 的补充条款最终得以通过并获得广泛支持,并于 2005 年 2 月开始强制生效。《京都议定书》明确了发达国家的强制减排量,对其减排义务进行了具体化和制度化的规定,如表 8-2 所示。

表 8-2 《京都议定书》规定二氧化碳等温室气体排放量(以 1990 年为基期)

国家性质		国别/地区	核准时间	到 2010 年	2008~2012 年
发达国家	欧盟	德国、法国、意大利等	2002 年 5 月	-5.2%	-8%
	伞式组织	美国	1998 年签署,国会未批准		-7%
		日本	2002 年 6 月		-6%
		加拿大	2002 年 12 月		-6%
		冰岛	2002 年 3 月		+10%
		澳大利亚	2007 年 12 月		+8%
		挪威	2002 年 5 月		+1%
转型或发展中国家		俄罗斯	2004 年 11 月	持平	
		乌克兰	2002 年 3 月		
		东欧	2002 年 5 月	-8%~-5%	
		中国	2002 年 8 月	无减排义务	

资料来源:整理自 UNFCCC 网站。

通常用全球变暖潜势(Global Warming Potential, GWP)表示各种温室气体的温室效应对应于相同效应的二氧化碳的质量,《京都议定书》中规定的六种温室气体及其 GWP 如表 8-3 所示。

表 8-3 《京都议定书》中规定的六种温室气体及其 GWP

	20 年	100 年	500 年
二氧化碳	1	1	1
甲烷	62	27	7
氧化亚氮	275	310	256
全氟碳	3 900	5 700	8 900
氢氟碳化合物	9 400	11 700	10 000
六氟化硫	15 100	22 200	32 400

资料来源:Gwp(全球变暖潜能值)[DB/OL]. http://baike.baidu.com/view/640373.htm#sub6280946.

《京都议定书》首次明确了各缔约方的强制碳减排目标,并为促进三类缔约方之间的减排合作建立了三种不同的减排机制,分别是公约附件 I 缔约方之间的联合履约机制(Joint Implementation, JI)、国际排放交易机制(International Emission Trading, IET)和附件 I 缔约方与非附件 I 的发展中国家之间的清洁发展机制(Clean Development Mechanism, CDM)。由于《京都议定书》为工业化发达国家和经济转型国家设定了具有法律约束力的温室气体减排和限排目标,国际排放交易机制下产生的分配数量单元(Assigned Amount Unit, AAU)、联合履约机制下产生的减排单位(Emission Reduction Unit, ERU)和清洁发展机制下产生的核证减排量(Certified Emission Reductions, CERs)成为稀缺资源,具有了商品属性,并由此催生了碳交易市场。

3. 后京都时代的成果

所谓"后京都时代",是指《京都议定书》所规定的第一承诺期(2008~2012年)到期以后的时代。后京都时代国际谈判的主要焦点是附件Ⅰ国家如何制定新的政策和相应的措施来继续履行强制性碳减排的责任。各缔约方围绕减排额度、合作机制、资金支持和技术转让等方面进行了一系列谈判,并取得了一些成果。2011年年底于南非德班召开的第十七次缔约方大会坚持了双轨谈判机制,坚持了"共同但有区别的责任"原则,决定实施《京都议定书》第二承诺期并启动绿色气候基金,德国和丹麦分别注资4 000万欧元和1 500万欧元作为其运营经费和首笔资助资金。

2012年年底多哈第十八次缔约方大会经过延期谈判最终就《京都议定书》为期八年的第二承诺期达成一致,并促成发达国家承诺在2020年前在300亿美元快速启动资金之外继续增加出资,到2020年达到每年1 000亿美元的规模,帮助发展中国家提高应对气候变化的能力。2015年《联合国气候变化框架公约》第二十一次缔约方会议巴黎气候变化大会各方同意结合可持续发展的要求和消除贫困的努力,加强对气候变化威胁的全球应对。此外,协定指出,发达国家应继续带头,努力实现减排目标,发展中国家则应依据不同的国情继续强化减排努力,并逐渐实现减排或限排目标。资金方面,协定规定发达国家应为协助发展中国家,在减缓和适应两方面提供资金资源,同时,将"2020年后每年提供1 000亿美元帮助发展中国家应对气候变化"作为底线,提出各方最迟应在2025年前提出新的资金资助目标。《巴黎协定》的目标是:将全球平均气温升幅较工业化前水平控制在显著低于2℃的水平,并向升温较工业化前水平控制在1.5℃努力;在不威胁粮食生产的情况下,增强适应气候变化负面影响的能力,促进气候恢复力和温室气体低排放的发展;使资金流动与温室气体低排放和气候恢复力的发展相适应。

中国一直本着负责任的态度积极应对气候变化,将应对气候变化作为实现发展方式转变的重大机遇,积极探索符合中国国情的低碳发展道路。中国政府已经将应对气候变化全面融入国家经济社会发展的总战略。

二、碳金融的理论基础

(一)外部性理论

外部性主要是指一个经济主体(生产者或消费者)自身的活动给经济主体以外的第三者带来的有利影响或不利影响,这种有利影响带来的收益或者不利影响导致的损失,都不是该经济主体获得或承担的,而是一种经济力量对另一种经济力量的非市场性附带影响。外部性可分为外部经济和外部不经济。外部不经济的典型代表即部分工业企业为了追求自身利益大量排放温室气体所带来的全球"温室效应"。

1960年,科斯在《社会成本问题》一书中提出一种全新的解决外部性的思路——在对环境进行产权界定的基础上进行市场化交易。加拿大经济学家戴尔斯于1968年在《污染、财产和价格》中依据科斯提出的排污权交易的思想,指出通过建立排污权交易制度,可以利用市场化的手段将污染者转嫁给社会的成本转由其自身承担,即将外部不经济内部化。之后,美国将这一理论应用于水污染和二氧化硫的控制中。

(二) 比较优势理论

比较优势理论认为,国际贸易产生的基础是生产技术的相对差别(非绝对差别)以及由此产生的相对成本的差别。依照该理论,每个国家都应根据"两利相较取其重,两弊相较取其轻"的原则,集中生产并出口该国具有"比较优势"的产品,进口其具有"比较劣势"的产品。

温室气体不论在哪个地方排放,对于整个地球而言产生的效果都是一样的。而各国由于生产发展水平、技术水平、劳动力成本等存在差异,实现单位减排任务所需要的成本是不一样的,这种客观存在的国与国之间的减排成本的差异,为建立碳排放权机制奠定了基础。从减排成本上来说,发达国家比发展中国家高 5～20 倍,因而发达国家很愿意向发展中国家购买温室气体排放份额。目前这种排放指标的交易,通常是由发达国家有减排责任的企业,在发展中国家实施有利于后者可持续发展的减排项目,减少温室气体排放量,获得相应碳减排信用,以抵消自身的部分排放任务。

(三) 稀缺性理论

稀缺性是指特定资源的总体有限性,相对于人类欲望无限性及欲望的无限增长而言,有限的资源远远小于人类想要满足欲望的总体需求。稀缺资源是指那些无法在短时间内找到替代品或者本身无再生性的资源。根据西方经济学的观点,资源的稀缺性会导致竞争,良性的竞争会引起资源的最优配置,从而弥补资源稀缺所带来的限制。

按照经济学的理论,环境资源只有具备稀缺性时才具有交换价值,才能成为商品,当环境资源不具有稀缺性时便没有交换价值。在生产力水平低下、人口较少时,土地、空气、水等环境要素的多元价值可以同时体现,其容量资源非常丰富(人类产生的污染物排入环境中简直是沧海一粟),环境的多元价值和容量资源可以满足人们生产生活的需要,因而都被认为是取之不尽,用之不竭,不存在稀缺性的自由物。随着生产力水平的提高,人口的增加和环境保护重要性的增强,环境资源的不同功能开始相互抵触,环境资源稀缺性(环境资源难以容纳人类排放的各种污染物)的特征开始逐渐显露。

环境功能资源的稀缺性和环境容量资源的稀缺性,是导致排放权交易的根本原因。第一,由于环境要素的多元价值难以同时体现,某种环境功能资源就具有了稀缺性。人类的生产和生活活动对环境功能的需求开始产生竞争、对立、矛盾和冲突,即在一定的时间和空间范围内,既要求同一环境要素满足人们的生产需要(容纳、承载污染物),又要求同一环境要素满足人们生活的需要(享受环境美)。第二,随着社会的发展和人口增加,环境的净化功能渐渐难以满足人类生产、生活排放污染物需要,导致环境容量资源出现稀缺性。

● 中国风格
碳金融在生态文明建设中的重要作用

请扫码查看

中国风格

第二节 碳金融市场构成和交易机制

碳金融市场是由碳金融交易参与者、碳金融交易工具等组成的一个有机整体,市场上参与者众多，交易产品丰富多样，如何通过一个有效的市场机制将其联系起来，发挥应有的资源配置功能，满足各参与者的需求，是一个值得探讨的问题。

一、碳金融市场结构

目前全球的碳交易市场结构可从四个角度来分类，如图8-1所示。两类法律框架分别是指《联合国气候变化框架公约》与《京都议定书》为主的国际法框架和美国、澳大利亚等国家区域性碳交易市场的法律框架。其中，签订了《京都议定书》并履行相关责任的是京都市场，主要包括欧盟排放交易体系、清洁发展机制市场和联合履约机制市场，非京都市场则不受《京都议定书》约束，主要由芝加哥气候交易所（CCX）和澳大利亚新南威尔士温室气体减排体系（NSW GGAS）构成。两类机制基础分别是指基于项目与基于配额，两种机制下所形成的碳减排量在经过认证机构核证后都可以作为碳信用进行交易。两类交易动机是指强制性与自愿性，其中基于强制性建立的碳交易市场占主体地位，其交易量与交易额都占整个碳交易市场的九成以上，而以芝加哥气候交易所为代表的自愿性碳交易交易额相对较小，对碳减排量的核证标准尚未统一，当前影响力有限但有良好的发展潜力。四个交易层次是依据交易市场的地域范围划分的，其中有以欧盟排放交易体系为代表的由多国组成的多国区域合作市场，也有以日本、印度、加拿大等为代表的国家级碳排放权交易体系，还有美国、澳大利亚正在发展的地区级碳排放权交易体系，主要以州或市为单位来分配排放额度，制定减排目标并建立各自内部的碳排放权交易市场，另外就是向个人投资者开放的零售交易市场。

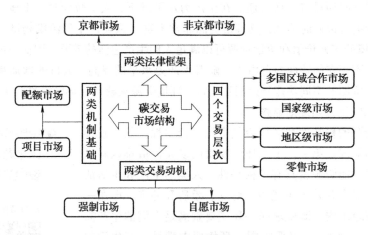

图8-1 碳交易市场结构分析

如图8-2所示，世界银行下设的碳金融事业部根据交易标的资产的不同，将碳交易市场分为配额市场、现货和二级CERs市场、以项目为基础的市场三个层次。中国由于不属于承担强制减排义务的《京都议定书》附件Ⅰ国家，所以参与国际碳交易市场的主要途径是以项目为基础的市场中的清洁发展机制，通过技术改造与设备更新实现碳减排，经核证后产生一级CERs与附件Ⅰ国家相关机构进行交易，换取一定的经济利益并协助后者完成碳减排任务。

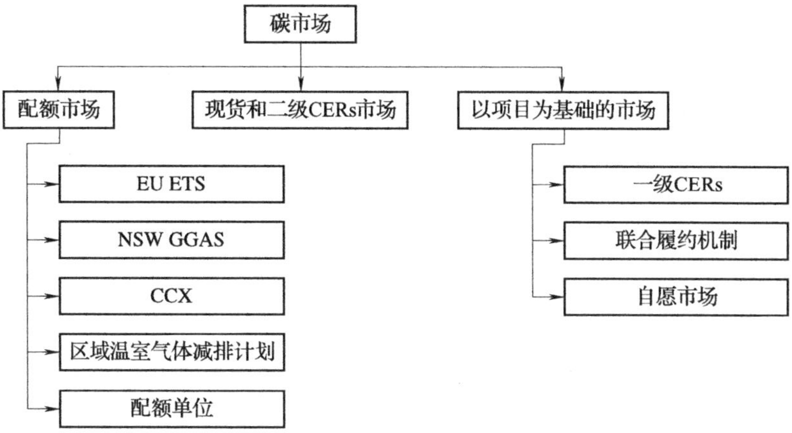

```
                    碳市场
         ┌───────────┼───────────┐
      配额市场    现货和二级CERs市场   以项目为基础的市场
         │                           │
      ┌──┤                           ├── 一级CERs
      │  EU ETS                      │
      ├── NSW GGAS                   ├── 联合履约机制
      ├── CCX                        │
      ├── 区域温室气体减排计划        └── 自愿市场
      └── 配额单位
```

图 8-2　国际碳交易市场分类

二、碳金融市场的参与者

碳金融市场的参与者可以分为以下几类：供给者、最终使用者、中介机构、监管者和第三方机构。

1. 供给者和最终使用者

在以配额为基础的碳排放权交易市场上，管理者制定总的排放配额，在各参与的国家（或地区）或企业之间进行分配。根据自身的需要，碳排放未达到分配标准的国家（或地区）或企业成为碳金融市场的供给者，而碳排放超过了分配标准的国家（或地区）或企业，为了避免被处罚，可在市场上购买碳排放权，成为最终的使用者。

在以项目为基础的市场上，一些低于基准排放水平的碳减排项目，在经过第三方机构认证后可获得减排单位，成为碳排放权市场的供给者，那些受排放配额限制的国家（或地区）或企业则成为减排单位的最终使用者。最终使用者对配额标准之外的减排单位的需求，推动了项目交易市场的发展。

具体来讲，供给方包括项目开发商、国际金融组织、减排成本较低的排放实体、银行等金融机构、碳基金、咨询机构、技术开发转让商等。需求方包括强制碳排放市场的履约方、减排成本较高的排放实体、自愿买家，如出于社会责任的企业、准备进行碳交易的政府、非政府组织、个人以及一些为了投机获利的金融机构。

2. 中介机构

作为碳金融市场上最重要的中介机构，碳排放交易所为注册会员搭建了全面的咨询平台和交易平台。在咨询平台上，会员可以查询历史交易信息、最新的市场价格行情、交易执行情况等，协助会员了解最新信息并做出决策；在交易平台上，交易所为会员提供买卖温室气体的服务。目前全球主要的碳交易所有欧盟排放交易体系、英国排放权交易制（ETG）、美国的芝加哥气候交易所以及澳大利亚的澳大利亚国家信托（NSW）。

除交易所外，碳排放交易及相关金融业务的特有复杂性，衍生出对会计、法律、资信等各方面的专业服务的需求，这些专业化的人才队伍组成了碳金融市场上不可或缺的中介服务体系。

商业银行是碳金融市场的重要参与者，其业务范围渗透到整个市场的各个交易环节。在原始碳排放权的生产阶段，银行向项目开发商提供投融资、担保服务。在项目开发阶段，银行为项目双方提供碳交易账户管理和项目咨询服务，如涉及跨境交易的 CDM 项目，买卖双方在法律制度、交易习惯等方面存在差异，银行则可以发挥其国际业务和投资银行业务方面的优势，为项目双方提供财务、法律咨询等中介服务。在二级市场上，商业银行还可以充当做市商，为碳交易提供必要的流动性。此外，银行还开发出各种创新碳金融衍生品，为投资者提供丰富的投资工具等。例如，荷兰银行开发气候指数和水资源指数，推出与这些指数挂钩的理财产品，大大发展了其中间业务收入。中国民生银行对节能减排融资业务进行创新，形成了清洁发展机制下 CERs 作为还款来源的"碳金融"模式。

除了商业银行以外，为碳排放权交易提供中介服务的还有其他金融机构，如保险公司开发的与碳排放相关的保险产品，提供碳排放风险管理服务；证券公司开发设计的碳排放权证券化产品、充当碳投融资财务顾问以及进行碳证券资产管理等；信托公司开发设计碳信托理财产品、充当碳投融资财务顾问以及从事碳投资基金业务等；基金公司设立碳投资基金投资计划、充当碳投融资财务顾问以及进行碳基金资产管理等；期货公司开发设计碳期货产品、进行碳期货资产管理以及开展碳期货经纪业务等。

□ **案例分析**

浦发银行的 CDM 财务顾问服务

2009 年 7 月，上海浦东发展（浦发银行）在国内银行界率先以独家财务顾问方式，成功为陕西两个装机容量合计近 7 万千瓦的水电项目引进 CDM 开发和交易专业机构，并为项目业主争取到了具有竞争力的交易价格，CERs 买卖双方已成功签署《减排量购买协议》（ERPA）。本 CDM 项目成功注册并签发，每年将至少为项目业主带来约 160 万欧元的额外售碳收入。本 CDM 项目是国内银行业正式签署财务顾问协议及 ERPA 的首单 CDM 财务顾问项目，标志着浦发银行在国内同业中率先在碳金融领域迈出了里程碑式的第一步。

3. 监管者和第三方机构

（1）政府。政府在碳金融市场的运行中扮演着至关重要的角色。首先，政府负责环境碳容量核算，确定碳排放总交易额，安排碳排放权的初始分配；其次，设定交易机制，搭建交易平台，为企业进行碳排放交易提供便利；最后，为了保证整个碳排放权交易过程的有效进行，政府还必须监督企业对碳减排任务的完成情况、整个市场交易合法合规情况、交易双方履约情况等。

如何对碳排放权进行初始分配，是政府首先要考虑的问题。具体而言，碳排放权的分配方式主要有免费分配、固定价格出售、公开拍卖和混合分配 4 种，其中固定价格出售和公开拍卖统称为有偿分配方式。

（2）第三方机构。CDM 项目第三方审核认证机构称为指定经营实体（DOE）。CDM 项目最终完成时，需要具备一定资质和能力的 DOE 对项目进行第三方独立认证工作。DOE 在核查减排信息时，审核员要有充分适当的证据支持，例如文件的来源、基本假设以及其他重要的数据。如果项目减排得不到足够的证据，就无法得到清洁发展机制执行理事会（EB）的核证。如果项目通过审核，则由 DOE 向项目参与者、有关缔约方及 EB 提交核证报告，在报告中向 EB 请求发放核证的温室气体排放量（CERs）。

三、碳金融市场的交易工具

对应于传统金融工具中原生和衍生的分类方法，碳金融交易工具可以分为原生碳金融交易工具和衍生碳金融交易工具。

1. 原生碳金融交易工具

所谓原生碳金融交易工具，也称为基础性的碳金融交易工具，其主要职能是成为储蓄向投资转化的媒介，或者用于债权债务清偿的凭证，包括碳信用交易和碳现货交易等。

碳信用交易主要包括配额型交易和项目型交易：配额型交易主要有欧盟排放配额（European Union Allowance，EUA）和 AAU；项目型交易包括一级、二级 CDM 和 JI 交易。碳现货交易是指交易双方对排放权交易的时间、地点、方式、质量、数量、价格等在协议中予以确定，并达成交易，在排放权转移的同时完成排放权的交换与流通。在国际温室气体排放权交易市场中，最初出现的就是这种碳信用的现货交易，主要包含 EUA 现货、CER 现货和 EUA/CER 差价现货。

2. 衍生碳金融交易工具

衍生碳金融交易工具是在原生碳金融交易工具的基础上派生出来的金融产品，包括远期、期权、期货、互换和结构性票据等。衍生碳金融交易工具的价值取决于相应的原生碳金融交易工具的价格，其主要功能不是调剂资金的余缺和直接促进储蓄向投资的转化，而是管理与原生碳金融交易工具相关的风险暴露，实现避险增值。

国际排放交易下的 AAU、欧盟排放交易体系下的 EUA、联合履行机制下的 ERU、清洁发展机制下的 CERs 等都属于碳信用范畴，都具备金融衍生品的某些特征，在发达国家的碳金融市场上被广泛采用。从交易形式来看，EUA 由交易所结算，可以采用场内和场外两种不同交易方式，CERs 更多是被场外交易所采用；从产品形态来看，EUA 更多地表现出期货、期权合约的特征，CERs 则更具有远期合约的特性。

（1）碳远期交易。CDM 交易本质上是一种远期交易，CDM 项目双方根据需要签订合约，约定在未来某一特定时间、以某一特定价格购买特定数量的碳排放交易权。目前，有限排减排需求的国家参与 CDM 项目多属于 CDM 远期项目，因为在双方签署合同时，项目还没开始运行，还未产生碳信用。在我国参与的项目中，绝大部分签订的 CERs 远期合同，其价格都是被锁定的，这样虽然规避了价格波动的风险，但也丧失了当国际市场 CERs 价格上涨时盈利的可能性。

碳信用远期交易合约的定价方式主要有固定定价和浮动定价两种。固定定价是指碳排放交易权在未来交割时价格是固定的，不随市场变动而变动。浮动定价由基本价格和欧盟参照价格组成，具体计算式是最低保底价基础上加上与配额价格挂钩的浮动价格。譬如，双方同意的 CERs 底价为 6 个计价单位且平分配额价格溢出部分，其中固定定价和浮动定价的比例为 1:1，如果交易时的配额价格为 8 个计价单位，则本次远期合约的交割价格为 6.5 个计价单位（6 +（8 − 6）/2/2）。

（2）碳期货、碳期权交易。碳期货交易原理是通过期货合约，对一段时间之后将要进行的出售或买入碳现货的价格进行保值，达到规避和转移价格风险的目的。因此，碳期货具有碳价格发现功能。在全球碳金融市场中，碳现货交易量份额很少，期货交易占比较大，而且随着碳交易的发展呈高速增长态势。2011～2012 年，每年全球碳金融市场规模 600 亿美元以上，其中碳期货交易额占 1/3 以上。

目前，全球主要的期货和期权产品为：欧洲气候交易所碳金融合约（ECX CFI），该合约是在欧盟排放交易计划下的高级的、低成本的金融担保工具；排放指标期货（EUA Futures）是指由交易所统一制定并实行集中买卖且规定在将来某一时间和地点交割一定质量和数量的 EUA Futures 的标准化合约，其价格是在交易所内以公开竞价方式达成的；经核证的减排量期货（CER Futures）是指欧洲气候交易所为了适应不断增长的 CERs 市场的需要，推出了 CERs 期货合约，以避免 CERs 价格大幅度波动带来的风险；排放配额/指标期权（EUA Options），欧盟排放配额期权赋予买方在期权到期日或者之前选择履行该合约的权利，卖方则具有履行该合约的义务；经核证的减排量期权（CER Options），其发行通过清洁生产机制获得的 CERs 看涨或者看跌期权。

（3）碳互换市场。碳互换制度是产生碳减排信用的另一种手段。当前的碳互换实践主要有两种碳互换制度。一是债务与碳减排信用互换交易制度。即债务国在债权国的要求下，将一定的资金投资于碳减排项目，由此获得的碳减排归债权国所有，以抵消其与债权国之间的债务。二是温室气体排放互换交易制度。在该机制下，某一政府机构或者私人主体通过资助其他国家碳减排项目来获得相应碳减排信用，其实质是外资投资与碳减排信用的互换。

（4）碳保险、碳担保。在原始 CDM 交易中，价格波动、项目交付期延长、不能通过监管部门的认证等影响项目成功的风险很多，使得投资人或借款人面临一定的风险。由于项目中存在的风险及不确定性，原始项目的价格有可能被投资人或借款人大幅压低，不利于项目的发展。这种情况下，为了使项目开发者获得应有的收益，同时降低项目投资者或贷款人因不确定性带来的风险，商业银行等金融机构，针对某种特定事件可能造成的损失，向项目投资人提供保险，或为项目最终应交付的碳减排单位数量提供担保。

（5）结构性理财产品。投资银行和商业银行开发出与减排单位挂钩的结构性理财产品，挂钩的对象可以是现货价格、原始减排单位价格、特定项目的交付量等。如荷兰银行、汇丰银行、德意志银行和东南亚银行等几家外资行和中资的深圳发展银行先后在市场中发售了以"气候变化"为主题的结构性理财产品。该类理财产品主要特点：其一，挂钩标的多为气候指数、气候变化及今年或与气候变化相关的一篮子股票；其二，支付条款多为看涨类结构，即挂钩标的的涨幅越大，产品的收益水平越高；其三，投资门槛从 1 万元人民币到 15 万元人民币不等。

四、碳金融市场的交易机制

碳金融市场的交易机制是指碳金融市场的交易规则、保证交易规则实施的各项技术及其对碳交易定价的影响。价格机制是市场能否发挥其应有的资源调配功能的关键。碳金融市场的价格机制因市场类型的不同而不同。京都市场的价格形成有赖于《京都议定书》的灵活机制和市场的供求关系，《京都议定书》建立了旨在减排温室气体的三个灵活合作机制，即国际排放贸易机制、清洁发展机制和联合履约机制，这种灵活的制度设计是价格产生的基础，市场供求关系决定价格水平和变化；其他区域性、地区性的减排体系的价格形成机制的形成则依赖具体市场的减排交易机制和市场供求关系；欧盟减排交易体系的市场价格形成机制最为复杂，包括《京都议定书》的相关机制设计和《欧盟排放交易机制指令》，以及决定市场价格变化最主要因素的市场供求关系。

目前，碳排放权的交易主要存在着两类交易机制：总量交易机制和基准交易机制。

1. 总量交易机制

总量交易（又称限额交易）的原理是，首先由政府管理机构根据环境目标控制点的环境质量标准，结合污染物的扩散模式，设定区域内二氧化碳排放的总额度，然后将这一额度分解成碳排放权单位，通过一定方式将其分配给各个排污企业，并允许出售。在总量交易机制下，企业的二氧化碳排放量如果相较于初始分配额度不足，就可以在二级市场把多余的额度出售；而如果与初始分配的额度相比过量，为了避免政府的罚款和制裁，则可以在市场上购买额外的碳排放额度。

在基于配额的交易中，主要交易形式是国际排放贸易（ETS）机制。在该机制下，环境管理者设置排放量的上限，并分配给体系内的企业相应数量的 AAU（每单位等于 1 吨二氧化碳当量），企业根据自身对碳排放权的需要来进行 AAU 的交易。如果企业实际排放量低于所得配额，则通过二级市场出售剩余的 AAU；如果 AAU 单位不足，则按差额从二级市场购入，以避免遭受重罚。AAU 只分配给《京都议定书》附件 I 缔约方国家（发达国家）。清除单位（Removal Unit，RMU）是《京都议定书》下的又一个单位，一个 RMU 单位等于一吨二氧化碳当量。RMU 的产生是附件 I 国家通过土地利用、植树造林等活动吸收二氧化碳，从而产生减排量。RMU 只有附件 I 国家可以用来帮助实现其《京都议定书》中的承诺。

在欧盟排放交易体系下，欧盟委员会确定各成员国的国家分配方案（NAP），各成员国再以 NAP 确定本国参加欧盟排放交易体系的所有设施的碳排放总量和分配给各个企业的 EUA。如果企业的实际排放量小于分配到的排放许可额，可以在市场上销售余额来获取利润，相反，如果参与者未能履行其碳减排义务，在不同阶段将会受到重罚。

在总量交易机制下，配额交易创造出碳排放权交易价格，配额市场的参与者根据这种交易价格和各种减排单位包括 CERs 和自愿减排量（Verified Emission Reductions，VERs）的价格高低，在二级市场上买卖已发行的减排单位或参与 CDM 和 JI 交易，进行套利或满足监管需要，价差越大，收益空间和用于交易的减排单位的需求量也越大，从而进一步促进已有技术的应用和新技术项目的开发，形成一个良性循环。

2. 基准交易机制

基准交易是以项目为基础的碳排放控制模式。规则制定者根据本国制定的碳排放权基准线，结合个体项目以前的碳排放水平，按照一定的方法计算出参与者的基准排放水平。国家碳排放基准线就是在一定的国内技术条件、财务能力、资源条件和法规政策下，合理地出现的排放水平情景，它往往代表国内市场已商业化并占市场主导地位的技术设备的能效水平及相应的排放水平。项目履行期限届满时，管理当局将参与者在该时期内的实际排放水平和基准线进行比较，低于基准线的参与者获得相差的信用额度，高于基准线的参与者则需要在市场上购买相应数量的碳排放权单位。

清洁发展机制和联合履约机制是两类最典型的项目交易机制，分别产生 CERs 和（ERU）。清洁发展机制是指发达国家在发展中国家投资减少温室气体排放源和增加吸收碳汇的项目，用项目产生的 CERs 来抵消其承诺的温室气体减排指标。发展中国家由于缺乏资金、技术落后，排放的温室气体量大，减排空间也大，对发达国家而言，在发展中国家投资 CDM 项目的成本远低于其在国内进行减排的成本；对于发展中国家而言，通过审核的 CDM 项目可以获得资金和技术用以减缓温室气体排放，实现可持续发展。联合履约机制是发达国家之间的合作机制。在该机制下，一个发达国家通过投入技术和资金，与另外一个发达国家合作实施具有温室气体减排或具有吸收温室气体的项目，其所实现的温室气体减排或吸收量（ERU），转让给投入技术和资金的发达国家用于履行其减排义务，同时从转让这些温室气体减排或吸收量的发达国家的 AAU 中扣减相应的数量。

● 中国故事

武汉填埋垃圾，让外国人买单

2012年4月28日，武汉陈家冲垃圾填埋场宣布，其沼气发电项目成功在联合国清洁发展机制执行理事会（EB）注册。这是湖北省首个在EB注册的垃圾发电项目，这意味着该场的碳减排额可以在国际市场上交易。陈家冲垃圾场是武汉市首个卫生填埋场，2007年4月启用，现阶段垃圾的日消纳量为2500吨左右，消纳武汉市近四成生活垃圾。该场通过在垃圾填埋区域内铺设沼气收集管网，收集填埋场产生的沼气（主成分为甲烷）焚烧发电。经测算，该工程年均碳减排量可达10万吨二氧化碳当量以上。据1997年《京都议定书》规定，发达国家应对全球变暖承担更多的历史责任，并对其制定了减排任务。发达国家减排成本高，在发展中国家购买二氧化碳减排额成为众多欧洲公司的选择。国际碳金融市场价格不断在变动，最高时一吨二氧化碳指标可卖20欧元，目前国际价格约为10欧元/吨，在EB注册成功后，预计每年可为填埋场带来近千万元收入。

资料来源：http://www.tanpaifang.org.cn/news/tanjiaoyianlie/2012-10-11/580.html.

第三节　全球主要碳金融市场

全球主要的碳金融市场包括欧盟排放交易体系、英国排放权交易制、美国芝加哥气候交易所以及澳大利亚国家信托交易市场四家，其中欧盟排放交易体系占据了60%～70%的全球市场交易份额，并掌握着EUA碳期货的定价权。美国芝加哥气候交易所建立了全球第一家对碳减排量承担法律约束力的自愿碳交易平台，拥有VERs的定价权。

一、欧盟排放交易体系

（一）概况

欧盟排放交易体系，全称为欧洲联盟温室气体排放交易体系（EU ETS）。欧盟排放交易体系草案于2001年提出，以欧盟指令Directive2003/87/EC为基础性法律文件，宗旨是减少全球温室气体的排放，以完成《京都议定书》温室气体减排承诺为直接目标。欧盟排放交易体系从2005年1月1日开始分阶段实施，现已覆盖欧盟27个国家、12000个排放实体，占欧盟温室气体排放量的一半以上，成为全球最大的排放交易体系。

第一阶段：2005～2007年。这是欧盟排放交易体系的试验阶段，排放配额均免费分配。每年剩余的EUA可以用于下一年度的交易，但不能带入第二阶段。该阶段允许使用的CERs和ERU的数量平均为总体配额的13%，各国情况略有不同。第一阶段暴露的主要问题是配额分配经验不足，有的排放实体分配到的排放额度远远大于该阶段实际排放量，配额供给出现过剩现象。但是由于不少企业为以防万一并不会把所有多出来的EUA拿去卖，所以市场并不至于崩溃，但还是受到了非常大的打击，现货EUA价格从2006年3月最高的30欧元跌到2007年年初最低的3欧元。

第二阶段：2008～2012年。在这个阶段，欧盟吸取了第一阶段配额分配过松的教训，将EUAA的最大排放量控制在了每年20.98亿吨，对各个国家上报的排放额度仍是以免费分配为主。在这一阶段，开始引入排放配额有偿分配机制，即从配额总额中拿出一部分，以拍卖方式分配，排放实体根据需要到市场中参与竞拍，有偿购买这部分配额（例如，德国就拿出10%的排放配额进行拍卖）。同样，第二阶段排放实体每年剩余的EUA可用于下一年度的交易，但也不能带入下一阶段。

第三阶段：2013～2020年。从2013年开始，欧盟将会对第三阶段的交易机制进行大幅度改革，以避免内部市场失灵，同时还要扩大纳入排放体系的行业范围，强化价格信号作用以引导投资，创造新的减排空间，减少总的减排成本，提高系统效率。此外，以拍卖方式分配的配额比例将逐步提高。

欧盟排放交易体系主要交易中心有欧洲气候交易所（ECX）、欧洲能源交易所（EEX）、奥地利能源交易所（EXAA）等。欧洲能源交易所、奥地利能源交易所以现货为主，欧洲气候交易所以期货为主。欧洲气候交易所期货交易量占欧盟排放交易体系所有经过交易所结算交割的碳交易总量的82%。

2004年，欧洲气候交易所在荷兰的阿姆斯特丹成立，成为欧洲首个碳排放权市场。2005年4月，欧洲气候交易所推出EUA的期货交易。2006年10月，欧洲气候交易所开始进行EUA的期权交易。2008年3月和5月，欧洲气候交易所相继推出了CERs期货与期权交易，仅1个月交易量就高达1600万吨。目前，欧洲气候交易所已成为新型碳金融工具，它是EUA、CERs期货、期权的交易龙头，主要交易品种为2005～2012各年12月交货的EUA及CERs合约。此外，欧洲气候交易所还吸引了著名的国际投资银行如高盛公司、摩根士丹利、摩根大通、花旗、美林、汇丰、富通等机构进行投机交易，通过气候现货交易所（CSX）交易平台，使现货市场体现出更大程度的多样化。2007年6月，北欧电力市场（Nord Pool）首次推出了CERs期货合同。到2007年年底，欧洲能源交易所与欧洲期货交易所（EUREX）强强联合，实现了EUA的期货、期权交易，2008年进一步推出了CERs的期货、期权交易。欧洲气候交易所的碳期货运行在英国伦敦洲际交易所（ICE）的电子期货交易平台上。作为全球第二大石油期货市场，伦敦洲际交易所拥有的成熟的期货交易系统，使其成为欧洲最大碳排放市场和最大的EUA期货交易市场。

（二）发展特征

从欧盟排放交易体系的基本原则来看，该体系是"限额—交易"体系，在欧盟范围内实施，对其所覆盖的行业具有强制性，同时也接受《京都议定书》框架下与其他国家和地区的合作。其目标和原则符合与之相关群体的共同期望和要求，即减少温室气体排放以改善气候变化给世界带来的不利影响，并促进成员国完成《京都议定书》的承诺义务。该体系强调以"成本最佳化"的方式削减温室气体排放，力求让企业和环境同时得利，并做到不超出目前欧盟成员国对经济发展的需求和政治现状。

从欧盟排放交易体系的对象范围和实施阶段来看，该体系的政策具有循序渐进的特点。首先，该体系以欧盟成员国国内的温室气体排放重点企业为主体，逐渐扩展其所覆盖的行业，给欧盟各个成员国一定的适应期，减缓了政策实施的摩擦。其次，该体系以削减二氧化碳这种温室气体为主，符合《京都议定书》的承诺要求，目标明确，同时也对其他温室气体的减排做出了努力，做法值得肯定。再者，该体系逐渐扩大了参与对象国的范围，尤其是自2013年起有条件地将欧盟以外的航空企业纳入排放交易体系之内的计划，带有一定的强制性，虽然引发争议不断，但该政策促使了其他国家和地区航空企业思索应对策略，也避免了欧盟本土航空企业因欧盟排放交易体系的实施而失去国际竞争力。欧盟在排放许可的分配政策上具有阶段变化性。

欧盟排放许可是欧盟各成员国政府根据欧盟排放交易体系向各自的排放设施分配的排放配额。每一个配额相当于该计划承诺期内可以排放的一吨二氧化碳。在第一阶段和第二阶段，排放配额按照国家分配计划进行分配，即承担《京都议定书》减排任务的国家设定的减排计划必须符合其《京都议定书》减排承诺，排放计划应考虑减排的技术条件是否成熟，设定的排放许可额度不应过多，如果会员国需要以清洁发展机制和联合履约机制来兑现减排承诺，则必须提交计划和预算由欧盟委员会审议。在第三阶段，不再使用原来的国家计划分配，而是由欧盟设置一个排放总上限，然后再将总的排放额度分配给各个成员国。从排放许可额度分配的变化可以看出，欧盟在尽力控制欧盟地区温室气体排放量，防止或限制个别国家为了本国的经济利益或本国企业的竞争力而尽可能多地设置排放额度。

(三) 欧盟排放交易体系的成功经验

欧盟排放交易体系是全球首个强制减排交易市场，其交易量和交易金额均已占据世界碳金融市场的主要份额。欧盟排放交易体系使得欧盟在交易体系试行阶段（2005～2007年）超额完成了对应期间的减排目标。欧盟碳交易市场的极大繁荣和减排阶段性目标的顺利达成，提高了欧盟在世界碳金融领域的话语权。在欧盟排放交易体系的直接推动下，欧盟的电力企业在投资决策中开始重视"碳成本"，导致了更多更广泛的低碳技术的推广和应用。此外，欧盟排放交易体系还保证了碳交易市场的长期性，为低碳技术的开发提供了源源不断的动力。在市场的外部影响力方面，欧盟排放交易体系采取的通过购买来自JI和CDM的温室气体减排量以达到自身减排目标的机制，推动了世界范围内的低碳项目发展，也为裹足不前的其他发达国家提供了一个碳金融发展的样本。欧盟排放交易体系成功的经验主要有以下几点。

1. 健全的法律基础

欧盟排放交易体系将自身建立的基础设定为，以成本最佳化的方式削减温室气体排放，依托《京都议定书》的三个减排机制，即国际排放贸易机制、联合履约机制、清洁发展机制，推动温室气体减排，并促进减排技术和低碳技术的投资及欧盟与周边国家尤其是发展中国家的合作。欧盟排放交易体系以《京都议定书》和《欧盟排放交易机制指令》作为其建立的法律基础，《京都议定书》设定了具有约束力的减排目标和减排的国际合作机制，《欧盟排放交易机制指令》是减排的内部执行法律。除了上述两部基础性法律，欧盟还有一系列气候相关政策和法规与之形成配套，这些起着配套作用的法律法规和《京都议定书》与《欧盟排放交易机制指令》共同构成了欧盟排放交易体系的法律基础，对EU ETS的发展起着指引和规范作用。

2. 高度发达的经济基础

高度发达的经济是低碳经济发展的基本土壤，也是碳金融市场迅速成长的关键。列入第一期强制减排市场体系的欧盟15个老成员国几乎全部为经济发达国家，人均GDP远高于世界平均水平和发展中国家水平。其经济产业结构早在20世纪就已经迈入工业化阶段，第三产业成为国民经济的最主要产业。经济富足的国民除了追求经济物质福利，对生存的自然环境的质量也给予了更多关注，对生活环境水平要求的提高，形成了发展低碳经济、进行温室气体减排的社会基础。而以第三产业为主的产业结构使得欧盟在推动低碳经济发展和温室气体减排时，不会面临较多的经济效率损失，降低了对欧盟积极气候政策下的经济增长压力的约束。

3. 扎实的金融基础

欧盟成员国家扎实的金融基础，为欧盟排放交易体系的发展提供了良好的金融环境。碳金融市场是一个新兴市场，需要有传统金融的支持才能得以发展。新的碳金融市场的发展除了需要相关法律基础和政策支持外，还需要有完善的交易平台、品种丰富的金融工具、各类金融机构和市场服务机构的积极参与等。欧盟现有的金融基础，为碳交易平台的建设、碳金融工具的设计提供了丰富的实践经验，同时也为碳金融市场培育了众多的优质金融机构。例如，在欧洲气候交易所最初阶段，其报价和交易完全借助全球领先的商品交易所运营商和场外交易（OTC）伦敦洲际交易所电子平台；借助多年的商品和金融期货期权等金融衍生品开发和交易经验，碳期货、碳期权等碳金融衍生品被开发并广泛应用于市场交易；商业银行和投资银行借助其丰富的专业人才储备、市场交易经验和金融工具、理财产品设计经验，深入参与碳金融交易各个环节。

4. 历史经验的积累

在欧盟排放交易体系建立之前，欧盟境内的英国和荷兰就已经开展了碳交易活动并形成了自己的交易体系。受《京都议定书》的牵引，2002年，荷兰和世界银行率先开展碳排放权交易，英国也于2002年自发建立了碳交易体系，31个团体根据1998~2000年的基准线自愿设定排放减量目标，包括了6种温室气体，成为以金融方式进行温室气体交易的首例。荷兰和英国的碳交易体系机制的设计和运行为欧盟排放交易体系提供了良好的经验借鉴。

5. 合理发展路径的选择

基于发达的经济基础和扎实的金融基础，欧盟的政策制定者选择了相对其他国家更为快捷的碳金融市场建设路径，通过统一的交易机制指令，一步到位地建立起统一的强制减排市场；同时，欧盟排放交易体系没有一次性地把所有排放温室气体的企业都纳入进来，而是分阶段地扩大参与企业范围，给欧盟各个成员国及企业一定的适应期。在温室气体排放权总量的设定方面，欧盟排放权市场采取的是分步走的方式，首先设定若干年为试验期，在第一阶段的试验期和第二阶段由参加排放权市场的各个国家为本国温室气体排放设定一个排放额度，总的温室气体排放额由各个国家的排放额相加，在第三阶段欧盟设定一个总的排放额上限，然后将总额度分配给各个成员国。

二、美国碳金融市场

（一）概况

美国碳金融市场可以分为两大类。第一类是自愿加入强制减排交易市场，实行会员制，参与会员覆盖整个北美，如芝加哥气候交易所；第二类是由几个州联合组成的区域减排交易体系，如西部气候倡议（Western Climate Initiative，WCI）和区域温室气体倡议（Regional Greenhouse Gas Initiative，RGGI）。

1. 芝加哥气候交易所

芝加哥气候交易所成立于2003年，是全球第一个具有法律约束力、基于国际规则的温室气体排放登记、减排和交易平台。芝加哥气候交易所现有会员近200个，分别来自航空、汽车、电力、环境、交通等数十个不同行业。会员分为两类。一类来自企业、城市和其他排放温室气体的各个实体单位，它们必须遵守其承诺的减排目标。另一类是该交易所的参与者，芝加哥气候交易所实行"总量控制与交易制度"，承诺第一阶段（2003~2006年），通过自身减排或购买补偿项目减排量，在基准线的基础上减排1%；承诺第二阶段（2007~2010年），将排放水平下降至基准线水平的 94% 以下。

2004 年，芝加哥气候交易所在欧洲设立分支机构——欧洲气候交易所，2005 年又与印度商品交易所建立了伙伴关系，此后又在加拿大建立了蒙特利尔气候交易所。2008 年 9 月 25 日，芝加哥气候交易所与中油资产管理有限公司、天津产权交易中心合资建立的中国第一家综合性排放权交易机构——天津排放权交易所——在天津滨海新区挂牌成立。2006 年，芝加哥气候交易所还制定了《芝加哥协定》，详细规定了建立芝加哥气候交易所的目标、覆盖范围、时间安排、注册程序、监测程序、交易方案等一系列可操作性强的交易细则。目前，芝加哥气候交易所是全球第二大碳汇交易市场，也是全球唯一同时开展二氧化碳、甲烷、氧化亚氮、氢氟碳化物、全氟化物、六氟化硫 6 种温室气体减排交易的市场。

2. 区域减排交易体系

RGGI 是由美国纽约州前州长乔治·帕塔基（George Pataki）于 2003 年 4 月创立的区域性自愿减排组织，参与者有美国东北部与大西洋西部的 10 个州，是美国第一个强制性的、基于市场的旨在减少温室气体排放的区域强制性减排体系。RGGI 提出的目标是在 2019 年前将区域内的温室气体排放量在 2000 年的排放水准上减少 10%。该目标分为两个阶段达成：第一阶段（2009~2014 年）将二氧化碳排放量稳定在当前水平上；第二阶段（2015~2018 年），将二氧化碳排放量降低 10%。RGGI 体系下二氧化碳排放配额的分配分为两大层次：首先基于历史排放量，参考用电量、人口、预测值等因素调整，在州之间进行分配；然后各州在发电企业之间进行分配。所有的配额全部通过 3 个月一期的拍卖来发放，各州必须提取 20% 的配额用于公用事业，5% 的配额储存到战略碳基金，剩余配额则可以进入市场交易或者作为下一期的储备。

WCI 是美国西部的亚利桑那州、加利福尼亚州、新墨西哥州等 5 个州在 2007 年发起成立的区域性气候变化应对组织，到 2009 年年底总共有 11 个州或省份加入，其中包括 4 个加拿大省份，即安大略省、曼尼托巴省、不列颠哥伦比亚省和魁北克省。2008 年 9 月，WCI 提出建立独立的区域性排放交易系统的方案，目标是到 2020 年使该地区的温室气体排放量比 2005 年降低 15%。这一系统计划于 2012 年开始运行，每 3 年为一个履约期，涉及电力、工业、商业、交通、居民燃料使用这 5 个排放部门。WCI 特别强调配额是没有产权的，只是政府颁发给企业的排放许可，这些配额可以在二级市场上交易，在某些情况下也可以购买其他地方产生的减排量（Offset）。WCI 是以行政区域为核心的碳金融市场构建模式的代表，这一模式的意义在于，不同地区或省份在应对气候变化上存在共同的利益需求。

总体来看，北美市场排放交易体系比较多且市场分割不统一，价格差距明显，从近两年市场的发展情况来看，存在由自愿排放交易市场向强制交易市场转移的明显趋势。2009 年 7 月，美国参议院通过的《美国清洁能源与安全法案》（American Clean Energy and Security Act of 2009，ACES）进一步提高了碳金融支持者对建立全国统一强制减排交易市场的期待。该法案提出建立一个总量限制交易的强制减排交易市场，以帮助美国实现到 2020 年碳排放与 2005 年相比降低 17% 的减排目标。该法案的实施将有望造就一个年平均成交量 20 亿吨的碳交易市场。

（二）美国碳金融发展特征

美国的经济金融基础、环境金融历史经验等方面与欧盟差异不大，关于这些方面此处不再进行分析。

美国碳金融市场发展主要有以下三个特点。第一，发展环境复杂而充满争议。美国联邦政府和地方（州）政府之间，各地方（州）政府之间，主要排放行业的排放主体之间，为了各自利益持有不同的气候政策态度，造成美国碳金融发展的复杂且充满争议的外部环境，这一复杂的外部政策环境对美国碳金融的发展构成了明显制约。第二，复杂环境下的曲折发展。在缺少国家法律和政策支持的情况下，美国碳金融发展动力来自于区域市场和民间力量的推动。芝加哥气候交易所的成立标志着美国碳金融市场开始发展，芝加哥气候交易所的成立是华尔街金融资本和支持减排的工业企业共同努力的成果，美国碳金融市场进一步发展的标志是RGGI的成立，RGGI的成立和发展则是民间市场和区域地方政府共同推动的结果。第三，碳金融市场结构分散和多样。美国存在近十个不同的碳减排交易体系，各市场体系之间在减排方式、减排强度及碳价格方面存在明显差异。这种分散多样的形态是美国碳金融市场曲折发展的具体体现，同时也符合美国各地区经济发展水平存在差异、减排意愿参差不齐的现实。

（三）美国碳金融发展的成功经验

1. 多样化的区域性减排法律

美国碳金融市场呈现明显的区域性优势，地方政府在交易政策的制定和实施方面发挥了积极作用，使得美国碳金融市场呈现出一种由下至上的发展趋势。目前，美国有35个州已经单独或者结成地区联盟，通过或正在通过温室气体排放的法案，其中比较有名的地区法案为RGGI和WCI。RGGI和WCI为区域排放交易体系的发展奠定了良好的法律基础，在缺少国家性法律和政策支持的情况下，区域性减排法律的出台和实施，大大促进了区域排放体系的发展。

2. 有效的限额与交易机制

美国各地区碳金融市场的运行机制基本是基于限额与交易机制，即政府为减排设定一个上限，然后根据这一排放量划定相应的排放许可权，排放许可权可以通过市场交易机制去协调各参与者的减排完成量。排放权的分配可以采取免费发放、销售或者拍卖的方式进行，也可以采取混合方式。限额与交易机制的采用可以最大限度地降低参与企业的减排成本，使得各企业根据自身减排需要，选择最适合自己且成本最低廉的方式减排，从而履行减排义务。

3. 成熟的气候产品交易平台

美国芝加哥气候交易所是全球第一个自愿参与温室气体减排交易并对减排量承担法律约束力的市场交易平台，为美国碳金融市场的发展提供了成熟的气候产品交易平台。首先，芝加哥气候交易所会员众多，分别来自航空、汽车、电力、环境、交通等30个不同的行业，为整个碳金融市场参与者提供了便利；其次，芝加哥气候交易所拥有比较完备的碳交易产品体系，通过不断丰富的交易产品和工具，为会员提供多样化的交易选择；最后，芝加哥气候交易所子公司遍布全球，积极的全球扩张步伐带动了美国碳金融市场份额的迅速增长。

● **中国风格**
"碳标签"助力中国品牌构建提升竞争力

请扫码查看

中国风格

我国高度重视利用市场机制应对气候变化。近年来，中国将全国碳排放权交易市场建设作为积极应对气候变化和促进生态文明建设的一项重要举措。从2011年起，我国在7个省市启动了地方碳交易试点工作，并取得了积极进展。目前中国有7家碳排放权交易所，分别是北京环境交易所、天津排放权交易所、上海环境能源交易所、深圳排放权交易所、广州碳排放权交易所、湖北碳排放权交易中心、重庆碳排放权交易中心等。试点地区重点排放单位整体履约率保持了较高水平，低碳意识不断提高。试点地区碳金融市场覆盖的行业企业碳排放总量和强度实现双降，碳金融市场控制温室气体排放的良好效果初步显现，为建设全国碳排放权交易市场积累了宝贵经验。与此同时，我国在认真总结国外碳金融市场与国内试点实践和经验的基础上，持续推进全国碳排放权交易市场建设。中国仍将积极推进全国碳排放权交易市场制度体系建设、基础设施建设，深入开展碳排放报告核查、配额分配和能力建设等方面工作。

本章小结

1. 碳金融是指为减少温室气体排放所进行的各种金融制度安排和金融交易活动，包括碳排放权及其衍生产品的交易、低碳项目开发的投融资，也包括碳保险、碳基金，以及相关金融咨询服务等业务。碳金融市场的出现源于两个国际公约，即《联合国气候变化框架公约》和《京都议定书》。这两个公约将国际社会对于积极应对气候变化的共识转化为强制减排的义务，因而造就了国际碳金融市场的迅猛发展。
2. 碳金融发展的理论基础主要有外部性理论、比较优势理论、稀缺性理论。
3. 碳排放权是指能够在资本市场上自由流通，具有特殊性和稀缺性特点，并逐渐演变成为具有投资价值和较强变现能力的一种金融资产。
4. 碳金融市场参与者主要包括供给者和最终使用者、中介机构、监管者和第三方机构。碳金融市场交易工具包括原生碳金融交易工具和衍生碳金融工具。原生碳金融交易工具主要有碳信用交易和碳现货交易。衍生碳金融交易工具较多，主要有碳远期、碳期权、碳期货、碳互换、碳保险和碳担保等产品。
5. 碳金融的交易机制是指碳金融市场的交易规则、保证交易规则实施的各项技术及其对碳交易定价的影响。价格机制是市场能否发挥其应有的资源调配功能的关键。目前，碳排放权的交易存在着两类交易机制，即总量交易机制和基准交易机制。
6. 全球主要的碳金融市场有欧盟排放交易体系和美国碳金融市场。美国芝加哥气候交易所建立了全球第一家对减排量承担法律约束力的自愿碳交易平台，拥有 VERs 的定价权。

推荐网站

1. 中国碳排放交易网：http://www.tanpaifang.com.
2. 湖北碳排放权交易中心：http://www.hbets.cn.
3. 广州碳排放权交易所：http://www.cnemission.com.
4. 深圳排放权交易所：http://www.szets.com.cn.

推荐阅读

1. 拉巴特，怀特. 碳金融：碳减排良方还是金融陷阱 [M]. 王震，王宇，等译. 北京：石油工业出版社，2010.
2. 唐方方，徐永胜. 碳金融：理论与实践 [M]. 武汉：武汉大学出版社，2019.
3. 许传华，林江鹏，徐慧玲，等. 碳金融产品设计与创新研究 [M]. 北京：中国金融出版社，2016.

PART 2
第二部分
市场组织结构篇

第九章　发行市场
第十章　流通市场
第十一章　金融市场的质量

第九章
发行市场

本章提要

证券发行市场也称为"一级市场"或"初级市场",是证券从发行人转移到认购人的场所和机制的总和。证券发行市场的参与者包括证券发行人、证券认购人、证券承销商和专业服务机构等。证券发行市场的管理包括证券发行的审核制度、证券发行的信息披露制度、保荐制度和证券信用评级制度。证券的发行方式根据发行对象不同,可分为私募发行和公募发行;根据发行价格的不同,可分为溢价发行、折价发行和平价发行;根据发行条件及投资者的决定方式,可分为招标发行和议价发行;根据有无发行中介分为直接发行与间接发行。

学习目标

1. 知道证券发行市场的含义、特点、参与者及功能。
2. 理解证券发行的审核制度、信息披露的标准及意义,熟悉我国对信息披露的监管和相关规定。
3. 理解审核制度以及保荐制度,熟悉我国对股票发行制度的相关规定。
4. 熟悉证券发行的各种方式。

重点难点

本章重点:证券发行信息披露的标准与意义,证券发行的各种方式。
本章难点:证券发行的各种方式。

案例导入

京东股票发行

京东(NASDAQ:JD)是中国最大的自营式电商企业,建立了物流体系+采购体系+财务体系,在线销售数码产品、食品与营养品、书籍与其他媒体产品、母婴用品与玩具、体育与健身器材以及虚拟商品等13大类几千万种优质商品。2013年,京东商城活跃用户数达到4 740万人,完成订单量达到3.233亿单。

2010年,京东跃升为中国首家规模超过百亿元的网络零售企业。2013年3月30日正式切换域名,并发布新的Logo和吉祥物。2014年1月30日晚间,京东向美国证券交易委员会(SEC)呈报拟上市的F-1登记表格。北京时间2014年5月22日早间消息,京东当天宣布首次公开发行

(IPO)，发行价定为每股美国存托凭证（ADS）19.00 美元，共发行 93 685 620 股，每股美国存托股票相当于 2 股公司 A 类普通股。

京东上市前的融资：2007 年 8 月，京东获今日资本投资，首批融资千万美元；2009 年 1 月，获得今日资本、熊牛资本以及梁伯韬先生共计 2 100 万美元的联合注资；2010 年 1 月，获得老虎基金领投的 C 轮风险投资，金额超过 1.5 亿美元；2011 年，获得 DST、老虎基金等 6 家基金和社会知名人士投资共计 9.61 亿美元；2012 年 11 月，获得加拿大安大略省教师退休基金等新一轮投资，金额为 7.15 亿元。

资料来源：京东网，https://www.jd.com.

京东为什么要发行股票？这对公司的发展有什么好处？发行股票的程序是怎样的？发行股票的条件是什么？通过本章的学习，我们将学会如何解答这些问题。

第一节　证券发行市场概述

证券发行市场是证券从发行人转移到认购人的场所和机制的总和。证券发行市场实际上包括各个经济主体和政府部门从筹划发行证券到证券承销商承销证券再到认购人购买证券的全过程。证券发行把众多的社会闲散资金集聚起来转变成资本，集中体现了证券市场筹集资金的功能。

一、证券发行市场的含义和特点

证券发行是证券发行人将某种证券首次出售给投资者的行为，属于第一次交易，故证券发行市场也称为"一级市场"或"初级市场"。证券发行市场具有证券创设功能，任何权利凭证若要进入证券市场并实现流通，首先必须取得合法的证券形式。证券发行是使证券得以转让和流通的前提。证券发行市场上的发行对象，可以是从未发行过证券的发行人创设的证券，也可以是证券发行人在前次发行后增加发行的新证券，还可以是因证券拆细或合并等行为而发行的证券。我国目前最常见的是企业通过股份制改造发行新股票，或上市公司为了增加股本，以送股或配股等方式发行新股票。上述情况都具有创设新证券的性质，属于证券发行活动。

证券发行人是证券发行市场的主体。创设证券在本质上是证券发行人向投资者募集资金的筹资行为。证券发行往往要借助专业机构或人员参与才能完成，但它必然是在证券发行人主持下完成的。而且，首次出售创设证券属于交易行为，必然是以证券发行人为一方当事人，认购人或其他投资者为另外一方当事人。

证券发行市场是整个证券市场的基础，它的内容和发展决定着证券交易市场的内容和发展方向。证券发行市场具有以下几个特点。

第一，证券发行是直接融资的实现形式。证券发行市场的功能就是联结资金需求者和资金供给者，证券发行人通过销售证券向社会招募资金，而认购人通过购买其发行的证券提供资金，将社会闲散资金转化为生产建设资金，实现直接融资的目标。

第二，证券发行市场是个无形市场。证券发行市场主要是无形市场，通常不存在具体形式的固定场所，也无通常的专业设备和设施。证券发行人可以直接向公众投资者或特定范围的投资者发售证券以募集资金，也可以通过中介机构向社会投资者或特定范围的证券认购人募集资金。在国外，证券发行市场的存在形态非常复杂。证券发行人在各中介机构协助下，首先要进行证券发行准备工作；发行准备工作初步完成后，证券承销商会向潜在投资者提供招募文件，采取路演等方式宣传所发行证券；投资者填制认购文件并交付证券承销商后，承销商会根据证券认购情况与证券发行人商定包销数量及发行价格，并从证券发行人处领取应向投资者交付的证券。上述行为可以在许多地方陆续进行，且无固定场所和法定设施。我国证券的公开发行多借助证券交易所的交易网络，故证券发行准备工作虽然与国外做法相似，但交付证券主要通过证券交易所进行。

第三，证券发行市场的证券具有不可逆转性。在证券发行市场上，证券只能由发行人流向认购人，资金只能由认购人流向发行人，而不能相反，这是证券发行市场与证券交易市场的一个重要区别。

二、证券发行市场的参与者

证券发行市场的参与者包括证券发行人、证券认购人、证券承销商和专业服务机构等。

1. 证券发行人

证券发行人又称发行主体，就是为筹措资金而发行股票或债券的企业单位、政府机构、金融机构或其他团体等，也包括在本国发行证券的外国政府和公司。证券发行人是证券发行市场得以存在与发展的首要因素。

2. 证券认购人

证券认购人就是以取得利息、股息或资本收益为目的而根据发行人的招募要约，将要认购或已经认购证券的个人或机构。它是构成证券发行市场的另一个基本要素。在证券发行实践中，证券认购人的构成较为复杂，它可以是个人，也可以是团体。后者主要包括证券公司、信托投资公司、共同基金等金融机构和企业、事业单位以及社会团体等。在证券发行市场上，认购人人数的多少、购买能力的强弱、资产数量的大小、收益要求的高低，以及承担风险能力的大小等，直接影响和制约着证券发行的消化量。当证券转移到认购人或投资者手中时，证券发行市场的职能也就实现了。

3. 证券承销商

证券承销商主要就是充当证券发行人与证券认购人交易媒介的证券中介机构。证券承销商是联结发行人和认购人的桥梁和纽带，接受发行人的委托，通过一定的发行方式和发行渠道，向认购人销售发行人的证券。我国目前从事证券承销业务的机构是经批准有承销资格的证券公司、金融资产管理公司和金融公司。

4. 专业服务机构

专业服务机构包括证券服务性机构和经济鉴证类机构以及其他服务机构。证券服务性机构包括证券登记结算公司和证券信用评级机构等，其主要作用是为发行人和认购人进行股权或债权注册登记和评估发行人信用级别；会计师事务所的主要作用是为发行人进行财务状况审计，为认购人提供客观的财务信息；资产评估机构的作用是运用合理的评估方法确定发行人和某些认购人的资产质量；律师事务所的作用是以合法的手段排除发行过程中的法律障碍，并就发行人申请证券发行时所处的法律状态出具法律意见书。

三、证券发行市场的功能

证券发行市场具有证券创设功能,任何权利凭证若要进入证券市场并实现流通,必须经过证券发行环节。证券发行市场主要有以下几个功能。

(1) 证券发行市场为政府、金融机构和企业提供筹措资金的渠道。通过证券发行市场,发行人筹措到了公司所需资金,把众多的社会闲散资金集聚起来转变成资本,储蓄转化为投资是社会再生产顺利进行的必要条件。

(2) 证券发行市场为资金供应者提供投资和获利的机会。政府、企业和个人在经济活动中可能出现暂时闲置的货币资金,而证券发行市场为他们提供了多种多样的投资机会。

(3) 证券发行市场引导资金流向,是优化资源配置的重要场所。证券发行市场通过市场机制来选择发行证券的企业,那些符合国家产业政策、经营业绩良好的企业更易于从证券市场上筹集所需要的资金。

(4) 证券发行市场是政府调节经济的重要依托。中央银行可以通过在证券发行市场上发行政府债券来进行公开市场业务操作,调控宏观经济。

> **立德思考**
>
> 股权众筹好比幼儿园、小学阶段,中学阶段就是进入新四板和新三板,上了大学就是到了中小板、创业板、科创板和主板市场。
>
> **想一想:** 我国的多层次资本市场体系是什么样的?为什么对证券发行的要求比较高?

第二节 证券发行的管理

证券发行市场管理是证券监管部门为了保障投资者的权益,维护社会的安定,促进证券市场健康、高效地运行和发展,对证券发行所进行的审查、核准和监控。因为证券投资是一种高风险的投资,所以必须对证券的发行实施严格的管理,包括证券发行的审核制度、证券发行的信息披露制度、保荐制度和证券信用评级制度。

一、证券发行的审核制度

证券发行的审核是证券进入市场的第一个也是最重要的门槛,是国家证券监督管理部门对发行人利用证券向社会公开募集资金的有关申报资料进行审查的制度。

(一) 审核制度的目标

尽管在不同的国家和地区关于证券发行的审核有不同的制度和模式,但是制度设计的初衷是相同的,都是为了保护投资者、确保公正、有效和透明的市场以及减少系统性风险。

1. 保护投资者

保护投资者是证券监管的首要目标,是证券市场存在和发展的基础。证券市场投资者是证券市场得以建立和维持的资金来源,是证券市场的重要参与者。只有保护投资者的合法权益,树立投资者对市场的信心,证券市场才能有源源不断的资金进入,才能繁荣与发展。对于破坏证券市场秩序，损害投资者利益的行为，证监会及相关机构会对其严惩不贷。

2. 确保公正、有效和透明的市场

保护投资者利益虽然是证券发行审核的首要目标，但并不能给予投资者以获利的担保。只有保证证券市场的公正、有效和透明，才能给予投资者以公平、公正地进行证券投资、证券交易的机会，才能充分发挥市场的资源配置机制，使投资者按其投资才能，获得其应得的投资收益。

3. 减少系统性风险

证券市场的系统性风险是指由于一种普遍的因素导致证券市场的整体价格剧烈波动的风险，主要包括政治风险以及一些由非市场因素引起的风险。如果系统性风险太大，导致证券市场价格非正常地大起大落，就会影响市场的公信力，不利于证券市场的健康发展。因此，要通过立法及对证券发行的审核，保持一个健康的市场运行机制，把系统性风险降到最低程度，维护整个社会经济秩序的稳定。

（二）审核制度的原则

公开、公平、公正原则，即三公原则是《中华人民共和国证券法》的基本原则，贯穿于证券发行、交易、管理以及证券监管立法、执法和司法活动的始终。证券发行审核作为对证券发行行为所进行的监管，同样也要遵循这三条基本的法律原则。

1. 公开原则

公开原则是证券法的基本原则，也是证券发行审核的原则。包括两个方面：① 证券发行人应及时、真实、充分和完整地向社会公开披露能够影响投资者投资决策的一切信息资料；② 监管者的监管标准公开，处罚结果向社会公布。

2. 公平原则

在投资者和证券发行人之间，发行人在信息、财力、人力等资源方面都具有比投资者尤其是中小投资者更多的优势，因此二者的交易地位或交易能力是不平等的。正是这种不平等的存在使得在证券法律中，公平的价值判断标准应该向投资者倾斜，来平衡发行人与投资者之间的差距。所以，在证券法上，尤其是在证券发行行为中，表现为对发行人课以更多的义务，如信息披露义务、禁止欺诈等，而投资者除了交纳股款义务外，几乎没有什么其他义务。

3. 公正原则

法律上讲的公正可以从两个角度来理解：① 实体公正，是指社会各种资源、社会合作的利益和负担的正确分配；② 程序公正，是指社会争端和冲突的正确解决。

（三）审核制度的种类

证券发行的审核制度主要包括注册制和核准制两种，我国主要采用证券发行的核准制。

1. 注册制

注册制也称"申报制"或"登记制"，是指发行人在公开发行前，必须按法律的规定将依法公开的各种资料完全、准确地向证券发行主管机关呈报并申请注册，在一定的期限内，主管机关未提出异议的，其证券发行注册即发生效力的一种证券发行审核制度，这种审核制度主要以美国和日本为代表。我国从 2018 年 11 月 5 日正式提出设立科创板并试点注册制，2019 年 6 月 13 日宣布科创板正式开板。设立科创板并试点注册制，主要承担着两项重要使命：一是支持有发展潜力、市场认可度高的科创企业发展壮大，通过改革增强资本市场对科创企业的包容性，允许未盈利企业、同股不同权企业、红筹企业发行上市，进一步畅通科技、资本和实体经济的循环机制，加速科技成果向现实生产力转化，引领经济发展向创新驱动转型；二是发挥改革试验田的作用，从中国的国情和发展阶段出发，借鉴成熟市场经验，在发行上市、保荐承销、市场化定价、交易、退市等方面进行制度改革的先试先行，并及时总结评估，形成可复制可推广的经验。

● **中国故事**

我国上海证券交易所审核注册流程"七步走"

根据《科创板首次公开发行股票注册管理办法（试行）》《上海证券交易所科创板股票发行上市审核规则》等文件的规定，科创板发行上市审核注册流程由审核阶段和注册阶段两部分构成，具体为七个步骤。

第一，发行人董事会做出决议并经发行人股东大会批准。

第二，发行人由保荐人保荐并向上海证券交易所提交注册申请文件。

第三，上海证券交易所受理注册申请文件（5 个工作日内）。

第四，上海证券交易所审核机构审核（自受理注册申请文件之日起 3 个月内形成审核意见，不含发行人补充修改文件材料、上海证券交易所现场检验、专项核查时间）。一方面，自受理之日起 20 个工作日内，提出首轮审核问询；另一方面，首轮审核问询后，存在新的问题事项或者问询和信息披露未能满足审核要求的，上海证券交易所发行上市审核机构收到发行人回复后 10 个工作日内可以继续提出审核问询。

第五，上海证券交易所科创板股票上市委员会审议方面，上海证券交易所认为不需要进一步审核问询的，将出具审核报告并提交科创板股票上市委员会审议，参会委员通过合议形成同意或者不同意发行上市的审议意见；上海证券交易所结合科创板股票上市委员会的审议意见，出具同意发行上市的审核意见或者做出终止发行上市审核的决定。

第六，上海证券交易所将发行人注册申请文件报中国证监会履行发行注册程序，中国证监会在 20 个工作日内对发行人的注册申请做出同意注册或者不予注册的决定。

第七，发行人在注册决定有效期内发行股票（自中国证监会决定做出之日起 1 年内有效，发行时点由发行人自主选择）。

<small>资料来源：中国证券报中证网，《注册制与科创板结合意义重大，将提升审核效率》。</small>

2. 核准制

证券发行核准制也称"准则制"或"实质审查制"，是指发行人发行证券，不仅要公开全部可以供投资人使用的材料，证券主管机关还要依照《中华人民共和国公司法》和《中华人民共和国证券法》的规定，对发行人提出的申请以及有关材料，进行实质性审查，发行人得到批准以后，才可以发行证券。实质性审查的内容包括：① 发行公司所属行业是否符合国家产业政策；② 发行公司的经济效益如何，有无发展潜力；③ 发行公司的资本结构是否健全合理；④ 发行公司的高级管理人员是否具备必要的资格；⑤ 发行公司公开的资料是否充分、真实等。

核准制适用于证券市场历史不长、投资者不太成熟的国家和地区。虽然法律要求发行人必须公开全部资料,但并非所有人都可以读懂专业文件,比如招股说明书、资产负债表等。即使可以读懂文件,也不一定可以对其细节做出合理的理解与判断。为了保护中小投资者的利益,政府应该充分履行职责,对证券发行适当地监督,这有利于新兴市场的健康发展。

在《中华人民共和国证券法》实施之前,我国的股票发行制度是带有浓厚行政色彩的审批制。自2001年3月开始,正式实行核准制,取消了由行政方法分配指标的做法,改为按市场原则由主承销商推荐、发行审核委员会独立表决、中国证监会核准的办法。实行核准制既是对国际经验的借鉴,也是规范发展我国资本市场的需要。

> **立德思考**
>
> 上市公司质量是资本市场健康发展的基石,是资本市场"晴雨表"的重要体现。
>
> 想一想:为什么?

二、证券发行的信息披露制度

证券发行的信息披露制度,又称公开制度或公开披露制度,就是证券发行公司依照《中华人民共和国公司法》和《中华人民共和国证券法》法规的要求,办理有关发行审核手续,将公司的财务资料及其他足以影响投资者决策的信息完全、准确、及时地公开,以供投资者做出合理投资判断参考的法律制度。

(一)证券发行信息披露制度的起源与发展

证券发行信息披露制度起源于英国1844年《公司法》。该《公司法》旨在通过公司信息的完全公开,防止欺诈或架空公司的行为发生,防止公司经营不当或财务制度混乱,维护股东和投资者的合法权益。英国《公司法》的公开制度,为美国1933年《证券法》和1934年《证券交易法》所采纳并日趋完善,成为美国证券法律的核心和基石,是美国联邦证券管理的"招牌"。国际证券市场均以美国证券交易委员会的要求作为参考标准,加上美国大公司在世界各国的影响,其他国家也逐渐采纳该制度,这使得信息披露制度逐渐实现了国际化。

(二)信息披露的意义

1. 有利于投资者的投资决策

投资者到证券市场上购买证券是为了获得预期的投资收益。理性投资者在做出买卖证券的投资决策之前,要考虑投资的安全性、收益性和流动性这三个要素。要从种类繁多的证券中选择最有利的投资机会,投资人应当对发行公司的资信财力及公司运营状况有充分了解。因为证券的价格受多种因素影响,这些因素既有证券供求方面的,也有通货膨胀、宏观政策等方面的,但最重要的还是发行公司的经营状况,而公司的经营状况包括公司的经营现状、经营潜力和经营风险等,这些总处于不断变化之中。因此,只有使投资者能够公平取得发行公司的信息,才可能做出最优投资决策,实现最大收益、最小风险的目标。

2. 防止发行公司信息滥用,保障投资者的利益

保护投资者,这是任何一个正常的证券市场的基本出发点。在证券市场上,发行人和证券经营机构处于主动的有利地位,容易形成对市场信息的垄断;投资者尤其是小投资者处于弱者地位,很难获得其投资所需的充分信息。如果没有信息披露制度,发行者则可能散布虚假信息、隐匿真实信息或滥用信息操纵市场，或以其他方式误导和欺骗投资者、转嫁风险，使证券市场无法显示证券的真正价格，形成市场弊端。而信息披露制度要求发行公司全面、及时、真实、准确地披露有关信息，使得所有投资者在平等的条件下获得信息，从而防止内幕交易和证券欺诈行为，保障投资者的利益。

3. 有利于发行公司的经营与管理

对于证券发行公司来说，只有承担信息披露义务，规范信息披露行为，杜绝证券欺诈发生，将经营者的行为置于公众的监督之下，才能保证公司管理层尽心尽责地为股东谋求最大利益，这又能促进公司自身的稳定发展；同时，通过信息披露制度的实施，还可以扩大发行公司的社会影响，提高公司知名度，实现广告宣传的附属效应。

4. 防止不当竞业

现代公司一般采用所有权与经营权相分离的管理形式，公司董事会拥有企业经营权。为保证经营权的合理行使，维护股东和公司债权人的利益，一些国家的公司法规定董事有勤勉义务、忠实义务和竞业禁止义务。

勤勉义务是指公司董事、监事行使经营权与监督权时，应尽其职责。

忠实义务是指董事执行职务与本公司利益发生冲突时，应优先考虑本公司利益。

竞业禁止义务是指公司董事为自己或第三人从事属于公司营业范围的交易时，必须公开有关交易的重要事项，并须得到股东大会的同意。因为董事从事竞业行为可能夺取公司的交易机会，牺牲公司利益，或利用职务便利获取公司机密，对公司造成损害。因此，以法律形式规定董事承担竞业禁止义务，是维护公司和股东权益的重要手段之一。

5. 提高证券市场效率

证券市场的一项重要职能是通过市场机制配置社会资源。当市场上信息披露充分、及时、有效时，投资者必然会选择资信良好、资金雄厚、管理优良、盈利丰厚的公司发行的证券，从而实现社会资源的优化配置，提高市场效率。因此，为实现资源的合理配置，必须建立完备的信息披露制度。信息披露是提高证券市场效率的关键因素之一。

（三）信息披露的标准

证券发行公司信息披露的要求，虽然因各国法律环境、市场条件不同而有所不同，但概括起来，可归纳为以下几条标准。

1. 及时性

及时性要求证券发行公司将相关重要信息以最快速度公开，让投资者自行判断信息的影响，再做出投资决策。只有及时披露信息，才能使投资者根据最新信息及时做出理性选择，避免投资者承担额外的风险；才能尽量减少内幕交易的可能，保证市场的公平和公正。因此，及时性是信息披露的首要条件。

2. 有效性

这是对披露信息质量的要求。信息的有效性主要表现在两个方面：一是披露的信息必须正确反映公司的客观事实；二是当披露的信息变得不准确时，证券发行公司必须立即予以更正，以正确反映当前事实，这也被称为合时义务。

3. 充分性

这是对信息披露的量的要求，即证券发行公司必须依法充分公开所有法定项目的信息。充分性首先表现在内容的充分上，各种证券法规对信息披露的内容一般都做了严格的要求，证券发行公司在披露时不得有任何遗漏和删减。其次表现在形式的充分上，包括法定形式和任意形式两种。法定形式包括注册表、定期报告、临时报告等；任意形式有新闻媒介、信息发布会等。

4. 易得性

易得性是指一般公众投资者容易获取公开信息。信息公开方式一般有三种：① 由证券发行公司或证券承销机构直接向投资者交付发行章程、招股说明书等公开资料；② 将证券发行申报书、公开说明书等公开文件备置证券主管机关、证券交易所、证券发行公司、证券公司等一定场所，供公众阅览；③ 通过公众新闻媒介（如报纸、电视等）传播。

5. 易解性

易解性是指投资者容易认识、理解、掌握和运用的由发行公司公开的信息。公司制度的形成和发展，产生了严格、规范的财务、会计制度。由此制度所产生的各类反映公司营业及财务状况的报告和资料，很难为一般投资者所理解。从公平保护投资者的角度出发，公开信息不仅应当为专业投资者使用，也应为非经专业训练的一般投资者所利用。因此，公开资料应以鲜明的形式、简洁凝练的语言、容易被普通投资者理解的专业术语，向投资者公开信息。

□ **案例分析**

深圳万兴信息科技股份有限公司未能成功上市

2016年8月26日晚间，中国证监会创业板发行审核委员会发布公告，深圳万兴信息科技股份有限公司（首发）未通过。其会议审核情况公告如下。

一、审核结果

深圳万兴信息科技股份有限公司（首发）未通过。

二、发行审核委员会会议提出询问的主要问题

（1）根据申请文件，DR、Avangate 在发行人直销模式中为第三方支付平台，在发行人分销模式中为第三方商务平台。请发行人代表说明：① DR、Avangate 在其业务资料以及与第三方的合作和与发行人及其子公司的合同等关于上述二种服务模式的情况；② DR、Avangate 与发行人相关合同中关于转售的约定与发行人披露的代销模式是否存在矛盾，披露为代销的支持性文件是什么，合同各方对上述法律关系的约定是否存在不同理解或争议；③ DR、Avangate 与发行人关于代销费用测算确定的依据。

（2）发行人销售主要通过线上进行，收入主要来自境外。请保荐代表人：① 结合收入主要来源地的税收法律规定及税收协定、当地税收申报及管理模式、类似互联网企业的案例等就发行人在境外取得的收入是否在当地有纳税义务、相关信息披露的准确性、对本次发行上市的影响发表明确结论性意见；② 就发行人在美国取得的销售收入，依照美国联邦法律，发行人是否需要缴纳消费税或其他流转税发表意见，就发行人在英国注册的VAT税号，以及报告期内的每个申报期的纳税数额发表意见；③ 就发行人在境外销售是否符合当地对互联网企业监管、产品销售等法律规定及法律后果发表明确结论性意见。

（3）发行人的最终客户主要为个人用户，数量众多，单个用户的支付金额较小，支付流程

主要通过线上进行。请发行人代表说明报告期内通过合作平台收款金额和终端用户订单数量与金额、用以支付订单的银行卡数量的匹配情况；请保荐代表人说明采取的核查程序、取得的支持性证据，并对发行人有无大量"刷单"情况发表明确结论性意见。

请思考并回答：如果实行的是注册制的话，该公司是否能够成功上市？核准制和注册制在实践过程中分别存在哪些漏洞？

（四）证券发行信息披露制度的主要内容

信息披露制度要求证券发行公司披露的信息内容相当广泛，且技术性很强。一般而言，这些信息包括以下几个方面。

1. 一般公开资料

证券发行公司需要披露的一般公开资料主要包括五大部分：公司业务和生产设施状况的说明，公司证券及其市场信息的说明，公司的财务资料和财务报表，管理层对公司财务状况和经营业绩的讨论和分析，高级管理人员的经验、报酬及利益冲突等有关资料。也就是说，只要是对于从整体上理解公司经营状况起重要作用的所有资料，都要加以详尽阐述。这些信息主要可使投资者充分明白公司所经营的业务，还能清楚地阐明那些与投资决策有关的营业风险，有助于投资者估计公司的将来。

具体而言，这些资料包括：公司目前的主要产品和服务；公司主要的市场和销售情况；公司拥有的任何专利权、商标权、特许权等；公司资金的需求和使用状况；公司在市场上的竞争地位和市场策略；公司可能牵涉的任何法律纠纷或诉讼；公司证券持有者所拥有的权利，如股息权、转换权、投票权以及其他权益等。

2. 财务会计资料

证券发行公司有义务向投资者提供充足的财务会计资料。这些财务信息对投资者来说是十分重要的，因为这关系到投资者能否准确判断公司的过去和估计公司的未来走向，进而做出合理的投资决策，而投资者的这些投资决策又能直接影响社会资金和资源的配置。这些资料通常包括：公司过去 5 年每年的销售净额、营业收入或亏损、总资产、长期负债、净资产，以及其他任何有助于加强对公司财务状况和经营业绩的了解，以及突出其发展趋势的信息。

需要公开的财务会计资料还包括公司的财务会计报告，因为它们也可提供极其详尽的财务信息。通过分析这些会计报告，投资者能得知公司的资产变现能力、债务偿还能力和资产盈利能力。财务会计报告通常包括：① 过去 3 年已由独立会计师审计的年度资产负债表；② 过去 3 年已经审计的年度利润表；③ 过去 3 年已经审计的年度现金流量表；④ 财务会计报表的附注。

3. 有关管理人员资料

一家公司的好坏，很大程度上取决于管理层的经营管理能力。公开管理人员及对公司具有影响力的大股东的有关资料，有助于投资者评估管理层的管理能力，以及他们的诚实和廉正程度。应公开的管理人员有关资料包括：① 所有董事会成员及公司高级管理人员的姓名、年龄和工作经历；② 所有董事和高级管理人员直接或间接的薪酬；③ 董事或高级管理人员牵涉法律诉讼或纠纷的有关详细情形；④ 董事、高级管理人员和大股东的控股情况；⑤ 任何其他有关资料。

4. 股票发行的有关资料

除了上面提到的一些信息外,证券发行公司应该向投资者阐明其股票的有关风险和投机因素,出售证券所筹资金的目的和使用方向,以及证券发行的承销计划、承销方式和承销商的有关资料。

信息披露制度作为政府干预证券市场的重要工具,应该说在保障投资者利益、提高证券市场效率方面发挥了重要作用。但是,自20世纪60年代以来,有些经济学家对该制度的存在价值提出了疑问,其中的主要代表学说有有效市场假说、成本效率分析说和公司自愿披露说等。

三、保荐制度

为了提高上市公司质量和证券公司执业水平,保护投资者的合法权益,促进证券市场健康发展,中国证监会于2008年10月17日发布了《证券发行上市保荐业务管理办法》,第二条规定:"发行人应当就下列事项聘请具有保荐机构资格的证券公司履行保荐职责:(一)首次公开发行股票并上市;(二)上市公司发行新股、可转换公司债券[1];(三)中国证券监督管理委员会认定的其他情形。"[2]2016年,该规定添加进了新的《中华人民共和国证券法》中。

保荐人应当是经中国证监会注册登记并列入保荐人名单,同时具有交易场所会员资格的证券经营机构。保荐机构履行保荐职责时,应当指定依照规定取得保荐代表人资格的个人具体负责保荐工作。保荐机构应当在确信发行人符合法律、行政法规和中国证监会的有关规定之后,方可推荐其证券发行上市。所以,保荐机构应当遵循诚实守信、勤勉尽责的原则,对发行人进行全面调查,核实公司发行文件中所载资料的真实性、准确性和完整性,对发行人提供的资料和披露的内容进行独立判断,充分了解发行人的经营状况及其面临的风险和问题。保荐机构推荐发行人发行证券时,应当向中国证监会提交发行保荐书、保荐代表人专项授权书、发行保荐工作报告以及中国证监会要求的其他与保荐业务有关的文件。

证券发行规模达到一定数量的,可以采用联合保荐,但参与联合保荐的保荐机构不得超过两家。证券发行主承销商可以由该保荐机构担任,也可以由其他具有保荐机构资格的证券公司与该保荐机构共同担任。

□ **案例分析**

上海证券交易所及时对科创板申报项目违规保荐代表人予以纪律处分

2019年5月20日,上海证券交易所做出对保荐代表人万久清、莫鹏予以通报批评的决定。这两名保荐代表人受中国国际金融股份有限公司(以下简称"中金公司")指派,在交控科技股份有限公司申请首次公开发行股票并在科创板上市项目中担任具体负责人。

经查明,2019年4月28日,在向上海证券交易所报送的《交控科技股份有限公司首次公开发行A股股票并在科创板上市申请文件审核问询函的回复》及同步报送的更新版招股说明书中,万久清、莫鹏作为保荐工作具体负责人,擅自多处修改了招股说明书中有关经营数据、业务与技术、管理层分析等信息披露数据和内容,并与此同步多处修改了上海证券交易所问询问题中

---

[1] 即可转换债券。

[2] 2017年修正的《证券发行上市保荐业务管理办法》第二条规定内容未做变动。

引述的招股说明书相关内容。上述修改，未按上海证券交易所要求采用楷体加粗格式标明并向上海证券交易所报告，也未按照保荐业务执业规范和中金公司内部控制制度的规定报送公司内核部门审核把关。违规行为发生后，中金公司及其保荐代表人万久清、莫鹏能认识到行为的错误，并按照要求予以改正。

上海证券交易所在纪律处分决定书中指出，招股说明书报送稿以及对发行上市审核问询的回复，是股票发行上市审核中的重要文件，市场和投资者对此高度关注。万久清、莫鹏作为中金公司委派的保荐代表人，应当恪守业务规则和行业规范，诚实守信、勤勉尽责，按照要求认真回复问询问题，报告招股说明书的修改内容。其上述不当行为，违反了《科创板首次公开发行股票注册管理办法（试行）》和《上海证券交易所科创板股票发行上市审核规则》的相关规定，也违反了保荐代表人的执业规范。基于查明的事实，保荐代表人万久清、莫鹏是本次违规行为的直接责任人，上海证券交易所按照纪律处分委员会审核意见，对其予以通报批评。该纪律处分决定将通报中国证监会，并记入保荐代表人的执业质量评价和诚信档案。

上述违规行为的发生，同时也说明中金公司作为保荐机构，在保荐代表人业务管理、保荐业务内部质量控制等方面存在薄弱环节。就此，上海证券交易所已对中金公司另行采取了书面警示的监管措施，督促其在科创板相关发行上市申请项目中，进一步加强保荐业务和保荐代表人监督管理。

科创板发行上市审核是试点注册制的重要组成部分，需要坚持以信息披露为中心，需要压实中介机构对信息披露质量的把关责任。后续，上海证券交易所对发行上市审核过程中发现的违规行为，将严格依规予以惩处。希望所有的保荐机构、保荐代表人和其他中介机构及其相关责任人，能够从本起违规行为和纪律处分中汲取经验教训，认真履行职责，对制作和报送的信息披露文件进行全面核查验证，共同推动设立科创板和试点注册制的平稳有序实施。

资料来源：上海证券交易所。

第三节 证券发行方式与股票发行程序

证券发行方式是指证券发行人采用某种方法，通过某种渠道或途径将证券投入市场，为广大投资者所接受。证券发行方式对于能否及时筹足资金有着极其重要的意义，因此发行者应根据自身、市场及投资者等诸多方面的实际情况正确地选择适当的证券发行方式。本节我们将介绍几种主要的证券发行方式。

一、私募发行和公募发行

（一）私募发行

私募发行也称不公开发行或内部发行，是指以少数特定投资者为对象发行证券的一种发行方式。

1. 私募发行的对象

私募发行的对象是特定人。所谓特定人，是指在公司推出定向增发议案时，名称、身份以及拟置入上市公司的资产都已确定的人，这样能使私募发行区别于发行对象不确定的配售行为。私募发行的对象一般有两种：一种是公司的老股东或发行人的员工；另一种是投资基金、社会保险基金、保险公司、商业银行等金融机构以及与发行人有密切业务往来关系的企业等机构投资者。

2. 私募发行的特点

私募发行的特点在于发行者的资信情况为投资者所了解，所以不必向社会公开内部信息，也没有必要取得证券资信级别评定，发行手续简单，可以节省发行时间和发行费用。其不足之处是投资者数量有限，证券不允许上市流通，而且不利于提高发行人的社会信誉。

（二）公募发行

公募发行也称公开发行，是指发行人向广泛的不特定的社会公众投资者发售证券的一种发行方式。

1. 公募发行的对象

公募发行的对象是社会上不特定的众多投资者，所有合法的社会投资者都可以参加认购。为了保障广大投资者的利益，各国对公募发行都有严格的要求，如发行人要有较高的信用，并符合证券主管部门规定的各项发行条件，经批准后方可发行。

2. 公募发行的特点

公募发行的证券，发行的数量多，筹集资金的潜力大，可申请在证券交易所上市以增强证券的流动性，有利于提高发行人的社会信誉，并且可避免发行的证券过于集中或被少数人操纵。公募发行的不足之处在于发行程序比较复杂，登记核准的时间较长，发行费用较高。

公募发行和私募发行各有优势。公募发行是证券发行中最常见、最基本的发行方式，适合于证券发行数量多、筹资金额大、准备申请上市的发行人。然而在西方成熟的证券市场中，随着投资基金、养老基金、保险公司等机构投资者的增加，私募发行也呈逐年增长的趋势。目前，我国境内上市外资股（B股）的发行几乎全部采用私募方式进行。

二、溢价发行、折价发行和平价发行

（一）溢价发行

溢价发行就是按超过票面的价格发行。溢价发行可使公司用较少的股份筹集到较多的资金，同时还可降低筹资成本。溢价发行又可分为市价发行和中间价发行两种方式。

1. 市价发行

市价发行也称时价发行，是指以同种或同类股票的流通价格为基准来确定股票发行价格，股票公开发行通常采用这种形式。在发达的证券市场中，当一家公司首次发行股票时，通常会根据同类公司股票在流通市场上的价格表现来确定自己的发行价格；而当一家公司增发新股时，则会按已发行股票在流通市场上的价格水平来确定发行价格。

2. 中间价发行

中间价发行是指以介于面额和时价之间的价格来发行股票。我国股份有限公司对老股东配股时，基本上都采用中间价发行。

《中华人民共和国证券法》（2019年修订版）第三十二条规定，股票发行采取溢价发行的，其发行价格由发行人与承销的证券公司协商确定。其要义具体体现在以下几个方面。

第一，新股定价方式由政府管理部门规定的单一方式，向承销双方自主商定的多元方式转变。政府部门不再具体规定新股发行定价指标，而是实行协议定价方式。这意味着承销双方可以采用双方一致同意的科学的任何一种定价方式，也意味着可以采用创新的定价方法。

第二，新股发行价格要经过国务院证券监督管理机构核准。即承销双方不可没有科学依据地乱定价格，必须遵守证券监督管理机构规定的有关条件和法律法规，不符合规定条件的，发行价格将得不到批准。

第三，新股发行市盈率将不做统一规定，由承销双方自主协商决定。这将改变以往发行按相同市盈率定价的局面。

（二）折价发行

折价发行也称低价发行，是指按低于票面的价格发行，即按面额打一定折扣后发行，折扣的大小主要取决于发行公司的业绩和承销商的能力。如某种股票的面额为1元，如果发行公司与承销商之间达成的协议折扣率为5%，那么该股票的发行价格为每股0.95元。目前，西方国家的股份有限公司很少有按折价发行股票的。

（三）平价发行

平价发行也称等额发行或面额发行，是指按票面金额的价格发行。如某公司股票面额为1元，如果采用平价发行方式，那么该公司发行股票时的售价也是1元。由于股票上市后的交易价格通常要高于面额，因此绝大多数投资者都乐于认购。平价发行方式较为简单易行，但其主要缺陷是发行人筹集资金量较少，因此多被证券市场不发达的国家和地区采用。

在我国，《中华人民共和国公司法》（2018年修正本）第一百二十七条明确规定，"股票发行价格可以按票面金额，也可以超过票面金额，但不得低于票面金额。"

三、招标发行和议价发行

（一）招标发行

招标发行是证券发行人通过招标的方式来确定国债的承销商和发行条件。根据标的物的不同，招标发行又可分为缴款期招标、收益率招标和价格招标三种形式。

1. 缴款期招标

缴款期招标是指在国债的票面利率和发行价格已经确定的条件下，按照承销机构向财政部缴款的先后顺序获得中标权利，直至满足预定发行额为止。

2. 收益率招标

收益率招标主要用于附息国债的发行，它可分为荷兰式收益率招标和美国式收益率招标两种形式。

荷兰式收益率招标的票面利率由投资者以投标方式进行竞争，按照投标人所报的收益率由低到高中标，直至满足预定发行额为止。中标的承销机构都以相同收益率（所有中标收益率中的最高收益率）来认购国债中标额，并以各中标人投标收益率的加权平均值作为国债的票面利率。

美国式收益率招标的票面利率也是由投资者以投标方式进行竞争，按照投标人所报的收益率由低到高中标，直至满足预定发行额为止。但是中标承销机构分别以各自报出的收益率来认购国债，并以各中标人投标收益率的加权平均值作为国债的票面利率。

【例9-1】 若某一附息国债招标发行，其面值为100元，中标额为400亿元，投标人A、B、C分别报出表如9-1所示的投标收益率与投标额，那么根据荷兰式收益率招标和美国式收益率招标，其中标收益率与国债票面利率是多少？

表 9-1

项目	投标人A	投标人B	投标人C
投标收益率（%）	4	5	6
投标额（亿元）	100	200	300
中标额（亿元）	100	200	100
荷兰式招标中标收益率（%）	6	6	6
美国式招标中标收益率（%）	4	5	6
票面利率（%）	5	5	5

【解析】 根据荷兰式收益率招标规则，A、B、C三者的中标额分别为100亿元、200亿元和100亿元，而中标收益率都为6%，国债的票面利率计算如下。

国债的票面利率 = 4% × (100/400) + 5% × (200/400) + 6% × (100/400) = 5%

根据美国式收益率招标规则，A、B、C三者的中标收益率分别是自己的投标收益率，即等于4%、5%和6%，而票面利率也是5%。

我国中长期附息国债多采用美国式收益率招标形式予以发行。

3. 价格招标

价格招标主要用于贴现国债的发行。根据中标规则的不同，价格招标又可分为荷兰式招标和美国式招标两种。

荷兰式招标也叫单一价格招标，是指按照投标人所报买价自高向低的顺序中标，直至满足预定发行额为止，中标的承销机构以相同的价格（所有中标价格中的最低价格）来认购中标的国债数额。

美国式招标也叫多种价格招标，是指按照投标人所报买价自高向低的顺序中标，直至满足预定发行额为止，中标的承销机构按每家投标商各自的中标价格及其中标认购数量进行认购，招标结果一般是各个中标的承销机构有各自不同的认购价格，每家的成本与收益率水平也不同。

【例9-2】 若某一贴现国债招标发行，其面值为100元，中标额为400亿元，投标人A、B、C分别报出如表9-2所示的投标价格与投标额，那么根据荷兰式价格招标和美国式价格招标，其中标价格是多少？

表 9-2

项目	投标人A	投标人B	投标人C
投标价格（元）	95	90	85
投标额（亿元）	100	200	300
中标额（亿元）	100	200	100

(续)

项目	投标人 A	投标人 B	投标人 C
荷兰式招标中标价（元）	85	85	85
美国式招标中标价（元）	95	90	85

【解析】 根据荷兰式价格招标规则，A、B、C 三者的中标额分别为 100 亿元、200 亿元和 100 亿元，而中标价格都为 85 元。根据美国式收益率招标规则，A、B、C 三者的中标价格分别是自己的投标价格，即等于 95 元、90 元和 85 元。

我国目前短期贴现国债主要运用荷兰式价格招标方式予以发行。

招标发行是公开进行的，属于公募性质，故也称"公募招标"。招标发行是不允许投资者议价的，它被认为是保证发行人获得最高可能价格的唯一方法，对发行者有利。但是，只有那些信誉很高、对其证券相当自信的筹资者才敢采用此种方法。

（二）议价发行

议价发行也称非招标发行，是指证券发行人与证券承销商就证券发行价格、手续费等权责事项充分商讨后再发行或推销的一种发行方式。这种方式是为了考虑多方面的利益，一旦各方的利益在商讨后的办法中得到兼顾，便可根据详细办法来执行发行或推销计划。

议价发行的优点有两个：第一，承销商与发行人直接商洽，可以更多地了解发行人的情况，容易了解和掌握发行人的真实情况，这对于承销商来说，可以减少承销的风险，因而易于接受；第二，对承销商而言，议价发行比招标发行更合理，证券的推销和利润把握性更大。

四、直接发行和间接发行

（一）直接发行

直接发行是指证券发行人不通过证券承销机构，而是自己组织认购，进行销售，从投资者手中直接筹措资金的发行方式。这种发行方式有时也称自营发行。直接发行使发行人能够直接控制发行过程，实现发行意图，而且发行成本较低，可节约发行手续费，在内部发行时无须向社会公众提供有关资料。但是，由于直接发行方式得不到证券中介机构的帮助和证券市场的密切配合，发行的社会影响往往较小，发行也往往费时较多；而且，直接发行由发行人自己负担发行的责任和风险，一旦发行失败，发行人则要承担全部的损失。因此，直接发行方式比较适合于发行风险较小、手续较为简单、数额不多的股票发行。

（二）间接发行

间接发行也称委托发行或承销发行，是指证券发行人不直接参与证券的发行过程，而是委托一家或几家证券中介机构代理出售证券的发行方式。证券承销机构一般为投资银行、证券公司、信托投资公司等。间接发行由于借助证券中介机构的支持和证券市场机制，所以能在较短的时间内筹足所需资金，并及时投入生产经营，而且对于发行人来说也比较方便，风险也较小，还能借此提高企业信誉，扩大社会影响。但这需支付一定的手续费，所以是增加了发行成本，而且按照有关规定，发行人还需提供证券发行所需的有关资料。因此，间接发行比较适合于那些已有一些社会知名度，筹资金额大而急的公司。间接发行根据受托证券机构对证券发行责任的不同，可分为包销、代销和联合发行等多种具体推销方式。

1. 包销

包销是指证券承销商将发行人的证券按照协议全部购入或者在承销期结束时将售后剩余证券全部自行购入的承销方式。采用包销方式，难免会有承销商不能全部售出证券的情况，这时承销商不得不在承销期结束时自行购入售后剩余的证券。通常情况下，承销商可以在证券上市后，通过证券交易所的交易系统逐步卖出自行购入的剩余证券。证券交易所推出大宗交易制度后，承销商可以通过大宗交易的方式卖出剩余证券，从而拥有了一个快速、大量处理剩余证券的新途径。

包销一般可分为全额包销和余额包销两种。

（1）全额包销发行方式，是由证券承销商将所发行的证券全部买下，然后再转售给社会公众投资者的证券发行方式。使用这种发行方式，发行风险全部由受托证券承销商承担，无论承销商能否将证券全部发行出去，发行人都可以及时、全额取得所筹资金。但是相应地，使用该种发行方式发行人付出的承销费也是最高的。

（2）余额包销发行方式，又称助销，是指证券承销商按照规定的发行额和发行条件，在约定的期限内向投资者发售证券，到销售截止日，如投资者实际认购总额低于预定发行总额，未售出的证券则由承销商负责认购，并按约定时间向发行人支付全部证券款项。在余额包销发行方式下，发行人在发行期结束时才能获得资金，而在全额包销发行方式下，发行人在发行协议签订以后，发行期开始之前即可获得承销商垫付的资金。由于没有资金垫付行为，所以余额包销发行方式的代理费比全额包销发行方式要低。目前这种发行方式在我国运用得比较多。

在我国，通过包销方式发行股票和可转换债券，承销费通常为发行总金额的 1.5%~3%，而通过包销方式发行公司债券（企业债券），承销费通常为发行总金额的 0.8%~2.5%。

2. 代销

代销是指证券承销商代理发行人发售证券，发行期结束时将售出所得的资金连同未售出的证券全部退回给发行人的证券发行方式。使用这种发行方式，证券发行中的全部风险由发行人承担，代销者对证券能否售出不承担任何责任，因而代理费用在间接发行的三种方式中是最低的，通常与实际发售数额挂钩。

在我国，通过代销方式发行股票、可转换债券，承销费通常为发行总金额的 0.5%~1.5%，而通过代销方式发行公司债券（企业债券），承销费通常为发行总金额的 0.5%~2%。

3. 联合发行

联合发行又称承销团发行方式，是指由证券主承销商牵头，联合其他承销商组成承销团，共同承担责任，全额或余额包销代理发行证券的方式，特别适合于发行数额巨大的证券。参与联合发行的承销商至少在两个以上，一般由主承销商与发行人签订发行协议，再由主承销商与其他副承销商、分销商签订分销协议。证券发行的风险由参加联合发行的承销商共同分担，形式有等额分担和按比例分担。一般情况下，主承销商分担的风险和责任最大，相应获得的手续费收入也最多。

五、股票发行程序

股票的发行分为首次公开发行和公开发行新股两类。首次公开发行是股份有限公司成立以募集资本所进行的股票发行,又称设立发行;公开发行新股是指股份有限公司成立后因增加资本、扩大经营的需要而进行的股票发行。由于首次公开发行较为简单,所以下面只分析公开发行新股的基本程序和步骤。根据《上市公司证券发行管理办法》,上市公司公开发行新股的发行程序如下。

1. 发行前的咨询

发行公司在发行股票之前,必须就涉及发行股票的目的、时机、条件等有关事项向被委托发行的中介机构征求咨询意见,以便对股票发行方案有一个初步设计。上市公司公开发行新股,应满足以下条件:① 具备健全且运行良好的组织机构;② 具有持续盈利能力,财务状况良好;③ 最近3年财务会计文件无虚假记载,无其他重大违法行为;④ 经国务院批准的国务院证券监督管理机构规定的其他条件。

2. 申请股票发行

申请股票发行是股票发行工作中的关键环节,一般包括以下几项工作。

(1)聘请保荐人(主承销商)。上市公司公开发行股票,应当由证券公司承销;非公开发行股票,如发行对象均属于原前10名股东的,则可以由上市公司自行销售。上市公司申请公开发行股票或者非公开发行新股,应当由保荐人保荐,并向中国证监会申报。

(2)董事会做出决议。上市公司董事会依法就下列事项做出决议:新股发行的方案、本次募集资金使用的可行性报告、前次募集资金使用的报告、其他必须明确的事项,并提请股东大会批准。

(3)股东大会批准。股东大会应当就本次发行证券的种类和数量、发行方式、发行对象及向原股东配售的安排、定价方式或价格区间、募集资金用途、决议的有效期、对董事会办理本次发行具体事宜的授权、其他必须明确的事项进行逐项表决。

(4)编制和提交申请文件。保荐人应当按照中国证监会的有关规定编制和报送发行申请文件。这些文件和资料主要有发行申请书、招股说明书、承销合同等。

(5)中国证监会组织"发行审核委员会"审核及核准。首次公开发行股票的审核工作流程分为受理、见面会、问核、反馈会、预先披露、初审会、发审会、封卷、会后事项、核准发行等主要环节,如图9-1所示。

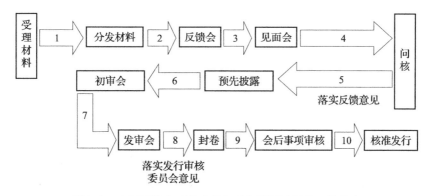

图9-1 中国证监会对首次公开发行股票审核的工作流程

3. 推介阶段

发行公司在得到批准发行股票后,股票承销商要通过估值模型对新股发行价进行合理的估值；接着，主承销商要配合发行人向询价对象进行各种推介活动（路演），并通过互联网向公众投资者进行推介；同时，在股票发行询价机制下，承销商还要根据需求量和需求价格信息对发行价格反复修正并最终确定发行价格。

股票发行的估值仅可作为股票定价的一个参考值，事实上，股票的价格是随着股票市场景气程度不断变化的。在我国，首次公开发行股票，应当通过向特定机构投资者询价的方式确定股票发行价格。询价分为初步询价和累计投标询价，发行人及其主承销商应当通过初步询价确定发行价格区间，在发行价格区间通过累计投标询价确定发行价格。询价对象是指符合《证券发行与承销管理办法》规定条件的证券投资基金管理公司、证券公司、信托投资公司、财务公司、保险机构投资者、合格境外机构投资者以及中国证监会认可的其他机构投资者。询价对象自主决定是否参与初步询价，未参与初步询价或者参与初步询价但未有效报价的询价对象，不得参与累计投标询价和网下配售。

累计投标询价是指由发行人和主承销商通过初步询价商定一个股票发行的市盈率区间或净资产倍率区间后，通过"路演"，根据机构投资者投标申购的股票数量及报价，由发行人和主承销商确定发行价格并向投资者配售股票的发行定价方式。其中，"路演"是指证券发行人发行证券前针对机构投资者的推介活动。活动中，公司向投资者充分阐述公司的投资价值并回答机构投资者关心的问题，以促进投资者与发行人之间的沟通和交流。发行人和承销商要根据路演的情况来决定发行量、发行价和发行时机。累计投标询价的优点是在发行人和投资者之间建立了充分沟通的机制，降低了发行人和投资者之间的信息不对称程度，使市场更趋有效；缺点是在市场不成熟的情况下，易被大机构操纵定价。

首次发行的股票在中小企业板上市的，发行人及其主承销商可以根据初步询价结果确定发行价格，不再进行累计投标询价。上市公司增发新股的，根据《上市公司证券发行管理办法》，其发行方式、发行价格等与证券相关的事项应当由股东大会做出决议。

4. 发售阶段

股票巡回推介结束后，就进入了正式发行阶段，此时发行人应提前刊登招股说明书，公布股票网下和网上的申购日期和配售比例（通常比例是网上70%，网下30%）。在超额认购的情况下，主承销商还可以行使超额配售选择权。最后由主承销商公布抽签结果，并负责将认购款项转交发行人以及办理股东、股份、股票登记等事宜。

● 中国故事

我国股票市场规定的四种退市情形

股票退市是指上市公司由于未满足交易所有关财务及其他上市标准，而主动或被动终止上市的情形，即由一家上市公司变为非上市公司。

我国股票市场的上市公司退市包括主动退市和强制退市，强制退市属于被动退市。

上市公司主动退市，是由上市公司主动做出终止上市的决定，包括：上市公司履行必要的决策程序（需经过股东大会及中小股东2/3以上多数表决通过）后主动决定退市；回购或收购要约导致公司股本总额、股权分布发生变动，不再具备上市条件；新设合并或吸收合并；上市公司股东大会决议解散等。

强制退市是指在上市公司的经营状况、财务状况、股票交易状况触发一定条件或出现一些情形后，由交易所依法对上市公司做出终止上市的决定。按照我国现行法律和有关规定，强制退市情形主要包括重大违法退市、交易状况指标退市、财务状况指标退市三大类。此外，强制退市的情形还包括暂停上市公司未能成功办理恢复上市手续、法院宣告破产以及交易所规定的其他情形等。下面主要介绍一下前三大类主要的强制退市情形。

（1）重大违法退市。2014 年，中国证监会发布《关于改革完善并严格实施上市公司退市制度的若干意见》，规定了对于上市公司欺诈发行和重大信息披露违法两种重大违法情形，交易所应该对其暂停上市并限期终止上市。2018 年 7 月 27 日，中国证监会发布《关于修改〈关于改革完善并严格实施上市公司退市制度的若干意见〉的决定》，对 2014 年的退市意见进行完善，明确上市公司构成涉及国家安全、公共安全、生态安全、生产安全和公众健康安全等领域的重大违法行为的，交易所应当严格依法做出暂停、终止公司股票上市交易的决定。

（2）交易状况指标退市。股本总额、股权分布发生变化，不再满足上市要求的；流动性严重不足，不再适合公开交易的；以及连续 20 个交易日收盘价低于股票面值的，交易所应终止其股票上市。

（3）财务状况指标退市。因净利润、净资产、营业收入、审计意见 4 项指标触及规定标准暂停上市后，下一个会计年度净利润、净资产、营业收入、审计意见中任一指标仍然不能满足恢复上市条件的，交易所应终止其股票上市。

第四节　债券发行方式与程序

债券是发行人筹措资金的重要手段，债券类型主要有国债、地方政府债券、公司债券、金融债券、资产支持证券和中小企业集合债券等。从债券品种和类型看，在中国债券市场中，国债是规模较大、最具有影响力的市场基石债券，金融债券是余额最大的债券品种。地方政府债券虽然历史短，但发展速度快。

一、政府债券发行

政府债券是债券市场最主要的产品，在债券市场中具有举足轻重的地位。2017 年年底，地方政府债券、国债余额分别占债券市场余额的 20% 和 18%，为债券市场中第一、第二大券种。政府债券市场平稳运行对于债券市场的稳定具有重要意义。我国地方政府债券发行由财政部代理，下文我们以国债为例介绍政府债券发行。

（一）国债发行方式

自 1981 年起，我国重新恢复发行国债，在整个 20 世纪 80 年代，国债的发行均采取行政摊派的方式。1991 年，我国的国债发行开始实施承购包销的方式，主要用于不可流通的凭证式国债。自 1996 年起，财政部又引入公开招标的方式发行国债。时至今日，国债的发行已演变为四种发行方式并存，它们分别是直接发行、代销发行、承购包销发行、招标拍卖发行。

1. 直接发行

直接发行指的是财政部面向全国直接销售国债。这种发行方式共包含三种情况：第一种情况是各级财政部门或代理机构销售国债，单位和个人自行认购；第二种情况是 20 世纪 80 年代的摊派方式，属于带有强制性的认购；第三种情况是所谓的"私募定向方式"，即财政部直接对特定投资者发行国债，例如向银行、保险公司、养老保险基金等，定向发行特种国债、专项国债等。

2. 代销发行

代销发行与直接发行正好相反，即财政部委托代销者负责国债的销售。我国曾经在20世纪80年代后期和20世纪90年代初期运用过这种方式。

3. 承购包销发行

承购包销是指发行人和承销商签订承购包销合同，承销商只有包销出去以后，才能获利，这种发行方式目前主要运用于不可上市流通的凭证式国债的发行。

4. 招标拍卖发行

招标拍卖又称公开招标，是通过投标人的直接竞价来确定发行价格（或利率）水平，发行人将投标人的标价自高价向低价排列，或自低利率排到高利率，发行人从高价（或低利率）选起，直到达到需要发行的数额为止，因此所确定的价格（或利率）恰好是供求决定的市场价格（或利率）。进行招标的标的通常为利率和价格，利率招标主要用于附息债券的发行，价格招标主要用于贴现国债的发行。我国国债发行招标规则的制定借鉴了国际资本市场中的美国式、荷兰式规则，并发展出混合式招标方式。

若价格分别是90元、85元、80元，那么按照"荷兰式"招标，中标价格都为80元。倘若按照"美国式"招标，则A、B、C三者的中标价分别是95元、85元和80元。若采用混合式招标方式，标的为利率时，全场加权平均中标利率为当期国债票面利率，低于或等于票面利率的标位，按面值承销；高于票面利率一定数量以内的标位，按各中标标位的利率与票面利率折算的价格承销；高于票面利率一定数量以上的标位，全部落标。标的为价格时，全场加权平均中标价格为当期国债发行价格，高于或等于发行价格的标位，按发行价格承销；低于发行价格一定数量以内的标位，按各中标标位的价格承销；低于发行价格一定数量以上的标位，全部落标。

（二）国债销售价格

在传统的行政分配和承购包销的发行方式下，国债按规定以面值出售，不存在承销商确定销售价格的问题。在现行多种价格的公开招标方式下，每个承销商的中标价格与财政部按市场情况和投标情况确定的发售价格是有差异的。如果按面值向投资者销售国债，承销商就可能发生亏损，因此，财政部允许承销商在发行期内自定销售价格，随行就市发行。

二、可转换债券发行

可转换债券是指发行公司依法发行的一种公司债券，它赋予债券投资者在发行后的一定期间内按自身的意愿选择是否按照约定的条件将债券转换为股票的权利。

1. 可转换债券发行概述

可转换债券是一种含权债券，兼有公司债券和股票的双重特征。转股以前，它是一种公司债券，具备债券的特性；转股以后，它变成了股票，具备股票的特性；同时，它还赋予投资者在股票上涨到一定价格的条件下转换成发行人普通股票的权益，即看涨期权。所以，可转换债券具有债券性、股票性和期权性。

可转换债券的发行方式由发行人和主承销商协商确定。我国可转换债券的发行方式主要采取四种类型：第一，全部网上定价发行；第二，网上定价发行与网下向机构投资者配售相结合；第三，部分向原社会公众股股东优先配售，剩余部分网上定价发行；第四，部分向原社会公众股股东优先配售，剩余部分采用网上定价发行和网下向机构投资者配售相结合的方式。

《上市公司证券发行管理办法》对于可转换债券的发行主要有以下几个要求。

（1）发行规模。可转换债券的发行规模由发行人根据其投资计划和财务状况确定，但是可转换债券发行后，累计公司债券余额不得超过最近一期末净资产额的40%。

（2）期限。可转换债券的最短期限为1年，最长期限为6年。

（3）转股期或行权期。转股期限由公司根据可转换债券的存续期限及公司财务状况确定，上市公司发行的可转换债券在发行结束6个月后方可转换为公司股票。

（4）利率。可转换债券的利率由发行公司与主承销商协商确定，但必须符合国家的有关规定。

（5）转股价格。转股价格应不低于募集说明书公告日前20个交易日公司股票交易均价和前一个交易日的均价。

（6）赎回和回售。可转换债券的赎回是指上市公司可按事先约定的条件和价格赎回尚未转股的可转换债券。可转换债券的回售是指债券持有人可按事先约定的条件和价格，将所持债券卖给发行人。

2. 可转换债券发行定价

根据可转换债券的特征可以看出，可转换债券相当于这样一种投资组合：投资者持有1张与可转换债券相同利率的普通债券，1张数量为转换比例、期权行使为初始转股价格的看涨期权，1张基于回售条款的看跌期权，同时基于赎回条款向发行人无条件出售了1张看涨期权。即可转换债券实质上是一种由普通债权和股票期权两个基本工具构成的复合融资工具，所以，可转换债券的价值可以用式（9-1）近似表示。

$$可转换债券价值 \approx 债券价值 + 看涨期权部分价值 + 看跌期权部分价值 - 发行人看涨期权价值 \tag{9-1}$$

三、其他债券发行

（一）金融债券

金融债券是指银行与非银行金融机构按照法定程序发行并约定在一定期限内还本付息的有价证券。金融债券可以在全国银行间债券市场公开发行，也可以定向发行；可以一次足额发行，也可以限额内分期发行。在所有债券存量的比重中，金融债券仅次于国债和央行票据。2009年3月25日，中国人民银行发布了《全国银行间债券市场金融债券发行管理操作规程》，规范了全国银行间债券市场金融债券发行行为。

1. 发行主体

金融债券的发行主体包括以下几类。

（1）政策性银行，主要包括国家开发银行、中国进出口银行、中国农业发展银行。

（2）商业银行，商业银行发行金融债券应具备以下条件：具有良好的公司治理机制；核心资本充足率不低于4%；最近3年连续赢利；贷款损失准备计提充足；风险监管指标符合监管机构的有关规定；最近3年没有重大违法、违规行为；中国人民银行要求的其他条件。

（3）企业集团财务公司。

（4）其他符合规定的金融机构。

2. 次级债务

次级债务是指偿还次序优于公司股本权益，但低于公司一般债务的一种债务形式，发行人以金融机构为主。根据《巴塞尔协议》，次级债务可以计入银行的附属资本。次级债务计入资本的条件是：不得由银行或第三方提供担保，并且不得超过商业银行核心资本的50%。所以，银行通过发行次级债务不仅筹措了长期资金，还补充了银行的资本充足率。然而，次级债务到期有还本付息的压力，净资产也不会增加，因此，银行通过次级债务融资就必须考虑还本付息的压力，从而增强自身的盈利能力。相对地，对于投资人来说，购买次级债务的风险当然要比一般债券大得多，所以次级债务的发行主要是针对合格的机构投资者，因为成熟的机构投资者具有较强的信息捕捉能力和风险识别水平。

中国人民银行和中国银监会共同制定了《商业银行次级债券发行管理办法》，并于2004年6月17日公布实施。2004年9月29日，中国保监会也发布了《保险公司次级定期债务管理暂行办法》，为保险公司发行次级债务建立了合法程序。

（二）中小企业集合债券

中小企业集合债券是指通过牵头人组织，依照"统一冠名，分别负债，统一担保，集合发行"的模式，以多个中小企业所构成的集合为发债主体，发行企业在各自的发行额度内承担按期还本付息的义务，并按照相应比例承担发行费用的一种企业债券形式。中小企业集合债券实际上是一种"捆绑发债"的方式，打破了只有大企业才能发债的惯例，开创了中小企业新的融资模式，解决了中小企业的融资难问题。并且，由于有资质卓越的第三方为债券提供统一担保，提高了债券的信用等级，所以企业债券发行利率一般低于同期限商业银行贷款利率，且债券利息可在税前支付，计入成本，节约了企业财务成本。

我国中小企业集合债券发行时应包括以下要素。

（1）债券名称。债券名称由当地政府统一命名，如2007年中关村高新技术中小企业集合债券，债券简称"07中关村"。

（2）债券发行额。债券发行额由当地政府确定，以国家发展改革委最终审批结果为准。

（3）发行面值。债券面值100元，平价发行。以1 000元为一个认购单位，认购金额必须是人民币1 000元的整数倍，且不得少于人民币1 000元。

（4）发行期限。集合债券发行期限一般为3~5年，以国家发展改革委最终审批结果为准。

（5）票面利率。集合债券多采用固定利率，也有浮动利率。固定利率在债券存续期内固定不变，采用单利按年计息，不计复利。如"07中关村"集合债券，为三年期固定利率债券，票面年利率为6.68%，在债券存续期内固定不变。

（6）付息方式。集合债券的利息每年支付一次。

（7）承销方式。集合债券由承销团负责承销，一般采用余额包销方式。

（8）债券担保。由符合条件的机构为集合债券提供统一担保（即统一担保人），以提高集合债券的信用等级，促进集合债券的成功发行。如"07深中小债"，由国家开发银行提供统一担保，深圳市三家担保机构再分别担保并向国家开发银行提供连带担保责任。

（三）资产支持证券

资产支持证券是指由银行等金融机构作为发起机构，将信贷资产信托给受托机构，由受托机构发行的、以该财产所产生的现金支付其收益的证券。资产支持证券可以把沉淀的资产变为可流动的资产，实现套现。

1. 拟证券化的信贷资产应当具备的条件

（1）具有较高的同质性。
（2）能够产生可预测的现金流收入。
（3）符合法律、行政法规以及中国银监会等监督管理机构的有关规定。

在国际上，主要的资产支持证券包括：房产抵押贷款证券化、信用卡应收款证券化、贸易应收款证券化、设备租赁费证券化、基础设施收费证券化、保费收入证券化和知识产权证券化等。

2. 信用增级

资产支持证券在全国银行间债券市场发行，应聘请具有评级资质的资信评级机构对资产支持证券进行持续信用评级。而信用增级是指在信贷资产支持证券发行过程中通过合同安排所提供的信用保护。信用增级机构根据在相关法律文件中所承诺的义务和责任，向信贷资产证券化交易的其他参与机构提供一定程度的信用保护，并为此承担信贷资产证券化业务活动中的相应风险。正因为有了信用增级，大多数资产支持证券从主要的信用评级机构得到了最高信用评级——3A级。

资产支持证券对我国进行商业银行不良债权的化解、国企存量资产的盘活、基础设施建设资金的筹集有着广泛的借鉴意义。为规范资产支持证券转让行为，促进资产证券化业务的发展，上海证券交易所2013年3月26日发布《关于为资产支持证券提供转让服务的通知》，决定为资产支持证券提供转让服务，并对其挂牌暂免收费。

● 中国风格
我国证券发行方式的沿革

请扫码查看

中国风格

本章小结

1. 证券发行是证券发行人将某种证券首次出售给投资者的行为。证券发行市场也称为"一级市场"或"初级市场"。

2. 证券发行的信息披露有利于投资者的投资决策；防止发行公司信息滥用，保障投资者的利益；有利于发行公司的经营与管理；防止不正当竞业；提高证券市场效率。信息披露的标准有及时性、有效性、充分性、易得性和易解性。

3. 信息披露制度要求发行公司披露的信息包括一般公开资料、财务会计资料、有关管理人员资料和证券发行的有关资料。

4. 证券的发行方式可以根据不同的标准进行划分，如私募发行和公募发行，溢价发行、折价发行和平价发行,招标发行和议价发行,以及直接发行和间接发行。

推荐网站

1. 中国证券监督管理委员会:http://www.csrc.gov.cn.
2. 穆迪投资者服务公司:https://www.moodys.com.
3. 惠誉国际:https://www.fitchratings.com.
4. 中诚信国际:http://www.ccxi.com.cn.
5. 上海证券交易所:http://www.sse.com.cn.
6. 深圳证券交易所:http://www.szse.cn.

推荐阅读

1. 陈蓉. IPO发售机制的国际融合和中国考察[J]. 证券市场导报,2002 (7):29-33.
2. 顾连书. 中国股票发行监管制度变迁研究[M]. 北京:经济管理出版社,2014.
3. 夏斌. 创新金融体制:30年金融市场发展回顾[M]. 北京:中国发展出版社,2008.
4. RITTER J R. Initial Public Offerings, Warren Gorham & Lamont, Handbook of Modern Finance, Edited by Dennis Logue and James Seward reprinted in Contemporary Finance Digest 1998, 2 (1):5-13.
5. RITTER J R, WELCH I. A review of IPO activity, pricing, and allocations [J]. Journal of Finance, 2002 (57):1795-1828.
6. WELCH I. Seasoned offerings, imitation costs, and the underpricing of initial public offerings [J]. Journal of Finance, 1989 (44):421-449.

第十章

流通市场

本章提要

证券流通市场也称为二级市场,是与证券发行市场相对应的市场,是对已经发行的有价证券进行转让和流通的市场。证券流通市场的主要功能包括:流动性的提供、资金期限的转化、证券合理价格的维持、资金流动的导向和宏观调控的指示器。流通市场的交易机制是从微观层面考察流通市场,主要包括价格决定机制、价格形成机制的特殊方面、委托单形式及委托匹配的原则、交易离散构件、价格监控机制、交易信息披露和交易支付机制等,其中价格决定机制是核心。不同的交易机制各有优缺点,在金融市场功能实现方面起着不同作用。本章将详细介绍证券流通市场的功能、证券流通市场的交易机制以及该交易机制对金融市场功能的影响。

学习目标

1. 理解证券流通市场的功能,熟悉证券流通市场的形式。
2. 熟悉市场交易机制的各项内容,了解关于市场交易机制的理论模型。
3. 理解不同交易机制对金融市场功能的影响。

重点难点

本章重点:证券流通市场交易机制的各项内容,不同交易机制对金融市场功能的影响。
本章难点:指令驱动机制与报价驱动机制的区别,各种保证金的含义。

案例导入

美国纳斯达克和中国香港创业板市场

所谓创业板市场,即二板市场(Second Board Market),是与主板市场(Main Board Market)相对应的概念,是指在主板市场之外为中小高成长企业的发展提供融资途径,并为风险资本提供出口的一个新市场。二板市场在上市标准、交易制度、监管机制和对保荐人的要求等方面与主板市场都有显著不同。

纳斯达克即美国全国证券交易商协会自动报价表(National Association of Securities Dealers Automated Quotations,NASDAQ),始建于1971年,是一个完全采用电子交易、为新兴产业提供竞争舞台、自我监管、面向全球的股票市场。纳斯达克是全美也是全世界最大的股票电子交易市场。截至 2018 年 7 月，纳斯达克交易所上市公司有 3 021 家。纳斯达克又是全世界第一个采用电子交易的股市，它在 55 个国家和地区设有 26 万多个计算机销售终端。NASDAQ 交易制度是做市商制度。通过做市商提交在 NASDAQ 市场上市交易的股票的双边买卖报价，争取投资者的委托单来进行交易。做市商必须是美国全国证券交易商协会（National Association of Securities Dealers，NASD）的会员。

中国香港联合交易所开设创业板市场的宗旨是扶持我国港、澳、台、内地以及东南亚各国（地区）的中小高成长企业尤其是中小高科技企业，同时致力于改善我国香港地区的股市结构和经济结构，加强中国香港地区作为国际金融中心的地位以及抗击金融危机的能力。创业板采用独立运作模式，它与中国香港联合交易所主板市场处于同等地位，具有独立的上市标准、上市监管委员会、监管机制信息披露方式。截至 2018 年 7 月，共有 377 家公司在我国香港创业板市场上市发行股票，总市值达到 2 300 多亿港元。香港创业板市场的股票交易目前使用的是委托指令驱动交易制度，通过主板现有的第二代自动对盘系统进行，该系统是根据输入盘自动进行配对的，买卖成交后将通过中央结算系统进行结算及交收。

美国纳斯达克和我国创业板市场同属于二板市场，交易机制存在哪些区别？对两个二板市场又有哪些影响？通过本章的学习，我们将会找到这些问题的答案。

第一节　流通市场概述

流通市场是对已经发行的有价证券进行转让和流通的市场，又称二级市场和次级市场。流通市场的作用主要是通过场内市场或场外市场的交易活动，实现证券在持有者和投资者之间的转移，同时实现资金在持有人和投资者之间反向流动。

一、流通市场的形式

流通市场按照组织形式的不同分为两种形式：一种是有组织的、集中的场内交易市场，它是证券市场的主要形式；另一种是非组织化的、分散的场外交易市场，它是场内交易市场的必要补充。

（一）场内交易市场

1. 场内市场的概念和特征

场内交易市场即证券交易所。证券交易所作为证券市场的主要形式，有固定的交易场所和交易时间，参加交易者为具备会员资格的证券交易机构，交易采取经纪制，交易双方通过公开竞价的方式决定交易价格。证券交易所为证券流通提供交易场所，集中社会各种资金参与投资，引导投资的合理流向，实现资金的优化配置，从而促进经济增长。流通市场中，场内交易市场的指数反映了国民经济发展动向，所以流通市场的价格指数水平被称为宏观经济的晴雨表。

证券交易所作为一个高度组织化的市场，具有以下特征：① 有固定的交易场所和交易时间；② 参加交易者为具备会员资格的证券经营机构，交易采取经纪制，一般投资者不能直接进入交易所买卖证券，只能委托会员作为经纪人间接进行交易；③ 交易的对象仅限于满足一定标准的上市证券；④通过公开竞价的方式决定交易价格；⑤集中了证券的供求双方，具有较高的成交速度和成交率；⑥实行"公开、公平、公正"的原则，并对证券交易加以严格管理。

从组织形式上看，国际上的证券交易所主要有公司制和会员制两种。

(1) 公司制证券交易所。公司制证券交易所是指以股份有限公司形式设立的、以营利为目的的公司法人。出资人一般有商业银行、证券公司、投资信托机构等，公司制交易所的所有权与交易权分离，会员有权利在交易所交易，但可以不拥有交易所的所有权，未拥有交易所股份的会员将不参与交易所的经营决策与管理。公司制证券交易所的组织形式与股份有限公司相类似，通常设有股东大会、董事会、监事会和经营管理层，其中股东大会是交易所的最高权力机构。瑞士的日内瓦证券交易所、美国的纽约证券交易所和中国的香港联合证券交易所都实行公司制。

公司制证券交易所对在本所的证券交易负有担保责任，交易所设有赔偿基金，当发生违约使买卖双方中任何一方受损时，交易所有负责赔偿损失的责任，从而有助于获得社会公众的信任，促进证券交易所的发展。但是，公司制证券交易所也具有某些缺点，由于公司制证券交易所的收入主要来源于证券交易佣金，证券交易额的多少与交易所利益直接相关，所以证券交易所为了增加收入，可能会人为地推动某些证券交易活动，形成证券交易所影响下的证券投机，进而影响证券交易市场的正常运行。

(2) 会员制证券交易所。会员制证券交易所是由会员自愿组成的、不以营利为目的的自律性法人，一般由证券公司、投资银行等证券商组成；只有具备会员资格的证券商和享有特许权的经纪人才能进入交易所内直接参与交易活动，其他投资者要买卖证券交易所上市的证券，必须通过会员进行。我国的上海证券交易所和深圳证券交易所都采用会员制。会员制证券交易所设会员大会、理事会和专门委员会，其中会员大会是证券交易所的最高权力机构。

由于会员制证券交易所采取会员自律自治制度，并且不以营利为目的，因此证券交易收取的费用较低，有利于交易的活跃，同时也可防止上市证券转入场外市场进行交易。但由于证券交易所属于非营利机构，通常缺乏第三方担保责任，所以投资者在交易中的合法利益可能得不到应有的保障，这不利于交易所的发展。而且，证券交易所的会员同时也是证券商，证券商的营利性有可能导致证券交易过程中出现不公正现象。此外，由于参与证券交易活动的双方只限于取得证券交易所会员资格的证券商，这种状况是一种事实上的垄断，所以不利于形成公平竞争的环境，也会影响证券交易服务质量的提高。

公司制和会员制证券交易所各有利弊，从世界范围来看，早期成立的证券交易所大多采取公司制形式；而目前大多数国家和地区的证券交易所都采取的是会员制形式，只有少数国家和地区立法允许证券交易所采取公司制形式。经济生活的迅速变化在客观上要求加快证券交易的速度，会员制形式可以在一定程度上克服公司制证券交易所凭借其独立地位而影响和阻碍证券交易的弊端，从而减少了交易环节并降低了交易成本，实现了证券交易的高效率；同时，各国或地区证券交易所还立法改革了会员制的某些传统特点，从而使会员制更具生命力。

我国的证券交易所有上海证券交易所和深圳证券交易所，它们都采用会员制，设会员大会、理事会和专门委员会。根据中国证监会发布的《证券交易所管理办法》，证券交易所是指依法设立的，不以营利为目的，为证券的集中和有组织的交易提供场所、设施，履行国家有关法律、法规、规章、政策规定的职责，实行自律性管理的法人。

2. 上海证券交易所和深圳证券交易所

中国内地有两所证券交易所，分别是上海证券交易所和深圳证券交易所。

上海证券交易所简称上交所,创立于 1990 年 11 月 26 日,同年 12 月 19 日开始正式营业,是中国内地两所证券交易所之一,它采用电子竞价交易方式,所有上市交易证券的买卖均须通过计算机主机进行公开申报竞价,由主机按照价格优先、时间优先的原则自动撮合成交。上海证券交易所采用新一代交易系统,订单处理能力强,成交速度快。上海证券交易所经过多年的持续发展,已经成为中国内地首屈一指的证券交易市场。截至 2018 年 7 月底,上海证券交易所有 1 436 家公司上市交易,总市值近 30 万亿元人民币。

深圳证券交易简称深交所,成立于 1990 年 12 月 1 日,于 1991 年 7 月 3 日正式营业。2004 年 5 月,深圳证券交易所正式推出中小企业板;2006 年 1 月,中关村科技园区非上市公司股份报价转让开始试点;2009 年 10 月,创业板正式启动,多层次资本市场体系架构基本确立。深圳证券交易所致力于建设中国多层次资本市场,全力支持中国中小企业发展,推进自主创新国家战略实施,上市公司数、上市股票数、市价总值、流通市值、证券成交总额、股票成交金额和国债成交金额等各项指标均超过上海证券交易所居首位。截至 2018 年 7 月底,深圳证券交易所有 2 115 家公司上市交易,总市值为 20 万亿元人民币左右。

(二) 场外交易市场

场外交易市场(Over-the-Counter Market,OTC Market)又称柜台交易市场或店头交易市场,是指在证券交易所之外,由证券买卖双方当面议价成交的市场。

1. 美国场外交易市场种类

(1)店头交易市场。店头交易市场又称证券商柜台市场,是指在证券公司开设的柜台上进行交易活动。店头交易市场上交易的证券主要是按照证券交易法公开发行但未在证券交易所上市的证券,一些联邦政府债券、地方政府债券、市政债券和公司债券等也是店头市场交易的对象。

店头交易的券商大多数同时具有自营商和经纪商的双重身份,并发挥着做市商的功能,买卖证券,维持证券存量,赚取交易差价和承担交易风险。

(2)第三市场。美国的第三市场形成于 20 世纪 30 年代。其背景是 1929 年世界经济危机到来时,美国证券市场发生了全面崩溃。危机过后,美国国会制定了《证券法》《证券交易法》等一系列有关证券市场的法规,并于 1934 年成立美国证券交易委员会,作为政府的管理机构,开始对证券市场进行全面的管理和监督。美国证券交易委员会还规定,只有属于证券交易所会员的经纪人、证券商才能进场代理客户买卖或者自己买卖经批准挂牌上市的股票;同时,买卖这些股票还有最低佣金的限制,不允许随意降低佣金的标准。这样就使大额股票交易成本变得相对昂贵。为了降低交易佣金,减轻大额交易的费用负担,就出现了挂牌上市的股票由非交易所会员的经纪人在场外交易的市场。

第三市场的主要客户是机构投资者,如银行信托部、养老基金组织及其他大型投资机构。此外,那些非交易所会员的较小经纪人和证券商,也是活跃的客户。它们可在这一市场上买下已上市的证券,再出售给其他人,从中获取一定的佣金。私人投资者有时也在第三市场做些证券交易,但交易量不大。

由于第三市场的交易者主要是机构投资者和证券经纪商,因而很少或不需要交易所提供有关证券研究、保管、信息和市场分析等服务。这样,不但可使佣金降低,而且使交易的总成本也比较低。这种市场不但对其参与者有降低成本的好处,而且对美国整个证券市场的发展也产生若干积极的影响。例如,由于第三市场的出现,上市证券出现了多层次的市场,证券业的竞争加强。其结果是促进诸如纽约证券交易所这样的老资格交易所提供免费的证券研究和其他服务,从而有助于投资者提高投资效率。它的出现也促使证券交易的固定佣金制发生变化,使投资者和出售证券者能影响证券交易成本,从而减少投资的总费用。实际上,从 1975 年 5 月 1 日起,美国纽约证券交易所的佣金就已不再固定规定为交易额的若干比率了。

(3) 第四市场。第四市场是美国投资者和证券持有人绕开证券经纪人,相互间直接进行证券交易而形成的市场,又称四级市场。第四市场的交易通常只牵涉买卖双方。有时也有帮助安排证券交易的第三方参与,但他们不直接卷入交易过程。第三方作为中间人,无须向证券管理机关登记,也无须向公众公开报道其交易情况。

第四市场的开拓者即帮助买进或卖出证券的人,通常只有一个或几个人。他们的主要工作是向客户通报买方和卖方的意愿,以促成买卖双方进行直接的交易谈判。各方交易者之间则通过电话、电传等方式进行生意接触,往往买卖双方相互不知身份。利用第四市场进行交易的一般是一些大企业、大公司。它们进行大宗的股票交易,为了不暴露目标,不通过证券交易所,而直接通过第四市场的电子计算机网络进行交易。

2. 场外交易市场特点

场外交易市场作为场内交易市场的补充形式,是一个分散的,没有固定交易场所、交易时间、交易规则和交易秩序的抽象市场或无形市场。场外交易市场主要利用电话、电报、传真和计算机网络进行交易,其交易方式主要采用议价交易。交易的证券种类繁多,虽然以不在交易所上市的证券为主,但是在某些情况下也对在证券交易所上市的证券进行场外交易。场外交易市场的管理比场内交易市场相对宽松。具体来讲:

(1) 场外交易市场是一个分散的无形市场。它没有固定的、集中的交易场所,而是由许多各自独立经营的证券经营机构分别进行交易,并且主要是依靠电话、电报、传真和计算机网络联系成交的。

(2) 场外交易市场的组织方式采取做市商制。场外交易市场与证券交易所的区别在于不采取经纪制,投资者直接与证券商进行交易。证券交易通常在证券经营机构之间或是证券经营机构与投资者之间直接进行,不需要中介。在场外证券交易中,证券经营机构先行垫入资金买进若干证券作为库存,然后开始挂牌对外进行交易。它们以较低的价格买进,再以略高的价格卖出,从中赚取差价,但其加价幅度一般受到限制。证券商既是交易的直接参加者,又是市场的组织者,它们制造出证券交易的机会并组织市场活动,因此被称为"做市商"(Market Maker)。这里的"做市商"是场外交易市场的做市商,与场内交易中的做市商不完全相同。

(3) 场外交易市场是一个拥有众多证券种类和证券经营机构的市场,以未能在证券交易所批准上市的股票和债券为主。由于证券种类繁多,所以每家证券经营机构只固定地经营若干种证券。

(4) 场外交易市场是一个以议价方式进行证券交易的市场。在场外交易市场上,证券买卖采取一对一交易方式,对同一种证券的买卖不可能同时出现众多的买方和卖方,也就不存在公开的竞价机制。场外交易市场的价格决定机制不是公开竞价,而是买卖双方协商议价。具体地说,是证券公司对自己所经营的证券同时挂出买入价格和卖出价格,无条件地按买入价格买入证券并按卖出价格卖出证券,最终的成交价是在牌价基础上经双方协商决定的不含佣金的净价。券商可根据市场情况随时调整所挂的牌价。

(5) 场外交易市场的管理比证券交易所宽松。由于场外交易市场分散,缺乏统一的组织和章程，所以不易管理和监督，其交易效率也不及证券交易所。但是，美国的 NASDAQ 市场借助计算机将分散于全国的场外交易市场联成网络，在管理和效率上都有了很大提高。

3. 我国场外交易市场

我国场外交易市场主要由两个部分组成：一个是类似于 NASDAQ 全国市场的自动报价系统，可称之为高级场外交易市场，它主要为具有成长潜力的中小企业提供融资服务，同时它也是兼容的市场，允许在证券交易所上市的公司在该市场挂牌交易；另一个是类似于美国场外交易电子报价板（OTCBB）的场外交易市场，可称之为次级场外交易市场，它主要作为证券交易所和高级场外交易市场的预备市场，同时为在前者上市的公司提供退市渠道，并为证券提供流通服务，实现资源的优化配置。

● 知识点

世界三大证券交易所介绍

二、流通市场的功能

一般而言，流通市场的实际价格水平和市场表现，决定了发行市场的价格水平和发行条件。发达的流通市场可使企业能以最低的成本在发行市场筹集资金，优化资源配置。流通市场的功能与它的活动内容紧密相关，主要表现在以下五个方面。

（一）流动性的提供

证券流通市场为证券的投资者提供了变现和转移投资的场所和条件，提高了证券的流动性。当持有证券的投资者需要将持有的证券转换为另外一种金融资产时，他首先要在证券市场卖出持有的证券，然后用获得的资金投资所选中的某种金融资产。当投资者需要卖出证券收回投资、将资金用于消费或其他用途时，也要通过证券流通市场完成卖出证券的交易。流通市场通过为在发行市场上发行的证券提供流动性，使得发行市场的功能得以维持，同时使证券的价格得以不断维持。

如果没有流通市场，证券的流动性很低，证券持有者不能顺利卖出证券，就会直接损害持有人的利益，削弱人们持有证券的意愿，也会对证券发行人造成潜在的损害。

（二）资金期限的转化

资本市场的特点是提供长期资金，在市场上发行证券以筹集资金的公司或企业要长期占用资金，但在投资者手中存在许多短期闲置资金，而购买证券的投资者出于各种原因并不希望他的资金长期成为"死钱"。这样，一部分资金的短期供给与资本市场的长期资金需求形成矛盾，出现了资金使用上的期限不对称。流通市场的存在使证券的随时变现成为可能。证券在不同的投资者之间不断地转让，需要变现的投资者持币退出市场，同时，新的投资者投入资金、持有证券，而证券发行时首批投资者投入的资金得以长期留在筹资者手中。这样，流通市场既满足了短期资金持有者的投资需求，又降低了投资风险，实际上完成了短期资金向长期投资的转化。

（三）证券合理价格的维持

流通市场为证券买卖双方提供各种服务，使买卖双方在同一市场上公开竞价，直到双方都得到满意合理的价格才能成交，从而最大限度地保证了买卖双方的利益。正是由于流通市场为买卖双方的竞价提供了场所和条件，因此，才使最终的成交价体现出合理性，最大限度地保证双方的利益。

（四）资金流动的导向

流通市场上证券价格的变化受许多因素的影响，在一定时期内，证券的供求数量是重要的影响因素之一。当证券供大于求时，其价格会下跌，这对筹资者在流通市场的证券发行行为产生抑制作用，势必减少流通市场上证券的发行数量。反之，当证券供不应求时，证券价格上升。这时流通市场发行新证券的欲望就比较强烈，势必增发证券。通过价格信息的反馈，借助市场的力量，社会资金供求趋于平衡。此外，在流通市场上随时公布交易行情，定期公布其他相关信息，可以使投资者了解发行者的经营状况和获利能力，促使投资者做出正确的投资决策，以引导资金在不同的企业或不同行业之间合理流动，提高资金的使用效率。

（五）宏观调控的指示器

在效率较高的证券流通市场中，证券交易行情和价格指数能较好地反映整个国民经济的状况，人们称之为国民经济的晴雨表。当证券价格指数在一定时期内呈持续上升或持续下降趋势时，相应地反映国民经济持续增长或步入衰退；政治、经济方面的重大事件或金融危机可能引起证券交易行情在短期内出现剧烈波动；某类或某种证券价格的变动，可反映行业或企业的变化情况。对此，政府可以直接或间接介入流通市场，采取相应的政策或措施，配合其他政策工具和行政手段，调节社会资金供求，影响利率和汇率，达到宏观调控的目的。

第二节　流通市场交易程序及方式

流通市场交易程序，主要是指投资者通过经纪人在证券交易所买卖股票的交易程序。这里的证券交易程序主要针对证券交易所场内竞价交易，包括开户、委托、竞价成交、交割清算、过户五个方面。

一、证券交易程序

（一）开户

投资者在买卖证券之前，要到证券经纪人处开立户头，开户之后才有资格委托经纪人代为买卖证券。开户时要同时开设证券账户和资金账户。

1. 证券账户

证券账户是证券登记机关为投资者设立的，用于准确登记投资者所持的证券种类、名称、数量及相应权益变动情况的一种账册。我国证券账户分为个人账户和法人账户两种。个人开户必须持有效证件。法人开户提供的证件有：有效法人证明文件（营业执照）及其复印件、法定代表人证明书及其身份证、法人委托书及代办人身份证。一般的证券账户只能进行A股、基金和证券现货交易；进行B股交易和债券回购交易须另行开户和办理相关手续等。投资者投资于上海和深圳股市，须分别在上海证券交易所和深圳证券交易所开设证券账户。上海证券账户是在上海证券中央登记结算公司或其委托的证券登记机构或证券经营机构办理开户手续；深圳证券账户由深圳证券结算公司或其授权的证券登记公司或证券经营机构办理开户。证券账户全国通用，投资者可以在开通上海或深圳证券交易业务的任何一家证券营业部委托交易。

2. 资金账户

资金账户是投资者在证券商处开设的资金专用账户，用于存放投资者买入证券所需资金或卖出证券取得的资金，记录证券交易资金的币种、余额和变动情况。资金账户类似于银行的活期存折，投资者可以随时提取存款，也可以获得活期存款的利息。投资者到证券营业部开设资金账户，必须持证券账户和有效身份证件，并缴纳一定的资金作为保证金，各证券商的证券营业部对最低保证金有不同的规定。个人开户可缴纳现金或用银行储蓄存折转账，法人开户可开转账支票并附营业执照复印件、主管机关批准证明和自有资金证明。证券商在为投资者开户时，会与投资者签订协议，订立条款，接收投资者的委托，到证券交易所代办证券买卖，并到证券登记结算机构代表投资者进行相应的证券与资金的登记、清算与交割。

（二）委托

投资者买卖股票不能亲自到交易所办理，必须通过证券交易所的会员（证券商）进行。委托是指投资者决定买卖股票时，以申报单、电话、电报或信函等形式向证券商发出买卖指令。这里重点介绍委托指令的形式，委托指令按照委托买卖证券的价格分为以下几种。

1. 市价委托

这是最常见的一种委托，该委托要求经纪商按下单时证券交易所内市场价格执行证券交易。当市场上同时有多份买单或多份卖单时，遵循价格优先、时间优先的原则执行，即出价高的买主优先，卖价低的卖主优先；当收到委托单的价格相同时，就按下单的时间顺序执行，即先下单，先执行。市价委托单的优点是，没有价格上的限制，成交迅速并且成交率高。缺点是，只有在委托执行后才知道执行价格，当市场价格变动较快时，成交价格会不理想。

2. 限价委托

这是一种有条件的委托，该委托要求经纪商在执行委托指令时，必须按照限定的价格或比限定价格更有利的价格买卖证券，即必须以限价或低于限价买进证券，以限价或高于限价卖出证券。与市价委托相比，限价委托的一个最大特点是股票的买卖可以按照投资者预期的价格或者更好的价格成交，有利于投资者实现预期投资计划，谋求最大利益。但其存在不能成交的风险，在市场波动比较大时，投资者采用限价委托容易错失良机，遭受损失。

【例10-1】　某客户想买入A公司的股票，采用限价买入委托单，限定最高价格为16元。如果最低卖价是16.5元，经纪商是否应该接受价格？如果最低卖价是15.5元，经纪商是否应该接受该价格？

【解析】　如果最低卖价是16.5元，高于客户限定的最高价，证券经纪商就不会买入A股票，并且要把下达了但无法执行的限价委托单记入限价委托单簿。如果最低卖价是15.5元，证券经纪商就接受该价格，买入A股票。

3. 停损委托

这是一种特殊的、限制性的市价委托，是指证券经纪商在接受委托后，只有当证券市场价格涨到指定价格或高于指定价格或当证券市场价格跌至指定价格或跌破指定价格时,才立即按照市价进行证券买卖。一旦达到指定价格后,停损委托就变成了市价委托。停损委托在投资者不能经常关注市场行情时的效果尤其有效。但停损委托也有风险:一是来自证券价格突发变动导致证券过早成交所形成的风险;二是来自停损委托在指定价格达到后,其执行价格的不确定性所形成的风险。

【例10-2】 某客户以每股10元的价格购进A股票,现在股票价格已上涨到40元,有很大账面价差利润。该投资者经过分析,认为股票可能还会涨,但又不想失掉已经得到的价差利润。于是他下达限价为每股38元的"停损卖出委托指令"。当市价达到多少元时,这个委托单生效?如果市价快速跌破38元,到达37元,那么就会以多少元的价格成交?

【解析】 当市价跌破38元时,该委托单生效,A股票按照市价卖出。如果市价快速跌破38元、到达37元,这时停损委托就变成市价委托,A股票就会以37元的价格卖出。

4. 限价停损委托

限价停损委托是将限价委托和停损委托结合在一起的一种委托。在设置限价停损委托时,投资者要明确停损价格和限价,当证券价格一旦到达停损价格时,就会成为限价委托。限价停损委托可用来减缓停损委托对证券市场的冲击,因为投资者能以此对停损价格达到后的执行价格进行限制。但是当价格急剧下跌时,指令就不能执行,投资者就不能得到限定损失的好处。

【例10-3】 某客户想卖出A股票,他害怕价格下跌,但又不能确定。于是他可以下达在每股38元停损、37元限价的停损限价委托指令。当市价达到多少元时,这个委托单生效?如果市价急剧下跌低于37元,那么该委托单能不能执行?

【解析】 当A股票市价跌到38元时,经纪人立即帮他出售,但如果价格急骤下跌低于37元,该委托单就不能执行。

5. 触价委托

触价委托是指投资者指定一个价格,当证券市场价格下跌或者上升到指定价格时,便按照市场价格买进或卖出证券。它与停损指令不同,买入的触价指令是如果市价下跌(而不是上升)到特定价格即买入的指令;卖出的触价指令是如果市价上升(而不是下跌)到特定价格就卖出的指令。

【例10-4】 某客户想买入A股票,他发出一个触价指令,每股买价38元,当市价达到多少元时,这个委托单生效?

【解析】 这一指令意味着投资者不想以任何高于38元的价格买入,如果市价下跌到38元或更低,就可以买入,因为这时指令已成为市价指令。它与限价指令比较,成交的机会要多一些。

(三) 竞价成交

1. 竞价方式

经纪人在接受投资者委托后,即按投资者指令进行申报竞价,然后拍板成交。从证券交易发展的过程来看,申报竞价的方式一般有口头竞价、牌板竞价、书面竞价和计算机竞价等。计算机终端申报竞价是指证券公司交易员在计算机终端机上将买卖报价输入交易所的计算机主机,然后由计算机主机配对成交。目前,计算机竞价是世界各国证券交易所采用的主要竞价方式。

2. 成交方式

目前在世界所有证券或证券衍生产品市场，成交价都是通过竞价交易制度形成的，我国沪、深交易所同时采用集合竞价和连续竞价两种方式。上海证券交易所规定，采用竞价交易方式的，每个交易日的9:15~9:25为开盘集合竞价时间，9:30~11:30、13:00~15:00为连续竞价时间。深圳证券交易所规定，采用竞价交易方式的，每个交易日的9:15~9:25为开盘集合竞价时间，9:30~11:30、13:00~14:57为连续竞价时间，14:57~15:00为收盘集合竞价时间。

3. 成交原则

证券交易所的计算机撮合系统按照"价格优先、时间优先、数量优先"的原则撮合成交。价格优先是指较高价格买进申报优先于较低价格买进申报，较低价格卖出申报优先于较高价格卖出申报，市价买卖申报优先于限价买卖申报。时间优先是指买卖方向、价格相同的申报，先申报者优先于后申报者。口头申报竞价时按中介经纪人听到的先后顺序排列，计算机申报竞价时先后顺序按交易主机接受申报的时间确定，书面申报竞价时按中介经纪人收到书面委托书的顺序排列。数量优先是指在买卖申报价格、时间相同时，交易数量较大者优先于交易数量较小者。目前，我国证券交易所采用价格优先、时间优先的原则成交。

4. 成交结果

投资者的委托指令经过竞价后，主要有全部成交、部分成交和不成交三种结果。如果投资者的委托买卖全部成交，证券经纪商应及时通知委托人，并按规定办理交割手续；如果投资者的委托只成交一部分，则在委托有效期内证券经纪商要对未成交部分继续执行，直到全部成交或有效期结束；如果投资者的委托未能成交，则证券经纪商在委托有效期内应继续执行，直到成交或有效期结束。

● **中国故事**

我国的 QFII 和 QDII 制度

因为我国资本市场尚未完全开放，海外投资者想在沪、深交易所进行交易，必须获得批准，由此建立了合格境外机构投资者（Qualified Foreign Institutional Investors，QFII）制度。该制度是一种有限度地引进外资、开放资本市场的过渡性制度，在该制度下，境外投资者将被允许把一定额度的外汇资金汇入并兑换为当地货币，通过严格监督管理的专门账户投资当地证券市场，包括股息及买卖价差等在内的各种资本所得经审核后可转换为外汇汇出。这种制度要求境外投资者符合一定的条件，主要有资格条件、投资登记、投资额度、投资方向、投资范围、资金的汇入和汇出限制等。中国证监会于2003年5月起开始批准符合QFII资格的机构，国家外汇管理局2003年6月起开始确定各机构的投资额度。截至2018年9月29日，共有286家合格境外机构投资者（QFII），合计获批1 001.59亿美元的投资额度

同QFII制度相类似，人民币合格境外机构投资者（RMB Qualified Foreign Institutional Investors，RQFII）也是一种有限度开放当地资本市场的制度，但是两者是有区别的，前者是将外汇兑换成人民币投资于中国资本市场，后者是使用境外的人民币直接投资于中国资本市场。在我国RQFII试点中，批准的第一批额度为200亿元人民币，主要用于投资中国内地债券市场。截至2018年9月29日，累计批准203家人民币合格境外机构投资者（RQFII），获得可投资总额度6 401.72亿元。

我国投资者要想在海外投资，同样要获得批准，因此建立了合格境内机构投资者（Qualified Domestic Institutional Investors，QDII）制度。和 QFII 制度一样，QDII 制度是指在资本项目未完全开放的情况下，允许符合一定条件的境内机构投资者，经国内有关部门特别批准，通过开立收支范围严格限定的特别外汇账户，在一定额度范围内投资境外资本市场。截至 2018 年 9 月 29 日，我国共批准 152 家合格境内机构投资者（QDII），累计获得 1 032.33 亿美元投资额度。QDII 的引入，不仅有助于理顺外汇市场的供求关系，而且使中国的投资者有机会投资于更广阔的国际资本市场。

深港通，是深港股票市场交易互联互通机制的简称，指深圳证券交易所和香港联合交易所有限公司建立技术连接，使中国内地和香港地区投资者可以通过当地证券公司或经纪商买卖规定范围内的对方交易所上市的股票。沪港通是指上海证券交易所和香港联合交易所允许两地投资者通过当地证券公司（或经纪商）买卖规定范围内的对方交易所上市的股票，是沪港股票市场交易互联互通机制。

（四）交割清算

证券的清算与交割是一笔证券交易达成后的后续处理，是价款结算和证券交收的过程。清算和交割统称证券的结算，是证券交易中的关键一环，它关系到买卖达成后交易双方责任权利的了结，直接影响到交易的顺利进行，是市场交易持续进行的基础和保证。

证券的结算方式有逐笔结算和净额结算两种。逐笔结算是指买卖双方在每一笔交易达成后对应收应付的证券和资金进行一次交收，可以通过结算机构进行，也可以由买卖双方直接进行，比较适合以大宗交易为主、成交笔数少的证券市场和交易方式。净额结算是指买卖双方在约定的期限内将已达成的交易进行清算，按资金和证券的净额进行交收。该方式比较适合于投资者较为分散、交易次数频繁、每笔成交量较小的证券市场和交易方式。净额结算通常需要经过两次结算，即首先由证券交易所的清算中心与证券商之间进行结算，称为一级结算；然后由证券商与投资者之间进行结算，称为二级结算。

证券结算的时间安排，在不同的证券交易所因其传统和交易方式的不同而不同。目前在交收日的安排上可分为两种。一是会计日交收，是指在一个时期内发生的所有交易在交易所规定的日期交收。例如，比利时根据交易所排定日期安排交收，奥地利证券市场交易安排在下周一交收，印度证券市场交易每周安排一次交收。二是滚动交收，是指所有的交易安排于交易日后固定天数内完成，大多数国家的证券市场都采用此方式。我国目前对 A 股实行 $T+1$ 交收，对 B 股实行 $T+3$ 交收，对资金实行 $T+0$ 交收。由于尽早完成交收对提高市场效率、防止发生结算风险有重要意义，所以采用滚动交收方式并缩短交收期，最终实现 $T+0$ 交收，是国际证券界倡导的方向。

（五）过户

过户是将股票所有权从原持有人名下转到新持有人名下的过程。由于买卖（还有继承、馈赠等原因），老股东丧失其原持有股票应享受的权利，新股东则获得了股票应享受的相关权益。因此，必须将股东名簿上老股东的相关信息变更为新股东的，才能保障新股东享有相关权益，此过程即过户。目前，我国证券交易所的股票已实行"无纸化交易"，对于交易过户而言，结算的完成即实现了过户，所有的过户手续都由交易所的计算机自动过户系统一次完成，无须投资者另外办理过户手续。从世界各国的证券交易结算来看,因为有记名证券的发行,购买记名证券的投资者仍需办理过户手续。

二、证券交易方式

在证券交易市场上,按照交易中能否放大自有资金和证券的交易规模将证券交易方式分为普通交易和信用交易。在信用交易中,投资者通过交付保证金取得证券经纪商信用而进行交易,这种交易方式也称为"融资融券交易"、"保证金交易"和"垫头交易"。

在海外证券市场,信用交易是一项普遍实施的成熟交易制度,是证券市场基本职能发挥作用的重要基础。各国家和地区根据自身金融体系和信用环境的完善程度,采用了适合自身实际情况的信用业务模式。上海证券交易所、深圳证券交易所于 2010 年 3 月 31 日起正式开通信用交易系统,开始接受试点会员信用交易申报,信用业务正式启动。2012 年 2 月 28 日,中国证券金融公司正式启动转融券业务试点。上海证券交易所科创板股票自上市首日起可作为融资融券标的。

融资融券的推出,可以打通货币市场和资本市场资金融通渠道,增强证券市场的流动性和连续性;使更多的信息融入证券价格,有利于更充分地反映证券的内在价值,提高市场定价效率;改变单边市场结构,提供新的投资选择;但同时也可能导致短期波动率上升,投资者面临的风险分布改变。

1. 信用交易的形式

信用交易主要有两种形式,即保证金买空交易和保证金卖空交易。

(1) 保证金买空交易。买空交易又称融资,是指投资者在支付一定比例保证金后,向证券经纪商借入资金买入证券的交易。例如,某投资者认为某一证券的价格将要上升,想要购买该证券,手头资金却不足,于是按照法定比率向证券经纪商交纳一定的保证金,证券经纪商向投资者借贷资金买入该证券,当证券价格上升时,投资者卖出该证券,将所卖资金用于归还证券经纪商,自己赚取买卖价差。做保证金买空的投资者称为"多头"。

(2) 保证金卖空交易。卖空交易又称融券,是指投资者在支付一定比例保证金后,向证券经纪商借入有价证券后卖出的交易。例如,投资者认为某一证券的价格将要下跌,于是按照法定比率向证券经纪商交纳一定的保证金,证券经纪商向投资者借贷该种证券,投资者在证券市场上卖出该种证券,持有现金,当证券价格下跌时,再以较低的价格买回该种证券,将证券归还证券经纪商,自己赚取买卖价差。做保证金卖空的投资者称为"空头"。

2. 保证金的种类

保证金是证券管理机构规定在投资者以信用交易方式进行证券投资时,必须按一定比率向证券经纪商交存的资产。这种资产主要是现金,也可以是金融资产。保证金是投资者做信用交易的财力保证,可以使经纪商免受损失,也可以通过对保证金账户的清算及时向投资者提出预警信号,使投资者免受投资失败的更大损失。

保证金包括法定保证金、实际保证金和维持保证金与投资者买卖证券的市值之比,称为保证金比率。保证金比率有法定保证金比率、保证金实际维持率和保证金最低维持率之分。

(1) 法定保证金。法定保证金由法定保证金比率和买卖证券的市值决定,必须在以信用方式买卖证券前交足,一般也称为初始保证金。由于法定保证金比率的高低决定了证券经纪商和商业银行的融资比率，会影响证券市场的资金供应和交易价格，也会影响银行系统的信用规模和货币供应量，所以中央银行将之作为选择性的货币政策工具。

我国的法定保证金比率为50%。可冲抵保证金的有价证券，在计算保证金金额时应当以证券市值按下列折算率进行折算：上证180指数成分股股票及深证100指数成分股股票折算率最高不超过70%，其他股票折算率最高不超过65%；交易所交易型开放式基金折算率最高不超过90%；国债折算率最高不超过95%；其他上市证券投资基金和债券折算率最高不超过80%。

【例10-5】 若某一投资者的保证金账户中含有10万元现金，上证180指数成分股市值30万元，其他股票市值10万元，交易所交易型开放式基金20万元，国债10万元，他想买150万元A上市公司股票，他的保证金账户中还缺少多少保证金才能进行买空交易？（证券均按最高折算率计算）

【解析】 法定保证金金额 = 150 × 50% = 75（万元）
已有保证金 = 10 + 30 × 70% + 10 × 65% + 20 × 90% + 10 × 95% = 65（万元）
所以还需要的保证金金额 = 75 - 65 = 10（万元）

（2）实际保证金。投资者在交存了法定保证金并取得经纪人融资买卖证券后，由于证券市场价格在不断变化，投资者买卖的证券市值也随之变化并使投资者已交保证金的实际比率发生相应变化，这一比率有时会高于法定保证金比率，有时会低于法定保证金比率。投资者交存保证金的实际价值占证券市值的比率称为保证金实际维持率。

证券经纪商有必要随时计算投资者的保证金实际维持率，了解盈亏状况并及时通知客户。对于买空交易，保证金实际维持率 = （证券市值 - 融资金额）/证券的市场价格 × 100%；对于卖空交易，保证金实际维持率 = （卖空时证券市值 + 原始保证金 - 计算时证券市值）/计算时证券市值。

当实际保证金超过法定保证金时，多余的部分可以提取。

【例10-6】 沿用例10-5，假设投资者补充10万元现金保证金，然后融资买入150万元A上市公司股票，若该投资者当日股票市值上涨10万元，那么他的保证金实际维持率为多少？若该投资者当日股票市值下跌10万元，那么他的保证金实际维持率为多少？（假定保证金账户其他资产的市值不变）

【解析】 盈利10万元时，保证金实际维持率 = （150 + 10 - 75）÷ 160 × 100% = 53.125%
亏损10万元时，保证金实际维持率 = （150 - 10 - 75）÷ 140 = 46.43%

（3）维持保证金。交易者在持仓过程中，会因市场行情不断变化而产生浮动盈亏，因而保证金账户中实际可用来弥补亏损和提供担保的资金就会随时发生增减。浮动盈利将增加保证金账户余额，浮动亏损将减少保证金账户余额。经纪商要求投资者在账户中保留一定比例的实际保证金，这一定比例的保证金被称为维持保证金，通常为法定保证金的75%。

如果账户的实际保证金降到维持保证金标准之下，就称为保证金不足，此时，经纪人将签发追加保证金通知，要求投资者增加实际保证金。如果投资者不行动或不能达到要求，根据账户协议，经纪人就将出售账户中的证券以使实际保证金至少达到维持保证金的要求。

【例10-7】 仍沿用例10-5、例10-6，计算该投资者的维持保证金应为多少万元？该投资者不追加保证金的最大亏损是多少？

【解析】 维持保证金 = 75 × 75% = 56.25（万元）
最大亏损为 = 75 - 56.25 = 18.75（万元）

第三节　流通市场的交易机制

交易机制有宏观和微观两个层面的含义。从宏观层面上，交易机制指的是市场的微观结构。从微观层面上，交易机制指的是市场的交易规则和保证规则实施的技术以及规则和技术对于定价机制的影响。

一、交易机制的内容

交易机制主要包括以下七个方面的内容：价格决定机制；价格形成机制的特殊方面；委托单形式及委托匹配的原则；交易离散构件；价格监控机制；交易信息披露；交易支付机制。其中价格决定机制是核心。

（一）价格决定机制

价格决定机制通常也称为市场类型或市场模式。从目前世界各市场的实践看，价格决定机制可依据不同标准区分为以下多种形式。

第一，依据交易是否连续可将价格决定机制区分为集合竞价机制和连续竞价机制。

第二，依据交易中介的作用可将价格决定机制划分为竞价驱动机制和报价驱动机制。

第三，依据交易手段的不同，可将价格决定机制分为人工交易和电子交易两种。人工交易主要是指在交易大厅交易；电子交易主要是指在无形市场交易，市场参与者无须面对面进行交易，交易通过基于连接在互联网上的电脑、手机等智能终端进行。

价格决定机制包括报价驱动机制和指令驱动机制。

1. 报价驱动机制

报价驱动机制又称做市商机制，是指在证券市场上，证券交易的买卖价格均由做市商给出，证券买卖双方并不直接成交，而是从做市商手中买进或卖出证券，做市商在其所报的价位上接受投资者的买卖要求，以其自有资金或证券与投资者进行证券交易。做市商的报价存在买卖报价价差，买卖报价价差是做市商利润的来源。做市商制度的形式有以下几种。

（1）以美国 NASDAQ 市场为代表的多元做市商制度。美国的 NASDAQ 市场和伦敦证券交易所是典型的多元做市商市场，每一种股票同时有很多个做市商来负责。在 NASDAQ 市场，活跃的股票通常有 30 多个做市商，最活跃的股票有时会有 60 多个做市商。做市商通常也是代理商，它可以为自己的客户或其他代理商进行交易，做市商之间通过价格竞争吸引客户订单。

（2）以纽约证券交易所为代表的特许交易商制度。在纽约证券交易所，交易所指定一个券商作为某一股票的交易券商，这种券商被称为特许交易商（Specialist）。交易所有将近 400 个特许交易商，一个特许交易商一般负责几只或十几只股票。与 NASDAQ 市场相比，纽约股市特许交易商制有三个特点：第一，一只股票只能由一个特许交易商做市，可以被看作垄断做市商制度；第二，客户订单可以不通过特许交易商而在代理商之间直接进行交易，特许交易商必须和代理商进行价格竞争，所以纽约证券交易所是做市商制度和竞价制度的混合；第三，特许交易商有责任保持市场公平有序。

(3) 报价驱动机制的优点。

1) 成交即时性。投资者可按做市商报价立即进行交易，而不用等待交易对手的买卖指令，尤其是在处理大额买卖指令方面的即时性，比指令驱动机制要强。

2) 价格具有稳定性。在指令驱动机制中，证券价格随投资者买卖指令而波动，而买卖指令常有不均衡现象，过多的买盘会过度推高价格，过大的卖盘会过度推低价格，因而价格波动较大。而做市商则具有缓和这种价格波动的作用。因为，首先，做市商报价受交易所规则约束；其次，及时处理大额指令会减缓对价格变化的影响；最后，在买卖不均衡时，做市商插手其间，可平抑价格波动。

3) 矫正买卖指令不均衡现象。在指令驱动机制中，常常发生买卖指令不均衡的现象。出现这种情况时，做市商可以承接买单或卖单，缓和买卖指令的不均衡，并抑制相应的价格波动。

4) 抑制股价操纵。做市商对某种股票持仓做市，使得股价操纵者有所顾忌，担心做市商抛压，抑制股价。

(4) 报价驱动机制的缺点。

1) 缺乏透明度。在报价驱动机制下，买卖盘信息集中在做市商手中，交易信息发布到整个市场的时间相对滞后。为抵消大额交易对价格的可能影响，做市商可要求推迟发布或豁免发布大额交易信息。

2) 增加投资者负担。做市商聘用专门人员承担做市商义务是有风险的。做市商对其提供的服务和所承担的风险要求补偿，如交易费用及税收优惠等。这将会增大运行成本，也会增加投资者负担。

3) 可能增加监管成本。采取做市商制度，要制定详细的监管制度与做市商运作规则，并动用资源监管做市商活动。这些成本最终也会由投资者承担。

4) 做市商可能利用其市场特权。做市商经纪角色与做市功能可能存在冲突，做市商之间也可能合谋串通。这都需要进行强有力的监管。

2. 指令驱动机制

指令驱动机制又称委托单驱动机制，是指买卖双方将指令交给各自的经纪商，经纪商再将投资者的指令呈交到市场，在市场的交易中心以买卖双向价格为基准实行撮合，达成交易，投资者买卖交易的对方是其他投资者。在指令驱动系统中，投资者提交指令时，价格还没有决定，在指令执行的过程中，价格才由多边竞价决定。

(1) 指令驱动机制种类。指令驱动机制包括集合竞价机制和连续竞价机制两大类。

1) 集合竞价机制。集合竞价机制是指对在规定的一段时间内接受的买卖申报一次性集中撮合的竞价方式。集合竞价机制具有以下特点：首先，交易的间断性，即证券交易不是连续进行的，而是间断的，只有在规定的时间里，才将指令集中起来配对，得出交易的总量和价格，价格是间断揭示的；其次，价格的一致性，即所有的指令都是按单一的价格来执行的。

集合竞价机制下指令成交的优先原则：首先，价格优先，价格高的买入指令优于价格低的买入指令，价格低的卖出指令优于价格高的卖出指令；其次，数量优先，指令以最优价格成交，但对同价位的指令则依其数量决定优先顺序；最后，时间优先，同价位指令按照提交时序决定优先顺序。

【例 10-8】 如某日集合竞价的委托单如表 10-1 所示，那么将有几手股票可以成交？成交价格为多少？

表 10-1

买单序号	委买价（元）	数量（手）	累计买数（手）	累计卖数（手）	卖单序号	委卖价（元）	数量（手）
1	3.80	2	2	5	1	3.77	5
2	3.79	4	6	7	2	3.78	2
3	3.78	5	11	11	3	3.79	4
4	3.77	3	14	14	4	3.80	3
5	3.76	4	18	19	5	3.81	5
6	3.75	3	21	24	6	3.82	5

【解析】 我们从表 10-1 可以看出，在价格为 3.80 元时，成交量为 2 手；在价格为 3.79 元时，成交量为 6 手；在价格为 3.78 元时，成交量为 7 手；在价格为 3.77 元时，成交量为 5 手。那么促使成交量最大的成交价格为 3.78 元。

2）连续竞价机制。连续竞价机制是指对买卖申报逐笔连续撮合的竞价方式。其特点如下。首先，交易的连续性。证券交易是连续进行的，每一笔买卖委托输入计算机自动撮合系统后，当即判断并进行不同的处理。其次，价格的不一致性。所有的指令都是按委托的价格来执行的，所以每一笔的价格都是买卖双方竞价的结果，在每一时刻都是不同的。

连续竞价机制下指令成交的优先原则：第一，价格优先，即指令以最高买价和最低卖价优先成交，在同价格情况下，采用随意撮合方式，不考虑输入的时间；第二，价格优先、时间优先，即指令以最佳报价成交，而同价格的指令依输入时间的先后顺序成交；第三，价格及数量优先，即指令以最佳价格成交，但同价格的指令则依数量决定优先顺序；第四，价格及客户身份优先，即指令以最佳价格成交，对同价格的指令，依委托人身份决定优先顺序，例如，一般来说，客户的指令优先于经纪商的自营业务。

(2) 指令驱动机制的优点。具体表现在如下几个方面。

1) 透明度高。在指令驱动机制中，买卖盘信息、成交量与成交价格信息等及时对整个市场发布，投资者几乎可以同步了解到交易信息。透明度高有利于投资者观察市场。

2) 信息传递速度快、范围广。指令驱动机制几乎可以实现交易信息同步传递，整个市场可同时分享交易信息，很难发生交易信息垄断。

3) 运行费用较低。投资者买卖指令竞价成交，交易价格在系统内部生成，系统本身表现出自运行特征。这种指令驱动系统，在处理大量小额交易指令方面，优越性较明显。

(3) 指令驱动机制的缺点。具体表现在如下几个方面。

1) 处理大额买卖盘的能力较低。大额买卖盘必须等待交易对手下单，投资者也会担心大额买卖指令对价格的可能影响，因而不愿意输入大额买卖指令，而宁愿拆分开来，逐笔成交。这种情况既影响效率，又会降低市场流动性。

2) 某些不活跃的股票成交可能持续萎缩。一些股票可能成交本来就不活跃，系统显示的买卖指令不足，甚至较长时间没有成交记录。这种情况又会使投资者望而却步，其流动性可能会进一步下降。

3) 价格波动性较大。在指令驱动机制下，价格的波动性可能较大。首先，买卖指令不均衡引起价格变动；其次，大额买卖指令也会影响价格；最后，有可能存在操纵价格的行为。最重要的是，指令驱动机制没有设计价格维护机制，任由买卖盘带动价格变化。

（二）价格形成机制的特殊方面

价格形成机制的特殊方面指市场的开盘、收盘制度，开收盘价格的确定机制以及大宗交易价格的确定机制等。

（1）按照我国现行的交易规则，证券交易所证券交易的开盘价为当日该证券的第一笔成交价。证券的开盘价通过集合竞价方式产生。不能产生开盘价的，以连续竞价方式产生。在收盘价的确定方面，上海证券交易所和深圳证券交易所有所不同。上海证券交易所证券交易的收盘价为当日该证券最后一笔交易前1分钟所有交易的成交量加权平均价（含最后一笔交易）。当日无成交的，以前一日的收盘价为当日的收盘价。深圳证券交易所证券的收盘价通过集合竞价的方式产生。收盘集合竞价不能产生收盘价的，以当日该证券最后一笔交易前1分钟所有交易的成交量加权平均价（含最后一笔交易）作为收盘价。当日无成交的，以前一日的收盘价为当日的收盘价。

（2）大宗交易针对的是交易的数额较大的证券买卖。大宗交易不纳入证券交易所即时行情和指数的计算，成交量在大宗交易结束后计入当日该证券成交总量。按照规定，证券交易所可以根据市场情况调整大宗交易的最低限额。

上海证券交易所有关大宗交易的确认包括以下几点。

1）A股单笔买卖申报数量在50万股（含）以上，或交易金额在300万元（含）人民币以上；B股单笔买卖申报数量在50万股（含）以上，或交易金额在30万美元（含）以上。

2）基金大宗交易的单笔买卖申报数量在300万份（含）以上，或交易金额在300万元（含）人民币以上。

3）国债及债券回购大宗交易单笔买卖申报数量在1万手（含）以上，或交易金额在1 000万元（含）人民币以上。

4）其他债券单笔买卖申报数量在1 000手（含）以上，或交易金额在100万元（含）人民币以上。

深圳证券交易所有关大宗交易的确认包括以下几点。

1）A股单笔买卖申报数量在50万股（含）以上，或交易金额在300万元（含）人民币以上；B股单笔买卖申报数量在5万股（含）以上，或交易金额在30万港元（含）以上。

2）基金大宗交易的单笔买卖申报数量在300万份（含）以上，或交易金额在300万元（含）人民币以上。

3）债券质押式回购大宗交易单笔买卖申报数量在1万张（含）以上，或交易金额在100万元（含）人民币以上。

4）债券单笔交易数量在1万张（含）以上，或交易金额在100万元（含）人民币以上。

5）多只A股合计单向买入或者卖出的交易金额在500万元（含）人民币以上，且其中单只A股的交易数量不低于20万股。

6）多只基金合计单向买入或者卖出的交易金额在500万元（含）人民币以上，且其中单只基金的交易数量不低于100万份。

7）多只债券合计单向买入或者卖出的交易金额在500万元（含）人民币以上，且其中单只债券的交易数量不低于1.5万张。

上海证券交易所接受大宗交易申报的时间为每个交易日的9:30~11:30、13:00~15:30，深圳证券交易所接受大宗交易申报的时间为每个交易日的9:15~11:30、13:00~15:30。每个交易日的15:00~15:30，证券交易所交易主机将对买卖双方的成交申报进行成交确认。与主板不同，上海证券交易所科创板引入了盘后固定价格交易方式。盘后固定价格交易是指，在收盘集合竞价结束后，交易所交易系统按照时间优先顺序对收盘定价申报进行撮合，并以当日收盘价成交的交易方式。盘后固定价格交易时间是每个交易日的15:05～15:30，当日15:00仍处于停牌状态的股票不进行盘后固定价格交易。盘后固定价格交易阶段，上海证券交易所以收盘价为成交价、按照时间优先原则对收盘定价申报进行逐笔连续撮合。

若收盘价高于收盘定价买入申报指令的限价，则该笔买入申报无效；若收盘价低于收盘定价卖出申报指令的限价，则该笔卖出申报无效。盘后固定价格交易的收盘定价申报当日有效。

（三）委托单形式及委托匹配的原则

委托单是投资者下达的买进和卖出证券的指令。在报价驱动的市场，委托单由投资者下达给经纪商，由经纪商代理投资者处理该委托单以便与做市商交易；在委托单驱动的市场，投资者的委托单通过经纪商直接送达市场的撮合系统，由市场的撮合系统进行处理和决定匹配与否。委托单的内容包括：证券账号、日期、品种、买卖方向、数量、价格、时间、有效期、签名及其他内容。

（四）交易离散构件

理论上，交易价格和交易数量可以是连续的，但现实中并非如此。那些使交易价格和交易数量不能连续的制度被称为交易离散构件。交易离散构件主要是两个方面，即申报价格最小变动单位与证券买卖申报最小交易单位。申报价格最小变动单位规定了买卖报价必须遵循的最小报价变化幅度，从而限制了价格的连续性，表10-2列示了上海证券交易所和深圳证券交易所的申报价格最小变动单位。

表10-2　上海和深圳证券交易所申报价格最小变动单位　　　　　（单位：元）

交易类型	上海证券交易所	深圳证券交易所
A股、债券交易	0.01	0.01
债券买断式回购交易	0.01	
债券质押式回购交易	0.005	0.01
基金、权证交易	0.001	0.001
B股交易	0.001	0.01

资料来源：上海证券交易所，http://www.sse.com.cn；深圳证券交易所，http://www.szse.cn。

申报最小交易单位可分为整数委托与零数委托。整数委托是指委托买卖证券的数量为1个交易单位或交易单位的整数倍。零数委托是指委托买卖的数量不足1个交易单位。目前，我国只有在卖出时才有零数委托。最小交易单位限制了交易数量的连续性。表10-3列示了上海证券交易所和深圳证券交易所通过竞价交易进行证券买卖的申报数量。

表10-3　上海和深圳证券交易所竞价交易的证券买卖申报数量

交易内容	上海证券交易所	深圳证券交易所
买入股票、基金、权证	100股或其整数倍	100股或其整数倍
卖出股票、基金、权证	余额不足100股的部分应一次性申报卖出	余额不足100股的部分应一次性申报卖出
买入债券	1手或其整数倍	10张或其整数倍
卖出债券	1手或其整数倍	余额不足10张部分，应当一次性申报卖出

(续)

交易内容	上海证券交易所	深圳证券交易所
债券质押式回购交易	100手或其整数倍	10张或其整数倍
债券买断式回购交易	1 000手或其整数倍	

注：上海证券交易所的债券交易和债券买断式回购交易以人民币1 000元面值债券为1手，债券质押式回购交易以人民币1 000元标准券为1手。深圳证券交易所的债券交易以100元面额为1张，债券质押式回购交易以100元标准券为1张。

资料来源：上海证券交易所，http://www.sse.com.cn；深圳证券交易所，http://www.szse.cn。

（五）价格监控机制

价格监控机制也称为价格稳定机制，是指使市场波动平滑、价格稳定、有序的一系列措施，如断路器措施、涨跌幅限制、最大报价档位等。

1. 断路器措施

断路器措施是指当市场指数变化超过一定幅度时，对交易进行暂停等限制措施，类似于涨跌停板制度中的股市大盘情况。纽约证券交易所在1987年发生股灾以后，开始实施断路器规则。中国香港联合交易所、伦敦证券交易所、巴黎证券交易所、东京证券交易所、韩国证券交易所、新加坡证券交易所等也均采取了限价或每日涨跌停措施。采用断路器措施的市场还包括美国纳斯达克市场、加拿大风险交易所和泰国证券交易所的另类投资市场。

● 中国故事

2016年，熔断机制实施4天后"夭折"

自2016年1月4日起正式实施的以沪深300指数为基准指数的熔断机制（即断路器措施）本是中国证监会及证券监管部门为维护A股股票市场稳定而推出的一项具有中国特色的政策，然而，该熔断机制仅仅运行四天便被取缔，并且对我国股票市场造成了新一轮巨大冲击。2015年12月4日，上海证券交易所、深圳证券交易所、中国金融期货交易所正式发布指数熔断相关规定，规定熔断基准指数为沪深300指数，并采用5%和7%两档阈值，当沪深300指数涨跌幅达到5%后，休市15分钟后重启交易，当涨跌幅触及7%，该交易日停止交易至收盘。然而，自2016年首个交易日起熔断机制仅仅运行4天便经历了四次熔断，其中2016年1月7日沪深300指数暴跌7%，触发第二档熔断机制，停止交易至收市，导致A股全天交易时间仅为15分钟，随即熔断机制被中国证监会连夜叫停，原本被寄予维护股票市场稳定厚望的熔断机制退出了A股舞台。实施期间，沪深300指数4个交易日下跌12%，A股市值从2015年年底的52.9万亿元骤降至46.1万亿元，四个交易日蒸发6.8万亿元，引发了新一轮股灾。

而"熔断"机制在被引入中国之前，在发源国美国一直发挥着积极作用。1987年10月19日，美国股市发生股灾，道琼斯指数暴跌22.6%，市值蒸发了5 000亿美元。为了避免类似的股灾重演，美国证券与期货监管部门致力于出台一个有效的救急机制，反复论证之后，熔断机制在1988年被建立。1997年10月27日，道琼斯指数下跌超过554点，熔断机制被第一次触发，随即发挥了良好的救急作用，稳定了市场。到目前为止，美国股市再也没有发生过类似于1987年的严重股灾。如今，除美国之外，日本、韩国、法国、新加坡等也引进了熔断机制，并取得了相应效果。

期待已久的成熟市场机制在 A 股市场经历 4 天的试验后夭折，不禁让人们思考，是什么原因导致了熔断机制在中国股票市场的失败呢？

2. 涨跌幅限制

根据现行规定，无论买入或卖出，股票（含 A、B 股）、基金类证券在 1 个交易日内的交易价格相对上一交易日收市价格的涨跌幅度不得超过 10%，其中 ST 股票和 *ST 股票价格涨跌幅度不得超过 5%。上海证券交易所科创板股票涨跌幅比例为 20%。在涨跌幅内申报价格为有效价格，超过涨跌幅限制的价格为无效价格。

3. 最大报价档位

最大报价档位指的是单笔证券买卖所能申报的最大数量。表 10-4 列出了上海证券交易所和深圳证券交易所竞价交易的单笔申报最大数量。

表 10-4　上海和深圳证券交易所竞价交易的单笔申报最大数量

交易内容	上海证券交易所	深圳证券交易所
股票、基金、权证交易	不超过 100 万股	不超过 100 万股
债券交易	不超过 1 万手	不超过 10 万张
债券质押式回购交易	不超过 1 万手	不超过 10 万张
债券买断式回购交易	不超过 5 万手	

资料来源：上海证券交易所，http://www.sse.com.cn；深圳证券交易所，http://www.szse.cn.

（六）交易信息披露

交易信息披露是证券市场交易的另一个重要环节，也是形成公平、合理的价格必不可少的一环。交易信息披露包括交易前披露和交易后披露两个方面。交易前披露主要是委托单和报价信息的披露，交易后披露主要是已成交信息的披露。无论是交易前信息披露，还是交易后信息披露，都有一个交易信息披露的数量和质量问题，即披露哪些信息、如何披露以及披露的速度等。

● 知识点

内幕信息与内幕交易

（七）交易支付机制

交易支付机制是交易机制的一个重要方面。当投资者在缺乏足够的资金以支付购买证券所需的价款，或没有足够的证券可供卖出时，可在交纳规定的保证金后进行融资或融券，进行买空和卖空交易。

1. 买空交易

买空交易是指投资者在支付一定比例保证金后，向证券经纪商借入资金买入证券的交易。证券经纪商向投资者出借资金供其买入证券称为融资业务。

2. 卖空交易

卖空交易是指投资者在支付一定比例保证金后，向证券经纪商借入有价证券后卖出的交易。证券经纪商向投资者出借证券供其卖出称为融券业务。

二、交易机制模型简介

交易机制模型包括存货模型和信息模型。

(一) 存货模型概述

存货模型主要研究买卖报价价差和做市商存货成本之间的关系，其特点是把买卖报价价差的形成以交易成本作为原因进行解释。在存货模型中，所有的交易者和做市商都不是知情交易者，拥有的信息相同，预期也相同。作为市场中介的做市商在做市时，将面临交易者提交的大量买入和卖出指令，这些指令的随机性会导致买入和卖出指令之间的不均衡。为避免破产，做市商必须保持一定的股票和现金头寸，以对冲这种买入和卖出指令之间的不平衡。股票和现金头寸的持有会给做市商带来一定的存货成本，为弥补这些成本，做市商设定了买卖价差。因此，导致买卖报价价差产生的原因是拥有股票和现金存货而产生的存货成本。存货理论假设存在一个做市商所需的最佳存货水平，这样，做市商需要根据指令流的情况来调整价差以维持最佳存货水平。从存货模型的发展过程看，主要有以下三类模型。

1. Garman 模型

Garman 模型分析了指令流在证券交易价格决定中的作用，认为买卖价差的存在部分原因是为了降低做市商股票或现金耗尽的可能性。

Garman 模型的一大特点在于研究的是所有交易者的订单流的总和，而不是涉及单个交易者的交易愿望。因此，当交易者的数目比较庞大时，所有交易者的订单流的总和便可以看作服从特定的随机过程——泊松过程。在此假设基础上，Garman 考察了泊松过程订单流对价格的影响，以及整个市场的出清方式。Garman 假设只有一个垄断的做市商，做市商设定买卖报价，并出清所有的订单。做市商具有双重目标，既要避免破产，又要使期望收益最大化，但做市商必须进行交易，其唯一采取的行动就是合理设定买卖报价，并且在交易开始时只能一次性设定买卖报价。由于买入和卖出订单流服从的是相互独立的泊松随机过程，因此存在潜在的不平衡性，这种不平衡性也就是做市商定价的关键。Garman 以纽约证券交易所的专家制度为例进行了研究，得出结论认为，证券市场的均衡价格是由在做市商这种交易制度下，为了保证做市商职能而使自己单位时间利润最大化的行为决定的。作为市场流动性提供者的做市商能够影响价差的大小。他还发现，风险中性的做市商目标是避免做市失败的前提下，单位时间的期望利润最大化。为了避免失败，最佳的办法就是构造买卖价差。在这一点上，他认为，证券市场微观结构（这里指做市商制度）决定了证券市场的价格行为。

Amihud 和 Mendelson 进一步发展了 Garman 模型，在剔除破产约束的情况下，研究了做市商报价和存货头寸之间的关系。不同于 Garman 模型的一个重要假设在于，他们的模型中做市商的存货被某些外生因素限制，因此没有对破产的担心，从而简化了定价策略。他们认为：第一，做市商的最优买价和卖价是存货头寸的单调减函数，即买卖报价随做市商存货头寸的增加而减少；第二，做市商心目中存在某个偏好头寸，当实际存货偏离偏好头寸时，他们就会通过修改报价以使存货头寸恢复到偏好水平；第三，最优买入报价和卖出报价之间的价差为正。

2. Stoll 单时期模型

Stoll 单时期模型主要研究做市商的决策最优化策略问题。

Stoll 认为在做市商制度下,由于面临做市成本和存货风险,做市商不应该是风险中性的,而应该是风险厌恶的。因此,做市商在提供做市服务时必然需要风险补偿。买卖价差就是对做市商承担的这种风险的补偿。Stoll 单时期模型是一个两时段模型,做市商在第一个时段设定买卖价格,在第二时段进行清算。做市商的融资能力不受限制,因此没有破产危机。通过对做市商最优决策问题的求解,Stoll 发现做市商的存货头寸只影响设定的买卖价格的高低,而不影响价差的大小。他进而指出做市包含的成本有服务成本(含风险暴露成本、税费成本、信息收集成本)和风险溢价。如果每笔交易的指令处理成本相同,那么随着指令规模的增加,单位交易数据的指令处理成本会下降,所以可能存在做市商最优的成本最小化规模。

Stoll 单时期模型的最大缺点在于,它只考虑了一个周期,而且假定做市商知道清算的具体时间。而在真实的市场条件下,订单流是不确定的,做市商具体在什么时间清算也是不确定的。

3. Ho-Stoll 多时期模型

Ho-Stoll 多时期模型主要研究多名做市商对价格决定的影响。Ho-Stoll 模型将 Stoll 单时期模型的分析从单周期扩展到多周期。该模型提出:第一,做市商设定的价差大小取决于交易的周期,周期越长,则价差越大,以便补偿其存货风险及资产组合风险;第二,周期风险引致价差的调整幅度取决于做市商的风险厌恶系数、交易规模及股票的风险程度;第三,买卖价差与存货水平无关。Ho-Stoll 模型认为,在有多名做市商的情况下,对存货的预期和对其他做市商的行为预期都有可能影响做市商设定的买卖报价及其价差。

从上面概述可以看出,这几种存货模型研究的角度是不同的。Garman 模型集中探讨订单流的性质。Stoll 单时期模型研究了单时期做市商的最优决策问题。Ho-Stoll 模型则探讨了多时期做市商的最优化问题。但这些存货模型的共同之处是,假定订单流是不确定的,因此对做市商会产生存货问题,而对交易者会产生执行问题。

(二) 信息模型概述

进入 20 世纪 80 年代后,许多学者发现有效市场假说与现实世界相距甚远,例如,投资者并非总是理性的,交易者在信息方面往往并不对称。随着信息经济学的发展,不对称信息逐渐引入市场微观结构理论研究中来,产生了信息模型。

信息模型探讨了不均衡信息对市场价格的影响,认为知情交易者因为对某种金融资产掌握了更有优势的信息,所以他们的交易行为可以更好地揭示资产内在价值,进而影响资产的价格发现行为。做市商由于和知情交易者进行交易会亏损,所以他们只有用来自不知情交易者的盈利来冲销这些损失。由于做市商盈利的来源是设定的买卖价差,所以导致买卖报价价差产生的原因是信息不对称所产生的信息成本。

Bagehot 用信息成本替代存货成本研究资产定价,将交易者划分为知情交易者和不知情交易者。他发现,当市场存在上述两类交易者时,由于做市商无法区分他们,所以只能制定统一的买卖价格,并希望用不知情交易者的利润来弥补与知情交易者交易的损失。这样,价差不仅受到做市成本的影响,更重要的是还受到信息不对称的影响,即使在没有交易成本的情况下,价格也会因信息因素而发生变化。Copeland 和 Galai 首次正式把信息成本概念引入,建立了一个关于做市商定价的单期静态模型,指出只要知情交易者存在,价差就不会为零,价差随知情交易者的比例上升而上升,随做市商数目的增加而下降,且垄断性做市商和竞争性做市商的报价价差之间的差别将随知情交易者比例的上升而趋于一致。

1. 序贯交易模型

Glosten-Milgrom 模型首次将动态因素引入了信息模型，从引发做市商报价变动的指令流的角度，把交易看成信息传递的信号来研究报价设定的动态关系。该模型认为，价差的产生与交易成本无关，仅由信息不对称的逆向选择就足以产生价差。Glosten-Milgrom 模型在某一时点上只允许一位交易者进行交易，并且只能交易一个单位，交易者有选择交易与否的自由。每一次交易结束后，做市商运用贝叶斯学习过程调整买卖报价。比如，买入订单增多会使得做市商向上调整卖出报价，这种调整过程就是一种贝叶斯学习过程。该模型在信息模型领域的意义在于，它研究了做市商如何根据指令流变化中学习到的信息来对价格进行动态调整，并根据贝叶斯学习过程就交易指令类型如何对做市商定价产生影响进行了动态分析。这将市场微观结构理论的研究重点转到了做市商的动态学习过程。

序贯交易模型的主要结论有：第一，价差和存货成本不相关，仅由信息成本决定；第二，交易价格服从鞅（martingale）过程⊖，证券市场是有效的；第三，一定条件下，信息不对称造成的逆向选择可能会使市场崩溃，譬如，如果市场上知情交易者过多，做市商就会设定过大的买卖价差，这就会阻碍交易进行，甚至导致市场崩溃。

2. 拓展的序贯交易模型

在序贯交易模型基础上，Easley 和 O'Hara 首先考察了影响做市商的第二个因素，即交易规模对价格行为的影响。如果不是不知情交易者与知情交易者进行大数量交易的话，那么数量大的买卖指令只可能来自于知情交易者。做市商收到大额的指令就反映了这一迹象，就可能相应调整报价。这一模型与序贯交易模型的区别在于：第一，在一个时点上的交易数量不再是一个单位，而是分为大额交易和小额交易两种情况；第二，信息的不确定性由好坏两种状态增加为三种，即好消息、坏消息和没有消息。在考察交易规模对价格行为的影响后，他们发现，规模大的订单往往以较劣的价格成交。然后，Easley 和 O'Hara 考察了影响做市商的第三个因素，即时间因素，他们分析了信息的存在、交易的时间和价格的随机过程之间的关系，并证明了交易间隔会影响价差大小。考虑交易规模和交易时间性，与交易序贯模型结合在一起，这就是拓展的序贯交易模型。

序贯交易模型和拓展的序贯交易模型的优点是，能够描述做市商调整报价的动态过程，分析信息如何影响报价的变化。但是序贯交易模型不能描述信息融入价格的速度，不能考虑投资者之间的信息传递和交易次序是如何排队的。

3. 批量交易模型

为了研究信息融入价格的过程，借用理性预期方法，出现了批量交易模型。在这类模型中，知情交易者和不知情交易者根据观察到的市场数据做出关于他人信息的推测，然后根据推测制定自己的交易策略。随后，做市商根据总指令流的规模和买卖方向，设定一个单一价格并一次出清。

Kyle 提出了单个知情交易者的模型，假设只存在一名风险中性的知情交易者、一名风险中性的做市商和多名不知情交易者，其中不知情交易者为噪声交易者，知情交易者的指令策略取决于他所知道的做市商定价规则和不知情交易者指令流的分布参数。

Holde 和 Subrahmanyam 则在 Kyle 的研究基础上将模型拓展到多个知情交易者的情况，而如果考虑不知情交易者的情况的话，模型势必将变得较为复杂。

⊖ 鞅过程指的是根据目前所得的信息对未来某个资产价格的最好预期就是资产的当前价格。

20世纪90年代,有部分学者也进行了相应的分析。与存货模型相比,信息模型具有不少优势,信息模型以不对称信息解释价格行为,因而认为即使是在完全的无摩擦的市场,价差也会存在,而且信息模型也可以考察动态的市场价格调整过程,并能够推导出知情交易者和不知情交易者的交易策略。

第四节 交易机制与金融市场功能

交易机制对金融市场功能的发挥起着关键的作用。不同交易机制对金融市场功能的作用不同。

一、集合竞价机制与连续竞价机制的比较

国外证券交易所的正常交易时间都经历了从集合竞价交易到连续竞价交易这样一个转变过程。在股票交易的初期,由于受信用制度不发达及交易技术落后的制约,只能采取集合竞价交易的方式进行,而随着通信技术的广泛运用和买卖的不断活跃,交易也就逐渐地摆脱了时间、空间的制约向连续竞价交易过渡。巴黎证券交易所在1986年以前就是一个阶段性的竞价市场,采用古老的口头竞价交易方式,80%的股票每天只能交易一次,1986年才引进电子交易系统开始对部分股票实行连续竞价。目前大部分的交易市场仍然同时保留了这两种交易机制。这两种交易机制的运行有不同的特点,对金融市场功能的影响也不同。

(一) 对流动性的影响

(1) 在集合竞价市场上,交易是间断的,每隔一个时段进行,每次只形成一个价格,有的甚至每天只交易一次,而在连续竞价市场上,交易不断进行,因而价格是连续的,连续竞价市场的流动性较集合竞价市场要高。

【例 10-9】 如某交易日某只股票集合竞价产生开盘价10元,集合竞价后剩余的买卖盘如表10-5所示。

表 10-5

买盘(手)	价位(元)	卖盘(手)
	11.00	10
	10.20	500
	10.10	500
	10.00	100
100	9.90	
500	9.80	
400	9.70	
10	9.00	

随后只有两个指令进入交易系统,一笔卖出1 000手,委托价9.7元,一笔买入1 000手,委托价10.2元,如表10-6所示。

表 10-6

买盘累计（手）	买盘（手）	价位（元）	卖盘（手）	卖盘累计（手）	可能成交量（手）
		11.00	10	2 110	
1 000	1 000	10.20	500	2 100	1 000
1 000		10.10	500	1 600	1 000
1 000		10.00	100	1 100	1 000
1 100	100	9.90		1 000	1 000
1 600	500	9.80		1 000	1 000
2 000	400	9.70	1 000	1 000	1 000
2 010	10	9.00			

那么在连续竞价市场和集合竞价市场，成交量与成交价分别是多少？

【解析】 在连续竞价市场中，第一个指令进入系统后，可以立即与买盘指令成交，成交3笔，成交价量分别为9.90元100手、9.80元500手、9.70元400手，第二个指令进入后，同样成交3笔，10.00元成交100手，10.10元成交500手，10.20元成交400手。而在集合竞价模式下，新一笔成交价仍为10元，成交量为1 000手。

由此可知，连续竞价与集合竞价相比，其成交笔数及成交量都增加了，投资人的指令更容易成交，位于9.70元以上的所有排队买盘与10.20元以下的排队卖盘全部与新进指令配对成交，而原模式下，只有新进指令才有成交。因而连续竞价成交机会大增，变现速度快，市场是有广度的。

（2）从连续竞价机制下价格的形成过程来看，连续竞价比集合竞价成交速度更快，数量更大。但是在连续竞价机制下，交易价格的形成依赖于指令的连续性和匹配度，存在时间及价格上的耦合性问题，故容易造成交易的中断，让流动性受阻，特别是对于一些交易不是很活跃的证券来说尤其如此。这时，集合竞价市场在一定程度上能弥补这种流动性的阻碍，它能将一段时间内的指令集中起来进行撮合交易，重新开盘以满足短时间段的流动性，即在连续市场可能失败的地方，集合交易市场的存在可以弥补不足。

（二）对稳定性的影响

（1）在连续竞价市场中，有可能会导致市场在某一时点十分稀薄。这是由于指令不断到达，价格受到不断的冲击，特别是大宗交易委托单指令的到达使得实时的成交价格波动性过大，市场的波动剧烈，稳定性相对来说较差。

（2）在集合竞价市场中，由于交易的定期性，对所有指令集中竞价且只产生一个成交价，指令的提交对价格高低的影响不很显著，甚至根本就不会产生影响，价格的波动幅度小，市场稳定性强。因此，集合竞价集中较多的信息，降低了价格的波动，指令到达的时间不会影响价格形成过程，对刚上市或暂停后重新交易的股票而言，集合竞价能很好地发挥稳定市场的功能。此外，开盘采用集合竞价还会缓解在开市前大量买卖盘涌入而对系统造成的压力。再者，集合竞价只是定期发生，既没有连续交易的成本，又无须做市商做市，所以交易成本低廉。

尽管集合竞价机制提供了较好的稳定性，但这种稳定性在某种情况下是脆弱的，这主要是由于其低透明性，所有交易者无法在价格形成前看到已揭示的指令，并且一般情况下，集合竞价的指令是不容修改的，从而导致透明性降低，信息传递受阻。例如，当知情交易者的相似指令与不知情交易者的随机指令出现严重不平衡时，集合交易系统也可能产生较大的波动。

(三) 对有效性的影响

有效性表示信息融入价格的速度和准确性。金融市场的效率取决于两个因素,即信息的传播速度和投资者的判断能力,如果新信息从发生到传播至投资者所经历的时间很短,投资者对信息的敏感度又高,能对发生的信息迅速做出准确的价值判断,进而迅速地提交指令或调整买卖价格,则信息能快速地融入价格当中,价格效率也就高;相反,则效率低下。不同的交易机制下,信息揭示的方式、广度、程度都不同,故其对有效性的影响也不同。

根据信息模型的基本假设分类,市场上存在两类交易者:信息交易者(如机构大户)和流动性交易者(散户)。信息交易者持有内部信息,能把握甚至操纵市场走向,而流动性交易者不具有内部信息,其行为是"随波逐流"的,依赖于从市场交易的信息反馈中判定趋势。他们之间存在信息不对称。并且,信息的扩散与时间成正比,信息交易者持有信息时间越长,信息价值越低,所能获取的信息利润也越少。

集合竞价与连续竞价相比,是投资者根据一段时间而非一个时点的信息来提交指令的,时间越长,投资人的信息越多,指令更趋于真实价值,而且集合竞价没有连续竞价中的成交价序列,无法从行情变化中获得信息而被迫去收集信息,可减少信息不对称的程度,投资人定价的错误较低,因此集合竞价市场的有效性较高。当市场供需严重失衡,不能连续交易需暂停交易时,可以发布有关信息以集合竞价方式重新开盘,可提高价格的效率性。

二、指令驱动机制与报价驱动机制的比较

(一) 对流动性的影响

(1) 在指令驱动机制下,流动性是靠投资者的指令来提供的,指令的深度和广度与流动性成正比,决定了市场流动性的高低。在市场上,如各价位都存在指令,且同一价位上的指令和买卖数量也很多,则市场具有流动性,交易者的买卖指令能迅速成交,而且就是大额指令也能较快地完成交易且对价格波动的影响较小。相反,如果投资者提交的指令不足,则指令难以迅速成交而需等待较长的时间,甚至可能出现交易中断。市场流动性被动取决于交易者的即时策略,容易产生中断或者是流动性阻碍等情况。

(2) 在报价驱动机制下,做市商作为市场的核心与组织者,其主要责任是提供连续的报价,随时准备成为交易的对手,按报价买入或卖出一定数量的证券,为市场提供流动性。这种流动性的提供是主动的、即时的。对一些发行量和交易量小或者投资者愿长期持有的股票,由于交投不活跃,难以形成连续型的价格,做市商就可以合理地报价,解决其流动性的问题,从而降低交易成本。相反,对那些市值大、投资者交易热情高的股票,其本身的流动性强,则无须做市商做市,在指令驱动机制下也具有足够的流动性。

但做市商为市场提供了流动性的同时也需要取得一定的利润,从而需要存在做市商设定的买卖报价价差。

(二) 对稳定性的影响

在指令驱动机制下,没有中介承担市场稳定和价格连续这样的职能,其稳定与否完全取决于投资者的指令。当买卖双方对股票的认识趋同,指令到达的时间合拍且价格也接近时,那么价格波动较小,市场稳定程度就高。但当有重大信息出现,市场倒向于买方或卖方时,由于缺

乏做市商这样一种稳定机制，不能对超额的供给和需求及时进行平抑缓冲，因而价格会出现大幅的涨跌，市场的稳定性就低。

但在报价驱动机制下，做市商作为一项制度安排，享受信息上的优势，同时也得承担维持市场稳定和价格连续的义务，其运作也置于严格要求的监管之下，其行为与平常所说的"庄家"是完全不同的。因此，在稳定市场方面，报价驱动机制有积极的作用。

（三）对有效性的影响

指令驱动系统和报价驱动系统最重要的区别就是两者中指令提交的顺序以及交易者所能获得的市场信息不同。

一般来说，在很多指令驱动机制下，中小投资者受专业水平及时间精力的限制，自身难以对新信息迅速做出反应，而机构投资者的大额交易又大都在场外以议价方式进行，交易信息延期披露，中小投资者无法从大额交易的信息披露中推断出新信息及信息包含的价值，因而新信息也就不能快速地在价格当中得以体现。

但在报价驱动机制下，价格的高低由做市商报出，做市商一方面拥有信息获取上的优势，能迅速捕捉和了解到各种信息及市场动态，同时做市商又具备非常高的价值判断能力，能对信息做出正确的判断，从而相应地调整其报价，尤其是在多元做市商市场中，各做市商之间的竞争促使做市商不断地进行有效的价格发现而争取或巩固自己的竞争地位，因此报价驱动机制的价格效率要明显高于指令驱动机制。

本章小结

1. 流通市场是对已经发行的有价证券进行转让和流通的市场，又称二级市场和次级市场。流通市场可分为有组织的、集中的场内交易市场和非组织化的、分散的场外交易市场。
2. 流通市场的主要功能包括：流动性的提供、资金期限的转化、证券合理价格的维持、资金流动的导向和宏观调控的指示器。
3. 交易机制有宏观和微观两个层面的含义。交易机制主要包括以下七个方面的内容：价格决定机制、价格形成机制的特殊方面、委托单形式及委托匹配的原则、交易离散构件、价格监控机制、交易信息披露、交易支付机制。其中价格决定机制是核心。
4. 交易机制模型包括存货模型与信息模型。存货模型研究买卖报价价差和做市商存货成本之间的关系；信息模型探讨不均衡信息对市场价格的影响。
5. 交易机制对金融市场功能的发挥起着关键的作用。不同交易机制对金融市场发挥功能的影响不同。

推荐网站

1. 上海证券交易所：http://www.sse.com.cn.
2. 深圳证券交易所：http://www.szse.cn.

推荐阅读

1. 戴国强，吴林祥. 金融市场微观结构理论 [M]. 上海：上海财经大学出版社，1999.
2. 刘逖. 市场微观结构与交易机制设计：高级指南 [M]. 上海：上海人民出版社，2012.

第十一章
金融市场的质量

本章提要

金融市场的质量可以从流动性、市场透明度与信息揭示程度、市场稳定性与波动性、市场交易成本与金融市场效率等方面来考察。流动性是衡量金融市场质量的最重要的因素。流动性包括即时性、宽度、深度和弹性四个维度。市场透明度是指与目前交易机会及近期已完成交易等相关的信息的可得性。信息披露制度是确保金融、市场公开、公平、公正的根本前提。市场的稳定性需要通过市场稳定机制来实现。市场的交易成本包括佣金、印花税、过户费、买卖价差、搜寻成本、延迟成本和市场影响成本。市场的交易成本是影响金融市场效率的重要因素。我们将在本章详细介绍衡量金融市场质量的四个方面,更加详细地介绍市场流动性的度量方法以及市场稳定机制的类别。

学习目标

1. 理解流动性的含义,掌握流动性的衡量方法。
2. 了解市场透明度的种类,理解市场透明度与信息揭示程度差异存在原因。
3. 理解市场稳定性的定义和市场稳定机制,了解世界主要交易所的市场稳定机制。
4. 理解交易成本的内容,了解金融市场效率的层次。

重点难点

本章重点:流动性的衡量指标,流动性的测量指标的计算,市场稳定机制的类别,有效市场假说的假设条件,交易成本内容。

本章难点:流动性的测量指标计算,市场稳定机制的类别。

案例导入

金融市场上的"羊群效应"案例

金融市场中的"羊群效应"是一种特殊的非理性行为,它是指投资者在信息环境不确定的情况下,行为受到其他投资者的影响,模仿他人决策,或者过度依赖舆论,而不考虑自己的信息的行为。羊群行为是涉及多个投资主体的相关性行为,具体是指在一个投资群体中,单个投资者总是根据其他同类投资者的行动而行动,在他人买入时买入,在他人卖出时卖出。

2015年6月份有人宣传称牛市来了,大批股民听信传言,纷纷进入股市,大量资金涌入市场，6月12日沪指创出本轮牛市新高5 178点。但去杠杆进度超市场预期，股灾开始。整个7月，股民都在恐慌中度过，千股跌停的股市奇观成为中国股民最深刻的记忆。由于大盘急速下跌，加上恐慌心理产生连锁反应，投资者纷纷恐慌出逃，使得股市雪上加霜，一路下跌到2 800点。

从6月19日到9月14日，短短3个月不到的时间，A股经历了16次千股跌停，其中2 000股以上跌停三次。

7月8日晚间，沪深两市共有超过1 200只股票停牌，停牌股票数量占比超过40%。

8月24日收盘，沪指暴跌8.49%，报3 209点，创8年来最大单日跌幅。深成指跌7.83%，创业板跌8.08%，三大期指全线跌停。

这与中国上市公司的业绩非常不符。可以说，这与投资者的"羊群效应"是密切相关的。

"羊群效应"对市场的稳定性效率有很大的影响，也和金融危机有密切的关系。羊群效应使得投资者在指数上涨时入市追涨，从而让指数更加上升；在指数下跌时卖出杀跌，从而让指数更加下跌。因此，"羊群效应"引起了学术界、投资界和金融监管部门的广泛关注。

"羊群效应"产生的原因是什么？它到底对金融市场的质量造成了哪些影响？金融市场的质量应该如何评价？通过本章的学习，我们将学会如何解答这些问题。

第一节　金融市场流动性及其度量

流动性是衡量金融市场质量的最重要因素，流动性的突然消失可能会对金融市场和金融机构造成毁灭性的打击。

一、流动性的含义及其重要性

流动性是影响价格行为的重要因素和衡量市场效率的主要指标之一。凯恩斯最早对资产的流动性进行了概括。他认为，资产具有流动性是指其在短期内更容易变现而不受损失。这个定义可以从两个方面来看：一是资产变现能力，即最终价值的风险；二是市场吸收能力，即变现时不会带来损失。因此，流动性是指投资者根据市场的供给和需求状况，以合理的价格迅速交易的能力。市场流动性越好，则进行交易的成本就越低。通常来讲，市场流动性是指投资者在任何时候都能够以较低的交易成本买进或卖出大量证券并且对证券价格产生较小的影响。流动性包括四个维度，即交易的即时性、宽度、深度以及弹性。

（1）即时性（Immediacy）。几乎所有的流动性定义都考虑到交易的达成是否迅速，交易时间是否及时。

（2）宽度（Width）。金融市场的宽度表示交易价格偏离市场有效价格（买卖报价的中间价格）的程度，即一定条件下达成交易所需要的时间成本。市场的宽度体现在股票的买卖价差方面，这在实际的交易过程中体现为交易的成本。

（3）深度（Depth）。市场深度反映了交易量对市场价格的影响，或者说，在给定的价格下，能够交易的股票数量反映了该市场的深度。在报价驱动市场中，市场深度一般指在做市商所报出的价格下，愿意买入或者卖出的金融工具数量；在指令驱动市场中，市场深度即指在限价委托簿中的买卖委托数量，这些委托数量越多，金融市场就越有深度。

（4）弹性（Elasticity）。弹性是指由交易引起的价格波动消失的速度，或者委托单不平衡调整的速度。在有弹性的市场上，对于供求双方的突然变动，市价总能迅速灵活地调整到保持供求均衡的水平上。金融市场的弹性强调了市场价格机制的机动灵活性。市场弹性越好，价格偏离价值以后返回的速度越快。

流动性的重要性主要表现在以下三个方面。第一，流动性是股市存在的基石。可以说没有流动性，股市的存在就没有意义，股市也不会存在。足够的流动性保证了在较低的交易成本下，投资者可以买卖证券，筹资者可以得到需要的资金，交易能够迅速、有效地进行。第二，股市质量的高低从根本上是由流动性决定的。一个充满流动性的市场，交易成本低，价格受到交易量的冲击小，证券投资的安全性高，投资者对市场有足够的信心，能够充分发挥资源配置的功能。第三，流动性能够为投资者带来价值。

> **立德思考**
>
> 流动性是市场的一切。[①]
>
> 想一想：这个说法有道理吗？为什么这么说？

二、流动性的影响因素

影响流动性的因素有很多，如市场机制、投资者行为、股票组合、公司治理和产品市场势力等都会对流动性产生影响，以下就从交易机制、市场参与者行为和资本结构三个方面进行分析。

（一）交易机制

交易机制可以分为两大类，即指令驱动交易机制和报价驱动交易机制。在报价驱动市场上，做市商给出买卖的双向报价，交易者在上述价格上选择是否买进或卖出；在指令驱动市场上，来自交易者的委托单根据预先决定的交易规则进行匹配交易成交，从而对市场提供流动性。

● **知识点**
金融市场微观结构理论

关于不同交易机制的优劣，目前仍然存在很多争议。总体来说，报价驱动市场由于有做市商负责提供流动性，因而具有较高的即时性，流动性也比较稳定；而指令驱动市场能够提供更加有效的价格发现，交易价差更小，流动性的成本较低。一般情况下，股市较少采取单一的交易机制，经常是多种交易机制的组合应用，例如我国的股票市场采取的交易机制就是集合竞价以及连续竞价相结合的方式。

（二）市场参与者行为

市场参与者行为如风险厌恶水平、交易商的预期、对信息的敏感程度等都会影响市场的流动性。市场参与者行为对流动性的影响机制可以从两个方面来看。首先，在没有外界冲击的情况下，股市的流动性具有"流动性的自我实现"机制。然而，投资者为降低自己的流动性成本，会主动进行选择，采取对自己最有利的交易策略，他们在流动性水平较高时进行交易，而流动性差时则不采取行动。其次，市场参与者的差异性也会影响市场的流动性，这种差异的存在使得投资者的投资组合多样化，因而能够增加市场的流动性。但是，如果投资者的差异性不

[①] MENDELSON, AMIHUD. Liquidity and Asset Prices：Financial Management Implications [J]. Financial Management，1988，17（1）：5-15.

大，都采用相同的策略或者竞相模仿他人的行为，则可能产生羊群效应，导致单方向大量的委托单无法被执行，从而对股市流动性造成巨大的影响。

投资者参与证券的交易，其动因或是出于流动性的需要（Liquidity Motivated），或是出于所获信息的驱动（Information Motivated）。信息驱动的交易者即知情交易者，而基于流动性而交易的投资者被称为噪声交易者。

（三）资本结构

一般认为高负债的公司由于面临还本付息的压力，其管理层因此能够做出更加正确的决策，从而使公司股票流动性提高。较高的负债增加了信息不对称性，导致投资者进行投资时更加谨慎，从而使得流动性下降。Anderson 和 Carverhill（2012）认为，公司的价值很大程度上受到长期债务的影响，从而影响到股票的流动性。

● 知识点

2008 年的美国金融危机

知识点

三、流动性的度量模型与方法

在流动性度量理论发展的过程中，不同学者采用不同的方法对流动性进行了衡量，综合来看，可以分成以下四类，分别为从即时性、市场宽度、市场深度、弹性方面进行衡量的流动性模型和指标。

（一）从即时性的角度衡量流动性

基于即时性的流动性衡量指标首先假设在 t 时刻，市场存在一个未被观察到的均衡价值 m_t，服从以下过程。

$$m_t = m_{t-1} + e_t, \ e_t \sim N(0, \tau\psi^2) \tag{11-1}$$

式中，ψ^2 是均衡价值每单位时间内方差；τ 是市场出清时间间隔；e_t 是一个不相关的随机项。

市场出清价格定义为 r_t，其公式为：

$$r_t = m_t + f_t, \ f_t \sim N\left(0, \frac{\sigma^2}{\omega\tau}\right) \tag{11-2}$$

假设典型的投资者决定在 $t - \frac{1}{2}$ 而不是 t 时刻进行交易，那么他的流动性风险为：

$$\text{Var}[r_t - m_{t-\frac{1}{2}}] = \text{Var}[(r_t - m_t) + (m_t - m_{t-\frac{1}{2}})] \tag{11-3}$$

将随机项 $e_t = m_t - m_{t-1}$ 看作是两个独立随机变量的和，即 $m_t - m_{t-\frac{1}{2}}$ 以及 $m_{t-\frac{1}{2}} - m_{t-1}$ 的和。这两项每个都有方差 $\frac{1}{2}\tau\psi^2$。用 ω 表示交易者到达市场的速率，并综合以上各式可以得到投资者的流动性风险 V_p 为

$$V_p = \sigma^2/\omega\tau + \frac{1}{2}\tau\psi^2 \tag{11-4}$$

式（11-4）这个模型的含义是：当 σ^2 和 $\tau\psi^2$ 值越大时，流动性风险越高，价格波动性越大；ω 值是交易者到达市场的速率，交易机会与流动性风险成反比。市场出清时间 τ 对流动性风险的影响有两方面，若 τ 较大，市场出清时间长，则可以平缓暂时性的价格波动，从而提高

流动性；但由于市场出清时间长会影响均衡价值的变大，导致流动性降低。

（二）从市场宽度的角度衡量流动性

市场宽度可以看作交易的成本，交易成本一直以来就是对流动性衡量的较为直接的指标。市场宽度一般有四种度量方法：第一，买卖报价价差（Quoted Spread）；第二，实际价差（Realized Spread, RS）；第三，有效价差（Effective Spread, ES）；第四，定位价差（Positioning Spread, PS）。

1. 买卖报价价差

买卖报价价差即交易成交前做市商当前报出的买卖价差，其衡量了潜在的订单执行成本。衡量买卖价差有两种方法。

绝对买卖价差（Absolute Spread, AS），等于卖出报价与买入报价之差的绝对值。公式为：

$$AS = |P_s - P_b| \tag{11-5}$$

式中，P_s 为卖出价格；P_b 为买入价格。

相对买卖价差（Relative Spread, RS），等于绝对买卖价差与买卖报价的平均值的比值。公式为

$$RS = AS/P_m = |P_s - P_b|/P_m \tag{11-6}$$

式中，$P_m = (P_s + P_b)/2$，P_m 表示买卖报价的平均值。

【例11-1】 某时某一股票，做市商报出其买入价格为26元，卖出价格为30元。分别计算绝对买卖价差和相对买卖价差。

【解析】 绝对买卖价差 = |30 − 26| = 4（元）
相对买卖价差 = 4/[(30 + 26)/2] = 14.29%

2. 实际价差

实际价差（RS）即一段时间中所执行的买价与卖价差额的加权平均，它反映了委托单执行后的市场影响成本。衡量实际价差的两种方法如下。

绝对实际价差（Absolute Realized Spread, ARS）的计算公式如下。

$$ARS = |P_t - P_m| \tag{11-7}$$

相对实际价差（Relative Realized Spread, RRS）的计算公式如下。

$$RRS = |P_t - P_m|/P_m \tag{11-8}$$

【例11-2】 某一时刻，某股票的市价为32元，交易发生以后一段时间的价差中点为33元，分别计算绝对实际价差与相对实际价差。

【解析】 绝对实际价差 = |32 − 33| = 1（元）
相对实际价差 = 1 ÷ 33 = 3.03%

3. 有效价差

有效价差（ES）即做市商报价以后实际成交的买价与卖价之间的差额，它衡量委托单的实际执行成本。公式为：

$$ES = |P - (P_b + P_s)/2| \tag{11-9}$$

式中，P 表示股票现价；P_s 为卖出价格；P_b 为买入价格。

【例11-3】 某一时刻，某股票的市价为34元，投资者的股票买入价格是32元，卖出价格是34元，计算有效价差。

【解析】 有效价差 = $|34-(32+34)/2| = 1$（元）

4. 定位价差

定位价差（PS）衡量由于逆向选择成本而损失的价差收益，反映了交易后的价格变化。如果投资者中的某一个群体拥有优势信息，那么平均看，他们将从交易后的价格变化中获利，因此，他们付出的实际价差应比有效价差低。定位价差的计算公式如下。

$$PS = RS - ES \tag{11-10}$$

式中，RS 表示实际价差；ES 表示有效价差。

【例11-4】 某一证券的实际价差是1.2元，有效价差是1.6元，那么，它的定位价差是多少？

【解析】 定位价差 = $1.2 - 1.6 = -0.4$（元）

买卖价差是通过相对差额衡量流动性的，存在局限性。买卖价差实际上衡量的是交易成本，对交易规模不敏感。做市商的买卖报价通常只适用于小额指令，不能反映大额市价指令可能对价格产生的影响。

5. LOT 交易成本模型

Lesmond、Ogden 和 Trzcinka（1999）从买入和卖出的交易成本的角度提出了一个简单的流动性度量指标 LOT，其表达式如下。

$$LOT = \alpha_{j2} - \alpha_{j1} \tag{11-11}$$

式中，α_{j2} 表示百分比买入成本；α_{j1} 表示百分比卖出成本。显然 LOT 指标的最终形式非常简单，然而其设计角度却是新颖的。

6. Holden 的价差模型

Holden（2007）根据市场的价格群集（Price Clustering）现象提出了两个衡量流动性的指标：Effective Tick 指标和 Holden 价差。Effective Tick 就是价差的加权平均值与价格的比值。

Holden 的 Effective Tick 指标表达式如下。

$$Effective\ Tick = \frac{\sum_{j=1}^{J} \hat{\gamma}_j s_j}{\overline{P}_i} \tag{11-12}$$

式中，s_j 表示价差；$\hat{\gamma}_j$ 表示 j 期可能出现的价差 s_j 出现的条件概率；$\overline{P}_i$ 表示 i 时间段内的平均价格。

而式（11-12）中，可能出现的价差加权平均 $\sum_{j=1}^{J} \hat{\gamma}_j s_j$ 即为 Holden 价差。

$$Holden = S_H = \sum_{j=1}^{J} \hat{\gamma}_j s_j \tag{11-13}$$

（三）从市场深度的角度衡量流动性

即时性以及买卖价差衡量流动性的局限性是非常明显的，两种方法都忽略了成交量对市场流动性的影响，无法反映市场的深度。即时性只是单纯地从交易时间的长短来衡量流动性，买卖价差同样不能衡量在价格不变的情况下市场能够消化多少成交量，并且买卖报价通常只是针对普通投资者的小额委托，对于机构投资人等的大额委托则无能为力。为了弥补以上方法的不足，许多学者将成交量的影响纳入流动性衡量的考察当中，例如，考虑市场深度、成交深度、成交比率等指标。

1. Kyle 的深度模型

1985 年，Kyle 在他的《连续竞价与内幕交易》这篇经典的文献中提出了一个经典的市场深度模型。此模型建立在一个具有无限宽度、有限深度，且市场弹性足以使得价格最终趋于真实价格的连续市场中。这种度量市场流动性的方法是用一定比例的噪声交易者成交量比上一定比例的内部交易者成交量，反映了价格对两种交易者成交量的敏感度，从而形成了一种对市场深度的度量。

2. Glosten-Harris 模型

Glosten-Harris 的交易成本模型是 Glosten 和 Harris 在 1988 年《价差的构成要素估计》一文中提出的，这个模型从成交量以及交易的方向两个方面分析对价格变化的影响。主要模型公式如下。

$$\Delta P_t = \lambda q_t + \psi(D_t - D_{t-1}) + y_t \tag{11-14}$$

式中，ΔP_t 表示 t 期与 $t-1$ 期价格的变化；q_t 表示 t 期的成交量且带正负号；D_t 表示 t 期的交易方向；y_t 为误差项；λ 与 ψ 是模型回归系数，可以表示交易成本，其中 ψ 表示固定的总交易成本，λq_t 表示总可变成本，而两者的和即为总成本。从公式中我们很容易发现，当 λ 越大时，价格变化受到成交量的影响越大，ψ 越大则受到交易方向的影响越大。如果价格变化受到成交量以及交易方向的较大影响，说明市场流动性较低。

3. Hasbrouck 的斜率系数模型

Hasbrouck（2006）提出了一个采用模型的回归斜率系数 λ 作为流动性衡量指标的模型。该模型与 Pastor 和 Stambaugh（2003）的切入角度类似，都是研究交易金额对收益的影响。其具体模型如下。

$$r_n = \lambda S_n + u_n \tag{11-15}$$

此模型采用了 n 个 5 分钟间隔的数据。式中，r_n 表示股票在第 n 个 5 分钟内的收益；S_n 表示第 n 个 5 分钟交易额的带正负号的平方根，即 $S_n = \sum_k \text{Sign}(v_{kn})\sqrt{|v_{kn}|}$，$v_{kn}$ 表示第 k 次交易的交易额；u_n 为误差项。显而易见，λ 与流动性呈反比。

（四）从弹性的角度衡量流动性

流动性比率指标是从弹性角度来衡量流动性的经典指标，其基本思想是，若小额的交易就能使价格大幅变动，则流动性差；若大额交易仅仅使价格轻微波动，则流动性较好，即"多少成交量引起多少价格变动"。流动性比率方法简单易行，是当前广泛采用的流动性方法。

1. 普通流动性比率

普通流动性比率也称阿米维斯特（Amivest）流动性比率，是指价格变化一个百分点时需要多少成交量。其公式如下。

$$L_{\text{Ami}} = \sum_{t=1}^{n} P_{it}V_{it} \Big/ \sum_{t=1}^{n} |\%\Delta P_{it}| \tag{11-16}$$

式中，L_{Ami} 表示普通流动性比率；P_{it} 表示 t 日股票 i 的收盘价；V_{it} 表示 t 日股票 i 的成交量；$\sum_{t=1}^{n}|\%\Delta P_{it}|$ 表示一定时间内股票 i 价格变化率绝对值的和。

从普通流动性比率的公式可以看出，L_{Ami}值与股票流动性呈正比。然而，普通流动性比率的不足之处在于其不能反映上市公司的总流通股本，因为一般来说，股本越多的公司交易越频繁，普通流动性比率较高。普通流动性比率越高，则成交量对价格的影响越小，也就是说该股票的流动性越好；反之，普通流动性比率越低，则成交量对价格的影响越大，该股票的流动性越差。

【例 11-5】 某一股票，在 3 天内的收盘价与成交量如表 11-1 所示。那么它的普通流动性比率是多少？

表 11-1 某一股票在 3 天内的收盘价与成交量

时 间	收盘价（元）	成交量（手）
第 1 天	5	3
第 2 天	6	5
第 3 天	10	3

【解析】 普通流动性比率 $= \dfrac{10 \times 3 + 6 \times 5 + 5 \times 3}{|(6-5) \times 100 \div 5| + |(10-6) \times 100 \div 6|} \times 100\% = 86.54\%$

2. 马丁指数

马丁（Martin）假定在交易时间内价格变化是平稳分布的，因此，可以用每日价格变化幅度与每日成交量之比衡量流动性，即马丁指数。其公式如下。

$$M_t = \sum_{t=1}^{n} (P_{it} - P_{i,t-1})^2 / V_{it} \tag{11-17}$$

式中，M_t 表示马丁指数；P_{it} 表示 t 日股票 i 的收盘价；V_{it} 表示 t 日股票 i 的成交量。

【例 11-6】 根据例 11-5 的数据，计算马丁指数。

【解析】 马丁指数 $= \dfrac{(6-5)^2}{5} + \dfrac{(10-6)^2}{3} = 5.53$

马丁认为普通流动性比率与证券市场的总体价格走势正相关，与价格波动负相关。与普通流动性比率相反，马丁指数越大，则流动性越低。其缺点是比率随每日交易情况而变化，要得到一个较稳定的马丁指数需要求若干个交易日马丁指数的平均值。

3. Hui-Heubel 流动性比率

Hui-Heubel 流动性比率（Hui-Heubel Liquidity Ratio）与普通流动性比率类似，是由 Hui 和 Heubel 于 1984 年提出的。该比率使用每日最高价和最低价衡量价格波动，并根据股票市值进行了调整，计算公式如下。

$$L_{HH} = \left[\dfrac{P_{\max} - P_{\min}}{P_{\min}}\right] \bigg/ \left(\dfrac{V}{S \cdot \bar{P}}\right) \tag{11-18}$$

式中，L_{HH} 代表 Hui-Heubel 流动比率；$P_{\max}$ 代表 5 日内每日股票最高价中的最高值；$P_{\min}$ 代表 5 日内每日股票最低价中的最低值；V 表示 5 日内总交易金额；S 表示股票总流通数量；$\bar{P}$ 表示 5 日内股票平均收盘价。

【例 11-7】 若已知某股票流通数量为 400 000 股，其 5 日内成交量、最高价、最低价及收盘价如表 11-2 所示。计算 Hui-Heubel 流动性比率。

表 11-2　某股票 5 日内的成交信息

时　间	成交量（股）	最高价（元）	最低价（元）	收盘价（元）
第 1 日	1 000	10	8	8
第 2 日	4 000	9	7	9
第 3 日	5 000	11	9	11
第 4 日	3 000	13	8	12
第 5 日	3 000	13	11	11

【解析】　由表 11-2 可知，5 日内每日股票最高价中的最高值为 13 元，5 日内每日股票最低价中的最低值为 7 元，总交易金额为 168 000 元（1 000×8 + 4 000×9 + 5 000×11 + 3 000×12 + 3 000×11），5 日内股票平均收盘价为 10.2 元[(8 + 9 + 11 + 12 + 11)÷5]。

$$\text{Hui-Heubel 流动性比率} = \frac{(13-7)\div 7}{168\,000\div(400\,000\times 10.2)} = 20.82$$

4. 马什和罗克流动性比率

马什（Marsh）和罗克（Rock）认为，除大额交易外，价格变化在很大程度上是独立于交易规模的，因为价格变化与交易规模之间的关系是不成比例的。因此，一般的流动性比率将随平均交易规模的增加而上升。马什和罗克提出，应用特定时间内每笔交易之间价格变化百分比（绝对值）的平均值除以交易笔数来衡量流动性。其公式如下。

$$L_{\mathrm{MR}} = \frac{1}{T}\sum_{t=1}^{T_s} |\%\Delta P_{is}| \tag{11-19}$$

式中，L_{MR} 表示马什和罗克流动性比率；T_s 为股票 s 的交易笔数；$|\%\Delta P_{is}|$ 表示股票 s 第 i 笔交易价格变化百分比的绝对值。

【例 11-8】　股票 A 与股票 B 同样是平均每笔交易引起 0.2% 的价格变动，但是 A 股票平均每笔交易金额为 15 000 元，而 B 股票平均每笔交易金额为 10 000 元。根据普通流动性比率与马什和罗克流动性比率说明股票 A 和股票 B 的流动性。

【解析】　根据马什和罗克流动性比率，股票 A 和股票 B 的流动性是一样的；而根据普通流动性比率，A 股票的流动性比 B 股票的流动性强。马什和罗克流动性比率把价格变化与交易的绝对笔数联系起来，因此，平均每笔交易的价格变化越大时，流动性就越低。

第二节　金融市场透明度与信息揭示制度

在证券市场的理论与实践方面，透明度都是非常重要的概念。市场透明度是金融市场微观结构理论的一个重要研究领域。国际证监会组织（IOSCO）在 1998 年的《证券监管的目标与原则》中曾提出："证券市场监管应该保证交易的透明度。"各国证券市场也都在确定合理的透明度方面做了大量工作，以提高市场效率、改善投资者福利。

一、市场透明度的含义

市场透明度是指与目前交易机会及近期已完成的交易等相关的信息的可得性。信息披露制度是金融市场最基本的制度安排之一，是确保金融市场公开、公平、公正的根本前提。

根据信息揭示时间和交易进程的关系，市场透明度可分为交易前信息透明和交易后信息透明。

（1）在交易前透明方面，几乎所有的市场都会通过信息供应商向投资者提供成交量、最佳买卖价格和数量等信息。会员证券商可能无法看到交易对手的身份，但是却可以看到整个限价委托簿，并输入委托。然而，大宗交易的透明性仍然不足，目前，大宗交易往往私下议价再由会员转账方式进行，成交前的信息仍然不透明。

（2）在交易后透明方面，一般在交易后，交易系统就会自动揭示交易细节，不仅包括成交价格、成交量，有些证券交易所会将买卖双方的身份立即传给买卖双方。但是，不同证券交易所在交易信息的披露速度上存在较大差异，一些证券交易所会延迟几小时或至次日甚至延迟到数个交易日后，这种情况主要发生在一些报价驱动市场中。另外，各个证券交易所对大宗成交信息的披露时间也存在着很大的差异。

证券市场交易信息的使用者范围非常广泛，包括机构投资者、个体投资者、中介机构、监管部门、上市公司以及证券交易所等。交易信息的揭示制度需要实现以下功能：一是信息传播，要使市场参与者能够准确而快速地获得证券交易信息；二是维护公平，信息揭示制度有利于监管部门对内幕交易及异常交易行为进行监管；三是提高效率，提高市场的流动性，促进社会资源的有效配置。

二、市场透明度与市场绩效

1. 透明度与流动性

较高的透明度会使不知情交易者获得较低的交易成本。不同市场机制下透明度对流动性具有不同的影响，竞价市场先天就比报价市场具有更高的透明度，因为前者的市场参与者更加容易得到市场实时信息。在交易指令单信息揭示比较多的市场，做市商可通过所得到的信息推断交易指令单为信息驱动或流动性驱动，进而让不知情交易者享有较低的交易成本。此外，透明度越高，做市商越能准确地为证券估价，降低逆向选择风险，因此愿意缩小买卖价差，降低了投资者的交易成本，增加了市场流动性。

对交易指令信息的揭示便利了做市商与他人交易，从而促进了在买卖价差方面的竞争。透明度高的市场在开盘时的价差大于透明度较低的市场，但随后高透明度市场的价差不断下降，低透明度市场的价差维持不变，价差将逐渐消失。在开盘阶段，相关信息扩散不充分，交易后信息的不透明吸引做市商相互竞争，提高市场的流动性。随着交易的进行，更多的信息得到了扩散，做市商失去了强烈竞争的诱因，流动性也随之下降。提高交易后信息的透明度将降低开盘阶段的流动性。

2. 透明度与有效性

高透明度市场导致交易商拥有较少的时间从事头寸管理，因此交易商偏好低透明度市场。在低透明度市场中由于市场揭示的交易指令单信息含有噪声，因而会减缓价格调整速度，使非交易商的投资者得以通过交易共同分担风险。然而过度不透明的市场将会妨碍非交易商投资者的风险分摊，因为这时市场揭示的信息含有过多的噪声，投资者不敢进场交易，进而无法相互分摊风险。

在透明的市场中，所有报价被公开和迅速地揭示，此时做市商的搜寻成本将会降低，其报价调整的积极性也随之降低，从而延迟了价格发现。而在不透明的市场中，报价不被公开揭示，做市商将积极进行报价调整，从而提高了信息有效性。

3. 透明度与交易者福利

高透明度的市场将具有较高的信息效率，如果市场设计的目标就是信息效率，那么增强透明度有利于提高市场效率。限价交易指令簿的透明度越高，市价交易指令的盈利和限价交易指令的损失也越高，下限价交易指令者将会减少指令提交数量，使得市场流动性降低，而波动性则有所增加。

三、主要证券交易所的信息揭示制度

（一）信息揭示制度的现状

当前全球各交易所的信息揭示制度的现状和发展趋势可以总结为以下几点。

（1）在开盘前，许多交易所已经采取信息公开措施，利用加权数量方式来计算可能的开盘价，并根据实时的指令提交状况揭示指示性成交价格。但是在指令提交信息方面，却还有差异，如巴黎证券交易所在开盘前提供最详细的交易指令价量信息，而东京证券交易所则只针对会员提供开盘前的部分交易指令信息。

（2）目前对于有关揭示档数应维持最佳五档或是采取全部公开，国际证券市场并没有达成统一认识。但是，对于限价交易指令信息的公开则是未来的发展趋势。

（3）对于交易信息揭示的对象，部分交易所对会员与一般投资者的信息公开价位档数与各个价位委托数量的公开程度有不同的做法。东京证券交易所对投资者提供最佳五档信息，对会员则提供全部信息。但是随着信息技术的进步以及交易信息收费的降低，一般投资者通过会员间接获取交易信息的渠道也越来越通畅。事实上，对绝大多数交易所而言，一般投资者和会员在获取交易信息的能力上已经没有很大差别。

（4）成交后的信息揭示一般来说是实时的。但部分交易所允许大宗交易的信息披露可以有所延迟，并且不同交易所的延迟时间也有所不同。

（5）关于交易者身份的揭示，绝大多数交易所并不向市场揭示交易指令提交者的情况，部分交易所也只是向有限的交易者揭示提交交易指令的经纪商。至于交易指令的真实提交者，尚未有交易所提供这方面的信息揭示。

（二）信息披露程度不同的原因

各交易所的信息披露程度是存在差异的，具体体现在披露的内容、对象和时效性上，导致差异的因素有以下几种。

1. 认识上的不一致

交易信息的充分公开，对维护市场公平性与效率性、促进价格发现与资金有效分配、防止市场机能的扭曲及遏止不法交易都有相当大的帮助。然而，一些文献认为提高透明度对市场绩效的影响并不全是正面的。对市场上的知情交易者而言，当他们进行交易时，希望公开的信息越少越好。但在这种情况下，不知情交易者难免会遭受损失，对他们而言，由于其取得信息的能力较低，希望信息公开程度越高越好。因此，信息公开对不同投资人的影响是不同的。

就整个市场而言，信息公开也并非绝对有助于提高市场流动性与效率性。一般而言，透明度过低，投资人不了解其他人的意向及市场交易信息，会影响他们参与交易的积极性。但如果透明度过高，每个投资人的意向都被市场明了，知情交易者就得不到应有利润，他们也就失去了发掘信息的动力。如果投资人花费很多时间及精力研究公司的投资价值，这些信息将形成其交易决策；但如果他的委托状况被其他人知道，他的付出就得不到补偿，势必不会继续开发信息。因此，当所有投资人都认为交易价格反映了公司的真实价值时，也就没有人从事信息的收集而全部依赖于市场价格信息，其结果背离了价格发现机能的本质，导致市场流动性与效率性受损。

2. 价格形成方式的影响

在报价驱动市场上，股市的效率是靠承担风险的做市商的参与才大幅提高的，如果因为透明化而使这些中介者暴露在不当的风险之中，其存货风险会增加，市场流动性将会减弱，因而做市商较一般投资人或零售商应得到更多的信息。就报价驱动市场而言，如交易后信息即时公开，做市商接下或吸纳巨额委托单后，竞争对手会利用公开信息在市场中进行干扰，影响做市商的操作，使其遭受损失。时间一长，做市商为避免承担风险，将降低其接受巨额委托的意愿，或是将买卖价差扩大来保护自己，这样市场流动性会趋于恶化。

一般而言，竞价市场较之于做市商市场，先天上可提供较多的交易信息。这是因为竞价市场所有交易都是集中进行的，其信息较易汇总揭示；而在交易分散进行的做市商市场中，其披露的信息较为有限。

3. 交易规模的影响

目前大多数市场对小额交易的价量信息是立即公开的，但对大额交易则不一样，这主要源于大额交易的申报者对交易机制的特殊需求。

机构投资人一般不试图以当天的最低价买入或以当天的最高价卖出，一般也不需要证券商的资金，他们根据基本信息做出交易决策，花费时间长，因此一般也不需要立即下单。他们最青睐且最有效的交易模式是集合竞价；基于交易成本的考虑，他们亦倾向于议价成交。此外，他们对匿名下单极为重视，因为担心信息泄露会造成损失。在实务上，对大额交易来讲，为避免公布信息而造成的抢先委托以及出于对大额交易冲击市场的顾虑，交易所一般会以降低透明度的方式来增加市场的效率。

4. 不同使用者的不同需求

交易信息的使用者极其广泛，包括投资机构、散户、做市商、市场监管者、交易所、信息公司、证券商等。各种类型的使用者对信息的种类及时效性的需求程度是不同的。做市商需要更多的委托的价量信息以便制定一个更好的价格，但知情交易者却不愿在这样的市场交易，因为这种市场减少了其信息优势。投资机构对巨额交易信息及谣传需求高；市场监管者及交易所则需要所有即时资讯及交易来源、委托人等信息以做监管之用，因而有的信息不能向市场公开。因此透明度的设计者就要考虑到他们之间的互动关系，在所有需求者之间寻求平衡。

5. 交易所信息披露的成本及系统处理效率

市场信息的广泛传播会促进成交量的增加，但开发出更多且准确的信息需要在系统上、人力上做出较大的投资。交易所一般是借助收费来补偿提供信息的费用的,不收费会减少交易所利用先进技术生成与发布信息的动机。此外,如证券在不同交易所上市,还存在"搭便车"的问题。搭便车者不仅有其他交易所,还有其他交易所的市场参与者,他们可利用透明市场的信息进行价格发现,修改报价,部分人会获得竞争性利益,部分人会受到损害(如较透明市场进行巨额交易的做市商),进而损害整个市场的效率性与完整性。再者,某些信息的揭示程度大小,会对系统逻辑程序的处理效率和公平性有潜在危害。如系统对委托人身份加以辨认,可能会促使委托人将交易预先安排,或寻求特定交易对象成交。信息披露越多,系统处理的效率也就越低。

总之,基于不同的传统、文化与法律体系、历史背景的差异以及现实因素的考虑,产生了不同的交易制度与市场结构,也因此有交易信息公开程度在认识上与实践上的差异。对交易所而言,最佳的市场透明度必须是在一定的交易制度、市场结构与政策环境下,估量不同市场参与者相互抵触性利益的比重,对市场公平性、流动性、稳定性、有效性、竞争性统一考量,进行取舍与寻求平衡。

● 知识点
内幕交易切勿碰

四、全球证券市场交易信息披露趋势[一]

纵观全球证券市场,尽管各个交易所在交易信息披露的种类、数量和程度方面存在一定差异,但是全球交易所的信息披露机制发展呈现以下趋势。

(一)交易信息披露内容增加,市场透明度逐渐增强

2008年金融危机之后,为了加强市场公平、保护投资者利益,全球主要交易所普遍提高了交易信息的披露程度。一方面,根据投资者不同需求,交易所一般会披露5~10档最佳买卖报价和不同价位上的订单汇总信息,有的交易所甚至会披露10档之外乃至逐笔成交记录。而根据国际证监会组织(IOSCO)在2001年发布的一份调查研究报告显示,当时全球大多数交易所仅披露3~5档最佳买卖价格和不同价格上的订单数量汇总信息。

另一方面,交易所普遍增加了交易前和交易后的信息披露内容。比如,交易所在交易前会披露证券模拟成交价、委托订单数量以及买卖订单不平衡程度等信息;而交易后会普遍披露证券的异常交易情况和市场交易的详细资料等。

(二)交易信息实施分级披露,信息披露服务日益专业化

随着信息化技术的进步以及互联网技术的发展,全球主要交易所对实时交易信息的披露基本采用分级披露的方法。简单来说,根据信息披露的对象及其交易需求,交易所会对不同的市场参与者分级披露订单簿内容,如不同等级对应不同的价格档位以及订单信息,并以此收取相应的费用。同时,交易所也通过建立自己的专业化信息服务公司来提高交易数据披露的专业化水平,在增强市场透明度的同时为投资者提供更加多样化和专业化的信息服务。例如,伦敦证券交易所的 Proquote 公司、印度国家证券交易所的 DotEx 公司以及香港交易所的 OMD 数据平台

[一] 参见上海证券交易所研究报告《交易信息披露的国际趋势和启示》(http://www.sse.com.cn/)。

都是交易所专属或者唯一的数据提供商,为投资者提供更加专业化的信息披露服务。

(三) 交易信息隐蔽化趋势凸显,但监管要求与交易所盈利的矛盾依然存在

为了鼓励机构投资者进行大额交易和高频交易,欧美各大交易所针对大宗交易、程序化交易和暗池交易等特殊交易方式设置了专门的信息披露制度。例如,从 20 世纪 90 年代开始,伦敦证券交易所就针对大宗交易设置了订单信息可以延迟披露的特殊规定。这一定程度上有利于做市商接受巨额委托单,以此提高市场流动性。纽约证券交易所更是允许暗池交易采取匿名的方式,并在交易前不向市场参与者披露任何订单簿信息。

因此,随着行业竞争日趋激烈,交易所在盈利的压力下隐匿部分交易信息的动机十分强烈,交易信息隐蔽化的趋势日益凸显。然而,2008 年金融危机之后,各国监管机构开始认识到大额交易和高频交易在推动市场创新的同时也会给市场的稳定发展带来一定的风险。近年来,全球主要成熟市场开始出台相关规定逐渐加强对暗池交易、大宗交易和程序化交易的管理,尤其是强化了信息披露方面的监管。比如,针对暗池交易和程序化交易,美国证券交易委员会拟在 2016 年出台专门的建议性规定。该规定的核心就是提高上述交易方式的信息披露程度,消除市场潜在风险。

(四) 加强市场出现异常波动时的信息披露

为了应对市场短期出现的异常波动,全球主要交易所都纷纷建立起市场稳定机制,采取了诸如市场熔断机制、个股涨跌幅限制等措施来平抑市场出现的极端情况。对于新兴市场而言,由于市场投资者结构不合理或者交易机制不完善,证券市场出现暴涨暴跌的情形更为普遍。因此,有些交易所还加强了证券出现异常交易时的信息披露,以防止市场出现大规模的异常波动。以我国台湾证券交易所为例,如果某只证券在盘中交易出现异常,我国台湾证券交易所就会依据相应标准,通过披露证券的涨跌幅度、成交量、周转率、集中度等指标的变化信息来向投资者警示风险。

第三节 金融市场稳定性与波动性

稳定性和波动性是金融市场的重要特性,表现为相互对立统一的关系。对金融市场波动性的研究一方面是出于对资产选择和资产定价的需要,另一方面是因为维持市场稳定对于市场健康发展至关重要。

一、市场稳定性和波动性概述

金融市场的稳定性是指证券价格的稳定性,即证券价格短期波动程度及其平衡调节的能力。稳定性通常以市场指数的方差进行衡量,方差越大,则市场波动性越大而稳定性越差,方差越小则反之。金融市场波动性是其基本特征之一,与稳定性相对。一般来说,宏观经济状况、上市公司表现、市场规则变化等外部信息是影响市场价格的主要原因,但是交易机制也在一定程度上影响证券价格的稳定性。证券价格的短期波动主要源于两个效应:信息效应和交易制度效应。合理的交易制度应使交易制度效应最小化,尽量减少证券价格在反映信息过程中的噪声。

● **中国故事**

中国股票市场的波动性

自2014年年末，我国股市又进入了新一轮大牛市，上证指数在2014~2015年一年多的时间里涨幅多达449.35%。由于股市的过度膨胀，越来越多的人投身股市，可是由于中国股市是一个新兴市场，有很多不完备的客观原因，具有较大的波动性，因此在股市繁荣的背后隐藏着较大的风险性。在2015年股市出现了大幅震荡的局面，10天暴跌1 000点。随后日成交量逐渐萎缩，股市日益萧条。由于中国的资本市场发展较晚，资本市场建设仍然存在许多不完善的地方，制度不健全，投资者非理性程度较高，投机炒作盛行，从而使中国股票市场比发达国家市场波动性更大，因此不论对于投资者还是对于金融机构来说，怎样准确地把握中国金融市场的风险显得尤为重要。

(一) 证券市场稳定机制

证券市场稳定机制就是证券交易所及证券监管部门在面对金融市场价格剧烈波动时，能够采取的限制价格波动幅度的机制。

1. 证券市场稳定机制的含义

证券市场稳定机制包含三个层面的含义。
(1) 证券市场具有健全的法律制度基础。
(2) 影响证券市场供求关系和价格变化的诸要素相互作用形成有效市场的机制。
(3) 监管者用行政手段建立的抑止证券市场价格异常波动的管制规则。
前两者构成证券市场内生的稳定机制，后者构成证券市场外生的稳定机制。

2. 稳定机制的政策目标

(1) 抑制投资者噪声交易和股价的临时波动性。
(2) 在基本面因素导致股价大幅变化时，防止投资者出现过度反应行为。
总而言之，稳定机制的根本目的是防止股价出现自我增强式的大幅波动，防止引起金融体系的整体风险。

(二) 有关证券市场稳定机制的理论

学术界对于证券市场稳定机制的设立，认识并不一致。
(1) Kyle (1989) 指出，交易所设立稳定机制的主要目的是保护不知情交易者，维护自身声誉。另外，暂停交易也使得知情交易者有机会进入市场，并提供流动性而使市场获益。
(2) Greenwald 和 Stein (1991) 以及 Kodres 和 O'Brian (1994) 根据不知情交易者的交易来建立价格极端变动的模型，两篇论文均指出，当不知情交易者使价格快速变化时，知情交易者将不能确定以何价格进行委托买卖，从而倾向于撤出市场以回避交易风险，而暂停交易可提供冷却期，让投资者在交易前消化有关信息。
(3) Subrahmanyam (1995) 的模型就此对投资者行为进行研究，并认为基于主观判断性的稳定机制较基于规则的稳定机制更有效率，因为前者不易被投资者事先预测到。
(4) Harris (1998) 曾提出了一个证券监管者的选择与市场的不同组合，如表11-3所示。

表 11-3　稳定机制与市场运行不同组合下监管者的成本和收益

	采用稳定机制	不采用稳定机制
股市非理性	无成本	高成本
股市正常运行	收益	无成本

资料来源：施东晖、孙培源：市场微观结构——理论与中国经验 [M]．上海：上海三联书店，106．

由此可知，在选择是否采用稳定机制时，证券监管者一定会采用稳定机制。实践表明，各国的监管者都是在市场经历了非理性之后才采用各种稳定机制的。

二、主要交易所的市场稳定机制

世界主要股票市场的外生稳定机制主要有两种，一种是自由式的，另一种是调控式的。

所谓自由式，是指对市场参与者的交易行为不加干预，由市场参与者通过交易自发稳定市场，管理层只是在出现突发事件时才采取一些特殊手段加以稳定。调控式主要是对交易者的交易行为做出种种限制，通过控制价格波动范围和交易速度稳定市场。自由式稳定机制主要存在于成熟的市场中，如纽约证券交易所、伦敦证券交易所等。调控式稳定机制主要存在于新兴市场股价和地区。这些市场由于投资者行为不太理性，市场自身交易所产生的波动比较大，这就需要外生的调控措施限制股价波动范围和交易速度。目前世界主要交易所有关股市的稳定措施有以下几种。

（一）涨跌幅限制措施

涨跌幅限制是为了防止股票市场价格的暴涨暴跌，抑止过度投机现象，对每只证券当天价格的涨跌幅度予以适当限制的一种交易制度，目的在于降低股票市场风险、保持市场稳定和保护投资者利益。伦敦证券交易所、巴黎证券交易所、东京证券交易所、中国香港联合交易所、韩国证券交易所、新加坡证券交易所等均采取了限价或每日涨跌停措施。

（1）委托限价，即一笔委托订单报价不能高于或低于某个特定成交价格的一定幅度，否则委托无效，它可以防止股价在某段时间内涨跌过度，但是交易并不停止，对于委托价格低于限价的订单可以继续进行交易。

（2）委托延期撮合，例如纽约证券交易所规定，当标准普尔指数期货交易下跌 12 点时，所有计算机程序自动报出的市价委托单推迟 5 分钟后再进入撮合系统。

（3）涨跌停板制度，即某只股票或者是整个股市的指数涨跌到一定幅度时，就暂停该只股票或整个股市的交易。目前，许多交易所对股票交易制定每日股价涨跌幅度，但具体做法又有所区别。最为普遍的就是以前一日收盘价为基准，制定每日固定的涨跌幅度（百分比）。

（二）断路器规则

断路器规则（Circuit Breaker）是指当市场指数变化超过一定幅度时，对交易进行暂停等限制措施，类似于涨跌停板制度中的股市大盘情况。

市场断路措施一般指整个市场中断交易。断路器机制是从交易规则上防止股价剧烈波动，具有不干预上涨行情、只干预非理性暴跌的特性。主要防止市场出现非理性的大幅狂泻，打击投资者信心。1987 年纽约股灾后，纽约证券交易所开始实施断路器规则。采用断路器措施的市场还包括美国纳斯达克市场、加拿大风险交易所和泰国证券交易所的另类投资市场等。此机制为纽约证券交易所首创,其规定也最为详细和典型。表11-4表明纽约证券交易所熔断机制。

表11-4 纽约证券交易所的熔断机制

	13:00前	13:00~13:59	14:00~14:29	14:30或以后
道琼斯工业平均指数下跌10%	暂停交易1小时	暂停交易1小时	暂停交易半小时	交易不会暂停,如跌幅扩大至20%,则全日暂停交易
道琼斯工业平均指数下跌20%	暂停交易2小时	暂停交易1小时	全日暂停交易	全日暂停交易
道琼斯工业平均指数下跌30%	全日暂停交易	全日暂停交易	全日暂停交易	全日暂停交易

注:纽约证券交易所在每个季度开始时,利用道琼斯工业平均收盘价计算断路器机制的触发水平。
资料来源:纽约证券交易所,https://www.nyse.com.

(三) 暂停交易

暂停交易指的是上市公司的股票因股价异常波动或者公司公告重大事件被交易所暂时停止其交易。成熟的证券市场较少使用该措施,大多是新兴市场采用这一措施。

暂停交易的原因一般有以下几种。

(1) 向投资者宣布已经或者马上将有对该股票价格产生重大影响的信息发布,暂停交易可以使市场有时间吸收信息,维持市场的有序进行。

(2) 若某一证券出现异常交易状况,显示有可能是被操纵或者是存在内幕交易,暂停交易可以使发行人有机会澄清是否存在欺诈或者被操纵的行为。

(3) 当发行人无法遵循上市契约及上市规则时,暂停其交易以便使发行人能够及时调整,直到符合标准为止。

(4) 当出现异常重大事件如恶劣的气候、国内暴动、恐怖主义等情况时,可以暂停所有证券交易。

从停牌交易的时间来看,大多数国家规定均以一天为限。这类停牌的主要目的是让投资者对股价异常波动的股票有所警觉,加强风险意识。另外,也让上市公司有机会对异常波动情况做出说明。

第四节 金融市场交易成本与效率

从交易机制角度看,证券市场的效率主要指运行效率、信息效率和资源配置效率。金融市场的交易成本等影响着金融市场效率。本节我们主要讨论金融市场运行效率和资源配置效率。

一、金融市场效率的层次

运行效率(Operational Efficiency)是指交易执行系统的效率,研究市场提供流动性的能力、交易的执行速度以及交易费用的大小,反映了市场组织和服务金融交易的效率。如果交易双方能够在最短的时间内完成交易并且支付的交易费用也最低,那么市场就具有较高的运行效率。

从各国的实际情况来看，金融市场的运行效率总体上是不断提高的。佣金自由化、印花税下降以及信息技术的发展都使得投资者的交易成本降低，提高了市场运行效率。另外，一个运行有效的市场必然也有着促使其交易成本降低的内在机制。在运行有效的市场上，存在着大量的交易者和可交易产品，交易者的竞争以及替代品的增加都使交易成本降低。

信息效率（Information Efficiency）是指证券价格准确、迅速和充分反映可得信息的程度，也就是有效市场假说中所指的效率。价格反映信息的速度越快、越充分，市场的信息效率就越高。只有资产价格充分反映与定价有关的信息，资产价格才能动态地趋向于其内在价值，实现资产的有效定价，进而引导资源的有效配置。金融市场的运行效率直接影响信息效率。如果市场的运行效率高，那么投资者能够以较低的成本迅速完成交易，有利于价格均衡的快速实现，使得价格迅速、充分地反映相关信息，提高市场的信息效率。大量实证研究表明，信息效率和运行效率正相关。

● 知识点

有效市场假说与信息效率

金融市场的资源配置效率就是投融资效率的综合反映。对投资者来说，期望资金能够投向收益最高的经营项目，使得经过风险调整的投资收益最大化。而对于融资者，希望融资的边际成本最低，也就是要调动出社会中最闲散、机会成本最低的资金，避免社会资金的低效率使用。当投资者的收益最大化而融资者的成本最小化时，金融市场实现了帕累托最优，资源配置效率达到了最大化。

这三个层次里，运行效率最狭义，是金融市场自身运行的效率，也是后两个层次效率实现的前提和基础。资源配置效率是金融市场的外在效率，反映了金融市场的根本使命。而信息效率既与运行效率直接相关，又通过价格引导资源的优化配置，它是两者之间的桥梁，反映了市场的核心定价功能。

二、有效市场假说的假设条件

有效市场理论作为现代金融理论的基石，它的成立，还必须满足一些前提条件。第一，信息成本为零，信息是充分的、均匀分布的，对市场参与者而言信息是对称的，不存在诸如信息不对称、信息加工的时滞、信息解释的差异等现象，新信息的出现完全是随机的。第二，投资者都是完全理性的，具有同样的智力水平和同样的分析能力，对信息的解释也是相同的，股票价格波动完全是投资者基于完全信息集的理性预期的结果。第三，市场是完全竞争的。有效市场的形成是竞争的结果，竞争程度的不同相应地导致不同有效程度的市场。高度的流动性是资本市场相对于一般商品市场的主要特点。正是这种流动性，使得资本市场的竞争程度要比一般商品市场激烈得多。激烈的竞争使投资者能很容易地进行交易从而进出不同行业，致使有一种力量把整个市场的收益率水平拉向一致，消除了超额收益存在的可能。竞争还表现在机构投资者对信息的开发上。资本市场的参与者可大致分为两类：一类是个体投资者，另一类是机构投资者。由于机构投资者较个体投资者更具有资金优势、人才优势以及规模经济效应，因而能够承担较大的信息开发成本去争取获得哪怕是很低的超额收益率。为数众多的机构投资者竞相开发信息的结果，使得几乎所有可以得到的信息都发掘殆尽；而他们在市场上竞争买卖的结果，又进一步使得价格反映着所开发的所有信息。在这一意义上，可以说机构投资者是价格水平的操纵力量。大量机构投资者的存在势必加剧竞争，有利于促进市场均衡的形成，使市场更有效率。如果仅有少量的机构投资者,由于其强势地位和利益驱动下的不规则操作,很可能会加剧市场非均衡,导致效率耗损。

但是,这种严格的假设条件现实世界很难完全满足。资本市场信息不对称几乎是普遍存在的,而且信息获得并非完全免费,对信息的分析处理更需要耗费时间、精力、资金等成本,不同的投资者由于知识背景不同,对信息的分析和处理能力也具有很大差别。

三、有效市场的分类

根据可获得信息的类别不同,美国著名经济学家法玛(Fama,1965)论证了不同的信息对证券价格的影响程度不同,证券市场效率的高低程度因信息种类的不同而异。为此,有效市场细分为三类,即弱型(Weak Form)有效市场、半强型(Semi-Strong Form)有效市场和强型(Strong Form)有效市场。三种有效证券市场的共同特征是:证券的价格反映一定的信息。其区别在于,不同的市场反映信息的范围不同。将所有的信息划分为三个层次,如图11-1所示。

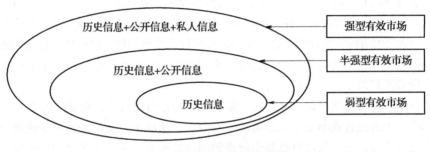

图 11-1 信息与市场有效性

(一)弱型有效市场

这是最低层次的市场有效性。如果资产价格充分地反映了价格历史序列数据中所包含的一切信息,那么市场即为弱型有效市场。因为诸如历史股价、成交量、短期收益等历史信息可以公开地、无成本地获得,如果这些信息可以传达有关未来的可靠信号,那么所有投资者早已知道利用这些信号了,最终会因为信号的广泛可知性而使它们失去价值,发现规律也就等于消灭了规律。相反,如果有关证券历史资料对证券的价格变动仍有影响,则这个市场尚未达到弱型有效。在弱型有效市场中,投资者不可能通过对股票历史信息(包括历史资料、价格和成交量等)的分析而获得超额利润,股票价格已经根据这些信息做了相应的调整,投资者只能获得与所承担风险相对应的正常收益,股票价格变动与其历史行为方式是独立的,股价变动的历史时间序列数据呈现出随机游走形态,技术分析(Technical Analysis)将失去作用。

(二)半强型有效市场

如果资产的价格不仅反映了历史信息,而且反映了所有与公司证券有关的公开信息,那么市场即为半强型有效市场。由于任何一个投资者都有办法从公开适用的渠道中得到这些信息,投资者就会预期到这些信息已经体现在股价上了。如果有关股票的公开信息对其价格的变动仍有影响,则说明证券价格形成过程中,投资者对公开发表的资料尚未做出及时充分的挖掘和利用,这样的市场尚未达到半强型有效。在半强型有效市场中,对一家公司的资产负债表、损益表、股息变动、股票拆细、政府公告及其他任何可公开获得的信息进行分析均不可能获得超额利润，基本分析（Fundamental Analysis）将失去作用。

（三）强型有效市场

如果市场价格充分反映了有关公司的一切可得信息，从而使任何获得内幕消息的人（包括公司董事会成员、管理人员，中介机构有关人士、监管机构有关人士）也不能凭此而获得超额利润，那么市场即为强型有效市场。在强型有效市场中，市场价格不仅完全反映了一切历史信息、一切可公开获得的信息，同时也已充分反映了一切内幕信息，这是最有效的股票市场。

四、金融市场资源配置效率

金融市场资源配置效率是指金融市场通过金融资产交易实现的资源配置的帕累托最优。帕累托最优（Pareto Optimum）是指经济已不可能通过改变产品和资源配置，在其他人的效用水平至少不下降的情况下，使得任何其他人的效用水平有所提高。如果达不到帕累托最优，就称金融市场是无效或低效的。在金融市场上，资金的需求方和盈余方运用金融工具进行交易，达到金融资源的有效配置。而金融资源背后实质上都是各种实物资源，所以金融资源的最优配置就意味着实物资源的最优配置。

在有效的金融市场上，金融工具的价格对于掌握了相应信息的全部投资者来说是公平的。在有效的金融市场上，每种金融工具的价格等于其投资价值即内在价值。在有效的金融市场上，如果金融工具证券的价格低于现有的信息所决定的内在价值，分析人员很快就会发现价格被低估的事实，分析的结果会迅速在市场上传播开来，刺激对这个金融工具的需求，推动价格上升。反之，如果某金融工具的价格高于现有的信息所决定的内在价值，就会招致投资者的抛售，增加金融工具的供给、累及价格下挫。这种过程直到金融工具价格等于根据现有的信息判断其应有的内在价值为止。

在有效的金融市场上，金融工具价格的波动呈随机游走（Random Walk）的方式。金融工具价格波动随机性的观点，最早是著名的经济学家萨缪尔森于1965年提出来的。根据有效金融市场假说，金融工具的价格是建立在现有的信息的基础上的，并根据新的信息做出调整。由于新的信息的内容、发生的时间以及对其价格的影响程度是不可预见的，所以事先无人知晓它的价格将会如何变动，也就是说，金融工具的价格是随机游走的。

在有效的金融市场上，金融工具的价格能够迅速、准确地对新的信息做出反应。市场的有效性意味着金融工具的价格根据信息做出调整的过程十分短暂。一些实证研究表明，在纽约证券交易所，上市公司发布信息以后，证券价格的调整往往在几分钟之内完成。投资者只要随机选取若干种投资对象，就能获取市场的平均收益，或者说，只要随意购买任意一种金融工具，就能得到公正的收益、承担相应的风险。

五、市场交易成本

交易成本（Transaction Costs）又称交易费用，最早由美国经济学家罗纳德·科斯提出的。他在《企业的性质》一文中认为交易成本是"通过价格机制组织生产的、最明显的成本，就是所有发现相对价格的成本""市场上发生的每一笔交易的谈判和签约的费用"及利用价格机制存在的其他方面的成本。交易成本越高意味着金融市场运行效率越低。

(一) 市场交易成本发生的原因

市场交易成本来自于人性因素与交易环境因素交互影响下产生的市场失灵现象所造成的交易困难。威廉姆森指出交易成本的六个来源。

(1) 有限理性（Bounded Rationality）是指参与交易的人，因为身心、智能、情绪等限制，在追求效益极大化时所产生的限制约束。

(2) 投机主义（Opportunism）是指参与交易的各方，为寻求自我利益而采取的欺诈手法，同时增加彼此的不信任与怀疑，因而导致交易过程监督成本的增加而降低经济效率。

(3) 不确定性与复杂性（Uncertainty and Complexity）是指由于环境因素中充满不可预期性和各种变化，交易双方均将未来的不确定性及复杂性纳入契约中，使得交易过程增加不少制定契约时的议价成本，并使交易困难度上升。

● 学术人物
新制度经济学大师罗纳德·科斯

(4) 少数交易（Small Numbers）是指某些交易过程过于专属性（Proprietary），或因为异质性（Idiosyncratic）使信息与资源无法流通，使得交易对象减少及造成市场被少数人把持，最终导致市场运作失灵。

(5) 信息不对称（Information Asymmetric）是指因为环境的不确定性和自利行为产生的机会主义，交易双方往往握有不同程度的信息，使得市场的先占者（First Mover）拥有较多的有利信息而获益，并形成少数交易。

(6) 气氛（Atmosphere）是指交易双方若互不信任，且又处于对立立场，则无法营造一个令人满意的交易关系，将使得交易过程过于重视形式，徒增不必要的交易困难及成本。

(二) 直接交易成本

1. 佣金

作为交易的主要构成部分，佣金是投资者支付给经纪人的费用。西方国家大都经过了由固定佣金制向协议佣金制转变的过程，一般来说，固定佣金往往偏高。在固定佣金制下，证券的佣金成本随着交易规模的增加而上升。这样就不存在规模效益的问题，这对大公司的大笔交易很不利。我国现行的证券交易佣金制度规定，A股、B股、证券投资基金的交易佣金实行最高上限向下浮动制度，证券公司向客户收取的佣金（包括代收的证券交易监管费和证券交易所手续费等）不得高于证券交易金额的3‰，也不得低于代收的证券交易监管费和证券交易所手续费等。A股、证券投资基金每笔交易佣金不足5元的，按5元收取；B股每笔交易佣金不足1美元或5港元的，按1美元或5港元收取。

2. 印花税

证券交易印花税是从普通印花税发展而来的。我国税法规定，对证券市场上买卖、继承、赠与所确立的股权转让依据，按确立时实际市场价格计算的金额征收印花税。我国目前印花税为单边征收，对出让方按成交金额的1‰征收，对受让方不再征税。

3. 过户费

过户费是指证券委托买卖成交后，买卖双方为变更所有权登记所支付的费用。过户费由证券登记结算结构收取，由经纪商在同交易者清算交割时代为扣缴。过户费仅上海证券交易所收取，规定 A 股交易过户费按成交面额的 0.3‰ 双向收取。深圳证券交易所则不收取过户费。

(三) 间接交易成本

1. 买卖价差

佣金仅是买卖证券总成本的一部分，是指当一个客户多次买卖同一种证券时发生的交易成本，还包括高价买进与低价卖出之间的差价损失。以股票买卖一个来回的交易为例，假设在此期间没有新的信息使投资者再重估股票的价值（交易商不改变买卖报价），股票将以交易商的要价买入、以出价卖出，买卖价差就成了来回交易成本的一部分。一旦认识到价差是交易商为投资者提供流动性的补偿时，成交量和价差的反向关系就不难解释了，成交量越小，交易商获得价差的频率就越低，交易商就需要较大的价差来产生与交易频率高的证券相当的补偿水平。

2. 搜索成本

搜索成本即交易者发现最优价格的成本，包括搜寻最优价格的实际费用和耗时的机会成本。由搜寻理论可知，如果价格的边际改进小于额外的搜索成本，投资者也许更愿意接受非最优的价格。市场透明度和交易机制会影响搜索成本。市场的透明度越低，交易者的搜索成本就越高。在竞价市场上，交易者采取限价指令，投资者可以通过交易系统了解市场供求信息，搜索成本很小。而对于做市商市场，由于没有买卖订单汇总的机制，价格由分散的做市商自己报价，搜索成本较高。

3. 延迟成本

延迟成本是指由于交易执行时间的延迟而遭受的损失。交易的延迟增加了额外的风险，在交易尚未完成时，价格可能会向不利的方向变化。从等待成交到订单执行时价格变化的差额，便是投资者的延迟成本。对投资者而言，交易执行延迟和信息延迟的风险，在市场短期波动剧烈的情况下更加显著。交易指令类型也会影响延迟成本。采取市价指令，交易可以在报价后瞬时完成；而对于限价指令来说，交易延迟时间更长，因此限价指令的延迟成本更大。

4. 市场影响成本

市场影响成本是指大额订单得到迅速执行后引起的额外成本。根据供求规律，交易委托单量越大，投资者的买价就越高，进而交易委托单要求执行得越快、下交易委托单的个人和机构的知识越丰富，交易商出的买价就越高，也就是说，当交易商迅速执行大额买进订单时会使价格上升；反之，当迅速执行大额卖出订单时会使价格下降。大额订单的实际买卖价差要大于小额订单的买卖价差。佣金和买卖价差是小额交易委托单的主要交易成本，大额的交易委托单则必须考虑价格的影响。

市场影响成本产生于这样的事实：市场并不具有无限的深度和流动性。大额买进订单或卖出订单可能必须分解成若干不同的小笔交易，甚至转交到其他市场并按不同的价格成交。如果市场深度不够，大额订单第一部分的执行将逆向影响订单剩余部分。

本章小结

1. 通常来讲，市场流动性是指投资者在任何时候都能够以较低的交易成本买进或卖出大量证券并且对证券价格产生较小的影响。市场的流动性越高，则进行即时交易的成本就越低，对证券的价格影响就越小。流动性的好坏具体可以用四个指标来衡量：即时性、市场宽度、市场深度和弹性。流动性度量指标，通常采用买卖价差、基于成交量的流动性比率、马什和罗克流动性比率等。

2. 市场透明度是指与目前交易机会及近期已完成的交易等相关的信息的可得性。信息披露制度是确保金融市场公开、公平、公正的根本前提。市场透明度包括交易前信息透明、交易后信息透明。导致各交易所在信息公开的程度上存在差异的因素有：认识上的不一致；价格形成方式的影响；交易规模的影响；不同使用者的不同需求；交易所信息披露的成本及系统处理效率。

3. 金融市场的稳定性是指证券价格的稳定性，即证券价格短期波动程度及其平衡调节的能力。稳定性通常以市场指数的方差进行衡量，方差越大，则市场波动性越大而稳定性越差。证券市场稳定机制就是证券交易所及证券监管部门在面对金融市场价格剧烈波动时，能够采取的限制价格波动幅度的机制。目前世界主要交易所有关股市的稳定措施有：涨跌幅限制措施、熔断机制和暂停交易。

4. 交易成本又称交易费用，最早由美国经济学家罗纳德·科斯提出，包括佣金、印花税、过户费、买卖价差、搜索成本、延迟成本和市场影响成本。

推荐网站

1. 国际金融管理协会（FMA）：https://www.fma.org.
2. 金融研究协会（SFS）：http://sfs.org.
3. 金融经济学网站（Financial Web）：https://www.finweb.com.

推荐阅读

1. 哈斯布鲁克. 市场微观结构实证 [M]. 边江泽, 译. 北京：对外经济贸易大学出版社, 2010.
2. 韩国文, 杨威. 股票流动性风险测度模型的构建与实证分析 [J]. 中国管理科学, 2008 (2) 1-6.
3. 胡婷. 证券市场交易机制的市场影响研究：基于市场微观结构和交易制度变迁的视角 [M]. 北京：人民出版社, 2019.
4. 施东晖, 孙培源. 市场微观结构——理论与中国经验 [M]. 上海：上海三联书店, 2005.
5. 刘红忠. 金融市场学 [M]. 上海：上海人民出版社, 2003.
6. AMIHUD Y, MENDELSON H. Transaction Costs and Asset Management [M]. Global Asset Management. Palgrave Macmillan UK, 2013.
7. CAMPBELL J Y, GROSSMAN S J, WANG J. Trading volume and serial correlation in stock returns [J]. Quarterly Journal of Economics, 1993 (108): 905-939.
8. CHAKRAVARTY S, GULEN H, MAYHEW S Informed trading in stock and option markets [J]. Journal of Finance, 2004 (59): 1235-

1257.

9. CHOI J Y, SALANDRO D, SHASTRI K. On the estimation of bid-ask spreads: theory and evidence [J]. Journal of Financial and Quantitative Analysis, 1988 (23): 219-230.

10. CHORDIA T, ROLL R, SUBRAHMANYAM A. Commonality in liquidity [J]. Journal of Financial Economics, 2000 (56): 3-28.

11. COHEN K J, MAIER S F, SCHWARTZ R A, et al. Transaction costs, order placement strategy, and existence of the bid-ask spread [J]. Journal of Political Economy, 1981 (89): 287-305.

12. EASLEY D, HVIDKJAER S O'HARA M. Is information risk a determinant of asset returns? [J]. Journal of Finance, 2002 (57): 2185-2221.

13. ELLUL A, HOLDEN C W, JAIN P, et al. Order dynamics: Recent evidence from the NYSE, SSRN.

14. GARMAN M. Market microstructure [J]. Journal of Financial Economics, 1976 (3): 257-275.

15. GLOSTEN L R. Insider trading, liquidity, and the role of the monopolist specialist [J]. Journal of Business, 1989 (62) 211-235.

16. KYLE A S. Continuous auctions and insider trading [J]. Econometrica, 1985 (53): 1315-1336.

17. KYLE A S. Informed speculation with imperfect competition [J]. Review of Economic Studies, 1989 (56): 317-355.

18. LO A W, MAMAYSKY H, Wang J. Asset prices and trading volume under fixed transaction costs [J]. Journal of Political Economy, 2004 (112): 1054-1090.

PART 3 第三部分

价格机制篇

第十二章　利率机制
第十三章　债券和股票的内在价值
第十四章　资产组合与资产定价
第十五章　金融远期和期权定价

第十二章 利率机制

本章提要

利率是经济运行中最受关注的变量之一，关系着社会经济的方方面面，并且对经济的健康运行有着重要的意义，它不仅是金融部门、企业、政府和家庭部门关注的重要经济变量，同时也是中央银行货币政策重点调整的对象之一。利率影响着储蓄、消费和投资决策，也影响着国际资本流动和政府决策。本章分析不同种类的利率、利率的决定因素及利率的期限结构理论。

学习目标

1. 理解利率的概念，掌握各种金融工具到期收益率的计算方法，掌握各种利率的换算。
2. 理解决定利率的各种因素，会运用可贷资金模型分析利率的变动。
3. 理解收益率曲线及利率期限结构理论。

重点难点

本章重点：利率的计算、利率决定理论、利率换算。
本章难点：到期收益率的计算。

案例导入

富兰克林的遗嘱

富兰克林因发明了避雷针而闻名于世，这位著名的美国科学家死后留下了一份有趣的遗嘱："……1 000 英镑赠给波士顿的居民，如果他们接受了这 1 000 英镑，那么这笔钱应该托付给一些挑选出来的公民，他们得把这些钱按每年 5% 的利率借给一些年轻的手工业者去生息。这笔款项过了 100 年会增加到 131 000 英镑。我希望那时候用 100 000 英镑来建立一所公共建筑物，剩下的 31 000 英镑拿去继续生息 100 年。在第二个 100 年末了，这笔款项会增加到 4 061 000 英镑，其中 1 061 000 英镑还是由波士顿的居民来支配，而其余的 3 000 000 英镑让马萨诸塞州的公众来管理。过此之后，我可不敢多做主张了！"

读者朋友，你可曾想过：区区的 1 000 英镑遗产，竟立下几百万英镑财产分配的遗嘱，是"信口开河"，还是"言而有据"呢？理解了利率和利息的含义，学会基本的计算就可以回答案例中的问题了。

第一节 利率的含义及其计算

利率机制是金融市场最重要的机制，利率是使用资金应该支付的成本。到期收益率是对利率的最精准的度量。本节我们重点学习到期收益率的计算，并且会分析其他利率形式。

一、利率的定义

在现实生活中我们经常会遇到利息这一概念，利息就是借贷资本的收益。它是货币资本出让者在出让货币资本后要求在未来获得超过货币资本原值的那部分价值。从经济学上讲，利息是贷出资本的机会成本，以此来补偿这一货币资本不能进行生产经营或投资活动而造成的损失。

利率（Interest Rates），是单位货币在单位时间内的利息水平，表明利息的多少。就其表现形式来说，是指一定时期内利息额同借贷资本总额的比率。利息率的高低，决定着一定数量的借贷资本在一定时期内获得利息的多少。从借款人的角度来看，利率是使用资本的单位成本，是借款人使用贷款人的货币资本而向贷款人支付的价格；从贷款人的角度来看，利率是贷款人借出货币资本所获得的报酬率。

影响利率的因素，主要有资本的边际生产率、资金的供求关系、债务工具的期限以及所承担风险的程度。不同的债务工具偿还本息的方式和时间安排相差很大，因此，在学习利率的计算方法之前，我们首先要比较不同的债券工具。根据偿付本息期限的不同，我们可将它们大致分成以下四种类型。

（1）普通贷款。贷款人向借款人提供一定数量的资金，借款人必须在到期日将本金全部偿付给贷款人，并且附加一定数量的利息。银行对企业发放的贷款就属于这一类。

（2）年金（Annuity）。年金是指在一段固定时期内有规律地收入（或支付）固定金额的现金流，它是最常见的金融工具之一。其中企业年金是非常重要的一种。企业年金一般称为补充养老保险计划，通常又与其他术语混用，如职业年金、养老保险、私人年金、自愿养老保险等。

（3）附息债券（Coupon Bond）。附息债券是指券面附有息票的债券，息票是按期领取利息的凭证，这种债券的利息不是在债券到期时一次支付，而是分若干次分期支付。中长期国库券和公司债券通常采用这种形式。息票是网络还不发达时代的产物。在这种方式下，债券持有者将息票剪下来寄给债券发行人，后者确认后将利息支付给债券持有者。

（4）贴现债券（Discount Bond）。贴现债券是指在发行时从债券面值中先行扣除利息，按低于面值的价格折扣发行的债券，到期按面值兑现。国库券、储蓄债券以及其他零息债券通常采用这种形式，仅仅在到期日时按照债券面值偿付。

二、利率的衡量和计算

（一）现值和终值

货币的时间价值就是指当前所持有的一定量货币比未来获得的等量货币具有更高的价值。就经济学的角度而言，现在的一单位货币与未来的一单位货币的购买力之所以不同，是因为要节省现在的一单位货币不消费而改在未来消费，则在未来消费时必须有大于一单位的货币可供消费，作为延迟消费的补偿。

与货币的时间价值相联系的是现值（Present Value，PV）与终值（Future Value，FV）概念。现值是指未来某一时期一定数额的现金流量折合成现在的价值。终值是指现在的一定量资金在一定时间后的价值量。现值和终值之间有如下关系。

$$PV = \frac{FV}{(1+r)^n} \tag{12-1}$$

式中，r 是利率水平；PV 是现值；FV 是终值；n 是年限。

【例 12-1】 假设一位同学刚取得大学录取通知书，为了避免将来可能的经济波动对其未来生活的影响，在开学前父母准备将孩子未来 4 年的生活费一次性存入银行。假设利率为 10%，如果父母预计未来孩子每年生活费为 10 000 元，并且为了方便起见，我们假设每学年开学时提取本学年所需的生活费。那么他们在开学前应该存入多少钱才能满足孩子的生活费呢？

【解析】 这个问题的现金流量，如图 12-1 所示。

因为求的是期初的存款 P，只需将第 1、2、3 年年末的年金折现到现在即第 0 年，再加上第 0 年（第 1 年初）提取的 10 000 元就是所求的 P 值。

第 0 年 10 000 元现值计算如下。

$$PV_0 = \frac{10\,000}{(1+10\%)^0} = 10\,000 \text{（元）}$$

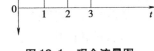

图 12-1 现金流量图

第 1 年 10 000 元现值计算如下。

$$PV_1 = \frac{10\,000}{(1+10\%)^1} = 9\,090.9 \text{（元）}$$

第 2 年 10 000 元现值计算如下。

$$PV_2 = \frac{10\,000}{(1+10\%)^2} = 8\,264.5 \text{（元）}$$

第 3 年 10 000 元现值计算如下。

$$PV_3 = \frac{10\,000}{(1+10\%)^3} = 7\,513.1 \text{（元）}$$

期初应该存入银行的钱计算如下。

$$PV = PV_0 + PV_1 + PV_2 + PV_3 = 34\,868.5 \text{（元）}$$

【例 12-2】 某投资者购买了面值为 20 000 元的 10 年期附息债券，债券上标明的票面利率为 10%，从 1 年后开始每年支付一次。投资者在获得利息后将每年的利息按 7% 的年利率再投资，那么 10 年后将获得多少现金收入？

【解析】 这笔投资的终值等于为期 10 年金额为 2 000 元的年金的终值加上 20 000 元的本金。所有利息投资的终值计算如下。

$$2\,000 \times \frac{1.07^{10} - 1}{0.07} = 27\,633 \text{（元）}$$

因此该笔投资的终值计算如下。

$$FV = 27\,633 + 20\,000 = 47\,633 \text{（元）}$$

● 知识点
年金价值的计算

请扫码查看
知识点

（二）到期收益率

在计算利率的各种方法中，到期收益率（Yield to Maturity）是最重要的一种。到期收益率又称内在收益率，是指来自某种金融工具的现金流的现值总和与其今天的价格相等时的利率水平，它的计算方法如下。

$$P_0 = \frac{CF_1}{1+y} + \frac{CF_2}{(1+y)^2} + \frac{CF_3}{(1+y)^3} + \cdots + \frac{CF_n}{(1+y)^n} = \sum_{t=1}^{n} \frac{CF_t}{(1+y)^t} \quad (12\text{-}2)$$

式中，P_0 表示金融工具的当前市价；CF_t 表示在第 t 期的现金流；n 表示时期数；y 表示到期收益率。如果 P_0、CF_t 和 n 的值已知，我们就可以通过试错法或用财务计算器或运用 Excel 表格来求 y。

1. 普通贷款的到期收益率

在知道现值和终值的情况下，对普通贷款到期收益率的计算是很方便的，我们将通过式（12-1）计算。

【例 12-3】 一家公司打算向银行借入 500 000 元，银行要求其在 3 年后归还 702 464 元，该银行这笔普通贷款的到期收益率为多少？

【解析】 $$PV = \frac{FV}{(1+r)^n} = \frac{702\ 464}{(1+r)^3} = 500\ 000\ (元)$$

通过上式可求得 $r = 12\%$，银行的到期收益率为 12%。

2. 年金的到期收益率

根据定义，在计算年金的到期收益率时，让年金的现值之和与其现在的价值的现值相等。P_0 代表年金的当前市价，C 代表每期的现金流，n 代表期间数，r 代表到期收益率，那么我们可以得到下列计算公式。

$$P_0 = \frac{C}{1+r} + \frac{C}{(1+r)^2} + \frac{C}{(1+r)^3} + \cdots + \frac{C}{(1+r)^n} \quad (12\text{-}3)$$

【例 12-4】 你打算在今年购买一套住房，需要向银行贷款 500 000 元。如果银行要求你每年还给银行 6 300 元，期限为 25 年，则这笔贷款的年利率为多少？

【解析】 $$PV = \frac{6\ 300}{1+r} + \frac{6\ 300}{(1+r)^2} + \frac{6\ 300}{(1+r)^3} + \cdots + \frac{6\ 300}{(1+r)^{25}} = 500\ 000\ (元)$$

通过计算可得 $r = 12\%$。

3. 附息债券的到期收益率

附息债券到期收益率的计算方法与年金大致相同，即来自于一只附息债券的所有现金流的现值之和等于该只附息债券今天的价值。由于附息债券涉及不止一次的付息，因此，附息债券的现值相当于所有息票利息的现值总和再加上最终支付的债券面值的现值。

对于任何一只附息债券，P_0 代表债券的价格，C 代表每期支付的息票利息，F 代表债券的面值，n 代表债券的期限，r 代表附息债券的到期收益率，那么我们可以得到附息债券到期收益率的计算公式。

$$P_0 = \frac{C}{1+r} + \frac{C}{(1+r)^2} + \frac{C}{(1+r)^3} + \cdots + \frac{C}{(1+r)^n} + \frac{F}{(1+r)^n} \quad (12\text{-}4)$$

通过对附息债券收益率的计算，可得出以下几个结论：① 当附息债券的价格与面值相等时，到期收益率等于票面利率。② 当附息债券的价格低于面值时，到期收益率大于票面利率；而当附息债券的价格高于面值时，到期收益率则低于票面利率。③ 附息债券的价格与到期收益率负相关。如果债券价格上升，到期收益率下降；反之，如果债券价格下降，到期收益率上升。

4. 贴现债券的到期收益率

贴现债券在证券持有期中并不支付任何利息，仅在债券到期时按面额支付，因此其到期收益率的计算和普通贷款的计算相似，可通过式（12-1）计算求得。

【例12-5】 一张面额为1 000元的一年期国库券，一投资者在债券市场上以910元的价格购得，如果投资者将债券持有到期，则其到期收益率为多少？

【解析】
$$PV = \frac{FV}{(1+r)^n} = \frac{1\,000}{1+r} = 910 \text{（元）}$$

$$r = \frac{1\,000 - 910}{910} = 9.89\%$$

到期收益率概念有一个重要假定，就是所有现金流可以按计算出来的到期收益率进行再投资。因此，到期收益率只是承诺的收益率（Promised Yield），它只有在以下两个条件都得到满足时才会实现：① 投资未提前结束；② 投资期内的所有现金流都按到期收益率进行再投资。如果投资提前结束，则会产生不可预见的资本利得（Capital Gain）或损失（Loss），从而影响收益率。而如果利率随时间而改变，则现金流就无法按到期收益率进行再投资，这就是再投资风险（Reinvestment Risk）。显然，期限越长、期间的现金流越多，再投资风险就越大。

(三) 利率的其他衡量方法

到期收益率是对利率的精确度量，经济文献中所使用的利率通常是指到期收益率，但由于到期收益率的计算比较复杂，其他种类的利率的衡量方法也被广泛使用。

1. 当前收益率

当前收益率被定义为债券的年利息收入与买入债券的实际价格的比率，又称即期收益率。其计算公式如下。

$$r = \frac{C}{P} \times 100\% \tag{12-5}$$

式中，r为当前收益率；C为每年利息收益；P为债券价格。

当前收益率衡量的是债券年利息收益占购买价格的百分比，反映每单位投资能够获得的债券年利息收益，但不能反映每单位投资的资本损益，是对到期收益率的近似。

【例12-6】 一个面额为1 000元，息票利率为10%的债券，如果其现在的价格为900元，它的当前收益率为多少？

【解析】
$$r = \frac{1\,000 \times 10\%}{900} \times 100\% = 11.1\%$$

息票债券的现行价格和其面值越接近，息票债券的期限越长，则当前收益率对到期收益率的近似程度越高；反之，当债券价格偏离面值较远，期限较短，则当前收益率和到期收益率的近似程度较差。无论当前收益率对到期收益率的近似效果如何，它和到期收益率总是向着相同方向变动。

2. 持有期收益率

持有期收益率被定义为从买入债券到卖出债券期间所获得的年平均收益（包括当期发生的利息收益和资本利得）与买入债券的实际价格的比率。其计算公式如下。

$$r = \frac{C + (P_1 - P_0)/N}{P_0} \times 100\% \tag{12-6}$$

式中，r为持有期收益率；C为每年利息收益；N为持有年限；P_0为债券买入价格；P_1为债券卖出价格。

【例12-7】 一投资者以980元购买了年利息收入为90元的债券,如果投资者在持有其3年后以1 100元的价格卖出,那么持有期收益率为多少?

【解析】
$$r = \frac{90 + (1\,100 - 980)/3}{980} \times 100\% = 13.27\%$$

3. 贴现收益率

国库券交易商对国库券利率的报价通常采用贴现收益率,也称贴现基础上的收益率。其计算公式如下。

$$r = \frac{P_1 - P_0}{P_0} \times \frac{365}{N} \times 100\% \quad (12\text{-}7)$$

式中,r 为贴现收益率;P_1 为债券卖出价格;P_0 为债券买入价格;N 为持有期限。

【例12-8】 一面值为1 000元的贴现债券,期限为180天,投资者以950元价格购得。在发行90天后以面额10%的折扣在市场上出售,则该债券的卖出价和贴现收益率为多少?

【解析】
$$P_1 = 1\,000 \times \left(1 - 10\% \times \frac{90}{360}\right) = 975 \text{ (元)}$$

$$r = \frac{975 - 950}{950} \times \frac{365}{90} \times 100\% = 10.7\%$$

(四) 利率折算惯例

有时我们会遇到各种期限的利率,例如,年利率、月利率和日利率等。通常年利率用%表示,月利率用‰表示,日利率用‱表示。而且在我们前面的讨论中,我们都假定复利计息和贴现都是以年为单位进行的。然而在现实生活中,复利计息会在1年之中发生多次,例如1年计1次复利、1年计2次复利、1年计 m 次复利和连续复利等。因此利率的完整表达应该是1年计1次复利的年利率、1年计4次复利的年利率等。由于这样表达很麻烦,因此若无特殊说明,利率均指在单位时间中计1次复利,如年利率就是指1年计1次复利的年利率。而计算复利次数超过1次的均要特别说明,如连续复利年利率。知道了计算复利的频率和利率的时间长度后,我们就可准确地计算利息。如某种存款年利率为12%,1年计4次复利,则100元的存款在2年内可以得到的利息就是25.10元$[(100 \times (1 + 3\%)^4 - 100) \times 2]$。为了便于比较,我们要把不同周期的利率折算为年利率。折算的办法有两种:一是比例法,二是复利法。

1. 比例法

比例法就是简单地按不同周期长度的比例把一种周期的利率折算为另一种周期的利率。例如,半年期利率乘以2就等于年利率。同样,年利率除以2就等于半年期利率。在进行到期收益率比较时,人们通常使用比例法。为了便于区别,人们把按比例法惯例计算出来的到期收益率称为债券等值收益率(Bond-equivalent Yield)。比例法的优点是计算方便、直观,缺点是不够精确。

2. 复利法

为了更精确地对不同周期的利率进行比较,可以用复利法把一种周期的利率折算为另一种周期的利率。一年中一项每年按复利计息 m 次的实际年利率为

$$r_2 = \left(1 + \frac{r_1}{m}\right)^m \quad (12\text{-}8)$$

式中，r_1 为名义年利率，名义年利率是不考虑年内复利计息的；r_2 为实际年利率。

上面的复利中，复利每年计息 n 次，而且人们可以半年、每季、每天、每小时或每分钟复利计息，甚至还可以在更短的时间内进行复利计息。最极端的情况是在无限短的时间间隔按复利计息，也就是我们所称的连续复利计息，其公式如下。

$$r_2 = \lim_{n \to \infty} \left(1 + \frac{r_1}{n}\right)^n = e^{r_1} \tag{12-9}$$

三、利率的种类

可以按照不同的标准对利率进行各种各样的分类，以下是一些常用的分类。

1. 名义利率与实际利率

名义利率是政府官方制定或银行公布的利率，是包含信用风险与通货膨胀风险的利率。实际利率是在通货膨胀条件下，名义利率扣除物价变动率后的利率。它是在没有通货膨胀风险前提下，指物价不变、货币购买力相对稳定时的利率。实际利率较名义利率更能观察借款方的资金成本。名义利率、实际利率与通货膨胀率之间的关系即费雪效应。

● 知识点
不仅仅是经济学家的费雪与费雪效应

2. 固定利率与浮动利率

固定利率是指按借贷协议在一定时期内相对稳定不变的利率。它是借贷双方为便于匡算成本与收益，通常不调整的利率。浮动利率是指按借贷协议在一定时期内可以变动的利率。它是借贷双方为了保护各自利益，根据市场变化情况可以调整的利率。浮动利率较固定利率更能反映市场借贷资本的供求状况，具有一定的科学合理性，因而被大多数国家和市场所普遍接受。

3. 长期利率与短期利率

信用有长短期之分，因而长期信用使用的利率就是长期利率，短期信用使用的利率便是短期利率。一般而言，长期利率要高于短期利率，但当收益曲线为负时，情况就有所不同。

4. 即期利率和远期利率

即期利率是指债券票面所标明的利率或购买债券时所获得的折价收益与债券面值的比率。它是某一给定时点上无息证券的到期收益率。远期利率则是指隐含在给定的即期利率之中，从未来的某一时点到另一时点的利率。

如以 P_t 代表 t 年期无息债券的当前市价，M_t 代表到期时价格，S_t 代表 t 年期即期利率，则即期利率的计算公式如下。

$$P_t = \frac{M_t}{(1 + S_t)^t} \tag{12-10}$$

如以 $f_{t-1,t}$ 代表第 $t-1$ 年至第 t 年间的远期利率，S_t 代表 t 年期即期利率，S_{t-1} 代表 $t-1$ 年期即期利率，远期利率的计算式如下。

$$f_{t-1,t} = \frac{(1 + S_t)^t}{(1 + S_{t-1})^{t-1}} - 1 \tag{12-11}$$

即期利率和远期利率的区别在于计息日起点不同,即期利率的起点在当前时刻,而远期利率的起点在未来某一时刻。

【例12-9】 已知2年期的即期利率为5%,3年期即期利率为6%,求第2年至第3年的远期利率是多少?

【解析】 $$f_{2,3} = \frac{(1+S_3)^3}{(1+S_2)^2} - 1 = \frac{(1+6\%)^3}{(1+5\%)^2} - 1 = 8\%$$

第二节 利率水平的决定

在金融市场上,利率总是在不断变动的。利率变化直接影响金融资产的价值,金融市场的各个主体必须明确利率水平的决定因素,以及利率随时间变化的原因。

一、信贷资金的供给

信贷资金供给指的是金融市场上资金供给者所提供的资金净额。一般来讲,随着利率的上升,信贷资金供给的数量会增加。信贷资金供给曲线如图12-2所示。其他条件不变时,随着利率水平的上升(资金的收益更高),资金的供给会增加。

家庭(消费者)是信贷资金市场上最大的供给者。当家庭有收入余额或者想对持有的资产组合重新进行调整时,便会产生资金的供给。在经济高速增长时期,家庭可能会以手中的部分现金来换取盈利资产(即以提供信贷资金的方式换取证券)。随着消费者财富总额的增加,其所提供的信贷资金供给总额一般也会增加。家庭在决定其信贷资金供给额时不仅要考虑一般利率水平和财富总额,而且还要考虑证券投资的风险。在任意利率水平下,所感受到的证券投资风险越大,家庭计划投资的金额就越少。另外,家庭信贷资金的供给还取决于当前的消费支出需求。比如,就某一家庭而言,近期的教育和医疗支出将导致其资金供给的下降。

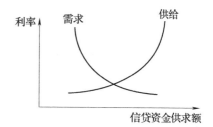

图12-2 信贷资金的供给与需求

企业也可能会在信贷资金市场上充当供给者的角色。就企业而言,高利率也会导致其资金的供给更多,因为他们手中通常有过剩资金或营运资本可投资于短期金融资产。除了投资的利率水平之外,金融证券的预期风险和企业将来的投资需求也会影响企业的资金供给总额。

有些政府部门也会作为信贷资金供给者出现。有些地方政府会在短期内出现现金收入(如地方税收)大于其预算支出的情况,这些资金可在动用之前借给金融市场上的资金使用者。

在经济与金融全球化的环境下,越来越多的外国投资者也开始充当信贷供给者的角色。当本国金融市场证券的利率高于外国同类证券利率时,他们就会增加在本国市场的资金供给。与国内资金供给者一样,外国投资者也会对金融证券的利率水平、自身的财富总额、证券的风险以及未来的支出需求等因素进行评估。此外,当外国投资者本国金融状况与他国相比发生变化,以及其本国货币兑人民币的汇率发生改变时,他们就会改变自己的投资决策。

二、信贷资金的需求

信贷资金需求指的是资金使用者对资金需求的净额。一般而言，信贷资金的需求会随着利率的下降而上升。图12-2同样给出了信贷资金的需求曲线。其他条件不变，利率降低（借贷资金的成本下降）时，资金的需求会增加。

家庭（尽管是净资金供给者）也会在信贷金融市场上作为需求者出现。家庭对信贷资金的需求反映在他们在购买住房（使用抵押贷款）、耐用消费品（如汽车和家用电器）以及非耐用消费品（如教育和医疗）时的融资需求。其他的非价格因素和需求（下面将讨论这些内容）也会对任意利率水平下家庭信贷资金的需求产生影响。

企业是信贷资金市场上重要的需求者。企业通常会以发行债券或其他金融工具的方法来筹集用于投资长期（固定）资产（如工厂和设备）及短期运营资本（如存货和应收账款）的资金。当利率水平较高（即信贷资金成本较高）时，企业更愿意使用内部资金（如留存收益），而不是依靠借入资金来投资。除利率之外，非价格因素会直接影响企业对资金的需求。例如，与借款有关的合约条件越严格，在任意既定的利率水平下，企业愿意借款的数额就越少。此外，可供利用的盈利项目越多，或者是总体经济状况越好，企业对信贷资金的需求就越大。

政府在信贷资金市场上也会充当需求者。为了解决业务收入（如税收）和预算支出（如道路修建）之间的暂时失衡，中央和各级地方政府经常会发行债务工具融资。与家庭和企业一样，政府对资金的需求也会随着整体经济形势的变化而变化。

最后，随着我国金融市场的不断开放和发展，越来越多的国外资金需求者（家庭、企业和政府）在我国金融市场上筹款。外国借款者的参与主要是为了降低使用资金的成本。此外，除了利息成本，外国借款者还要考虑信贷资金的非价格条件、本国的经济状况以及人民币与本国货币相较而言的吸引力。

● 中国故事

2015年首只人民币外国主权债券在岸发行成功

2015年12月15日，"大韩民国2015年人民币债券"在北京金融资产交易所通过银行间债券市场债券集中簿记建档系统完成发行。本期债券发行规模为30亿元，期限为3年，发行利率为3%。该债券成为首只在中国市场成功发行的外国政府人民币主权债券产品，标志着银行间债券市场进一步对外开放。

推动符合条件的境外机构在境内发行人民币债券、扩大境内发行人民币债券的境外主体范围是扩大金融业双向开放、丰富债券市场产品层次、实现发行人多样化的重要举措。此前，国际开发机构、境外非金融企业和境外商业银行已先后在银行间债券市场发行了人民币债券。中国银行间市场交易商协会积极推动进一步扩大境外机构发行人范围，接受韩国政府人民币债券注册。

随着我国经济和金融改革的不断深化，金融市场的开放程度和国际化水平的日渐提高，我国正有计划地促进境内债券市场的对外开放并稳步推进人民币跨境使用。自2005年起，国际多边金融机构首次获准在华发行人民币债券（"熊猫债券"）以来，已有国际金融公司（IFC）和亚洲开发银行（ADB）等国际多边金融机构以及德国戴姆勒公司、招商局集团（香港）有限公司等境外非金融企业在我国境内陆续发行熊猫债券。2013年11月5日，加拿大第四大省不列颠哥伦比亚省宣布,成功完成首笔离岸人民币债券的发行,共募集人民币25亿元。这是外国政府首次成功发行离岸人民币债券。离岸人民币债券是指在中国内地以外地区发行的以人民币计价的债券。本次债券是以2.25%年利率发行的一年期人民币债券,获得投资人热烈追捧,认购量远超预期规模,成为迄今为止外国发行人发行的最大规模离岸人民币债券。本次发行的债券中,近60%由亚洲投资者认购,40%由美国投资者认购;62%由央行和官方机构认购,其余部分由私营基金认购。

三、均衡利率

信贷资金的总供给是指各个资金供给部门(如家庭、企业、政府和外国投资者)所提供的资金总额。同样地,信贷资金的总需求是指各个资金需求部门的资金需求总额。正如图12-3所描述的,资金的总供给与利率正相关,而总需求与利率负相关。只要金融体系中的竞争性因素能够自由发挥作用,就某种金融证券而言,使其资金总供给与总需求相等(Q^*)的利率就构成了该证券的均衡利率(图12-3中与E点相对应的利率i^*)。比如,当利率水平高于均衡利率时(如图中的i^H点),金融体系内就会出现信贷资金的过剩。结果,资金供给者就会降低其贷款的利率,从而使得资金需求者能够吸纳过剩的信贷资金。反过来,当利率低于均衡水平时(如图中的i^L点),金融体系中就会出现信贷资金的短缺,一些借款者无法以现行利率获取资金,结果利率就会上升,从而使得市场上出现更多的资金供给,而一些资金需求者则退出市场。这类竞争将使得资金的供给增加,需求减少,直到资金短缺的现象不复存在。

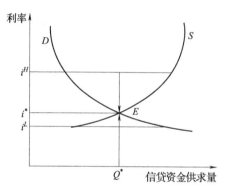

图12-3 均衡利率的决定

四、导致资金供求曲线移动的因素

当除利率之外其他因素的变化使得任意利率水平下金融证券的供给或需求量发生改变时,供给或需求曲线就会发生移动。此外,无论供给曲线还是需求曲线的移动都会导致利率发生变化。

(一)资金供给

我们已经对利率和信贷资金供给之间的正相关关系进行了解释。导致信贷资金供给曲线移动的因素包括资金供给者持有的财富、金融证券的风险、未来的支出需求、货币政策目标以及经济状况。

1. 资金供给者持有的财富

随着金融市场参与者(家庭、企业等)手中持有财富总额的增加,可用于投资的绝对数额也会增加。因此,在任意利率水平下,信贷资金的供给都会增加,即供给曲线会向右下方移动。

比如，随着改革开放，我国经济的增长，我国投资者的财富总额也增加了。因此，任意利率水平下，可用于投资（如股票和债券投资）的资金供给也增加了。图 12-4 描述了资金供给曲线的移动（供给增加），即从 S 移动到了 S'，供给曲线的移动导致了供求关系的失衡。为了消除金融市场上的这种失衡，均衡利率从 i^* 下降到了 $i^{*'}$，从而使得资金供给者和需求者之间的交易量从 Q^* 增加到了 $Q^{*'}$。

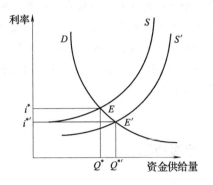

图 12-4　信贷资金供给的增加对利率的影响

相反，当金融市场参与者手中持有的财富总额下降时，可用于投资的绝对数额就会下降。相应地，任意利率水平下，信贷资金的供给都会下降，即供给曲线会向左上方移动。市场参与者持有的财富总额下降所造成的资金供给下降将导致均衡利率水平的上升以及资金均衡交易量的下降。

2. 金融证券的风险

当某种金融证券的风险（如证券发行者违约的可能性）下降时，它对资金供给者的吸引力就会上升。

相反，当某种证券的风险增加时，它对资金供给者的吸引力就会下降。与此同时，任意利率水平下，信贷资金的供给都会下降，即供给曲线向左上方移动。当其他情况不变时，证券风险上升导致的资金供给下降会使得均衡利率水平上升和均衡交易量下降。

3. 未来的支出需求

当金融市场参与者未来的支出需求减少时，可供投资的绝对数额就会增加。比如，当家中的子女长大搬出去独立生活时，家庭现行支出的需求会下降，（可用于投资的）资金供给就会增加。在任意利率水平下，信贷资金的供给额都会增加，即供给曲线会向右下方移动。其他条件不变时，金融市场会以降低均衡利率和增加资金均衡交易量的方式来对这种资金供给增加的情况做出反应。

相反，当金融市场参与者未来的支付需求增加时，用于投资的绝对数额就会下降。任意利率水平下的信贷资金供给均会减少，供给曲线向左上方移动。供给曲线的移动使得金融市场失去均衡，从而导致均衡利率的上升和均衡交易量的下降。

4. 货币政策目标

当货币政策目标是允许经济扩张时，中国人民银行就会增加金融市场上资金的供给。这样，任意利率水平下信贷资金的供给都会增加，供给曲线向右下方移动，均衡利率下降，资金的均衡交易量增加。

相反，当货币政策目标是限制经济增长（从而抑制通货膨胀）时，中国人民银行就会减少金融市场上资金的供给。这样，任意利率水平下信贷资金的供给都会下降，供给曲线向左上方移动，均衡利率上升的同时资金的均衡交易量下降。

5. 经济状况

当本国的基础经济状况（如通货膨胀率、失业率和经济增长率）与他国相比得到改善时，流入本国的资金就会增加。这种情况反映出作为该国代表的政府发生债务违约的风险（国家或主权风险）下降。比如，2008年金融危机的爆发使全球大多数国家的经济状况变得糟糕，相对来说我国的经济状况仍然不错。于是，流入我国金融市场的外国资金增加。这使得我国任意利率水平下的资金供给增加以及供给曲线向右下方移动。结果，均衡利率下降，资金的均衡交易量上升。

相反，当国外经济状况改善时，本国及外国投资者就会将其资金从本国金融市场撤出而投资国外市场。这样，金融市场资金的供给就会减少，均衡利率上升，均衡交易量下降。

（二）资金需求

之前已经介绍过，信贷资金的需求与利率水平负相关。导致资金需求曲线移动的因素包括借款购买资产的效用、非价格因素对借款的限制以及经济状况。

1. 借款购买资产的效用

当借款购买资产的效用增加时，市场参与者（家庭、企业等）的借款意愿就会上升，借款的绝对数额也会上升。相应地，任意利率水平下信贷资金的需求都会增加，需求曲线向右上方移动。假设某人从武汉搬到北京，此人在武汉拥有一套房子。由于要迁往北京，武汉这套房子的效用下降，而北京房子的效用增加。随着购买新房效用的增加，此人对住房信贷的需求也随之增加。图12-5描述了需求曲线的这种移动情况，从 D 移动到了 D'。需求曲线的移动导致金融市场失去平衡。当其他条件不变时，由于所购资产效用增加而导致的资金需求增加，使得均衡利率水平从 i^* 上升到了 $i^{*'}$，同时资金的均衡交易量从 Q^* 增加到了 $Q^{*'}$。

相反，当借入资金所购资产的效用减少时，市场参与者（家庭、企业等）借款的意愿以及借款的绝对数额均会下降。相应地，任意利率水平下信贷资金的需求均会下降，需求曲线向左下方移动。需求曲线的移动使得金融市场失去平衡。其他情况不变时，随着竞争性因素的调整，所购资产的效用下降而导致的资金需求减少，将使得均衡利率以及资金的均衡交易量下降。

2. 非价格因素对借款的限制

如图12-5所示，当借款者所面临的非价格限制减少时，其借款的意愿以及借款的绝对数额均会增加。此类非价格因素包括交易费用、抵押物以及对资金使用的要求或限制等。这种限制条件的减少使得贷款对资金使用者的吸引力更大。与此同时，任意利率水平下信贷资金的需求均会增加，需求曲线将向右上方移动（从 D 移动到 D'）。其他条件不变时，随着竞争性因素的调整，借款限制条件减少所导致的资金需求增加将使均衡利率从 i^* 上升到 $i^{*'}$，资金的均衡交易量从 Q^* 上升到 $Q^{*'}$。

相反，当借款者所面临的非价格限制增加时，其借款的意愿以及借款的绝对数额均会下降。与此同时，需求曲线将向左下方移动，并使均衡利率水平以及资金的均衡交易量均下降。

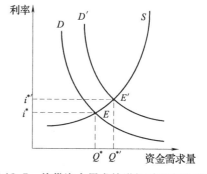

图 12-5　信贷资金需求的增加对利率的影响

3. 经济状况

当本地经济进入增长阶段时，市场参与者便愿意大规模地借款。例如，本地区经济增长强劲时，地方政府会更愿意对年久失修的基础设施进行维修和改善。这样，资金需求曲线就会向右上方移动。其他条件不变时，经济增长所带来的资金需求增加将导致均衡利率和资金均衡交易量的上升。

相反，当本地经济萧条时，市场参与者就会降低对资金的需求。这样，需求曲线向左下方移动，导致均衡利率和资金均衡交易量的下降。

表12-1对本节中所讨论的影响信贷资金供求的因素进行了归纳，同时还列出了其他情况不变时，这些因素对金融市场信贷资金供求及市场出清利率（均衡利率）的影响。

表12-1 影响金融市场信贷资金供求状况的因素

资金供求	因素	对资金供给（或需求）的影响	对均衡利率的影响
资金供给	利率	沿供给曲线移动	正向
	资金供给者持有的财富	供给曲线移动	负向
	金融证券的风险	供给曲线移动	正向
	未来的支出需求	供给曲线移动	正向
	货币政策目标	供给曲线移动	负向
	经济状况	供给曲线移动	负向
资金需求	利率	沿需求曲线移动	正向
	借款购买资产的效用	需求曲线移动	正向
	非价格因素对借款的限制	需求曲线移动	负向
	经济状况	需求曲线移动	正向

注："正向"指影响因素上升（下降）会导致均衡利率上升（下降）；"负向"指影响因素上升（下降）会导致均衡利率下降（上升）。

第三节 利率的结构

债券的到期期限与利率⊖之间的关系称为利率的期限结构（Term Structure of Interest Rate）。即使到期期限相同的债券也有不同的到期收益率，其他诸如风险、税收、流动性和通货膨胀等因素与债券之间的关系称为利率的风险结构（Risk Structure of Interest Rate）。

一、利率的期限结构

（一）收益率曲线

我们上面已经提到了，即使不同期限的债券有相同的风险、流动性和税收特征，债券的收益率也可能不同，因此债券期限结构是影响利率的一个重要因素。利率的期限结构可以形象地以收益率曲线（Yield Curve）表示出来，如果我们以横轴表示距离到期日的时间，以纵轴表示利率，将风险相同、期限不同的利率连接起来，就会形成一条收益率曲线。收益率曲线是分析

⊖ 严格来讲，到期收益率与利率是有差别的，到期收益率与利率曲线也不同，即期利率曲线通常指零息债券的到期收益率曲线。利率往往是一个统称，到期收益率可以精确地衡量利率。

利率走势和进行市场定价的基本工具,也是进行投资的重要依据。收益率曲线按其形状的不同可分为如图12-6所示的四种类型。

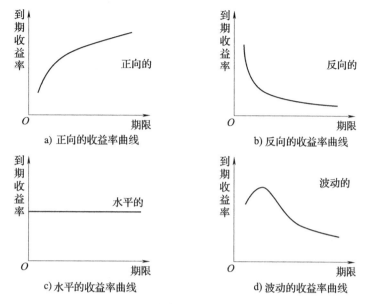

图 12-6 债券的收益率期限结构

图 12-6a 是正向的收益率曲线,又称向上的收益率曲线,它意味着在某一时点上,债券的投资期限越长,收益率越高,也就是说社会经济正处于增长期阶段(这是收益率曲线最为常见的形态)。

图 12-6b 是反向的收益率曲线,又称向下的收益率曲线,它表明在某一时点上,债券的投资期限越长,收益率越低。这种情况通常出现在收紧银根的时候,由于短期资金偏紧,供不应求,造成短期利率急剧上升,收紧银根又使人们对今后经济发展不乐观,对长期资金需求下降,造成长期利率下降。

图 12-6c 是水平的收益率曲线,表明收益率的高低与投资期限的长短无关,这通常是向上的收益率曲线与向下的收益率曲线转化过程中出现的短暂现象。

图 12-6d 是波动的收益率曲线,这表明债券收益率随投资期限不同,呈现出波浪变动,也就意味着社会经济未来有可能出现波动,其中最常见的是反转的收益率曲线。

(二)利率的期限结构理论

如图 12-7 所示,在金融市场上,人们还观察到,不同期限的债券的收益率水平有以下几个特点。

(1)同向波动。不同期限债券的收益率往往会同向波动。就是说,如果短期利率上升,长期利率一般也会相应上升;如果短期利率下降,长期利率一般也会相应下降。

(2)如果短期利率偏低,收益率曲线有可能向上倾斜。如果短期利率偏高,收益率曲线有可能向下倾斜。

(3)多数情况下,收益率曲线都是向上倾斜的。

为什么金融市场上利率的期限结构会存在上述三种现象?对于这些问题的回答,各个经济学家给出了不同的回答,主要有三种理论解释利率的期限结构,它们是预期理论、分割市场理论和流动性溢价理论。

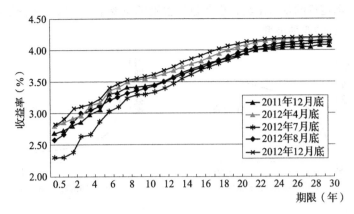

图 12-7　银行间市场国债收益率曲线变化情况

1. 预期理论

预期理论（Expectation Hypothesis）又称为无偏差预期理论，它的基本命题是：长期利率相当于在该期限内人们预期出现的所有短期利率的平均数。因而收益率曲线反映所有金融市场参与者的综合预期。预期理论的关键性假设在于：在完全的金融市场中，所有市场参与者都有相同的预期，所有期限的债券都具有相同的收益率，因此债券投资者对债券期限没有偏好，各种期限不同的债券是完全替代品。这样意味着所有债券的期望收益率都是相等的。

要理解如何从不同期限的债券是完全替代品这一假设出发推出预期理论，在其他条件相同的情况下，我们可以考虑下面两种投资策略。一是购买 1 年期债券，第 1 年的到期收益率为 9%。当债券 1 年后到期时，连本带息再投资 1 年，假设第二年的预期利率为 11%。二是购买一份两年期的债券，并持有到期。

如果金融市场上同时存在这两种投资策略，两种投资策略的到期收益率一定是相同的，否则，在相同条件下，理性的投资一定会选择收益较高的那种，另一种就没有存在的必要了。当投资者选择第一种投资策略时，他第 1 年投资 1 元钱得到的报酬是：$FV = 1 \times (1 + 9\%) = 1.09$ 元，第 2 年再按照年 11% 的收益率投资于 1 年期的债券，年末收益为：$FV = 1.09 \times (1 + 11\%) \approx 1.21$ 元。则年平均收益率为：$r = \sqrt{1.21} - 1 = 10\%$。那么第二种投资策略的年收益率应该为 10%。即两年期的投资收益率为短期投资收益率的平均值。

我们可以把这一结果推广到一般情况。设 i_t 为本期利率；i_{t+1}^e 为下一期的投资收益率；i_{2t} 为两期债券年收益率。根据上述讨论结果，则有：

$$(1 + i_t)(1 + i_{t+1}^e) = (1 + i_{2t})^2$$

整理后可得：

$$2i_{2t} + (i_{2t})^2 = i_t + i_{t+1}^e + i_t \times i_{t+1}^e$$

因为 $(i_{2t})^2$ 和 $i_t \times i_{t+1}^e$ 的值很小，可以忽略不计，则有：

$$i_{2t} = \frac{i_t + i_{t+1}^e}{2} \tag{12-12}$$

式（12-12）表示，两期的利率必须等于两个 1 期利率的平均值。如果我们对期限更长的 n 期债权采取相同的步骤，则可导出整个期限结构。则 n 期债权的利率 i_{nt} 满足：

$$i_{nt} = \frac{i_t + i_{t+1}^e + i_{t+2}^e + \cdots + i_{t+n-1}^e}{n} \tag{12-13}$$

下面通过一个简单的例子来理解预期理论。假如一年期债权的市场利率为5%，市场对未来4年利率的预期是：6%、7%、8%、9%，则5年期债券的收益率应该为：

$$i_5 = \frac{5\% + 6\% + 7\% + 8\% + 9\%}{5} = 7\%$$

预期理论可以解释为什么所有不同期限的债券利率都会随时间一起同方向波动。当短期利率上升时，人们将提高对未来短期利率的预期，而长期利率是未来短期利率的平均，因此，长期利率也会随着短期利率的上升而上升，这就是到期收益率曲线上升的情形。同理，短期利率下降时，长期利率也会随着下降，这种情况表现在收益曲线上就是收益曲线翻转的情形。

预期理论还说明了，如果短期利率低，市场预期未来它将上升，长期利率将高出短期利率，收益曲线向上倾斜；如果短期利率高，市场预期未来它将下降，利率将低于短期利率，收益曲线向下倾斜。

预期理论为期限结构提供了简明的解释，但是它是有缺陷的：它无法解释收益率曲线通常是向上倾斜的。典型的向上倾斜的收益率曲线意味着预期未来短期利率将上升。事实上，未来短期利率可能上升，也可能下降。据此无法解释收益曲线普遍上升的现象。这就引出了分割市场理论。

2. 分割市场理论

分割市场理论（Segmented Markets Theory）假定投资者对不同期限的债券有不同的偏好，在期限相同的债券之间，投资者将根据期望收益水平的高低决定取舍，不同期限的债券不能互相替代。短期债券与长期债券的投资者是完全不同的群体，他们只在各自所偏好的市场进行买卖，不关心其他债券市场的情况。期限不同的债券市场是完全分离的或独立的，每一只债券的利率水平在各自的市场上，由对该债券的供给和需求所决定，不受其他不同期限债券期望收益变动的影响。分割市场理论的假定和预期理论的假定正好截然相反。

分割市场理论可以从不同期限债券的供求情况来解释向上倾斜的收益曲线：当对长期债券的需求相对高于对短期债券的需求时，长期债券有较高的价格和较低的利率水平，短期利率高于长期利率，收益率曲线向下倾斜；当对短期债券的需求相对高于对长期债券的需求时，结果是短期债券有较高的价格和较低的利率水平，长期利率高于短期利率，收益率曲线向上倾斜；从平均来看，大多数人通常宁愿持有短期债券而非长期债券，因而收益率曲线向上倾斜。

虽然分割市场理论可以解释为什么收益率曲线通常向上倾斜，但是却无法解释期限结构的前两个问题。由于该理论认为不同期限债券市场是完全分割的，那么某一到期限债券的利率上升也就没有理由影响其他到期限债券的利率，因此无法解释不同到期期限的债券具有联动性的特征。另外，由于该理论并不清楚短期利率水平的变化会对短期债券和长期债券的供求产生什么样的影响，所以也就无法解释为什么短期利率较低时，收益率曲线倾向于向上倾斜，而短期利率较高时，收益曲线又变成翻转的状态。

3. 流动性溢价理论

由于上述两种理论都能够解释对方无法解释的经验事实，所以最合理的方法是把这两种理论合理地结合在一起，这样就得到了流动性溢价理论（Liquidity Premium Theory）。

期限的流动性溢价理论认为长期债券的利率等于到期之前的预期短期利率的平均值与因债券供求关系引起的流动性溢价之和。流动性溢价理论的假设是，不同期限的债券是可以完全替代的，这样，利率的高低对投资者投资选择是有影响的。另外，流动性溢价理论也承认，不同的投资者对不同期限的债券是有偏好的。要使投资者选择不同于自己偏好的债券需要额外的补偿。现实市场中大多数投资者偏好持有短期债券，如果让投资者持有长期债券，必须有正的流动性补偿才能吸引投资者。因此长期债券的利率为预期短期利率均值加上正的流动性溢价。利率公式如下。

$$i_{nt} = \frac{i_t + i_{t+1}^e + i_{t+2}^e + \cdots + i_{t+(n-1)}^e}{n} + l_{nt} \tag{12-14}$$

式中，l_{nt} 为 n 期债券在时间 t 的流动性溢价。

流动性溢价理论能很好地解释不同到期期限的债权利率随时间的推移有联动性变化的特征。因为长期债券收益率包含所有预期短期利率的均值，所以当短期利率有上升的趋势时，长期利率也会上升。

一般来说，当短期利率过低时，市场预期长期内利率会上升到正常水平。再加上一个正的流动性溢价，收益率曲线就会较为陡峭地上升。相反，如果短期利率过高，市场会预测到随着时间的推移，市场利率会下降到合理的利率水平。如果这种下降比较缓和，加上一个正的流动性溢价，收益率曲线可能是水平的；如果远期利率下降的幅度较大，即使有一个正的流动性溢价，收益率曲线仍然有可能是向下倾斜的。

流动性溢价理论也能合理地解释为什么大多数收益率曲线是向上倾斜的。因为金融市场的参与者大多数会选择期限较短的债券，因此，短期债券的到期收益率较低。为了吸引投资者，长期债券的发行者不得不增加长期债券到期收益率，导致大多数收益率曲线是向上倾斜的。

表 12-2 对解释利率期限结构形状的三种理论进行了总结。

表 12-2 利率期限结构形状的解释

预期理论：在任意时点，收益率曲线反映了市场对未来短期利率的当前预期。根据无偏预期理论，持有 4 年期债券至到期的收益应当等于投资 4 份连续 1 年期的债券所获得的收益（只要市场处于均衡状态）

流动性溢价理论：长期利率等于现行和预期短期利率加上流动性风险溢价（随证券期限的增加而增加）的几何平均数。证券期限越长，市场和流动性风险越大。持有长期证券的投资者要求流动性溢价以补偿证券价值未来的不确定性。流动性溢价随期限的增加而增加

市场分割理论：投资者不认为不同期限的证券是彼此的完美替代。个人投资者和金融机构有偏好的投资期限（习惯），这取决于他们所持负债的特性。因此，利率是由某种期限范围内（如短期和长期债券市场）特定的供给和需求条件所决定的

【例 12-10】 小凯是一家固定收益组合投资经理，与一些大的机构客户合作。小范是明星医院投资部经理，两个人一起讨论基金约 1 亿元国债的管理。假如目前中国国债的收益曲线如表 12-3 所示。小范认为："考虑到 2 年期和 10 年期的国债收益率差别很大，那么在 10 年投资期内，买入 10 年期国债将比买入 2 年期国债，并在每次到期后再买入 2 年期国债的策略获得更高的回报。"

问题：（1）根据预期理论，小范的结论是否正确？

（2）小范与小凯讨论利率期限结构的另一种理论，并且小凯向小范提供了如下关于中国债券市场的信息，利用此附加信息和流动性偏好理论，判断未来短期利率方向。

表 12-3

期限（年）	2	3	4	5	6	7	8	9	10
流动性溢价（%）	0.55	0.55	0.65	0.75	0.90	1.10	1.20	1.50	1.60

【解析】 (1) 根据预期理论，小范的结论是不对的。预期理论的关键性假设在于：在完全的金融市场中，所有市场参与者都有相同的预期，所有期限的债券都具有相同的收益率，因此债券投资者对债券期限没有偏好，各种期限不同的债券是完全替代品。这样意味着 2 年和 10 年期债券的期望收益率是相等的。

(2) 流动性偏好理论认为长期债券的利率等于到期之前的预期短期利率的平均值与因债券供求关系引起的流动性溢价之和。未来短期利率等于长期利率减去流动性溢价，根据小范提供的数据所计算的未来短期的利率大致相同，说明了流动性偏好利率的合理性。

二、利率的风险结构

在金融市场上，期限相同的不同债券利率一般也不相同，而且相互之间的利差也不稳定。比如，同样是 10 年期限的财政债券的利率往往低于公司债券，不同公司发行的 10 年期债券利率也各不相同，其原因就在于它们的风险不同。利率的风险结构是指相同期限的各种债券之间因风险差异而产生的不同利率。利率差异与违约风险、流动性、税收因素都有密切关系。图 12-8 是 2017 年 2 月 17 日的不同信用等级的各类债券收益率线。

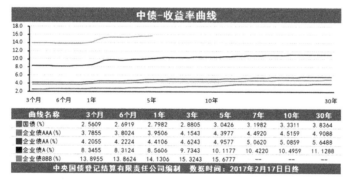

图 12-8 不同信用等级的各类债券收益率线

1. 违约风险

违约风险（Default Risk）是债券发行者不能支付利息和到期不能偿还本金的风险。公司债券或多或少都会存在违约风险，财政债券是没有违约风险的。假定某公司的债券最初也是无违约风险的，那么，它与相同期限的财政债券会有着相同的均衡利率水平，如果公司由于经营问题出现了违约风险，即它的违约风险上升，并会伴随期望收益的下降，同时，财政债券相对于公司债券风险减少，期望收益上升，这表明，违约风险的不同是相同期限的债券之间利率不同的一个重要原因。公司债券持有者承担的更多的风险补贴称为风险溢价（Risk Premium）。

违约风险的度量通常采用两种方法：第一种方法是直接判断证券的金融财务特征及其发行者信誉状况；第二种方法是运用信用评级制度。第一种方法要求投资者具有较强的金融分析能力，通过公司的财务报表计算其盈利能力、现金流等一系列比率。第二种方法是通过专业的信用评级机构来评价债券的违约风险。

2. 流动性

当投资者在债券到期日前决定出售债券时，面临流动性风险（Liquidity Risk），也就是债券的出售可能不容易。越容易出售的债券,越能得到合理的出售价格。此类债券的流动性风险低。但若出售时不容易,必须以低于合理的价格出售,那么其流动性风险高。衡量债券流动性风险的高低可以用债券买价(Bid Price)与卖价(Ask Price)间的差额大小确定。若买卖价差低,代表交易容易成功,投资者容易取得接近合理价格的卖价,故流动性风险低。若买卖价差高,变现不容易成功,投资者大致要以低于合理价格的卖价出售而遭受损失,故此类债券的流动性风险高。流动性的不同也是相同期限的债券之间利率不同的一个重要原因。这种差额被称为流动性溢价。不过,流动性溢价与风险溢价往往统称为风险溢价。

3. 税收因素

税收因素也与利率的差异密切相关。投资者在进行债券投资时,更关心税后的收益,而不是税前的期望收益。所以,如果一只债券可以获得免税优惠,就意味着这只债券的期望收益率会上升,对它的需求将会增加,因此,税收优惠将会造成一定的利率差异。另外,对利息收入与资本利得的不同税务处理方法也会影响债券收入。

我们也可以用我们所学的内容思考我们的人生,我们用一句经典格言结束本章内容。

> **立德思考**
>
> 经营自己的长处等于存一笔利率最高的存款,它能使你的人生不断增值。经营自己的短处等于贷了一笔利率最高的贷款,它会不断削弱你的人生。

本章小结

1. 利率是指一定时期内利息额同借贷资本总额的比率。我们日常接触的金融工具大致可以分成四种类型:普通贷款、年金、附息债券和贴现债券。不同类型金融工具的现金流产生的时间不同。到期收益率是衡量利率水平的最精确指标。

2. 货币资金的时间价值涉及终值与现值两个概念。终值是指现在的一定量资金在一定时间后的价值量。现值是指未来某一时期一定数额的现金流量折合成现在的价值。

3. 当前收益率被定义为债券的年利息收入与买入债券的实际价格的比率。持有期收益率被定义为从买入债券到卖出债券期间所获得的年平均收益(包括当期发生的利息收益和资本利得)与买入债券的实际价格的比率。

4. 利率的折算有两种惯例,按比例法折算出来的年利率称为年比例利率,人们把按比例法惯例计算出来的到期收益率称为债券等值收益率。按复利法折算出来的年利率称为实际年利率。

5. 名义利率是政府官方制定或银行公布的利率,是包含信用风险与通货膨胀风险的利率。实际利率是在通货膨胀条件下,名义利率扣除物价变动率后的利率。固定利率是指按借贷协议在一定时期内相对稳定不变的利率。浮动利率是指按借贷协议在一定时期内可以变动的利率。

6. 均衡利率由信贷资金的供给和需求决定。影响资金供给曲线发生位移的因素主要有资金供给者持有的财富、金融证券的风险、未来的支出需求、货币政策目标、经济状况。影响资金需求曲线发生位移的因素主要有借款购买资产的效用、非价格因素对借款的限制、经济状况。

7. 收益率曲线是分析利率走势和进行市场定价的基本工具,可分为正向的收益率曲线、反向的收益率曲线、水平的收益率曲线和波动的收益率曲线。为了解释收益率曲线的不同形状,人们提出了预期理论、分割市场理论和流动性溢价理论三种理论假说。
8. 预期假说的基本命题是：长期利率相当于在该期限内人们预期出现的所有短期利率的平均数。分割市场假说的基本命题是：期限不同的债券市场是完全分离的或独立的，每一只债券的利率水平在各自的市场上，由对该债券的供给和需求所决定，不受其他不同期限债券期望收益变动的影响。流动性溢价理论的基本命题是：长期债券的利率水平等于在整个期限内预计出现的所有短期利率的平均数，再加上由债券供给与需求决定的时间溢价。
9. 在金融市场上，期限相同的债券利率一般不同，而且相互之间的利差也不稳定。其原因就在于它们的风险不同。由于相同期限的不同债券之间的利率差异与违约风险、流动性、税收因素都有密切关系，习惯上人们仍称这种差异为利率的风险结构。

推荐网站

1. 中国人民银行：http://www.pbc.gov.cn.
2. 中华人民共和国财政部：http://www.mof.gov.cn/index.htm.
3. 中国财经报网：http://www.cfen.com.cn.

推荐阅读

1. 米什金，埃金斯. 金融市场与金融机构（第8版）[M]. 杜惠芬，译. 北京：中国人民大学出版社，2017.
2. 罗斯，威斯特菲尔德，杰富. 公司理财（原书第9版）[M]. 吴世农，沈艺峰，王志强，等译. 北京：机械工业出版社，2012.
3. 凯恩斯. 就业利息和货币通论 [M]. 徐毓枬，译. 北京：商务印书馆，1983.
4. 韩国文，吴雍瑾，邓颖婷. 我国国债供给与利率期限结构关系的实证检验 [J]. 统计与决策，2016（10）：157-160.
5. GALBIS V. Financial Intermediation and Economic Growth in Less Developed Countries：A Theoretical Approach [J]. The Journal of Development Studies, 1977, 13 (2): 58-72.
6. STIGLITS J E, WEISS A. Credit Rationing in Markets with Imperfect Information [J]. American Economic Review, 1981 (71): 393-410.
7. DEWATRIPONT M, MASKIN E. Crdeit and Efficiency in Centralized and Decentralized Economies [J]. Review of Economic Studies, 1995, 62 (4): 541-5551.

第十三章
债券和股票的内在价值

本章提要

本章将在利率理论的基础上研究债券和股票的内在价值。债券的价值由其内部因素和外部因素决定,债券和股票的价格取决于其内在价值,计算债券的内在价值也就是给债券定价,计算股票的内在价值也就是给股票估值。我们还将讨论债券的久期和凸性问题,最后介绍股票估值的市盈率模型。

学习目标

1. 了解影响债券内在价值的因素。
2. 学会计算债券的内在价值、久期和凸性。
3. 了解影响股票内在价值的因素。
4. 掌握股息贴现模型和市盈率模型。

重点难点

本章重点:利用现金流贴现法计算各种债券的价值;久期和凸性的相关知识;股息贴现模型;市盈率模型。

本章难点:久期和凸性的计算;市盈率模型。

案例导入

逢低关注三大低估值品种

就目前(指 2017 年 5 月 16 日)而言,创业板饱受高估值和外延空间压缩两大因素的抑制,当然,这两大因素也是相辅相成的。假设整体都有了宽松外延拓展空间,目前的高估值就不显得高了。本轮龙头白马行情的大逻辑,或者说当前市场行情运行的逻辑主线条就是行业龙头企业价值重估。行业龙头企业价值重估的背后是中国经济从"增量"转向"精品",在行业集中度提升的过程中,A 股龙头公司估值有望得到显著提升。而 2017 年宏观经济增速的见底企稳成为这个过程实现的催化剂。A 股的行业龙头白马公司,无论是从国际估值来看,还是从 A 股的相对估值来看,未来都还具有显著的上行空间。因此,由行业龙头企业价值重估造就的白马行情未来可以持续。聚焦于业绩确定性增长的细分行业,后续市场的反弹契机源于流动性的边际改善。从经济基本面来看，经济增速存在回落的迹象，3月份应是阶段性的高点，制造业景气扩张回落，企业资本支出意愿不强，2016年带动回升的老的动力地产和基建作用逐渐衰减，尽管出口改善有助于兜底下行趋势，但难言逆转。流动性层面，3月份开启的金融市场流动性紧张局面仍在延续，一季度经济数据超预期将引发去杠杆和防风险政策加码。目前的流动性紧张一方面源于货币供给收缩，另一方面货币需求的回落仍需要一个阶段，存在时滞，后续市场的反弹契机将源于流动性的边际改善。弱市行情之下，业绩成为最后的防线。2017年5月份以来，已经有100多家上市公司获得了重要股东的增持，其中部分公司增持金额过亿元。尽管部分产业资本增持是此前已经公告过的，但是选择在当前时点增持，表明产业资本对当前股价的认可。上市公司业绩能否兑现成为市场最为关注的重点，低估值的银行、保险及龙头医药股成为布局重点。

资料来源：http://stock.hexun.com/2017-05-16/189206888.html.

影响股票内在价值的因素有哪些？如何确定证券的合理价值？通过本章的学习，可对此有深入了解。

第一节 债券的内在价值

债券（Bond）是债务人在筹集资金时，依照法律手续发行，向债权人承诺按约定利率和日期支付利息，并在特定日期偿还本金，从而明确债权债务关系的有价证券。债券的未来现金流是固定的，本节我们运用上一章介绍的复利、贴现的计算方法来计算债券的内在价值。

一、影响债券价值的因素

债券的未来现金流是固定的，但是这并不代表债券投资就没有风险，当持有期和债券的生命周期不同时，其价值（表现为债券的价格）就会受诸多因素的影响，其中包括债券自身的属性以及来自外部环境因素的影响。

（一）影响债券价值的内部因素

1. 债券的期限

一般来说，在其他条件不变的情况下，债券的期限越长，其市场价格变动的可能性就越大，投资者要求的收益率补偿也越高。

2. 债券的票面利率

债券的票面利率越低，债券价格的易变性也就越大。在市场利率提高的时候，票面利率较低的债券其价格下降较快。但是，当市场利率下降时，它们的增值潜力也很大。

3. 债券含有的期权条款

许多新型债券含有某种期权，有些期权是赋予投资者的，有些期权是发行人拥有的。例如，债券的提前赎回条款是债券发行人所拥有的一种选择权，允许债券发行人在债券到期前按约定的赎回价格部分或全部偿还债务。

4. 债券的税收待遇

一般来说，免税债券的到期收益率比类似的应纳税债券的到期收益率低。税收还以其他方式影响债券的价格和收益率。例如，由于附息债券提供的收益包括息票利息和资本收益两种形式，对于后者的征税可以等到债券出售或到期时才进行，所以在其他条件相同的情况下，大额折价发行的低利附息债券的税前收益率必然略低于同类高利附息债券，也就是说，低票面利率附息债券比高票面利率附息债券的内在价值高。

5. 债券的流动性

债券的流动性是指债券可以随时变现的性质，反映债券规避由市场价格波动而导致的实际价格损失的能力。流动性较弱的债券表现为其按市价卖出较困难，持有者会因此面临遭受损失（包括承受较高的交易成本和资本损失）的风险。这种风险必须在债券的定价中得到补偿。因此，流动性好的债券与流动性差的债券相比，前者具有较高的内在价值。

6. 债券的信用等级

债券的信用等级反映债券发行人按期履行合约规定义务、足额支付利息和本金的可靠性程度。一般来说，除政府债券以外，一般债券都有信用风险（或称"违约风险"），只是风险大小不同而已。信用级别越低的债券，投资者要求的收益率越高，债券的内在价值也就越低。

（二）影响债券价值的外部因素

1. 基础利率

基础利率是债券定价过程中必须考虑的一个重要因素，在证券的投资价值分析中，基础利率一般是指无风险债券利率。政府债券可以被视为现实中的无风险债券，它风险最小，收益率也最低。

2. 市场利率

在市场总体利率水平上升时，债券的收益率水平也应上升，从而使债券的内在价值降低；反之，在市场总体利率水平下降时，债券的收益率水平也应下降，从而使债券的内在价值提高。并且，利率风险与债券的期限相关，债券的期限越长，其价格的利率敏感度也就越大。

3. 其他因素

影响债券定价的外部因素还有通货膨胀水平以及外汇汇率等。通货膨胀的存在可能会使投资者从债券投资中实现的收益不足以抵补由于通货膨胀而造成的购买力损失。当投资者投资于某种外币债券时，汇率的变化会使投资者的未来本币收入受到贬值损失。这些损失的可能性也都必须在债券的定价中得到体现，使其债券的到期收益率增加，内在价值降低。

二、债券定价

由于债券的付息与还本都发生在若干个月或若干年之后，因此，投资者愿付的这种未来收益的价格取决于将来的货币价值与今天所持有现金价值的比较。而这个"现值"的计算依据是市场利率。为简化问题，我们现在假设在一种债券的整个生命周期内只有一种利率，它适合于任何到期日现金流的折现。但是，我们可以很容易地把这一假设放宽。在实践中，不同时期的现金流会有不同的贴现率。

（一）贴现债券

贴现债券是最简单的一种债券，在其到期日按面值支付给投资者一笔单一的现金流，其间无现金支付。假设贴现债券在未来的 n 年后支付金额为 FV 的面值，而这 n 年的市场利率为 r。因为面值是贴现债券唯一的现金流，则该债券的价值为：

$$PV = \frac{FV}{(1+r)^n} \tag{13-1}$$

【例 13-1】 2019 年财政部发行了一种 20 年期的贴现债券，面值为 1 000 元，假设现在市场利率为 10%。请问这种贴现债券的内在价值是多少？

【解析】 在 2039 年投资者将会收到 1 000 元的现金流，可得债券的内在价值为：

$$PV = \frac{FV}{(1+r)^n} = \frac{1\,000}{(1+10\%)^{20}} = 148.64\,(\text{元})$$

（二）息票债券

许多债券并非零息债券那样简单，一般中长期国债和公司债券不仅在到期日支付面值，而且在债券存续期间，发行人每年要定期向投资者支付一定金额的利息。例如，美国政府和企业发行的债券，每 6 个月支付一次利息。这种利息是按照债券票面规定的利率支付的，息票债券的价值是利息的现值和本金的现值之和。

对于任何一笔息票债券，如果用 V 代表债券的内在价值，C 代表每期支付的息票利息，F 代表债券的面值，n 代表债券的期限，r 代表市场利率，那么我们可以得到息票债券价格的计算公式。

$$V = \frac{C}{1+r} + \frac{C}{(1+r)^2} + \frac{C}{(1+r)^3} + \cdots + \frac{C}{(1+r)^n} + \frac{F}{(1+r)^n} \tag{13-2}$$

如果考虑息票债券每半年支付一次利息，在上述假设情况下，息票债券的内在价值为

$$V_0 = \sum_{t=1}^{2n} \frac{C/2}{(1+r/2)^t} + \frac{F}{(1+r/2)^{2n}} \tag{13-3}$$

【例 13-2】 某公司发行的债券期限为 10 年。已知债券面额为 1 000 元（与公式中数字不符合），债券的票面利率为 9%，每半年支付一次。若债券的折现率为 8%，试求该债券的内在价值为多少？

【解析】

$$\begin{aligned}
P_0 &= \sum_{t=1}^{20} \frac{45}{(1.04)^t} + \frac{1\,000}{(1.04)^{20}} \\
&= 45 \sum_{t=1}^{20} \frac{1}{(1.04)^t} + \frac{1\,000}{(1.04)^{20}} \\
&= 1\,067.95\,(\text{元})
\end{aligned}$$

我们已经知道了债券内在价值的计算公式，可以通过下面两种方法，判断债券价格属于低估还是高估。

第一种方法：比较到期收益率与市场收益率的差异。到期收益率指的是使投资者从金融工具上获得的收入的现值与其今天的价值相等时的利率水平。如果考虑到债券半年付息一次的特性，债券的到期收益率公式可以改为：

$$P_0 = \sum_{t=1}^{2n} \frac{C/2}{(1+i/2)^t} + \frac{F}{(1+i/2)^{2n}} \tag{13-4}$$

式中，P_0 为债券的市场现价；C 是每年支付的利息；F 是债券的面值；n 仍然是到期年数；i 为年到期收益率。

按照式（13-4）计算到期收益率，可以使用试错法，则可得到期收益率的近似计算公式。

$$i = \frac{C + \dfrac{F - P_0}{2n}}{F + P_0} \tag{13-5}$$

i 与 r 分别为到期收益率与市场收益率。如果 $i > r$，即到期收益率大于市场收益率，就说明债券的价格被低估，投资者应该购买这种债券。如果 $i < r$，即到期收益率小于市场收益率，就说明债券的价格被高估，投资者应该出售或卖空这种债券。分析中，我们假定市场收益率 r 是已知的，但实际上，r 的确定是很难的。i 是投资者要求的适当收益率，也称必要收益率，也就是使净现值为零的折现率。

【例 13-3】 已知某种债券的价格为 900 元，每年支付利息 60 元，三年后到期偿还本金 1 000 元，如果市场收益率为 8%，试计算该债券的到期收益率，投资者是否该买入该债券？

【解析】
$$900 = \frac{60}{(1+i)} + \frac{60}{(1+i)^2} + \frac{60+1000}{(1+i)^3}$$

$i = 13.02\% > r = 8\%$，投资者可以买入该债券。

第二种方法：比较债券的内在价值与债券价格的差异。我们把债券的内在价值（V）与债券价格（P）两者的差额，定义为债券投资者的净现值（NPV），即：

$$NPV = V - P \tag{13-6}$$

如果 $NPV > 0$，说明债券的内在价值大于市场价格，债券的价格被低估。
如果 $NPV < 0$，说明债券的内在价值小于市场价格，债券的价格被高估。
如果 $NPV = 0$，说明债券的内在价值等于市场价格，债券被正确估值。

【例 13-4】 试计算例 13-3 中债券的内在价值，分析该债券的价值是低估还是高估了？

【解析】
$$V = \frac{60}{(1+0.08)} + \frac{60}{(1+0.08)^2} + \frac{60+1000}{(1+0.08)^3} = 948.46 \text{（元）}$$

$$NPV = V - P = 948.46 - 900 = 48.46 \text{（元）}$$

所以债券的价格被低估了。

（三）年金

1. 永续债券

欧美金融市场上有一种没有到期日的债券，不必偿还本金，而是每年支付给投资者固定的利息，这种债券就是永续债券（Perpetuity），也被称为统一公债（Console）。在拿破仑战争时期，英国财政部发行的永续债券，现在市场上还有流通。

● 中国故事

我国 2019 年发行商业银行永续债券

为补充新增资本金及置换存量到期资本，在近期（2019 年 4 月 12 日）上市银行年报密集披露的同时，多家银行也公布了相应的资本补充计划。根据各银行公告，目前已有中国工商银行、中国农业银行、中国银行等7家银行宣布拟发行永续债券，发行规模合计不超过4 000亿元。永续债券全称无固定期限资本债券，是商业银行为补充其一级资本而发行的金融债券。商业银行的资本分为核心一级资本、其他一级资本和二级资本。核心一级资本主要包括普通股、资本公积、盈余公积、未分配利润、一般风险准备、少数股东损益可计入部分以及可转换债券的权益部分等；其他一级资本是指除核心一级资本以外的一级资本；二级资本包括未披露准备金、一般贷款损失、超额贷款损失等。永续债券同优先股一样，都是其他一级资本补充工具。区别在于，优先股在交易所发行，审批周期长；仅在交易所非公开转让，流动性较差。而永续债券在银行间市场发行，审批相对简单，并且可以在银行间市场流通。

2018年12月25日，国务院金融委办公室召开专题会议，研究多渠道支持商业银行补充资本有关问题，推动尽快启动永续债券发行。2019年1月17日，中国银保监会批准中国银行发行不超过400亿元无固定期限资本债券，是我国商业银行获批发行的首单永续债券，标志着永续债券正式开闸。1月24日，中国人民银行决定创设央行票据互换工具（CBS）为银行发行永续债券提供流动性支持。1月25日，中国银行在银行间债券市场成功发行400亿元无固定期限资本债券。永续债券的发行，将有效提高各商业银行一级资本充足率，有利于银行增强服务实体经济能力、夯实风险抵御能力、优化资本结构，有助于丰富债券市场投资品种，促进金融市场健康良性发展。

假设永续债券年利息为C，则这种公债的价格可以计算如下。

$$P=\frac{C}{1+r}+\frac{C}{(1+r)^2}+\frac{C}{(1+r)^3}+\cdots=\frac{C}{r} \tag{13-7}$$

式中，P为永续债券的价格；C为年息票利息；r为贴现率。

【例13-5】 假如有一笔永续年金，每年要付给投资者100元，如果市场利率为8%，该永续年金的现值为多少？

【解析】 根据式（13-7）可得：

$$PV=\frac{100}{0.08}=1\ 250（元）$$

现在假设利率降到6%，由式（13-7）可得永续年金的现值为

$$PV=100-0.06=1\ 666.67（元）$$

现在我们再回头分析普通年金的计算公式。我们可以把普通年金看作永续年金减去$N+1$年以后的现金流，由式（13-7）可知：$PV=\frac{C}{r}$；同时，我们可以把$N+1$年以后的现金流同样看作从N年后开始的永续现金流，则第N年这个永续年金的现金流也是$PV=\frac{C}{r}$，现在我们把后一个现金流贴现到第0期，则普通年金的计算公式如下。

$$PV=\frac{C}{r}-\frac{C}{r(1+r)^N}=\frac{C}{r}\left[1-\frac{1}{(1+r)^N}\right] \tag{13-8}$$

2. 永续增长年金

永续增长年金是指在无限期内，时间间隔相同、不间断、金额不相等但每期增长率相等的一系列现金流。

类似的问题可以一般化为下面的表达式。

$$PV=\frac{C}{1+r}+\frac{C(1+g)}{(1+r)^2}+\frac{C(1+g)^2}{(1+r)^2}+\cdots+\frac{C(1+g)^{N-1}}{(1+r)^N}+\cdots=\frac{C}{r-g} \tag{13-9}$$

【例 13-6】 假如你要投资一个项目,该项目明年将产生 100 000 元的现金流,并且以后各期将按照固定的增长率 5% 的速度永远增长下去,假设市场利率为 11%,则这笔项目投资的价值是多少?

【解析】 我们根据年金的公式可以把该投资的价值表达如下。

$$PV = \frac{100\,000}{1+11\%} + \frac{100\,000 \times (1+5\%)}{(1+11\%)^2} + \frac{100\,000 \times (1+5\%)^2}{(1+11\%)^3} + \cdots + \frac{100\,000 \times (1+5\%)^{N-1}}{(1+11\%)^N} + \cdots$$

所以该题的解为:

$$PV = \frac{100\,000}{11\% - 5\%} = 1\,666\,667 \text{(元)}$$

3. 普通增长年金

普通增长年金兼具永续增长年金和普通年金的特点,在未来一段时间内,投资者会收到固定增长率的现金流。普通增长年金的计算要结合普通年金和永续增长年金的特点。计算公式如下。

$$PV = \frac{G}{r-g}\left[1 - \left(\frac{1+g}{1+r}\right)^N\right] \tag{13-10}$$

【例 13-7】 假如在你毕业参加工作的第一年年末,你得到 40 000 元的报酬,公司答应按照你的工作年限给你加薪。假如公司答应以后各年给你的薪金稳定增长 9%,直到 40 年后你退休时为止。若年利率为 20%,请问你工作期间工资的现值为多少?

【解析】 由题意可知,这是一个典型的普通增长年金,按照式(13-10)可得:

$$PV = \frac{40\,000}{20\% - 9\%} \times \left[1 - \left(\frac{1+9\%}{1+20\%}\right)^{40}\right] = 355\,865.4 \text{(元)}$$

三、债券定价定理

前面关于息票债券的讨论将债券价格和利率联系起来,我们通过例 13-8 来说明这种关系。

【例 13-8】 假设一只 2 年期、票面利率为 10% 的债券,其面值是 1 000 元,简化起见,我们假设每年支付一次利息。

(1) 假设市场利率为 10%,则有:

$$PV_1 = \frac{100}{1+10\%} + \frac{100 + 1\,000}{(1+10\%)^2} = 1\,000 \text{(元)}$$

(2) 如果市场利率上涨到 15%,那么债券售价将变为:

$$PV_2 = \frac{100}{1+15\%} + \frac{100 + 1\,000}{(1+15\%)^2} = 918.71 \text{(元)}$$

因为 918.7 元低于面值 1 000 元,我们通常称其为债券折价销售。这是因为,现在的市场利率为 15%,则债券发行人应该向投资人每年支付 150 元的利息,而现在利息为 100 元,债券的价格理所当然地低于债券的面值。

(3) 如果市场利率下降到 8%,那么债券销售价格变为:

$$PV_3 = \frac{100}{1+8\%} + \frac{100 + 1\,000}{(1+8\%)^2} = 1\,035.67 \text{(元)}$$

此时债券是溢价发行。

进一步地,如果考虑一种债券的面值、定期支付给债券持有者的利息(或者债券票面利率)、到期收益率、到期期限对该债券价格的影响,可以得到以下五个定理,这就是由马尔基尔提出的五个很有名的债券定价关系(法则)。

(1)债券价格与收益率成反向关系:当收益率上升时,债券价格下降;当收益率下降时,债券价格上升。

(2)当利率上升时,债券价格以递减的趋势下降;当利率下降时,债券价格以递增的趋势上升。

(3)债券到期收益率的上升导致价格下降的幅度低于与收益率的相等幅度减小所导致的价格上升的幅度,即收益率上升比收益率减小相同幅度引起的成比例的价格变化要小。

(4)随着到期期限的临近,债券价格的波动幅度减小,并且以递增的速度减小;反之,距离到期时间越长,债券价格波动幅度越大,并且以递减的速度增加。

(5)利率风险与债券的票面利率有一反向关系,高票面利率的债券价格与低票面利率的债券价格相比,利率变化的敏感性较低。

● 学术人物
马尔基尔

请扫码查看

知识点

四、久期和凸性

(一)久期的计算

弗雷德里克·麦考雷(Frederick Macaulay)定义债券久期(Duration)为每次息票利息或本金支付时间的加权平均值。权重 w_t 与时间 t 时的现金流 CF_t 有如下关系。

$$w_t = [CF_t/(1+y)^t]/P_0$$

式中,y 为债券的到期收益率;CF_t 为 t 时发生的现金流;P_0 是债券价格,也是所有支付的总和。

$$\sum w_t = 1$$

用这些值来计算各次支付的时间的加权平均值,我们就得到了麦考利的久期公式。

$$D = \sum_{t=1}^{T} t \times w_t \tag{13-11}$$

下面我们通过例 13-9 来说明久期的应用。

【例 13-9】 假设有两种 3 年期债券:债券 A 和债券 B,债券 A 的票面利率为 6%,每半年付一次利息;债券 B 是一种贴现债券。假定市场利率为 8%,分别计算两种债券的久期。

【解析】 我们可以通过表 13-1 来说明两种债券的现金流状况。

表 13-1 两种债券的久期计算

债券种类	时间(年)	现金流(元)	现值(元)	权 重	时间×权重
债券 A					
	0.5	30	28.846	0.030	0.015
	1	30	27.737	0.029	0.029
	1.5	30	26.670	0.028	0.042
	2	30	25.644	0.027	0.054
	2.5	30	24.658	0.026	0.065
	3	1 030	814.024	0.859	2.577
总计			947.579	1.000	2.783

（续）

债券种类	时间（年）	现金流（元）	现值（元）	权重	时间×权重
债券 B					
	0.5 ~ 2.5	0	0.000	0.000	0.000
总计	3	1 000	790.315	1.000	3.000

表 13-1 中第 5 列的时间和权重之积的加总就是我们要求的债券的久期。其中 A 债券的久期是 2.783 年，B 债券的久期是 3 年。债券 A 是附息债券，每半年有一次现金流，所以，久期短于债券期限。

我们已经注意到长期债券比短期债券对利率波动更为敏感，久期作为尺度使我们能够量化这个关系。具体地说，当利率变化时，债券价格变化的比率与到期收益率的变化相关，根据以下公式可得。

$$\Delta P/P = -D \times [\Delta(1+y)/(1+y)] \tag{13-12}$$

价格变化率等于 1 + 债券收益率 y 的变化率乘以久期。因此，债券价格的波动率与债券的久期成比例，久期也成为利率风险暴露程度的自然测度。将 $D^* = \dfrac{D}{1+y}$ 定义为"修正久期"，又因 $\Delta(1+y) = \Delta y$，则式（13-12）将变为

$$\Delta P/P = -D^* \Delta y \tag{13-13}$$

债券价格变化的百分比恰好等于修正久期与债券到期收益率的变化之积。由于债券价格变化的百分比同修正久期成比例，因此，修正久期可以用来测度债券在利率变化时的风险暴露程度。

为了确定久期和债券价格对利率变化的敏感性之间的关系，让我们将表 13-1 中久期为 2.783 年的 3 年期息票债券的价格敏感性和久期与期限同为 2.783 年的零息债券的价格敏感性相比较。如果久期真是测度利率风险暴露程度的有用尺度的话，两者应当具有相同的价格敏感性。

最初半年期市场利率为 4%、半年票面利率为 3% 的息票债券售价为 947.579 元。如果半年期市场利率上升 0.5% 至半年期利率 4.5%，那么债券 A 的价格将会跌至 922.632 元，下降了 2.63%。零息债券 B 的期限为：2.783 × 2 = 5.566（半年）（由于我们用的是 4% 的半年利率，我们也需要以半年为单位来定义久期以保证单位的一致性）。半年利率最初为 4%，它将以 803.88 元（1 000/ 1.04$^{5.566}$）的价格出售。当利率上涨 0.5% 时，零息债券 B 的价格将跌至 782.71 元，资本同样损失了 2.63%。由此我们可以得出结论，久期相等的资产对利率波动的敏感性实际是一样的。

（二）久期的性质

影响债券价格对市场利率变化的敏感性要素包括：期限、票面利率和到期收益率，以下定理表明它们之间的关系。

久期定理 1：零息债券的久期等于它的期限。

我们已经看到两年期的息票债券之所以比两年期零息债券有更短的久期，是因为最后支付前的所有息票利息支付都将减少债券的加权平均时间。这说明了久期的另一个一般性质。

久期定理 2：到期日不变时，债券的久期随着票面利率的降低而延长。

原因是较早的息票利息支付对债券利息支付的平均期限的影响较大。这些息票的利率越高，

较早支付的权重就越大，支付的加权平均期限就越短。

久期定理 3：当票面利率不变时，债券的久期通常随着债券期限的缩短而减小。

久期定理 4：在其他因素都不变的情况下，债券的到期收益率较低时，息票债券的久期较长。

久期定理 5：无限期限债券的久期为 $(1+y)/y$。

（三）凸性的计算

修正久期度量的是一种近似线性的关系，这种近似线性的关系使由修正久期计算得出的债券价格变动幅度存在误差。当收益率降低时会低估债券价格的上升，当收益率上升时会高估债券价格的下降，误差等于曲线与直线之间的距离，如图 13-1 所示。收益率变化越大，产生的误差也越大。

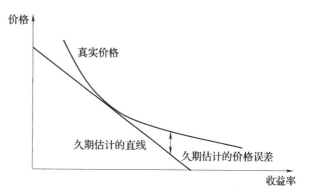

图 13-1 实际价格波动与久期价格波动

凸性是收益率曲线的曲率，是比修正久期更好的度量指标。债券的凸性可定义为债券价格对收益率二阶导数除以价格，用公式表示为

$$凸性 = \frac{d^2P}{dy^2} \cdot \frac{1}{P} = \frac{1}{P \times (1+y)^2} \sum_{t=1}^{T} \left[\frac{C_t}{(1+y)^t}(t^2 + t) \right] \tag{13-14}$$

式中，t 为现金流发生的时间；C_t 为第 t 期的现金流；y 为每期的到期收益率；T 为距到期日的期数；P 为债券的市场价格。

在引入凸性的概念后，收益率变动幅度与价格变动率之间的关系就可以表示为

$$\frac{\Delta P}{P} = -D^* \cdot \Delta y + \frac{1}{2} \cdot 凸性 \cdot (\Delta y)^2 \tag{13-15}$$

上式第一项是修正久期对债券价格的近似估计，第二项是凸性对久期估计的价格的修正。当 Δy 很小时，第二项可以忽略不计；但当 Δy 较大时，凸性的修正会使计算的价格波动值更加接近实际。

另外，在其他条件相同时，人们应该偏好凸性大的债券。因为在其他条件相同的情况下，凸性越大的债券，收益率下降时债券价格上涨的幅度越大，而收益率上升时债券价格下跌的幅度却越小。

第二节 股票的内在价值

对债券来说，由于其未来现金流是已知的，因此用净现值方法来为债券定价很方便，但对股票来说，由于其未来现金流的不确定性，因此利用净现值对股票进行定价比较困难。在普通股价值分析中最常见的方法是股息贴现模型和市盈率模型。其中股息贴现模型包括零增长模型、不变增长模型、三阶段增长模型和多元增长模型。

一、影响股票价值的因素

在自由竞价的股票市场中，股票的市场价格不断变动。引起股票价格变动的直接原因是供求关系的变化。在供求关系的背后还有一系列更深层次的原因，除股份有限公司本身的经营状况以外，任何经济、政治、军事、社会因素的变动都会影响股票市场的供求关系进而影响股票价格的涨跌。

（一）公司经营状况

股份有限公司的经营状况是股票价格的基石。从理论上分析，公司经营状况与股票价格成正比，公司经营状况好，股价上升；反之，股价下跌。公司经营状况的好坏，可以从以下各项来分析。

1. 公司资产净值

资产净值或称净资产是公司现有的实际资产，是总资产减去总负债的净值。资产净值是全体股东的权益，也是决定股票价格的重要基准。股票作为投资的凭证，每一股份代表一定数量的净值。一般而言，每股净值应与股价保持一定比例，即净值增加，股价上涨；净值减少，股价下跌。

2. 盈利水平

公司业绩好坏集中表现于盈利水平的高低，公司的盈利水平是影响股票价格的基本因素之一。在一般情况下，公司盈利增加，股息也会相应增加，股票市场价格上涨；公司盈利减少，股息相应减少，股票市场价格下降。但值得注意的是，股票价格的涨跌和公司盈利的变化并不是同时发生的，通常股价的变化要先于盈利的变化，股价的变动幅度也要大于盈利的变动幅度。

3. 公司的派息政策

股份有限公司的派息政策直接影响股票价格。股息与股票价格成正比，通常股息高，股价涨；股息低，股价跌。股息来自公司的税后净利润，公司净利润的增加只为股息派发提供了可能，并非盈利增加，股息就一定增加。派息政策体现了公司的经营作风和发展潜力，不同的派息政策对各期股息收入有不同影响。此外，公司对股息的派发方式（如派发现金股息，还是派送股票股息，或在送股的同时再派息）也会给股价波动带来影响。

4. 股票分割

股票分割又称拆股、拆细，是将1股股票均等地拆成若干股。股票分割一般在年度决算月份进行，通常会刺激股价上升。股票分割给投资者带来的不是现实的利益，但是投资者持有的股票数增加了，给投资者带来了今后可多分股息和获得更高收益的希望，因此股票分割往往比增加股息派发对股价上涨的刺激作用更大。

5. 增资和减资

公司因业务发展需要增加资本额而发行新股，在没有产生相应效益前将减少每股净利，会促使股价下跌。但增资对不同公司股票价格的影响不尽相同，对那些业绩优良、财务结构健全、具有发展潜力的公司而言，增资意味着将增加公司经营实力，会给股东带来更多回报，股价不仅不会下跌，可能还会上涨。当公司宣布减资时，多半是因为经营不善、亏损严重、需要重新整顿，所以股价会大幅下降；但如果公司为缩小规模、调整主业而减资，则有提高业绩、刺激股价上涨的效果。

6. 销售收入

公司的盈利来自销售收入，销售收入增加，说明公司销售能力增强，在其他条件不变的情况下，将使利润增加，股价随之上涨。值得注意的是，销售收入增加并不意味着利润一定增加，还要分析成本、费用和负债状况。另外，股价的变动一般也先于销售额变动。

7. 原材料供应及价格变化

原材料是公司成本的重要项目，原材料供应情况及价格变化也会影响股价的变动，特别是所需原材料是稀缺资源或是依赖国外进口的公司，其原材料供应情况及价格变动对股价影响更大，如石油价格的变化会立即引起世界各国股价迅速变动。

8. 主要经营者更换

公司主要经营者的更换会改变公司的经营方针、管理水平、财务状况和盈利水平。一个锐意进取、管理有方的经营者可能使一个濒临破产的公司起死回生；而一个因循守旧、不谙管理的经营者也可能使有过辉煌业绩的公司江河日下。

9. 公司改组或合并

公司合并有多种情况，有的是为了扩大规模、增强竞争力而相互合并，有的是为了消灭竞争对手，有的是为了控股，也有的是为操纵市场而进行恶意兼并。公司合并总会引起股价剧烈波动，所以要分析公司合并对公司是否有利，合并后是否改善公司的经营状况，因为这是决定股价变动方向的重要因素。

（二）宏观经济因素

宏观经济发展水平和状况是影响股票价格的重要因素。宏观经济影响股票价格的特点是波及范围广、影响程度深、作用机制复杂和股价波动幅度较大。

1. 经济发展状况

一个国家或地区的社会经济是否能持续稳定地保持一定的发展速度，是影响股票价格能否稳定上升的重要因素。当一国或地区的经济运行势态良好时，一般说来，大多数企业的经营状况也较良好，它们的股票价格会上升；反之，股票价格会下降。

2. 经济周期循环

社会经济运行经常表现为扩张与收缩的周期性交替，每个周期一般都要经过高涨、衰退、萧条、复苏四个阶段，即所谓的经济景气循环。经济周期循环对股票市场的影响非常显著，可以这么说，是景气变动从根本上决定了股票价格的长期变动趋势。股票价格的变动通常比实际经济的繁荣或衰退领先一步，即在经济高涨后期股价已率先下跌；在经济尚未全面复苏之际，股价已先行上涨。国外学者认为股价变动要比经济景气循环早4~6个月。

3. 货币政策

中央银行的货币政策对股票价格有直接影响。货币政策是政府重要的宏观经济政策，中央银行通常采用存款准备金制度、再贴现政策、公开市场业务等货币政策手段调控货币供应量，从而实现发展经济、稳定货币等政策目标。

4. 财政政策

财政政策也是政府的重要宏观经济政策。财政政策对股票价格影响有三个方面。一是通过扩大财政赤字、发行国债筹集资金，增加财政支出，刺激经济发展；或是通过增加财政盈余或降低赤字，减少财政支出，抑制经济过热，调整社会经济发展速度，改变企业生产的外部环境，进而影响企业利润水平和股息派发。二是通过调节税率影响企业利润和股息。三是国债发行量会改变证券市场的证券供应和资金需求，从而间接影响股票价格。

5. 通货膨胀

通货膨胀对股票价格的影响较为复杂，它既有刺激股票市场的作用，又有抑制股票市场的作用。在通货膨胀之初，公司会因产品价格的提升和存货的增值而增加利润，从而增加可以分派的股息，并使股票价格上涨。通货膨胀给其他收益固定的证券带来了不可回避的通货膨胀风险，投资者为了保值，增加购买收益不固定的股票，对股票的需求增加，股价也会上涨。但是严重的通货膨胀会使社会经济秩序紊乱、使企业无法正常地开展经营活动，同时政府也会采取治理通货膨胀的紧缩政策和相应的措施，此时对股票价格的负面影响更大。

6. 汇率变化

汇率的调整对整个社会经济影响很大，汇率变化对股价的影响要看对整个经济的影响而定。传统理论认为，汇率下降，即本币升值，不利于出口而有利于进口；汇率上升，即本币贬值，不利于进口而有利于出口。若汇率变化趋势对本国经济发展影响较为有利，股价会上升；反之，股价会下降。具体地说，汇率的变化对那些在原材料和销售两方面严重依赖国际市场的国家和企业的股票价格影响较大。

> **立德思考**
>
> 我们买股票就是买生意，我们会提前做很多研究，不会因为兴趣而做任何决定。经济中分为宏观和微观，宏观是不能左右的，微观是我们可以做的。
>
> ——巴菲特
>
> **想一想**：买股票为什么要做很多研究？研究什么？

（三）政治因素

政治因素对股票价格的影响很大，往往很难预料，主要有以下几个影响方面。

1. 战争

战争是最有影响的政治因素。战争会破坏社会生产力，使经济停滞、生产凋敝、收入减少、利润下降。战争期间除了军火工业以外，大部分企业都会受到严重打击。战争又使投资者风险明显增大，在生命得不到保障的情况下，人们的投资愿望会降到最低点。特别是全面的、长期的战争，会使股票市场受到致命打击，股票价格会长期低迷。

2. 政权更迭、领导人更替等政治事件

这些事件的爆发都会影响社会安定，进而影响投资者的心理状态和投资行为，引起股票价格的涨跌变化。

3. 政府重大经济政策的出台、社会经济发展规划的制订、重要法规的颁布等

这些会影响投资者对社会经济发展前景的预期，从而也会引起股票价格的变动。

4. 国际社会政治、经济的变化

随着世界经济一体化的进程，国家之间、地区之间的政治、经济关系更趋紧密，加之先进通信工具的运用，国际关系的细微变化都可能引致各国股市发生敏感的波动。

（四）心理及其他因素

股票价格往往还会受到投资者情绪、心理及其他因素的影响。例如，在大多数投资者对股市抱乐观态度时，会有意无意地夸大市场有利因素的影响，并忽视一些潜在的不利因素，从而脱离上市公司的实际业绩而纷纷买进股票，促使股价上涨；反之，在大多数投资者对股市前景过于悲观时，会对潜在的有利因素视而不见，而对不利因素特别敏感，甚至不顾发行公司的优良业绩大量抛售股票，致使股价下跌。当大多数投资者对股市持观望态度时，市场交易量就会减少，股价往往呈现盘整格局。

● **中国故事**

股票市场中的"数字崇拜"

股票市场的"数字崇拜"是指由于现实生活中某些数字的特殊含义对人们选择股票或者买卖报价产生影响的现象。例如，在中国，"8"的发音接近于"发"，会导致人们更愿意选择代码尾数为"8"的股票或者在进行报价时选择"8"作为尾数。Philip Brown 和 Jason Mitchell（2008）对中国股票市场的研究表明，无论是收盘价还是开盘价，"8"出现的概率是"4"出现概率的两倍。对"8"的崇拜抬高了股票的相对价格，出现了"发财代码价格贵"的现象。有研究表明，代码尾数为8的组合的市盈率在上市首日及随后的12个月都超过了非8组合，同时6组合和9组合的市盈率也存在着类似的特征。所有数字中，4组合的市盈率是最低的。由此可见，股票市场中"数字崇拜"现象的确存在。如果交易者是理性的，在选择股票以及报价时并不会考虑数字特征，而是根据股票的价值进行选择，那为什么会存在这样的现象呢？

资料来源：赵静梅，吴凤云. 数字崇拜下的金融资产价格异象 [J]. 经济研究，2009 (6).

二、股息贴现模型

股息贴现模型假定股票的价值等于它的内在价值，而股票的内在价值是由它的未来现金流的现值决定的。但是股票不同于债券，它提供了两种形式的现金流：第一，股票每年支付的股利；第二，绝大多数投资者并非在投资之后永久性地持有所投资的股票，而是在买进股票一段时间之后可能抛出该股票而获得资本利得。通过以下讨论我们可发现两者并没有区别。

假设股票只支付股利，通过下面的公式可得其内在价值。

$$V = \frac{D_1}{1+r} + \frac{D_2}{(1+r)^2} + \frac{D_3}{(1+r)^3} + \cdots = \sum_{t=1}^{\infty} \frac{D_t}{(1+r)^t} \tag{13-16}$$

假定某投资者在第三期期末卖出所持有的股票，根据式（13-16），该股票的内在价值应该等于：

$$V = \frac{D_1}{1+r} + \frac{D_2}{(1+r)^2} + \frac{D_3}{(1+r)^3} + \frac{V_3}{(1+r)^3} \tag{13-17}$$

同理可得，该股票在第三期期末的价格应该等于当时该股票的内在价值，即：

$$V = \frac{D_4}{1+r} + \frac{D_5}{(1+r)^2} + \frac{D_6}{(1+r)^3} + \cdots = \sum_{t=1}^{\infty} \frac{D_{t+3}}{(1+r)^t} \tag{13-18}$$

将式（13-18）代入式（13-17）后可得：

$$V = \frac{D_1}{1+r} + \frac{D_2}{(1+r)^2} + \frac{D_3}{(1+r)^3} + \frac{D_4}{(1+r)^{3+1}} + \frac{D_5}{(1+r)^{3+2}} + \cdots$$
$$= \sum_{t=1}^{\infty} \frac{D_t}{(1+r)^t} \tag{13-19}$$

所以，式（13-16）与式（13-19）是完全一致的，证明股息贴现模型选用未来的股息代表投资股票唯一的现金流，并没有忽视买卖股票的资本利得对股票内在价值的影响。如果能够准确地预测股票未来每期的股息，就可以利用式（13-19）计算股票的内在价值。在对股票未来每期股息进行预测时，关键在于预测每期股息的增长率。如果用 g_t 表示第 t 期的股息增长率，其数学表达式为：

$$g_t = \frac{D_t - D_{t-1}}{D_{t-1}}$$

根据对股息增长率的不同假定，股息贴现模型可以分成零增长模型、不变增长模型、三阶段增长模型和多元增长模型等形式。

（一）零增长模型

零增长模型（Zero-Growth Model）假定股息的增长率等于零，即股息是固定不变的。股息不变的数学表达式为：

$$D_0 = D_1 = D_2 = \cdots = D_{\infty} \text{ 或者 } g_t = 0$$

将上式带入式（13-19）可得：

$$V = \sum_{t=1}^{\infty} \frac{D_t}{(1+r)^t} = D_0 \sum_{t=1}^{\infty} \frac{1}{(1+r)^t} = \frac{D_0}{r} \tag{13-20}$$

【例 13-10】 假定投资者预期某公司支付的股息将永久性地固定为 1.5 元每股，如果贴现率为 10%，该公司股票的内在价值等于多少？

【解析】 将股利和贴现率带入式（13-20）后可得

$$V = \frac{1.5}{0.1} = 15 \text{（元）}$$

（二）不变增长模型

不变增长模型（Constant-Growth Model）又称戈登模型。戈登模型有三个假定条件：① 股息的支付在时间上是永久性的，即式（13-16）中的 t 趋向于无穷大（$t \to \infty$）；② 股息的增长速度是一个常数，即 g_t 等于常数；③ 模型中的贴现率大于股息增长率。将式（13-16）化简后可得：

$$V = \frac{D_1}{1+r} + \frac{D_2}{(1+r)^2} + \frac{D_3}{(1+r)^3} + \cdots = \sum_{t=1}^{\infty} \frac{D_t}{(1+r)^t}$$
$$= \frac{D_0(1+g)}{1+r} + \frac{D_0(1+g)^2}{(1+r)^2} + \cdots + \frac{D_0(1+g)^{\infty}}{(1+r)^{\infty}} \tag{13-21}$$
$$= D_0 \left[\frac{(1+g)/(1+r) - [(1+g)/(1+r)]^{\infty}}{1 - [(1+g)/(1+r)]} \right]$$
$$= \frac{D_0(1+g)}{r-g} = \frac{D_1}{r-g}$$

式（13-21）是不变增长模型的函数表达形式，其中的 D_0、D_1 分别是期初和第一期支付的股息。当式（13-21）中的股息增长率等于零时，不变增长模型就变成了零增长模型。所以，零增长模型是不变增长模型的一种特殊形式。

【例 13-11】 某公司股票初期的股息为 1.5 元，经预测该公司股票未来的股息增长率将永久性地保持在 5% 的水平，假定贴现率为 16%，该公司股票的内在价值为多少？

【解析】
$$V = \frac{1.5 \times (1 + 0.05)}{0.16 - 0.05} = \frac{1.575}{0.11} = 14.32 \text{（元）}$$

（三）三阶段增长模型

三阶段增长模型（Three-Stage-Growth Model）是股息贴现模型的第三种特殊形式。最早是由莫洛多斯基（N. Molodovsky）提出的，现在仍然被许多投资银行广泛使用。三阶段增长模型将股息的增长分成了三个不同的阶段：在第一个阶段（期限为 A），股息的增长率为一个常数（g_a）。第二个阶段（期限为 $A+1 \sim B$）是股息增长的转折期，股息增长率以线性的方式从 g_a 变化为 g_n，g_n 是第三阶段的股息增长率。如果 $g_a > g_n$，则在转折期内表现为递减的股息增长率；反之，表现为递增的股息增长率。第三阶段（期限为 B 之后，一直到永远），股息的增长率也是一个常数（g_n），该增长率是公司长期的正常的增长率。股息增长的三个阶段如图 13-2 所示。

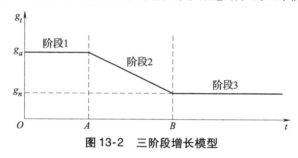

图 13-2 三阶段增长模型

在图 13-2 中，在转折期内任何时点上的股息增长率 g_t 可以用式（13-22）表示。例如，当 t 等于 A 时，股息增长率等于第一阶段的常数增长率；当 t 等于 B 时，股息增长率等于第三阶段的常数增长率。

$$g_t = g_a - (g_a - g_n)\frac{(t-A)}{(B-A)}, \quad g_a > g_n \tag{13-22}$$

在满足三阶段增长模型的假定条件下，如果已知 g_a、g_n、A、B 和初期的股息水平 D_0，就可以根据式（13-22）计算出所有各期的股息，然后根据贴现率计算股票的内在价值。三阶段增长模型的计算公式为：

$$V = D_0 \sum_{t=1}^{A} \left(\frac{1+g_a}{1+r}\right)^t + \sum_{t=A+1}^{B} \left[\frac{D_{t-1}(1+g_t)}{(1+r)^t}\right] + \frac{D_B(1+g_n)}{(1+r)^B(r-g_n)} \tag{13-23}$$

式（13-23）中的三项分别对应股息的三个增长阶段。

假定某股票初期支付的股息为 1 美元/股，在今后两年的股息增长率为 7%，股息增长率从第 3 年开始递减，从第 6 年开始每年保持 4% 的增长速度。另外，贴现率为 10%。由此，$A = 2$，$B = 5$，$g_a = 7\%$，$g_n = 4\%$，$r = 10\%$，$D_0 = 1$。代入式（13-23），得到：

$$g_3 = 0.07 - (0.07 - 0.04) \times [(3-2)/(5-2)] = 6\%$$
$$g_4 = 0.07 - (0.07 - 0.04) \times [(4-2)/(5-2)] = 5\%$$
$$g_5 = 0.07 - (0.07 - 0.04) \times [(5-2)/(5-2)] = 4\%$$

将上述数据整理后列入表13-2中。

表13-2 某股票三个阶段的股息增长率

阶段	年 份	股息增长率（%）	股息（美元/股）
第一阶段	1	7	$1.0 \times 1.07 = 1.07$
	2	7	$1.07 \times 1.07 = 1.145$
第二阶段	3	6	$1.145 \times 1.06 = 1.214$
	4	5	$1.214 \times 1.05 = 1.275$
	5	4	$1.275 \times 1.04 = 1.326$
第三阶段	6	4	$1.326 \times 1.04 = 1.379$

再将表13-2中的数据代入式（13-23），可以算出该股票的内在价值等于18.8美元，即：

$$V = 1 \times \sum_{t=1}^{2}\left(\frac{1+0.07}{1+0.1}\right)^t + \sum_{t=3}^{5}\left[\frac{D_{t-1}(1+g_t)}{(1+0.1)^t}\right] + \frac{D_5(1+0.04)}{(1+0.1)^5(0.1-0.04)} = 18.8 \text{（美元）}$$

如果该公司股票当前的市场价格等于16美元，则根据净现值的判断原则，可以证明该股票的价格被低估了。与零增长模型和不变增长模型不同，在三阶段增长模型中，很难运用内部收益率指标判断股票是否被低估或高估。这是因为根据式（13-23），在已知当前市场价格的条件下，无法直接解出内部收益率。此外，式（13-23）中的第二部分，即转折期内的现金流贴现计算也比较复杂。为此，富勒（R. J. Fuller）和夏（C. C. Hsia）于1984年在三阶段增长模型的基础上，提出了H模型，大大简化了现金流贴现的计算过程。

富勒和夏的H模型假定：股息的初始增长率为g_a，然后以线性的方式递减或递增；从$2H$期后，股息增长率成为一个常数g_n，即长期的正常的股息增长率；在股息递减或递增的过程中，在H点上的股息增长率恰好等于初始增长率g_a和常数增长率g_n的平均数。当$g_a > g_n$时，在$2H$点之前的股息增长率是递减的，如图13-3所示。

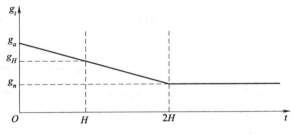

图13-3 富勒和夏的H模型

在图13-3中，当$t = H$时，$g_H = \frac{1}{2}(g_a + g_n)$。在满足上述假定条件的情况下，富勒和夏证明了H模型的股票内在价值的计算公式为：

$$V = \frac{D_0}{r - g_n}[(1 + g_n) + H(g_a - g_n)] \tag{13-24}$$

图13-4则形象地反映了H模型与三阶段增长模型的关系。

与三阶段增长模型的公式相比，H模型的式（13-24）有以下几个特点。

第一，在考虑了股息增长率变动的情况下，大大简化了计算过程。

第二，在已知股票当前市场价格P的条件下，可以直接计算内部收益率，即：

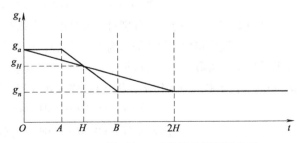

图13-4 H模型与三阶段增长模型的关系

$$NPV = V - P = \frac{D_0}{r - g_n}[(1 + g_n) + H(g_a - g_n)] - P = 0$$

可以推出:

$$IRR = \frac{D_0}{P}[(1 + g_n) + H(g_a - g_n)] + g_n \tag{13-25}$$

第三,在假定 H 位于三阶段增长模型转折期的中点(换言之, H 位于股息增长率从 g_a 变化到 g_n 的时间的中点)的情况下,H 模型与三阶段增长模型的结论非常接近。

第四,当 g_a 等于 g_n 时,式(13-24)等于式(13-21),所以,不变增长模型也是 H 模型的一个特例。

第五,如果将式(13-24)改写为:

$$V = \frac{D_0(1 + g_n)}{r - g_n} + \frac{D_0 H(g_a - g_n)}{r - g_n} \tag{13-26}$$

可以发现,股票的内在价值由两部分组成:式(13-26)的第一项是根据长期的正常的股息增长率决定的现金流贴现价值;第二项是由超常收益率 g_a 决定的现金流贴现价值,并且这部分价值与 H 成正比例关系。

(四)多元增长模型

多元增长模型是必须使用两个或多个增长率描述股利未来预期增长的模型。尽管增长率个数可以是任意的,但大多数股票的增长率可以用两个增长率来描述。大多数公司在成立之初都以较快的增长率增长,但是它们随后的增长率就放慢了。最常见的就是两增长率模型。公司首先以一个快速的比率增长一段时间,随后以一个可持续的稳定长期增长率增长。该类股票内在价值可由式(13-27)求得。

$$V = \sum_{t=1}^{n} \frac{D_0(1 + g_0)^t}{(1 + r)^t} + \frac{D_1(1 + g_1)}{r - g_1} \times \frac{1}{(1 + r)^n} \tag{13-27}$$

式中, D_0 代表当期股利; g_0 代表公司成立之初的增长率; D_1 代表超常增长期的期末股利; g_1 代表公司的稳定增长率。

【例 13-12】 假定某公司当期股利为 2 元,在前 5 年以较高的增长率 12% 增长,在此之后的新的稳定的增长率为 6%,假定贴现率为 10%。那么,该公司股票的内在价值应该等于多少?

【解析】

$$V = \sum_{t=1}^{5} \frac{2 \times (1 + 0.12)^t}{(1 + 0.1)^t} + \frac{3.52 \times (1 + 0.06)}{0.1 - 0.06} \times \frac{1}{(1 + 0.1)^5} = 68.44 \text{(美元)}$$

三、市盈率模型

(一)不变增长的市盈率模型

与股息贴现模型相比,市盈率模型的历史更为悠久。市盈率模型具有以下几方面的优点:① 由于市盈率是股票价格与每股收益的比率,即单位收益的价格,所以,市盈率模型可以直接应用于不同收益水平的股票价格之间的比较;② 对于那些在某段时间

● 知识点
巴菲特投资的 12 条准则

知识点

内没有支付股息的股票，市盈率模型同样适用，而股息贴现模型却不能使用；③ 虽然市盈率模型同样需要对有关变量进行预测，但是所涉及的变量预测比股息贴现模型要简单。

相应地，市盈率模型也存在一些缺点：① 市盈率模型的理论基础较为薄弱，而股息贴现模型的逻辑性较为严密；② 在进行股票之间的比较时，市盈率模型只能决定不同股票市盈率的相对大小，却不能决定股票绝对的市盈率水平。尽管如此，由于操作较为简便，市盈率模型仍然是一种被广泛使用的股票价值分析方法。市盈率模型同样可以分成零增长模型、不变增长模型和多元增长模型等类型。这里以不变增长的市盈率模型为例，重点分析市盈率是由哪些因素决定的。

在股息贴现模型中不变增长模型的公式（13-21）中，D_1、r 和 g 分别代表第一期支付的股息、贴现率和股息增长率，V 代表股票的内在价值。尽管股票的市场价格 P 可能高于或低于其内在价值，但是当市场达到均衡时，股票价格应该等于其内在价值。所以我们可以把式（13-21）改写为：

$$P = V = \frac{D_1}{r-g} \tag{13-28}$$

而每期的股息应该等于当期的每股收益（E）乘以派息比率（b），即 $D_t = E_t \times b_t$ 代入式（13-28），得到：

$$P = \frac{D_1}{r-g} = \frac{E_1 \times b_1}{r-g} \tag{13-29}$$

取消有关变量的下标，将式（13-29）移项后，可以推出不变增长的市盈率模型的一般表达式。

$$\frac{P}{E} = \frac{b}{r-g} \tag{13-30}$$

从式（13-30）中可以发现，市盈率取决于三个变量：派息比率（Payout Ratio）、贴现率和股息增长率。市盈率与股票的派息比率、股息增长率成正比，与贴现率成反比。派息比率、贴现率和股息增长率还只是第一个层次的市盈率决定因素，下面将分别讨论贴现率和股息增长率的决定因素，即第二层次的市盈率决定因素。

1. 股息增长率的决定因素分析

为简单起见，做以下三个假定：① 派息比率固定不变，恒等于 b；② 股东权益收益率（Return on Equity，ROE）固定不变，即 ROE 等于一个常数；③ 没有外部融资。

根据股息增长率的定义 $g = \frac{D_1 - D_0}{D_0}$，而股息、每股收益与派息比率间的关系为 $D_1 = bE_1$，$D_0 = bE_0$，于是得到：

$$g = \frac{D_1 - D_0}{D_0} = \frac{b(E_1 - E_0)}{bE_0} = \frac{E_1 - E_0}{E_0} \tag{13-31}$$

根据股东权益收益率的定义 $ROE_1 = \frac{E_1}{BV_0}$，$ROE_0 = \frac{E_0}{BV_{-1}}$，代入式（13-31）得到：

$$g = \frac{E_1 - E_0}{E_0} = \frac{ROE(BV_0 - BV_{-1})}{ROE(BV_{-1})} = \frac{BV_0 - BV_{-1}}{BV_{-1}} \tag{13-32}$$

式中，BV_t 表示第 t 年年末每股股东权益账面价值，其中 $t = 0$，-1。

由于没有外部融资，所以账面价值的变动（$BV_0 - BV_{-1}$）应该等于每股收益扣除支付股息

后的余额，即 $E_0 - D_0 = E_0(1-b)$，代入式（13-32），得到

$$g = \frac{BV_0 - BV_{-1}}{BV_{-1}} = \frac{E_0(1-b)}{BV_{-1}} = ROE(1-b) \tag{13-33}$$

式（13-33）说明股息增长率 g 与股东权益收益率 ROE 成正比，与派息比率 b 成反比。那么，股东权益收益率 ROE 又由哪些因素决定呢？ROE 可以有以下两种计算方式。

$$ROE = \frac{E}{BV}$$

和

$$ROE = \frac{EAT}{EQ}$$

其中，前者是以每股的（税后）收益除以每股的股东权益账面价值，后者是以公司总的税后收益（Earnings After Tax，EAT）除以公司总的股东权益账面价值（Equity，EQ）。所以，这两种计算方式的结论应该是一样的。我们把股东权益收益率 ROE 的第二种公式略做调整，可以得到以下变化形式。

$$ROE = \frac{EAT}{EQ} = \frac{EAT}{A} \times \frac{A}{EQ}$$

式中，A 代表公司的总资产。根据定义，EAT/A 等于公司总税后收益与公司总资产的比率，即资产收益率（Return on Assets，ROA）；A/EQ 等于公司总资产与公司总股东权益账面价值的比率，即杠杆比率或权益比率（Leverage Ratio，L）。所以，股东权益收益率取决于资产收益率和杠杆比率两者的乘积，用数学形式表达如下。

$$ROE = \frac{EAT}{A} \times \frac{A}{EQ} = ROA \times L \tag{13-34}$$

式（13-34）又被称为杜邦公式（DuPont Formula）。同理，可将资产收益率 ROA 进一步分解为税后利润率（After-Tax Profit Margin，PM）与总资产周转率（Asset Turnover Ratio，ATO）的乘积，即：

$$ROA = \frac{EAT}{A} = \frac{EAT}{S} \times \frac{S}{A} = PM \times ATO \tag{13-35}$$

式中，S 代表公司的销售额（Sales，S）。现在，将式（13-35）代入式（13-34），将式（13-34）代入式（13-33），得到了经分解后的股息增长率的决定公式。

$$g = ROE(1-b) = ROA \times L(1-b) = PM \times ATO \times L \times (1-b) \tag{13-36}$$

该式反映了股息增长率与公司的税后利润率、总资产周转率和杠杆比率成正比，与派息比率成反比。

2. 贴现率的决定因素分析

在资本资产定价模型（在第十四章将会论述）中，证券市场线的函数表达式为

$$\bar{r}_i = r_f + (r_m - r_f)\beta_i$$

式中，$\bar{r}_i$ 是投资第 i 种证券期望的收益率，即贴现率 r；r_f 和 r_m 分别是无风险资产的收益率和市场组合的期望收益率；β_i 是第 i 种证券的贝塔系数，反映了该种证券的系统性风险的大小。所以，贴现率取决于无风险资产的收益率、市场组合的平均收益率和证券的贝塔系数三个变量，并且与无风险资产的收益率和市场组合的平均收益率成正比，与证券自身的贝塔系数成反比。那么，贝塔系数又是由什么因素决定的呢？哈马达（R. Hamada）于 1972 年从理论上证明了贝

塔系数是证券所属公司的杠杆比率或权益比率的增函数，并在之后的实证检验中得到了验证。哈马达认为，在其他条件不变的情况下，公司的负债率与其贝塔系数成正比；而公司增发股票，将降低其杠杆比率，从而降低其贝塔系数。我们把杠杆比率之外影响贝塔系数的其他因素，用变量 δ 表示。所以，可以将证券市场线的表达式改写如下。

$$\bar{r}_i = r_f + (r_m - r_f)\beta_i,\ 其中\ \beta_i = f(L, \delta)$$

3. 市盈率模型的一般形式

在具体分析了影响股息增长率和贴现率的因素之后，表 13-3 汇总了市盈率的各种决定因素。

表 13-3　市盈率的决定因素

派息比率 （+）b	贴现率 （-）r				股息增长率 （+）g		
	无风险资产收益率（-）r_f	市场组合期望收益率（-）r_m	贝塔系数 （-）β		股东权益收益率 （+）ROE		派息比率 （-）b
			杠杆比率 （-）L	其他因素 （-）δ	资产收益率 （+）ROA		杠杆比率 （+）L
					税后利润率 （+）PM	总资产周转率 （+）ATO	

表 13-3 中括号内的正号或负号表示相应的变量与市盈率是正相关或负相关关系。在表中的第一层，市盈率的大小取决于派息比率、贴现率和股息增长率；在第二层，市盈率取决于派息比率、无风险资产收益率、市场组合期望收益率、贝塔系数和股东权益收益率五个变量；在第三层，市盈率取决于派息比率、无风险资产收益率、市场组合期望收益率、杠杆比率、影响贝塔系数的其他因素、资产收益率六个变量；在第四层，市盈率取决于派息比率、无风险资产收益率、市场组合预期收益率、杠杆比率、影响贝塔系数的其他变量、税后利润率、总资产周转率七个变量。在影响市盈率的上述变量中，除了派息比率和杠杆比率之外，其他变量对市盈率的影响都是单向的，即无风险资产收益率、市场组合预期收益率、贝塔系数、贴现率以及影响贝塔系数的其他变量，与市盈率之间的关系都是负相关的；而股息增长率、股东权益收益率、资产收益率、税后利润率和总资产周转率，与市盈率之间的关系都是正相关的。下面分别分析杠杆比率和派息比率与市盈率的关系。

首先，派息比率与市盈率之间的关系是不确定的。将式（13-36）代入式（13-30）得到

$$\frac{P}{E} = \frac{b}{r-g} = \frac{b}{r - PM \times ATO \times L \times (1-b)} \tag{13-37}$$

很明显，派息比率同时出现在市盈率决定公式的分子和分母之中。在分子中，派息比率越高，市盈率越高；但是在分母中，派息比率越高，市盈率越低。这是因为当派息比率高时，当前的股息支付水平也就比较高，所以市盈率较高；然而当派息比率高时，股息增长率就会降低，所以市盈率较低。

其次，杠杆比率与市盈率之间的关系也是不确定的。在式（13-37）的分母中，减数和被减数中都含有杠杆比率项。在被减数（贴现率）中，当杠杆比率上升时，股票是否被贝塔系数上

升，所以贴现率也将上升，则市盈率将下降；在减数（股息增长率）中，杠杆比率与股息增长率成正比，所以当杠杆比率上升时，减数加大，从而导致市盈率上升。

市盈率模型能够比较不同收益水平的不同股票的价格，但是市盈率模型只能确定证券市盈率的相对大小，却不能给出证券市盈率的绝对水平。这是因为市盈率模型是建立在大量的假设条件基础上的，而许多的假设条件缺乏应有的依据。

与股息贴现模型类似，市盈率模型也可以用于判断股票是否被高估或低估。根据市盈率模型决定的某公司股票的市盈率是正常的市盈率。如果股票实际的市盈率高于其正常的市盈率，说明该股票被高估了；反之，当实际的市盈率低于正常的市盈率，说明股票被低估了。

（二）零增长模型和多元增长模型

1. 零增长的市盈率模型

该模型假定股息增长率 g 恒等于零，换言之，每期的股息都是一样的。那么在什么情况下股息增长率会恒等于零呢？在前面的分析中，我们知道股息等于每股收益 E 与派息比率 b 的乘积。如果每股的收益 E 等于常数，那么只有在派息比率等于100%时，每期的股息才会等于一个常数，即在没有保留收益的条件下，每股的收益全部以股息的方式支付给股东。在每股收益等于常数的情况下，派息比率小于100%时，每股收益中的一部分将保留在公司内部，从而可能被用于提高未来的每股收益以及每股的股息。沿用式（13-33）中 $g = ROE(1-b)$，股息增长率 g 与派息比率 b 成反比。当派息比率 b 等于1时，股息增长率 g 等于零；当派息比率 b 小于1时，股息增长率 g 大于零。所以，零增长模型假定每股收益恒等于一个常数且派息比率等于1，即 $E_0 = E_1 = E_2 = \cdots = E_\infty$，$b = 1$，所以可以推出：$D_0 = D_1 = D_2 = \cdots = D_\infty$，或者 $g_0 = g_1 = g_2 = \cdots = g_\infty = 0$。

将上述假定条件代入式（13-30），得到零增长市盈率模型的函数表达式。

$$\frac{P}{E} = \frac{b}{r-g} = \frac{1}{r-0} = \frac{1}{r} \tag{13-38}$$

与不变增长市盈率模型相比，零增长市盈率模型中决定市盈率的因素仅贴现率一项，并且市盈率与贴现率成反比关系。显然，零增长模型是股息增长率等于零时的不变增长模型的一种特例。

例如，某股息零增长的股票的市场价格为30美元/股，每股股息恒等于5美元/股，贴现率为12%。假定其派息比率等于1，那么该股票正常的市盈率应该是8.3（1/0.12），实际的市盈率等于6（30/5）。由于实际的市盈率低于正常的市盈率，所以该股票价格被低估了。

2. 多元增长的市盈率模型

与多元增长的股息贴现模型一样，多元增长的市盈率模型假定在某一时点 T 之后股息增长率和派息比率分别为常数 g 和 b，但是在这之前股息增长率和派息比率都是可变的。沿用式（13-27）：

$$V = \sum_{t=1}^{T} \frac{D_t}{(1+r)^t} + \frac{D_{T+1}}{(r-g)(1+r)^T}$$

式中，等式右边的第一项是 T 时点之前的现金流贴现价值，第二项是 T 时点之后的现金流贴现价值。根据股息、派息比率和每股收益三者之间的关系，可以知道

$$E_t = E_0(1+g_1)(1+g_2)(1+g_3)\cdots(1+g_t)$$

$$D_t = b_t E_t = E_0 b_t (1+g_1)(1+g_2)(1+g_3)\cdots(1+g_t) \tag{13-39}$$

式中，E_t 是第 t 期的每股收益；D_t 是第 t 期的每股股息；b_t 是第 t 期的派息比率；g_t 是第 t 的股息增长率。将式（13-39）代入式（13-19），再根据市盈率的定义可以得到多元增长的市盈率模型的函数表达式。

$$P = \frac{E_0 b_1(1+g_1)}{1+r} + \frac{E_0 b_2(1+g_1)(1+g_2)}{(1+r)^2} + \cdots + \frac{E_0 b_T(1+g_1)(1+g_2)\cdots(1+g_T)}{(1+r)^T} + \frac{E_0 b(1+g_1)(1+g_2)\cdots(1+g_T)(1+g)}{(r-g)(1+r)^T}$$

即

$$\frac{P}{E} = \frac{b_1(1+g_1)}{1+r} + \frac{b_2(1+g_1)(1+g_2)}{(1+r)^2} + \cdots + \frac{b_T(1+g_1)(1+g_2)\cdots(1+g_T)}{(1+r)^T} + \frac{b(1+g_1)(1+g_2)\cdots(1+g_T)(1+g)}{(r-g)(1+r)^T} \tag{13-40}$$

式（13-40）表明，多元增长市盈率模型中的市盈率决定因素包括了贴现率、派息比率和股息增长率。其中，派息比率含有 T 个变量（b_1，b_2，…，b_T）和一个常数（b）。同样，股息增长率也含有 T 个变量（g_1，g_2，…，g_T）和一个常数（g）。根据式（13-40）可以算出多元增长股票正常的市盈率。

● 知识点

合理利用市盈率选股

本章小结

1. 影响债券投资价值的内部因素有债券的期限、债券的票面利率、债券含有的期权条款、债券的税收待遇、债券的流动性和债券的信用级别。影响债券投资价值的外部因素有基础利率、市场利率和其他因素。

2. 到期收益率是使债券未来所有利息收入与到期面额的现值之和等于债券的市场价格的折现率。

3. 债券的价格与债券的收益率成反向变动关系；债券到期期限越长，债券价格变化越大。但随着债券到期时间临近，债券价格的波动幅度减少，并且是以递增的速度减少；反之，到期时间越长，债券价格波动幅度越大，并且是以递减的速度增加；债券的价格变动与收益率的变动是不对称的，票面利率越高，债券价格的波动幅度就越小。

4. 久期用来衡量债券的到期时间。债券的每次息票利息的支付时间的加权平均期限为久期，权重是每次支付的现金流的现值占价格的比重。凸性是收益率曲线的曲率，是比修正久期更好的度量指标。

5. 影响股票价格的因素可概括为公司经营状况、宏观经济因素、政治因素、心理及其他因素。

6. 股息贴现模型假定股票的价值等于它的内在价值，而股票的内在价值是由它的未来现金流的现值决定的。股息贴现模型可以分成零增长模型、不变增长模型、三阶段增长模型和多元增长模型等形式。市盈率是股票价格与每股收益的比率。

7. 市盈率取决于三个变量：派息比率、贴现率和股息增长率。市盈率与股票的派息比率、股息增长率成正比，与贴现率成反比。

8. 股息增长率与股东权益收益率成正比，与派息比率成反比，或者说，股息增长率与公司的税后利润率、总资产周转率和杠杆比率成正比，与派息比率成反比。
9. 贴现率取决于无风险资产的收益率、市场组合的平均收益率和证券的贝塔系数三个变量，并且与无风险资产的收益率和市场组合的平均收益率成正比，与证券自身的贝塔系数成反比。

推荐网站

1. 中国证券监督管理委员会：http://www.csrc.gov.cn.
2. 中国债券信息网：https://www.chinabond.com.cn.
3. 中国国债协会：http://www.ndac.org.cn.

推荐阅读

1. 罗斯，威斯特菲尔德，杰富. 公司理财（原书第9版）[M]. 吴世农，沈艺峰，王志强，等译. 北京：机械工业出版社，2012.
2. 博迪，凯恩，马库斯. 投资学（原书第10版）[M]. 汪昌云，张永骥，译. 北京：机械工业出版社，2017.
3. 法博齐. 债券市场：分析与策略（原书第8版）[M]. 李磊宁，译. 北京：机械工业出版社，2017.

第十四章 资产组合与资产定价

本章提要

本章将从金融风险的定义开始,进一步讨论风险和收益的关系。在此基础上,学习马科维茨资产组合理论,包括资产配置和风险资产选择理论。在马科维茨的资产组合理论基础之上,我们将介绍资本资产定价模型。最后将介绍套利定价理论。

学习目标

1. 理解金融风险的含义、特征及分类;掌握单个资产和资产组合的期望收益率和方差的计算。
2. 了解风险偏好类型,理解无差异曲线和效用函数。
3. 理解资产配置和风险资产选择理论,掌握资本配置线、有效集、最优资产组合的原理,掌握最优资产组合的计算方法。
4. 理解市场组合、资本市场线、证券市场线原理,掌握资本资产定价模型。
5. 理解单因素模型和多因素模型的原理,了解套利的种类,理解套利定价理论。

重点难点

本章重点:风险和收益的衡量、资产组合理论、资本资产定价模型、要素模型及套利模型。
本章难点:最优资产组合的选择、资本资产定价模型的推导、套利定价理论的推导。

案例导入

指数和有效市场

1975 年,约翰·博格推出第一只指数基金,为市场带来了效率。

1975 年 7 月对大多数投资者而言,指数基金是个了不起的概念,但随着指数基金越来越多,它们也让市场变得越来越低效,并进一步鼓励投资者在行动上趋于一致。它们以有效市场理论为基础,孕育出了过度自信的心态,吹涨了泡沫。

指数基金(正常的共同基金并不试图击败指数收益率,只与其大致相当)是无趣的量产货,对小储户来说,有了它们,投资的门槛更低了。指数基金在 1975 年才出现,并以"人不可能战胜市场"的激进学术理论为根基。

讽刺的是,随着指数基金的日渐成功,它们也把市场变得更加低效了。主动型基金经理本该更容易击败指数,可恰恰相反,主动型基金经理比以往任何时候都更接近指数。

基金经理往往会耗费巨资研究如何安排自己的投资组合,这种投资组合里说不定包含了上百种股票。倘若 20 世纪五六十年代盛行于美国大学的有效市场假说正确,那么这笔钱完全是白花了。股票价格总是融合了所有已知的信息,所以它们的运动是随机的,不可能预测。它们遵循"随机游走"模式。因此,花大价钱做研究毫无意义。

时间证明,约翰·博格对指数的看法完全正确。1978~1998 年,标准普尔的成绩比 79% 同期存活下来的共同基金出色,这还包括那些由于绩效不佳倒闭了的基金。30 年来(截至 2008 年 12 月),标准普尔每年的收益率是 11%,主动型股票共同基金的收益率为 9.3%。

博格改变了投资。但因为他利用了有效市场理论,说不定反倒进一步降低了市场的效率。有效市场理论的核心概念是风险可以量化,风险和回报可以精确地互换,实现平衡的资产配置。风险的定义是看证券的价格变化有多大,具体而言,波动范围很大、忽上忽下的股票比稳定股风险大,哪怕长期来看前者的回报更佳。为应对风险,理论又考察了证券的收益率与其他证券有多强的相关度。如果你有两只回报很好的波动股,那么,倘若它们彼此不相关,那你持有两只比持有一只的风险要低,因为就算一只跌了,另一只却很可能安然无恙。这样一来,管理风险的诀窍就成了多增加各种证券,直到不增加风险便无法提高回报为止。要是证券之间的相关度低,你可以在投资组合里加入一只高风险证券,降低它的风险。这些见解都可以靠优雅的数学加以量化,在其指点下,整整一代的投资者都在追寻和自己现有资产相关度低的资产。

资料来源:奥瑟兹. 可怕的市场周期:频繁的同步泡沫与同步崩溃 [M]. 闾佳,译. 北京:机械工业出版社,2012.

什么是风险和收益,它们到底是什么关系,要不要把鸡蛋放在一个篮子里,到底应该买指数基金还是自己买卖几只股票。本章的学习将回答以上问题。

第一节 金融风险的定义和种类

金融市场的风险机制是风险通过影响金融市场的参与者利益而影响其行为的过程,是金融市场借以发挥功能的重要机制。本节首先从金融风险的定义、特征和分类开始分析。

一、金融风险的定义和特征

金融风险是指经济主体在资金的融通和经营过程中,由于金融市场中各种经济变量发生不确定的变化,使经济主体的实际收益与期望收益发生一定偏差,从而有蒙受损失或获利的可能性。风险既有可能带来损失,也有可能带来收益。前者称为风险损失,后者称为风险收益。风险产生的根源是不确定性(Uncertainty)。所谓不确定性,是指事物的未来发展或变化有多种可能状态,而人们无法事先准确地预知将会是何种状态。

金融风险具有不确定性、普遍性、双重性、传递性和突发性等特征。

1. 不确定性

金融风险的不确定性是指金融风险在何时、何地以何种形式出现,以及其危害程度、影响范围都是不确定的。这说明,金融风险是一种无法预料的、不确定的组合结果。虽然金融风险存在不确定性,但是在一定条件下金融风险表现出较规则的变化趋势,这就为预测金融风险提供了可能。投资者可以尽可能地收集信息，并在此基础上进行科学的预测与分析，以提高对将来损失或收益预计的准确性。在分析时常常用概率来表示风险程度的大小，从而预计投资活动的结果。

2. 普遍性

金融风险的普遍性是指在整个金融领域中金融风险无时不有，无处不在，而且产生金融风险不以人们的主观意志为转移，只要有金融业存在就会有金融风险。在金融市场中，参与者面临的市场瞬息万变，金融市场中的各种变量，如利率、汇率、股票价格等发生变动是绝对的、无条件的，而由于信息的不对称性以及获得信息方面存在的各种困难，任何人都不可能完全掌握市场的变化。金融市场风险普遍存在，它不可能被消除，只能积极防范和管理。

3. 双重性

金融风险的双重性就是指金融风险既可能给从事金融活动的主体带来收益，也可能带来损失。但人们关注得更多的是金融风险带来的损失，当提及金融风险时，通常也是强调它的危害性。

4. 传递性

金融风险的传递性是指金融风险在金融市场主体之间具有传播和扩散的特性。在市场经济条件下，金融市场主体之间的联系日益密切，形成了一个多边信用网络，当其中某一主体发生风险时，会很快地将风险传递给与之有密切关系的其他主体，引起这些机构的连锁反应，进而导致金融体系的局部乃至整体发生动荡和崩溃。这种多米诺骨牌效应在美国次贷危机中表现得淋漓尽致。

5. 突发性

金融机构处于金融市场中心，与其他经济主体相比，金融机构特别容易受到由于信息不完全引起的风险因素的影响，管理薄弱、内外控制失误以及面对外在冲击的敏感性，致使金融机构流动性不足、资产质量下降、盈利下降，甚至引发挤兑蔓延、金融恐慌，进而使局部的金融风险演变为金融危机。尽管人们对金融危机已经有了一定的认识，但在金融创新日新月异且金融市场迅速发展的环境下，金融风险往往被市场繁荣的表象掩饰，潜在的风险不断积聚，最终会以突发的形式表现出来，爆发往往形成巨大的金融危机，难以防范，给国民经济带来致命的打击。

二、金融风险的种类

按分类标准的不同，金融风险可分为不同的类别。其中，金融风险有两种主要的分类方法：① 根据诱发风险的原因，可以将金融风险划分成市场风险（Market Risk）、信用风险（Credit Risk）、流动性风险（Liquidity Risk）、操作风险（Operational Risk）和法律风险（Legal Risk）；② 根据金融风险影响的范围，又可将其划分为系统性风险（Systematic Risk）和非系统性风险（Unsystematic Risk）。具体表述如下。

（一）按诱发金融风险的原因分类

1. 市场风险

所谓市场风险，指因股市价格、利率、汇率等的变动而导致价值遭受未预料到的潜在损失的风险。根据引发市场风险的因素不同，市场风险可分为利率风险、汇率风险、股市风险和购买力风险等。

利率风险（Interest Rate Risk）是指各种利率水平的不确定性变动所带来的风险。当今世界上的许多国家都已实行了利率的市场化，这就导致利率水平容易受到本国资金供求状况、国际金融市场资金供求状况、货币政策、经济活动水平、市场主体心理预期以及其他国家或地区利率水平等多种因素影响。

汇率风险（Foreign Exchange Risk）是指经济实体或个人在从事国际经济、贸易、金融等活动中，以外币计价的资产或负债因外汇汇率的变动，而引起的价值上升或下跌所造成损益的可能性。经济主体外汇资产和负债之间的差额称为外汇敞口头寸（Foreign Exchange Exposure），汇率风险会导致外汇敞口头寸价值的不确定性。

股市风险是指由于证券市场的价格波动给投资者带来损益的可能性。股票市场受到企业经营状况、宏观经济环境、投资者心理等诸多因素的影响，其变动方向很难准确预料，容易给投资者带来损失。

购买力风险（Purchasing-Power Risk）也称通货膨胀风险，是指由于一般物价水平的不确定变动，而使人们遭受损失的可能性。由于通货膨胀，每单位货币购买力下降所带来的债权债务的实际价值发生变化风险。比如，通货膨胀使货币贬值给债权人带来损失，通货紧缩使货币升值给债务人带来损失；同时，通货膨胀将影响投资者的实际持有收益率，在名义收益率一定的情况下，通货膨胀率越高，实际收益率越低。

2. 信用风险

信用风险，又被称为违约风险，是指金融市场主体未能履行约定契约中的义务而造成经济损失的风险，即受信人不能履行还本付息的责任而使授信人的期望收益与实际收益发生偏离的可能性，它是金融风险的主要风险之一。信用风险区别于其他类型金融风险的一个显著特征是，信用风险在任何情况下都不可能产生意外的收益，它的后果只能是损失。信用风险的大小主要取决于交易对手的财务状况和风险状况。更一般地，信用风险还包括由于债务人信用评级的降低致使其债务的市场价格下降而造成的损失，即对手履约能力的变化所造成的资产价值损失的风险，被称为履约能力风险。

3. 流动性风险

流动性风险是指由于金融市场流动性不足或金融交易者的资金流动性不足而产生的风险。金融机构的流动性风险主要包括两种形式：市场/产品流动性风险和现金流/资金风险。前者是指无法在通常条件下对所持有金融资产进行变现以及对金融交易的余额进行清算的风险。后者是指现金流不能满足债务支出的需求，这种情况往往迫使机构提前清算，从而使账面上的潜在损失转化为实际损失，甚至导致机构破产。对金融机构而言，流动性风险往往是指其持有的资产流动性差和对外融资能力降低，没有足够的现金支付到期债务而造成损失或破产的可能性。

4. 操作风险

操作风险是指由于金融机构的交易系统不完善、管理失误、控制缺失、诈骗或其他一些人为错误而造成意外损失的风险。金融机构经营管理过程中，由于相关信息没有及时传达给操作人员，或在信息传递过程中出现偏差，或是操作人员业务技能不高或出现偶然失误、道德风险等情况，都可能导致发生损失。最突出的案例是日本大和银行纽约分行的美国政府债券的交易员在长达10年的时间内挪用客户证券以掩盖其交易的巨大亏损，最终使银行蒙受巨大的损失。

5. 法律风险

法律风险是指在金融交易中，因合同不健全、法律解释的差异以及交易对象是否具备正当的法律行为能力等法律方面的因素所形成的风险，包括合约的签署是否具有可执行性方面的问题和能否将自己的法律和监管责任以适当的方式转移出去的风险。简单说来，法律风险就是由于法律或法规方面的原因而使企业的某些市场行为受到限制或合同不能正常执行而导致损失的风险。

(二) 按金融风险影响的范围划分

1. 系统性风险

系统性风险是指整个金融市场各类金融资产发生剧烈波动、危机或瘫痪，使单个金融机构不能幸免，从而遭受经济损失的可能性。系统性风险包括宏观经济形势的变动、财政政策和货币政策的调整、政局的变化、汇率的波动、资金供求关系的变动等。由于这些因素来自企业外部，是单一证券无法抗拒和回避的，因此称为不可回避风险。这些共同的因素会对所有企业产生不同程度的影响，不能通过多样化投资而分散，因此又称为不可分散风险。

2. 非系统性风险

非系统性风险是指由仅影响个别经济主体的因素所导致的风险。这类风险只与个别经济主体有关，它来自企业内部的微观因素，而与整个市场没有必然关联，也称微观风险。具体包括财务风险、经营风险、信用风险、偶然事件风险等。例如，单个股票价格同上市公司的经营业绩和重大事件密切相关，公司的经营管理、财务状况、市场销售、重大投资等因素的变化都会影响公司的股价走势。这种风险主要影响某一种证券，与市场的其他证券没有直接联系，投资者可以通过分散投资的方法来抵消该种风险，因此非系统性风险也可称为可分散风险。

> **立德思考**
>
> 风险存在于市场本身。
>
> ——吉姆·罗杰斯
>
> **想一想**：现实中从宏观来看和从微观主体来看我们面临着哪些金融风险？如何做到准确判断？

作为国家安全的重要组成部分，金融安全关系着方方面面，准确判断风险隐患是保障金融安全的前提，因此，防止发生系统性金融风险应该是金融工作永恒的主题。

第二节 投资收益和风险的衡量

风险是普遍存在的，而且不以人的意志为转移。由于风险的存在，投资的收益是不确定的，投资的核心要素就是收益和风险。因此，在选择投资机会时，就要正确理解收益和风险的关系。

一、单一证券收益和风险的衡量

(一) 单个证券收益的衡量

1. 证券投资收益率的衡量

任何投资所得收益可以分为两个部分，即股利收益（或利息收入）加上资本利得（或减去资本损失)。这里的资本利得指的是证券资产的期末价值与期初价值的差额。以 R 表示投资收益率,t 表示特定时间,D_t 指第 t 期的现金股利(或利息收入),P_t 指第 t 期的证券价格,P_{t-1} 指第 $t-1$ 时期的证券价格。则证券投资的收益率可定义为:

$$R = \frac{D_t}{P_{t-1}} + \frac{P_t - P_{t-1}}{P_{t-1}} \tag{14-1}$$

【例 14-1】 假设某投资者 2016 年年初购买了 2 000 元的股票,2016 年年末获得了 60 元的现金股利,同时,该股票的价格上涨到 2 200 元。这样,该股票一年的投资收益率是多少?

【解析】
$$R = \frac{60 + (2\,200 - 2\,000)}{2\,000} \times 100\% = 13\%$$

2. 风险证券的期望收益率

证券投资的期望收益,就是证券投资的各种可能收益的加权平均数,以各种可能收益发生的概率为权数。风险证券的期望收益率通常用统计学中的数学期望 $E(R)$ 或者 $\overline{R}$ 来表示,计算公式如下。

$$E(R) = \sum_{i=1}^{N} R_i P_i \tag{14-2}$$

式中,$E(R)$ 为期望收益率(Expected Rate of Return);R_i 是第 i 种可能的收益率;P_i 是收益率 R_i 发生的概率 $\left(\sum_{i=1}^{N} P_i = 1\right)$;$N$ 是可能性的数目。

(二)单个证券风险的衡量

对单个证券的风险,用方差(Variance)或标准差(Standard Deviation)来计算,方差用 $\sigma^2(R)$ 或 $\mathrm{Var}(R)$ 表示,标准差用 $\sigma(R)$ 或 $\mathrm{SD}(R)$ 表示。

1. 方差或标准差

方差或标准差是衡量证券风险的一种常用方法。其中,方差是证券投资的各种可能收益与其期望收益之间的离差(Deviation)的平方的平均值,标准差是方差的正的平方根,用公式表示如下。

$$\sigma^2(R) = \sum_{i=1}^{N} P_i [R_i - E(R)]^2 \tag{14-3}$$

收益率都是以百分比表示的,为了使风险衡量结果保持相同的量纲,通常将方差再转换成标准差,标准差即方差的平方根,公式如下。

$$\sigma(R) = \sqrt{\sum_{i=1}^{N} [R_i - E(R)]^2 P_i} \tag{14-4}$$

标准差的直接含义是,当证券收益率服从正态分布时,2/3 的收益率在 $E(R) \pm \sigma$ 范围内,95% 的收益率在 $E(R) \pm 2\sigma$ 范围内。方差和标准差在数量上衡量了资产收益率的波动情况。对于一项投资,方差和标准差越大,就表示收益率的变动幅度越大,投资风险越大。

【例 14-2】 假设投资者认为在未来的一整年里,天气会出现三种情况:干旱、正常、多雨,每种情况出现的可能性都是 1/3。两家公司分别为经营雨伞的 A 公司以及经营太阳伞的 B 公司,它们的经营状况受天气变化的影响。在不同的情况下,两公司的收益情况如表 14-1 所示。

表 14-1　A、B 公司收益情况

天气状况	A 公司收益率 R_A	B 公司收益率 R_B
干旱	−20%	15%
正常	15%	10%
多雨	30%	−10%

在这种情况下,求两家公司股票的期望收益率,并用方差和标准差来衡量两家公司股票的风险。

【解析】　计算过程如下。

(1) 计算 A、B 公司的期望收益率

A 公司期望收益率: $\overline{R}_A = \dfrac{-20\% + 15\% + 30\%}{3} = 8.33\%$

B 公司期望收益率: $\overline{R}_B = \dfrac{15\% + 10\% - 10\%}{3} = 5\%$

(2) 计算 A、B 公司收益率的方差和标准差

A 公司收益率的方差: $\sigma_A^2 = \dfrac{(-20\% - 8.33\%)^2 + (15\% - 8.33\%)^2 + (30\% - 8.33\%)^2}{3} = 4.39\%$

A 公司收益率的标准差: $\sigma_A = 20.95\%$

B 公司收益率的方差: $\sigma_B^2 = \dfrac{(15\% - 5\%)^2 + (10\% - 5\%)^2 + (-10\% - 5\%)^2}{3} = 1.17\%$

B 公司收益率的标准差: $\sigma_B = 10.80\%$

2. 变异系数

用标准差作为风险衡量标准有时可能会引起误解,所以我们引入变异系数(CV)。变异系数是相对偏离程度的衡量标准,即单位期望收益率所含风险的衡量标准,是衡量风险常用的一个指标。变异系数越大,投资的相对风险也越大。其计算公式如下

$$CV = \dfrac{\sigma(R)}{E(R)} \tag{14-5}$$

【例 14-3】　假设普通股 1 和股票 2 的期望收益率和标准差如表 14-2 所示,计算股票 1 和股票 2 的变异系数,并进行比较。

表 14-2　股票 1 和股票 2 的期望收益率和标准差

股票类别	$E(R)$	$\sigma(R)$
股票 1	20%	40%
股票 2	16%	28%

【解析】　将题目中已知条件分别代入式(14-5)得

$$CV_1 = \dfrac{\sigma(R)_1}{E(R)_1} = \dfrac{40\%}{20\%} = 2$$

$$CV_2 = \dfrac{\sigma(R)_2}{E(R)_2} = \dfrac{28\%}{16\%} = 1.75$$

由于股票 2 比股票 1 的变异系数小,即股票 2 比股票 1 承担的单位收益风险更小,所以股票 2 比股票 1 风险更小。

二、证券组合的收益和风险

证券组合（Portfolio）是指在一定的条件下，通过选择若干种证券作为投资对象，以达到在适当的风险水平下获得最大的期望收益，或在一定的期望收益下风险最小。

（一）证券组合收益的衡量

证券组合的收益，简单来说，等于单个证券收益以投资比重为权数的加权平均数。用公式表达如下。

$$R_P = \sum_{i=1}^{N} w_i R_i \text{ 且 } \sum_{i=1}^{N} w_i = 1 \tag{14-6}$$

式中，R_P 为该证券组合在本期的收益率；R_i 为证券 i 在本期的收益率；w_i 为证券 i 在该证券组合中的权重（即投资于证券 i 的资金占证券组合总投资额的比例或权数）；N 为可能状态的数目。

【例 14-4】 承例 14-2，已知 A、B 公司股票各自的收益和风险状况，如果我们现在构建一个由 A、B 公司股票所构成的投资组合，并且假设 40% 的资金投资于 A 公司股票，60% 投资于 B 股票。那么这个风险资产组合的收益如何衡量呢？

【解析】 由例 14-2 可知：$R_A = 8.33\%$，$R_B = 5\%$，并且：A 股票的投资比重 $w_A = 40\%$，B 股票的投资比重 $w_B = 60\%$，则证券组合的期望收益率计算如下。

$$R_P = 0.4 \times R_A + 0.6 \times R_B = 0.4 \times 8.33\% + 0.6 \times 5\% = 6.33\%$$

（二）证券组合风险的衡量

两种以上证券的投资组合时，要考虑每种证券和其他证券的相互关系。协方差是度量两种证券收益之间的相互关系的统计指标，此外，这种相互关系也可以用两种证券的相关系数来反映。

1. 协方差和相关系数

由 i、j 两种证券组成的投资组合的方差是这两种证券的加权方差和这两种证券之间的加权协方差的和。

（1）协方差。协方差在证券投资组合中的含义是两种证券的收益率相应变动或变化的程度。正的协方差意味着两种证券的收益有相互一致的变动趋势；而负的协方差意味着两种证券的收益率向相反方向变动，有相互抵消的趋势。任何两种证券 i 和 j 之间的协方差都可用如下的公式计算。

$$\text{Cov}(R_i, R_j) = \sum_{k=1}^{N} P_k [(R_{ik} - E(R_i))(R_{jk} - E(R_j))] \tag{14-7}$$

式中，$\text{Cov}(R_i, R_j)$ 为两种证券 i 与 j 的收益率之间的协方差；R_{ik} 为证券 i 的第 k 种可能的收益率；R_{jk} 为证券 j 的第 k 种可能的收益率；P_k 为证券 i 和 j 的第 k 种收益率发生的概率；N 为收益率可能出现的个数。

【例 14-5】 已知某投资人构建了一项投资组合，由股票 X 和 Y 构成。其中，股票 X 和 Y 收益率的概率分布、期望收益率和标准差如表 14-3 所示。计算股票 X 和 Y 之间的协方差。

表 14-3　股票 X 和 Y 的收益率的概率分布

N	股票 X 的收益率	股票 Y 的收益率	出现的概率
1	8%	10%	0.50
2	15%	5%	0.40
3	−10%	0	0.10
总计			1.00
期望收益率	9%	7%	
方差	0.51%	0.11%	
标准差	7.14%	3.32%	

【解析】　把表 14-3 中的数据代入式（14-7），计算股票 X 和股票 Y 之间的协方差如下。

$$\mathrm{Cov}(R_X, R_Y) = 0.50 \times (8\% - 9\%) \times (10\% - 7\%) + 0.40 \times (15\% - 9\%) \times (5\% - 7\%) + 0.10 \times (-10\% - 9\%) \times (0 - 7\%) = 0.0007$$

（2）相关系数。与协方差在含义上等价的是相关系数，它也是表示两种证券收益变动相互关系的指标。相关系数是协方差的标准化。证券 i 和 j 的收益率之间的相关系数定义为两种证券的协方差除以它们的标准差的乘积，计算公式如下。

$$\rho(R_i, R_j) = \frac{\mathrm{Cov}(R_i, R_j)}{\sigma(R_i)\sigma(R_j)} \tag{14-8}$$

所以

$$\mathrm{Cov}(R_i, R_j) = \rho(R_i, R_j)\sigma(R_i)\sigma(R_j) \tag{14-9}$$

相关系数的取值范围介于 −1 ~ +1，即当取值为 −1 时，表示证券 i 和 j 的收益变动完全负相关；当取值为 +1 时，表示变动完全正相关；当取值为 0 时，表示变动完全不相关；当 $0 < \rho(R_i, R_j) < 1$ 时，表示正相关；当 $-1 < \rho(R_i, R_j) < 0$ 时，表示负相关。

【例 14-6】　承例 14-5 中的已知条件，求 X、Y 两种股票组合的相关系数。

【解析】　由于 $\mathrm{Cov}(R_X, R_Y) = 0.0007$，$\sigma(R_i) = 0.0714$，$\sigma(R_j) = 0.0332$，把有关数据代入式（14-8），可得 X、Y 两种股票组合的相关系数。

$$\rho(R_X, R_Y) = \frac{\mathrm{Cov}(R_i, R_j)}{\sigma(R_i)\sigma(R_j)} = \frac{0.0007}{0.0714 \times 0.0332} = 0.30$$

可见，股票 X 和 Y 两者收益变动是正相关的。

【例 14-7】　承例 14-2 中的已知条件，计算 A、B 两种股票的协方差和相关系数。

【解析】　由于例 14-2 中 A、B 两种股票每一种可能的收益及其概率为已知，以及 $R_A = 8.33\%$，$R_B = 5\%$。

现在我们套用式（14-7），计算 A、B 两种股票的协方差。

$$\mathrm{Cov}(R_A, R_B) = \sum_{k=1}^{N} P_k [(R_{ik} - E(R_i))(R_{jk} - E(R_j))] = -0.0098$$

由于 $\sigma_A = 20.95\%$，$\sigma_B = 10.80\%$。

现在我们套用式（14-8），计算 A、B 两种股票的相关系数。

$$\rho(R_X, R_Y) = \frac{\mathrm{Cov}(R_i, R_j)}{\sigma(R_i)\sigma(R_j)} = -0.25$$

我们来看两公司的收益分布，当天气干旱时，A 公司的收益率是 −20%，B 公司的收益率却出奇的好，为 15%；当天气多雨时，A 公司的收益率为 30%，而 B 公司的收益率却是 −10%，这说明两个公司之间的收益是反向变动的。而 $\mathrm{Cov}(R_A, R_B) = -0.0098$，$\rho(R_X, R_Y) = -0.25$，二者皆是负的，很好地说明了 A、B 公司的收益率为反向变动关系。这说明协方差和相关系数能很好地表示两只股票收益之间的变动关系。

2. 两种证券组成的投资组合的方差和标准差

由两种证券组成的投资组合的方差不仅取决于这两项资产的方差，而且取决于这两项资产之间联系的紧密程度。

两种证券投资组合的方差公式为

$$\sigma^2(R_P) = w_i^2 \sigma^2(R_i) + w_j^2 \sigma^2(R_j) + 2w_i w_j \text{Cov}(R_i, R_j) \tag{14-10}$$

则两种证券投资组合的标准差公式为

$$\sigma(R_P) = [w_i^2 \sigma^2(R_i) + w_j^2 \sigma^2(R_j) + 2w_i w_j \text{Cov}(R_i, R_j)]^{\frac{1}{2}} \tag{14-11}$$

式中，$\sigma^2(R_P)$ 为任意两种证券组合的方差；w_i 为证券 i 在组合中所占权重；w_j 为证券 j 在组合中所占权重；$\text{Cov}(R_i, R_j)$ 为证券 i 与 j 的收益率之间的协方差。

【例 14-8】 根据例 14-2 中给出的已知条件，计算 A、B 两种股票组合资产的方差和标准差。

【解析】 为了便于看清楚到现在为止例 14-2 的各项统计数据，我们把这些数据列在表 14-4 中。

表 14-4 A、B 公司主要统计数据

资产收益率	方差和标准差	统计量
A 公司收益率 R_A	均值 $\bar{R}_A$	0.083 3
	方差 σ_A^2	0.043 9
	标准差 σ_A	0.209 5
B 公司收益率 R_B	均值 $\bar{R}_B$	0.050 0
	方差 σ_B^2	0.011 7
	标准差 σ_B	0.108 0
A、B 公司组合	A、B 公司组合的协方差 $\text{Cov}(R_A, R_B)$	-0.009 8
	A、B 公司组合的相关系数 $\rho(R_A, R_B)$	-0.25
	w_A	0.4
	ω_B	0.6

现在套用式（14-10）可以求出资产组合的方差如下。

$$\sigma^2(R_P) = 0.4^2 \times 0.043\ 9 + 0.6^2 \times 0.035 + 2 \times 0.4 \times 0.6 \times (-0.009\ 8) = 1.49\%$$

资产组合的标准差：$\sigma(R_P) = 12.21\%$

投资组合的标准差表示在服从正态分布的假设前提下，组合的收益率在以均值为中心的上下一个标准差的范围内的可能性为 68%。在本例中，组合的收益率期望值是 6.33%，标准差为 12.21%，则投资组合的收益率落在 (6.33% - 12.21%, 6.33% + 12.21%) 即 (-5.88%, 18.54%) 区间的概率是 68%。类似地，组合的期望收益率落在两个标准差范围内的概率是 95%。

3. 多种资产组合的方差和标准差

计算多种证券投资组合风险的基本原理同两种证券的组合一样。多种资产组合的方差和标准差的计算公式，实际上可以视为两种资产组合的方差和标准差的计算公式的扩展。为了更加直观地推导这一公式，我们采用矩阵法：假设有 N 种证券，我们在横行列示 $1 \sim N$，在纵行列示 $1 \sim N$，从而形成 $N \times N$ 的矩阵格式，如表 14-5 所示。

表 14-5　投资组合方差的矩阵计算表

股票	1	2	3	...	N
1	$w_1^2\sigma_1^2$	$w_1w_2\mathrm{Cov}(R_1,R_2)$	$w_1w_3\mathrm{Cov}(R_1,R_3)$		$w_1w_N\mathrm{Cov}(R_1,R_N)$
2	$w_2w_1\mathrm{Cov}(R_2,R_1)$	$w_2^2\sigma_2^2$	$w_2w_3\mathrm{Cov}(R_2,R_3)$		$w_2w_N\mathrm{Cov}(R_2,R_N)$
3	$w_3w_1\mathrm{Cov}(R_3,R_1)$	$w_3w_2\mathrm{Cov}(R_3,R_2)$	$w_3^2\sigma_3^2$		$w_3w_N\mathrm{Cov}(R_3,R_N)$
⋮					
N	$w_Nw_1\mathrm{Cov}(R_N,R_1)$	$w_Nw_2\mathrm{Cov}(R_N,R_2)$	$w_Nw_3\mathrm{Cov}(R_N,R_3)$		$w_N^2\sigma_N^2$

现在我们来考察矩阵中的各个格子。第一行第二列的格子的值是：$w_1w_2\mathrm{Cov}(R_1,R_2)$，其中 w_1 和 w_2 分别表示第一种资产和第二种资产的投资比例；$\mathrm{Cov}(R_1,R_2)$ 是第一种资产和第二种资产的收益的协方差。因为 $\mathrm{Cov}(R_1,R_2)=\mathrm{Cov}(R_2,R_1)$，所以，第一行第二列的值和第二行第一列的相同，即 $w_1w_2\mathrm{Cov}(R_1,R_2)=w_2w_1\mathrm{Cov}(R_2,R_1)$。由此可见，两种资产的协方差出现两次。对角线上的值是每种资产收益的方差与其投资比例的乘积，如第一行第一列的值 $w_1^2\sigma_1^2$。

由此可见，矩阵对角线上的各项囊括了每种证券的方差，其他各项包括了各对证券之间的协方差，把矩阵中的各个格子的值加总就是 N 种证券的方差，计算公式如下。

$$\sigma^2(R_P)=\sum_{i=1}^{N}w_i^2\sigma_i^2+\sum_{\substack{i=1\\i\ne j}}^{N}\sum_{j=1}^{N}w_iw_j\sigma_{ij} \tag{14-12}$$

式中，$\sigma_{ij}=\rho_{ij}\sigma_i\sigma_j$。

可见 N 种证券组合的方差可以分成两部分：一部分是证券的加权方差之和，另一部分是这些证券的加权协方差之和。由此可知，证券组合的风险不仅取决于单个证券的风险和投资权重，还取决于证券之间的协方差或相关系数。由表 14-5 可以看出，当组合的数量很多时，方差的计算量十分巨大，读者可利用 MATLAB、SPSS 和 EViews 等软件进行计算。

三、风险偏好、无差异曲线和效用函数

（一）风险偏好

投资者对待风险的态度可以分为三类：风险厌恶、风险偏好和风险中立。三者的区别可以通过投资者对一张彩票的选择来加以说明。彩票的收益可通过 $L=[p;W_1;W_2]$ 来表示，即彩票购买者以概率 p 获得财富 W_1，以概率 $1-p$ 获得财富 W_2，投资者在无风险条件下可以持有的确定的财富量等于彩票收益的期望值 $pW_1+(1-p)W_2$。

1. 风险厌恶者

风险厌恶者认为在无风险条件下持有一笔确定的货币财富量的效用大于在风险条件下彩票的期望效用，如图 14-1 所示，即 $U[pW_1+(1-p)W_2]>pU(W_1)+(1-p)U(W_2)$，说明他宁愿要一种确定的结果，而不要具有相同期望值的不确定的结果，他对风险是在意的。风险厌恶者的效用函数是严格向上突出的，表示投资者希望财富越多越好，但财富的增加为投资者带来的边际效用递减。绝大多数的人都是风险厌恶者。

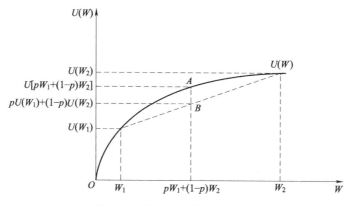

图 14-1 风险厌恶者的效用函数

2. 风险偏好者

风险偏好者认为在无风险条件下持有一笔确定的货币财富量的效用小于在风险条件下彩票的期望效用,如图 14-2 所示,即 $U[pW_1+(1-p)W_2] < pU(W_1)+(1-p)U(W_2)$,说明他对买彩票这件事本身所带来的风险更感兴趣,而不是对所带来的期望值更感兴趣。风险偏好者的效用函数是严格向下突出的,表示投资者喜欢财富越多越好,而且财富增加为投资者带来的边际效用递增。风险偏好者属于少数,一般是非常热衷于赌博、投机的人。

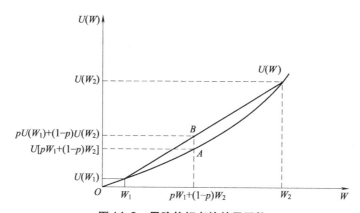

图 14-2 风险偏好者的效用函数

3. 风险中立者

风险中立者认为在无风险条件下持有一笔确定的货币财富量的效用等于在风险条件下彩票的期望效用,如图 14-3 所示,即 $U[pW_1+(1-p)W_2] = pU(W_1)+(1-p)U(W_2)$。风险中立者的效用函数是线性的,表示投资者喜欢财富越多越好,但财富增加为投资者带来的边

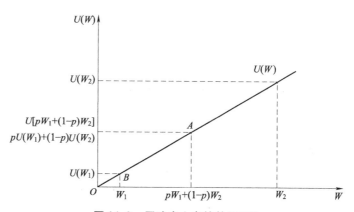

图 14-3 风险中立者的效用函数

际效用为一个常数，说明他仅对期望值感兴趣，对风险是不在意的。

（二）无差异曲线

对于任意一个给定的投资者，其感觉无差异的证券组合是很多的，将这些无差异的组合画在 $E(R)-\sigma$ 坐标系中可形成一条曲线，我们称其为投资者的无差异曲线（Indifference Curve）。一条无差异曲线代表给投资者带来同样满足程度的期望收益率和风险的所有组合。投资者的目标是投资效用最大化，而投资效用函数取决于投资的期望收益率和风险，其中期望收益率给投资者带来正效用，风险给投资者带来负效用。对一个不满足和风险厌恶的投资者而言，期望收益率越高，投资效用越大；风险越大，投资效用越小。因此为了使投资者的满足程度相同，高风险的投资必须有高的期望收益率。

1. 无差异曲线的特征

（1）无差异曲线的斜率是正的，它是由左至右向上弯曲的曲线，即风险 σ 增加时，投资者要求的期望收益也随之增加。

（2）无差异曲线是下凸的，即要使投资者多承担等量的风险，给予他的补偿——期望收益率应越来越高。这是因为马科维茨假定了投资者都是风险的规避者，它是由期望收益率边际效用递减的规律所决定的。

（3）每个投资者的无差异曲线形成密布整个平面又互不相交的曲线族。

（4）同一条无差异曲线上的组合给投资者带来的满意程度相同，不同无差异曲线上的组合给投资者带来的满意程度不同。

（5）无差异曲线的位置越高，其上的投资组合给投资者带来的满意程度就越高。投资者的目标就是尽量选择左上角的组合。

（6）无差异曲线向上弯曲的程度大小反映投资者承受风险能力的强弱。

2. 无差异曲线族

对一个特定的投资者，他的所有无差异曲线形成一个曲线族，我们称之为投资者的无差异曲线族。图 14-4 展示的是不同程度风险厌恶者的无差异曲线。

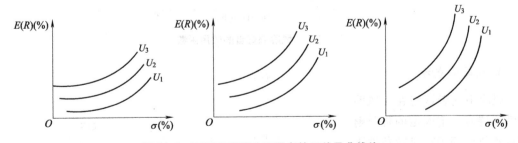

图 14-4　不同程度风险厌恶者的无差异曲线族

图 14-4 表明大多数投资者同时兼顾收益和风险两个方面，每一投资者都拥有一组无差异曲线图形来表示他对期望收益率和风险的偏好。无差异曲线的斜率表示风险和收益之间的替代率，不同的投资者厌恶风险的程度不同。从无差异曲线上看，高度风险厌恶的无差异曲线更陡峭一些，这是因为要让高度风险厌恶者再多承担一单位的风险时，他要求补偿的收益要大于轻微风险厌恶者的要求。

无差异曲线存在两种极端的情况，如图 14-5 所示。一类投资者只关心风险，对期望收益毫不在意，只要风险水平相等，投资者获得的满意程度就是相等的，这类投资者的无差异曲线是一组垂直线，直线越靠左，提供的满意度越高；另一类投资者对风险毫不在意，只关心期望收益率，只要给投资者带来的期望收益相等，则投资者获得同等的满足感，这类投资者的无差异曲线是一组水平线，直线越靠上，提供的满意程度越高。

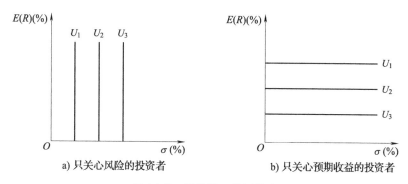

图 14-5　极端的无差异曲线

（三）效用函数

下面是金融理论中广泛使用的一个函数。设资产组合的期望收益为 $E(R)$，其收益方差为 σ^2，其效用值为

$$U = E(R) - 0.005A\sigma^2 \tag{14-13}$$

式中，U 为效用值；A 为投资者的风险厌恶指数；在式（14-13）中是按百分比而不是按小数来表示期望收益与标准差的。式（14-13）中，高期望收益会提高效用，与高风险会降低效用的概念是一致的。在某种程度上，方差减少效用的程度取决于 A，即投资者对风险的厌恶程度。投资者对风险的厌恶程度越高（A 值越大），对风险投资的妨碍也就越大。在竞争性资产组合中进行选择的投资者将挑选效用值最大的资产组合。

第三节　证券组合与分散风险

资产组合管理者试图找到风险与收益之间的最优的可能替代关系。投资决策通常可以分为两部分：一是资本配置决策，二是证券选择决策。资本配置决策（Capital Allocation Decision）是对整个资产组合中风险资产与无风险资产之间的资本配置比例的选择；证券选择决策（Security Selection Decision）是指风险资产组合部分如何被最优地决定。

一、多元化和资产组合风险

（一）两种资产组合

1. 两种资产组合的可行集和有效集

可行集（Feasible Set of Portfolios）指的是由 N 种证券所形成的所有组合的集合，它包括现实生活中所有可能的组合。如果仅考虑两项资产，可行组合的集合就可以用一条曲线表示。该曲线表示的是两种资产组成可行组合相应的风险和期望收益率。

如图14-6所示，A点（20.95%，8.33%）代表的是A公司股票的期望和方差，B点（18.71%，5%）代表的是B公司股票的期望和方差，P点（12.21%，6.33%）代表的是我们上面讨论的40%的A公司股票和60%的B公司股票组成的投资组合的期望收益和方差。实际上，P点所代表的资产组合只是我们能够构造的无限多个投资组合的其中之一。我们能构造的所有投资组合如图中曲线ACB所示，即为A、B两种股票组合的可行集。

对任何一个理性投资者而言，他们都是厌恶风险而偏好收益的。对于同样的风险水平，他们将会选择能提供最大期望收益率的组合；对于同样的期望收益率，他们将会选择风险最小的组合，能同时满足这两个条件的投资组合的集合就是有效集（Efficient Set of Portfolios）。有效集有时也称为有效边界（Efficient Frontier），图14-6中曲线AC所示即为A、B两种股票组合的有效集。图14-6说明了以下几点。

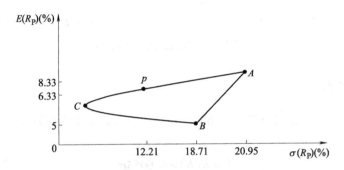

图14-6　A、B公司股票组成的资产组合的期望收益和方差

（1）只要两种资产收益的相关系数 $\rho_{AB} < 1$，则投资组合具有多元化效应。而只要 $\rho_{AB} < 1$，则两种证券组成的资产收益方差就是向左弯曲的。而且两种证券的相关系数越趋近于-1，曲线向左弯曲的程度越大，在极端的情况下可能有两种证券的风险彼此完全抵消掉，资产组合的风险为0。

（2）曲线ACB代表着投资者用证券的A、B组成资产组合的所有可能组合，即面临的投资可行集。投资者不可能选择曲线上方的任何一点，因为投资者不可能通过提高给定的证券期望收益率来降低任意证券的收益方差。

（3）B、C点之间是一段弓形的曲线，在这条曲线上，投资组合的期望收益随着方差的减小反而增加，这种奇怪的现象是资产组合多元化效应导致的。在本例中A股票和B股票之间的收益变动方向相反，组合的风险随之下降了，导致了弓形的出现。

（4）点A、C之间的曲线部分是投资者面临的有效集。点B、C之间的弓形区域显然不是有效集，因为在相同的方差下，投资者可以选择曲线AC段表示更高的期望收益。

2. 不同相关系数下的可行集

下面我们通过例子来说明在不同相关系数下风险分散的情况。

【例14-9】　资产组合P由两种证券A和B组成，证券A和B的期望收益率、标准差和权重如表14-6所示，试计算在不同 ρ 值时该组合的收益和标准差，即假设组成两只股票之间的相关系数 $\rho(R_A, R_B)$ 分别为+1.0、0和-1.0时该组合的收益和标准差。

表 14-6　证券投资组合的期望收益率和标准差

证券类别	$E(R)$	$\sigma(R)$	ω
证券 A	8%	5%	0.20
证券 B	15%	10%	0.80

【解析】

投资组合 P 的期望收益率为：
$$E(R_P) = 0.20 \times 8\% + 0.80 \times 15\% = 13.6\%$$

两证券组合收益率的方差为：
$$\sigma^2(R_P) = w_A^2 \sigma^2(R_A) + w_B^2 \sigma^2(R_B) + 2w_A w_B \text{Cov}(R_A, R_B)$$
$$= (0.2)^2 \times (5\%)^2 + (0.8)^2 \times (10\%)^2 + 2 \times 0.2 \times 0.8 \times \text{Cov}(R_A, R_B)$$

对方差取平方根，可得
$$\sigma(R_P) = \sqrt{(0.2)^2 \times (5\%)^2 + (0.8)^2 \times (10\%)^2 + 2 \times 0.2 \times 0.8 \times 5\% \times 10\% \times \rho(R_A, R_B)}$$
$$= \sqrt{0.0065 + 0.0016 \times \rho(R_A, R_B)}$$

当两证券之间的相关系数 $\rho(R_A, R_B)$ 分别为 $+1.0$、0 和 -1.0 时，分别代入上式可得如表 14-7 所示的数据。

表 14-7　证券组合的风险与组合证券相关系数之间的关系

$\rho(R_A, R_B)$	$E(R_P)$	$\sigma(R_P)$
+1.0	13.6%	9.0%
0.0	13.6%	8.1%
−1.0	13.6%	7.0%

从表 14-7 中我们可以看到组合 P 的期望收益率在每一种情况下都保持 13.6% 不变，但是当证券 A 和 B 的期望收益率之间的相关系数从 +1.0 逐渐减少到 0 再到 −1.0 时，该组合的期望收益率的标准差也随之从 9.0% 逐渐减少到 8.1% 再减少到 7.0%。由此可见，当两种证券收益的相关系数小于 1，即 $\rho_{AB} < 1$ 时，组合多元化效应就会发生。图 14-7 说明了这种关系。

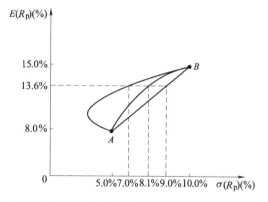

图 14-7　不同相关系数情况下证券组合的可行集

（二）多种资产多元化效应

前文中使用矩阵法分析了 N 种资产组成的投资组合的方差，现在我们利用这个方差公式来分析一下 N 种资产投资组合的多元化效应。为了分析的简便，我们将表 14-5 的数据稍微做一些变换，假设：

（1）组合中所有的证券具有相同的方差，记作：$\sigma_i^2 = \overline{\text{Var}}$

（2）表中的所有协方差也相同，记作：$\text{Cov}(R_i, R_j) = \overline{\text{Cov}}$

（3）所有的证券的组合中的比例都相同，因为有 N 种证券，所以每种证券的投资比例为 $1/N$，即 $w_i = 1/N$。这样对角线上有 N 个 $\overline{\text{Var}}$ 和 $N(N-1)$ 个 $\overline{\text{Cov}}$，利用式（14-12）可得：

$$\sigma^2(R_P) = \sum_{i=1}^{N} w_i^2 \sigma_i^2 + \sum_{i=1}^{N}\sum_{\substack{j=1 \\ i \neq j}}^{N} w_i w_j \sigma_{ij} = \left(\frac{1}{N}\right)\overline{\text{Var}} + \left[1 - \left(\frac{1}{N}\right)\right]\overline{\text{Cov}} \quad (14\text{-}14)$$

当我们不断增加组合中证券的种类至无穷时，组合中各种证券的平方差权重（$1/N$）趋近于 0，组合中各对证券平均协方差权重（$1-1/N$）趋近于 1。组合收益的方差变为：

$$\sigma^2(R_P) = \overline{\text{Cov}} \quad (14\text{-}15)$$

这说明当证券的个数不断地增加时，各种证券的方差最终将完全消失，但是各种证券的平均协方差 $\overline{\text{Cov}}$ 还在。并且，证券组合收益的方差等于组合中各个收益的平均协方差。我们可以将某种证券的总风险表示为下面的式子。

$$\text{某种证券的总风险} \overline{\text{Var}} = \text{组合的风险} \overline{\text{Cov}} + \text{非系统风险}(\overline{\text{Var}} - \overline{\text{Cov}})$$

式中，总风险是持有一种证券的投资者所承受的风险；系统风险又称为不可分散风险、市场风险，是投资者在持有一个完全分散化的投资组合时仍需承担的风险；非系统风险又称为可分散风险、特有风险，是某种证券承担的特殊风险，这种风险可以通过多样化投资来化解分散。一些研究表明，一个证券组合的风险随着股票只数的增加而减少，但是降低风险的边际效果在股票只数超过了 10 只时变得微乎其微。由 20 种证券组成的组合，其中单个证券风险的 40% 被抵消，总风险可以认为降低到只包含系统性风险的水平。图 14-8 说明了证券组合中证券的只数和组合系统性风险、非系统性风险之间的关系，$\sigma(P)$ 和 N 分别表示组合收益率的标准差和组合中证券的只数。

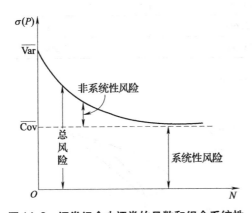

图 14-8 证券组合中证券的只数和组合系统性风险、非系统性风险之间的关系

● 知识点

鸡蛋不要放在一个篮子里

知识点

（三）多种资产组合的可行集和有效集

前面分析了两种资产的有效集。我们发现可以用一条简单的曲线概括出多种可能的投资组合。因为投资者要想充分地利用多元化效应分散风险，就得持有多种资产，所以有必要探讨持有多种证券（超过两种）的组合以及其有效集。

1. 多种资产组合的可行集

图 14-9 中的阴影部分表示多种资产组成的投资组合的可行集。或者说，阴影部分代表了多种证券组合所能达到的期望收益和方差的组合。所有组合都落在阴影部分所示的有限集内。任何人

的选择不能高于也不能低于阴影部分，其中的道理和两种资产生成的组合的可行集在那条曲线上的道理是一样的，即任何人不能改变证券的收益和相关系数。

2. 多种资产组合的有效集

有效集是可行集的一个子集，它包含于可行集中。那如何确定有效集的位置呢？

我们先考虑第一个条件。在图 14-9 中，没有哪个组合的风险小于组合 N，这是因为，如果过 N 点画一条垂线，则可行集都在这条线的右边。同样，没有哪个组合的风险大于 H。由此可以看出，对于各种风险水平而言，能提供最大期望收益率的组合集是可行集中介于 N 和 H 之间的上方边界上的组合集。

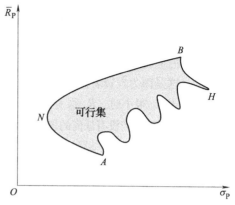

图 14-9　多种资产组合的可行集和有效集

我们再考虑第二个条件。在图 14-9 中，各种组合的期望收益率都介于组合 B 和组合 A 之间。由此可见，对于各种期望收益率水平而言，能提供最小风险水平的组合集是可行集中介于 A、B 之间的左边边界上的组合集。

由于有效集必须同时满足上述两个条件，因此 N、B 两点之间上方边界上的可行集就是有效集，所以其他可行组合都是无效的组合，投资者可以忽略它们。这样，投资者的评估范围就大大缩小了。

● **知识点**

马科维茨的"答辩风波"

从图 14-9 可以看出，有效集曲线具有以下特点：① 有效集是一条向右上方倾斜的曲线，它反映了"高收益、高风险"的原则；② 有效集是一条向上凸的曲线；③ 有效集曲线上不可能有凹陷的地方。

二、无风险资产与风险资产的资产配置

（一）无风险资产定义

通常认为短期政府债券是一种无风险资产，这是因为政府有征税与控制货币供给的能力，因此只有政府可以发行无违约风险的债券。更广泛地，其他货币市场工具也可作为无风险资产。

（二）资产配置

资产配置就是在一个投资组合中选择资产的类别并确定其比例的过程。通常利用现有的证券构造最低风险和最高收益的资产组合，控制资产组合风险最直接的方法是将部分资产投资于短期国库券和其他安全稳健的货币市场证券，部分投资于有风险的资产上。

1. 投资于风险资产和无风险资产比例的确定

假设投资者已经决定了最优风险资产组合的构成，并且所有适用风险资产的投资比例已知。现在，要考虑如何求出投资预算中投资于风险资产组合 P 的比例 w，以及余下的比例 $1-w$，即无风险资产 f 的投资比例。记风险资产组合的收益率为 R_P，P 的期望收益率为 $E(R_P)$，标准差为 σ_P。无风险资产收益率为 R_f。由 w 份风险资产和 $(1-w)$ 份无风险资产组成的整个资产组合

记为 C，其收益率记为 R_C，有：

$$R_C = wR_P + (1-w)R_f = R_f + w(R_P - R_f) \tag{14-16}$$

对资产组合的收益率取期望值，有：

$$E(R_C) = R_f + w(E(R_P) - R_f) \tag{14-17}$$

这个结果表明，任意资产组合的收益率是由无风险资产收益率和一个风险溢价 $w(E(R_P) - R_f)$ 组成的。这是因为投资者是风险厌恶型的，没有正的风险溢价，投资者是不肯投资于风险资产的。当然当 R_P 很小时，R_C 很有可能是负值。

因为无风险资产没有任何的风险，所以无风险资产收益的方差 $\sigma_f^2 = 0$，无风险资产和风险资产的协方差 $\text{Cov}(R_P, R_f) = 0$。根据上一节资产组合方差的计算公式（14-10）可以计算投资组合的方差。

$$\sigma_C^2 = (1-w)^2 \sigma_f^2 + 2w(1-w)\text{Cov}(R_P, R_f) + w^2 \sigma_P^2 = w^2 \sigma_P^2$$

所以

$$\sigma_C = w\sigma_P \tag{14-18}$$

则

$$w = \sigma_C / \sigma_P \tag{14-19}$$

即在资产配置中，投资于风险资产组合 P 的比例为 σ_C/σ_P，投资于无风险资产 f 的投资比例为 $1 - \sigma_C/\sigma_P$。

2. 资本配置线

式（14-17）可以改写为

$$E(R_C) = R_f + \frac{(E(R_P) - R_f)\sigma_C}{\sigma_P} \tag{14-20}$$

下一步是在 $E(R_P) - \sigma$ 平面中画出资产组合特征（作为 w 的一个函数）曲线（见图14-10）。无风险资产 f 的 $E(R) - \sigma$ 组合是一条竖轴，因为其标准差为零。风险资产组合 P，即图中点 $(E(R_P), \sigma_P)$ 所示。如果投资者选择单独投资于风险资产，则 $w = 1.0$，其结果就是风险资产组合 P。如果所选头寸为 $w = 0$，则 $1 - w = 1$，其结果为无风险资产组合 f。当 w 落在 0 与 1 之间时，处于中间范围的资产组合画成图形即为连接点 R_f 和 P 的直线。

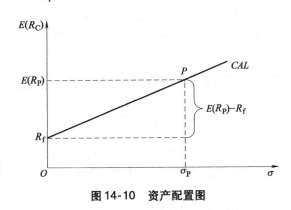

图 14-10 资产配置图

此条直线的斜率简记为：

$$S = \frac{E(R_P) - R_f}{\sigma_P} \tag{14-21}$$

这条直线叫作资本配置线（Capital Allocation Line，CAL），它表示投资者所有可行的收益组合。它的斜率 S，等于选择的资产组合每增加一单位标准差的期望收益增加量，也就是每单位额外风险的额外收益的测度。基于这一原因，该斜率也可称为报酬与波动性比率（Reward-to-Variability Ratio）。

资本配置线表示投资者在无风险借贷情况下的所有投资组合。如果投资者是风险厌恶者，他可以选择 R_f 和 P 点之间的所有组合，可以理解为把自己的资金一部分投资到风险资产组合，另一部分以无风险利率借出去；P 点右边的部分可以理解为投资者以无风险利率借入资金，用于投资风险资产组合。

三、最优资产组合

我们假设投资者可选择的证券组合是：一年期国债、一种债券指数基金及一种股票指数基金。组合中的各项统计数据如表 14-8 所示。我们现在的目的就是使用数学方法求出债券指数基金 ω_B 和股票指数基金的比例 ω_S，以确定最优风险资产组合的位置。

表 14-8 债券指数基金和股票指数基金各种统计量

收益率	均值与方差（或标准）	统计量
债券指数基金收益率 R_B	均值 $\bar{R}_B$	12%
	标准差 σ_B	15%
股票指数基金收益率 R_S	均值 $\bar{R}_S$	20%
	标准差 σ_S	30%
两种基金组合收益	协方差 $\mathrm{Cov}(R_B, R_S)$	0.45%
	债券指数基金比例	w_B
	股票指数基金比例	w_S
无风险利率		8%

图 14-11 中的曲线是债券指数基金和股票指数基金构成的组合的有效边界，这些有效边界上的点和无风险资产短期国债的连线就是 CAL。随着 CAL 逆时针旋转，斜率将上升。当 CAL 和有效边界相切时，斜率 $S = \dfrac{E(R_P) - R_f}{\sigma_P}$ 将达到最高水平。

对于包含这两种指数基金的资产组合 P，它的期望和标准差为

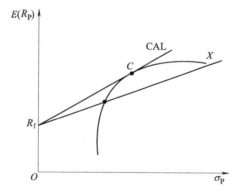

图 14-11 由债券指数基金和股票指数基金构成的最优风险组合

$$E(R_P) = w_B E(R_B) + w_S E(R_S) = 0.12 w_B + 0.20 w_S$$

$$\sigma_P = [w_B^2 \sigma_B^2 + w_S^2 \sigma_S^2 + 2 w_B w_S \mathrm{Cov}(R_B, R_S)]^{1/2} = [0.0225 \omega_B^2 + 0.09 w_S^2 + 0.009 w_B w_S]^{1/2}$$

当我们要得知目标函数 S_P 的最大值时，必须满足一个限制条件，即权重和等于 1，$w_B + w_S = 1$，即求解以下数学题：

$$\max_{w_i} S = \frac{E(R_p) - R_f}{\sigma_P}$$

当 S 最大时，求得在两种风险资产的条件下，最优风险资产组合（Optimal Risky Portfolio）P 的权重解可表示如下。

$$w_B = \frac{[E(R_B) - R_f] \sigma_S^2 - [E(R_S) - R_f] \mathrm{Cov}(R_B, R_S)}{[E(R_B) - R_f] \sigma_S^2 + [E(R_S) - R_f] \sigma_B^2 - [E(R_B) + E(R_S) - 2 R_f] \mathrm{Cov}(R_B, R_S)} \tag{14-22}$$

$$w_S = 1 - w_B \tag{14-23}$$

将表14-8的数据代入公式可得：$w_B = 0.2$，$w_S = 0.8$。这一最优风险资产组合的期望收益率与标准差分别为 $E(R_P) = 18.40\%$，$\sigma_P = 24.48\%$。这个最优资产组合的资本配置线的斜率为 $S = 0.42$，则资本配置线为

$$E(R_C) = R_f + \frac{E(R_P) - R_f}{\sigma_P}\sigma_C = 8\% + \frac{18.40\% - 8\%}{24.48\%}\sigma_C = 8\% + 0.4248\sigma_C$$

图14-11 说明了一个要点，通过无风险借贷，任何投资者持有的风险资产的投资组合都将是 C 组合。无论投资者的风险厌恶程度如何，他都不会选择风险资产有效集的其他点，更不会选择任何可行集内部的点。风险厌恶程度高的投资者可以选择点 R_f 与点 C 之间的部分，而风险厌恶程度低的投资者可能会选择资本配置线 C 组合右边的部分。这个结果就是分离定理的内容。投资者的投资决策包含以下两个相互独立的决策过程。

（1）在估计组合中各种资产的期望收益和方差，以及各种资产之间的协方差之后，投资者可以计算出风险资产的有效集。然后再利用资本配置线和有效集求出切点，即最优风险组合。这一步决策表示风险资产组成的最优风险组合的确定与个别投资者的风险偏好无关，也就是说，无论投资者对风险的厌恶程度和对风险的偏好程度如何，其所选择的风险资产的构成都是一样的 C 组合。

（2）投资者可以根据自己的风险厌恶程度决定自己的资产如何在风险资产组合与无风险资产之间进行配置，他在最优的资本配置线 R_fC 上选择的位置是由投资者内在的特征决定的。投资者可以选择 R_fC 上的任意点（投资组合）。在点 C 左端的点表示投资到利率为 R_f 的无风险资产和风险资产组合 C 的结合，它适宜较保守的投资者；在点 C 右端的点表示以利率 R_f 借款和自有资金一起投资到风险资产组合 C，它适宜比较喜爱冒险的投资者。

● 学术人物

哈里·马科维茨

请扫码查看

知识点

四、最优化资产配置

假设一个投资者的风险厌恶系数 $A = 6$，则此投资者的效用函数为

$$U = E(R) - 0.005A\sigma^2 = E(R) - 0.03\sigma^2$$

由分离定理可知，投资者在对无风险资产、风险资产组合做出资产配置决策时，可以分两步进行：①利用风险资产有效集和资本配置线求出最优风险组合；②投资者根据自己的风险厌恶程度做出资产配置决策。

我们继续上面有关一种短期国债、一只债券指数基金和一只股票指数基金的资产配置的讨论。我们已经得到了最优资产组合：$w_B = 0.2$，$w_S = 0.8$，并且得到了资本配置线：$E(R_C) = 8\% + 0.4248\sigma_C$。现在的问题就是如何把资金在风险资产和无风险资产之间分配。投资者通过选择风险资产组合份额来实现效用最大化，因此，把资本配置线代入效用函数可得：

$$U = 8\% + 0.4248\sigma_C - 0.03\sigma_C^2$$

效用最大化就是求代数式：

$$\max_{\sigma_C} U = 8\% + 0.4248\sigma_C - 0.03\sigma_C^2$$

最大化问题的解决是利用了一阶导数为零。我们对 U 求一阶导数，令其为零，解出组合方差 $\sigma_C = 7.08\%$。由于 $E(R_C) = 8\% + 0.4248\sigma_C$，则 $E(R_C) = 11.01\%$。根据无风险资产和风险资

产构成组合的标准差公式 $\sigma_C = y\sigma_P$，上文已经计算出 $\sigma_P = 24.48\%$，则投资于风险资产组合的比重 $y = 28.92\%$。

因此，这个投资者将 28.92% 的资金投资于资产组合 P，71.08% 的资金投资于一年期短期国债。资产组合 P 中包括 20% 的债券指数基金，因此债券指数基金所占的比例为 0.0578（0.2 × 0.2892），即 5.78%。同样，投资于股票指数基金的权重为 0.2314（0.8 × 0.2892），即 23.14%。图 14-12 显示了全部资产组合的决定过程。

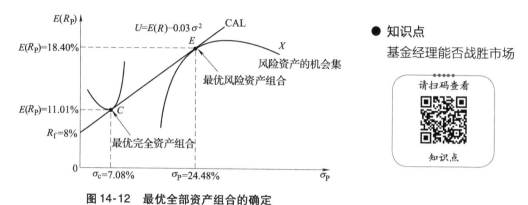

图 14-12　最优全部资产组合的确定

第四节　资本资产定价模型

资本资产定价模型（CAPM）是 20 世纪 60 年代分别由夏普（William Sharpe）、林特纳（John Lintner）、特里诺（Jack Treynor）和莫辛（Jan Mossin）等人在现代证券组合理论的基础上提出的。它是在资本市场处于均衡状态下的价格决定模型，虽然由于假设条件的非现实性而受到了来自各方面的质疑，但到目前为止，资本资产定价模型仍然是衡量其他风险收益模型的标准。

一、资本资产定价模型假设条件

资本资产定价模型是建立在一系列严格的假设基础之上的，下面给出的是简单形式的资本资产定价模型的若干基本假定，这些基本假定的核心是尽量使个人同质化，而这些个人本来是有着不同的初始财富和风险厌恶程度的。我们将会看到，同质化投资个人的行为会使我们的分析大为简化。这些假定有以下几点。

假设 1：所有资产均为责任有限的（Limited Liability），即对任何资产，其期末价值总是大于或等于零（排除小于零的情形）。

假设 2：市场是完备的（Perfect），即不存在交易成本和税收，而且所有资产均为无限可分割的。

假设 3：市场处于完全竞争状态，即不存在垄断和操纵，资本市场上有众多的投资者，每一个个体投资者的买入或卖出资产的行为不影响资产的价格，资产价格由全体投资者的综合行为决定。任何单一投资者都不可能有足够的实力来操纵和控制某一资产的价格。

假设 4：存在无风险资产，投资者可以相同的无风险利率借款或投资，而且不受数量限制。

假设 5：所有投资者均为风险厌恶者，同时具有不满足性，即对任何投资者，财富越多越好。

假设 6：所有投资者都追求期末财富的期望效用极大化。

假设7：所有投资者对未来具有一致性的预期（Homogeneous Expectation），都正确地认识到所有资产的收益服从联合的正态分布。

假设8：对于任何风险资产，投资者对其评价有两个主要的"指标"，分别为风险资产收益率的期望和方差。

假设9：所有投资者均可免费地获得信息，市场上信息是公开的、完备的。

以上假设都是对现实证券市场的一种抽象，这些假设有些与实际情形有一些差距，但它毕竟抓住了一些主要因素，对实际问题在一定程度上给出了有力的说明，从而具有一定的指导作用。对这些假设的放宽是现代金融研究的热点之一，而且在许多方面已取得了十分完善的结果。

二、风险资产市场均衡和风险资产市场组合

通常假设世界上所有的投资者对某一资产的期望、方差和协方差估计是完全相同的，虽然这样的假设与现实有出入，但是因为投资者的信息来源都相同，并且市场信息是完全的，因此各个投资者的各种估计也不会出现大的差别。

如果所有投资者有相同的预期，所有投资者将绘制出相同的资产有效集。因为市场上的无风险利率适用于每个投资者，所以最优风险组合 C 就成了所有投资者的最优风险组合。根据分离定理，每个投资者都持有相同的最优风险组合 C。如果某种证券在 C 组合中的比例为零，那么就没有人购买该证券，该证券的价格就会下降，从而使该证券的期望收益率上升，一直到其以非零比例存在于最终的最优风险组合 C 中为止。同样，如果投资者对某种证券的需求量超过其供给量，则该证券的价格将上升，导致其期望收益率下降，从而降低其吸引力，它在最优风险组合中的比例也将下降，直至对其供求均衡为止。因此，在均衡状态下，每一个投资者对每一种证券都愿意持有一定的数量，市场上各种证券的价格都处于使该证券的供求相等的水平上，无风险利率的水平也正好使得借入资金的总量等于贷出资金的总量。这样，在均衡时，最优风险组合中各证券的构成比例等于市场组合（Market Portfolio）中各证券的构成比例，最优风险证券组合 C 就等于市场组合 M。

● 中国风格
沪伦通加速资本市场对外开放，A 股核心资产配置价值凸显

请扫码查看

中国风格

市场组合是指这样的一个投资组合，它包含了市场上流通的所有证券。其中每一个证券的投资比例等于它们的相对市场价值，即该证券的市场价值除以所有证券的市场价值的总和。理论上，市场证券组合将包括所有风险资产：金融资产如股票、债券、期权、期货等，以及实际资产如不动产、黄金、古董、艺术品等，这样的证券组合将完全多样化。

三、资本市场线

当市场处于均衡状态时，市场组合也就等于资本配置线（CAL）与风险资产有效集的切点投资组合，它代表了所有投资者对风险资产的投资方式。所有投资者在进行最优投资选择时都是将其资金在无风险资产 R_f 和市场组合 M 之间进行分配，从 R_f 出发画一条经过 M 的直线，这条线就是在允许无风险借贷情况下所有资产的线性有效集，这个线性有效集称为资本市场线（Capital Market Line，CML）。资本市场线描述了均衡的资本市场上任一投资组合的期望收益率

与其标准差之间的关系。如图 14-13 所示，它表明证券投资组合的收益与风险呈线性关系，风险越高，所带来的期望收益越高；风险越低，所带来的期望收益越低。

资本市场线对有效证券组合的风险与期望收益率的关系给予了完整的解释。由于 CML 是一直线，因而在这个有效集上的任何证券组合的期望收益和标准差的关系很容易表示。如果投资者准备投资风险资产，他们需要一个风险溢价来补偿增加的风险。风险溢价（Risk Premium）是一个证券组合的收益与无风险收益之差。图 14-14 中证券组合 M 的风险溢价 = $E(R_M) - R_f$。通常 CML 总是向上倾斜的，因为风险溢价总是正的。随着风险的增加，期望收益率将成比例地增加，这种关系与人们常说的"风险越大，收益率也越大"是一致的。但这不等于说 CML 不可能向下倾斜，就是风险收益低于无风险收益，这表明投资者的预期并不总能实现，如果总能实现就不会有风险了。因此，虽然 CML 在事前必然向上倾斜，但事后有时可能向下倾斜。

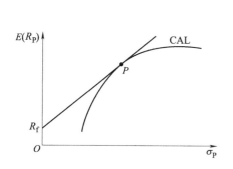

图 14-13 资本配置线（CAL）与风险资产有效集

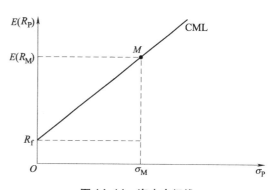

图 14-14 资本市场线

由图 14-14 可得：

$$\text{CML 的斜率} = \frac{E(R_M) - R_f}{\sigma_M}$$

CML 的斜率是有效证券组合的风险市场价格（Market Price of Risk），它度量的是增加单位风险需增加的期望收益率，表示一个证券组合的风险每增加 1%，需要增加的收益率数量。

现在，我们知道 CML 的斜率和截距 R_f，那么在 CML 上的任意有效证券组合中的期望收益率可以用它的风险来表示，CML 表明了证券组合的期望收益率和标准差之间的线性关系。CML 根据证券组合 P 的不同风险水平决定它的期望收益。换句话说，CML 给出每一种证券组合的风险水平的应得收益。CML 的表达式为：

$$E(R_P) = R_f + \frac{E(R_M) - R_f}{\sigma_M} \sigma_P \tag{14-24}$$

式中，$E(R_P)$ 是 CML 上任何有效证券组合 P 的期望收益；σ_P 是 CML 上任何有效证券组合 P 的标准差；R_f 为无风险借贷利率，它度量的是资金的时间价值，而 $E(R_P) - R_f$ 则表示投资组合的超额收益。

公式模型的经济含义表示，在 CML 的任意有效组合的期望收益率由两个因素决定：

（1）无风险证券收益率。
（2）以标准差表示的风险证券组合的市场价格

> **立德思考**
>
> 投资的艺术，在于承担风险的同时获得收益，而且要在一个投资组合里将风险多元化。
>
> ——杰弗里·冈德拉奇（知名债券基金 Double Line CEO 和首席投资官）

(风险溢价或斜率)。

【例 14-10】 已知市场组合的期望收益率为 12%,标准差为 20%,无风险利率为 6%,如果一种证券组合的标准差为 25%,求它的期望收益率为多少?

【解析】 CML 的斜率计算如下。

$$\text{CML 的斜率} = \frac{E(R_M) - R_f}{\sigma_M} = \frac{12\% - 6\%}{20\%} = 30\%$$

则,$E(R_P) = R_f + \frac{E(R_M) - R_f}{\sigma_M} \sigma_P = 6\% + 30\% \times 25\% = 13.5\%$

【例 14-11】 假设市场投资组合由证券 A、B、C 构成,权重分别为 20%、30%、50%,它们的期望收益率分别为 10%、24%、30%,方差-协方差矩阵为

$$\begin{bmatrix} 0.015 & 0.024 & 0.016 \\ 0.024 & 0.028 & 0.034 \\ 0.016 & 0.034 & 0.042 \end{bmatrix}$$

且无风险收益率为 6%,写出资本市场线方程。

【解析】 矩阵中对角线上依次为三个证券的方差,其他位置上是协方差,协方差的性质决定了协方差矩阵的对称性。从矩阵中可以看出

$$\text{Cov}(R_A, R_B) = 0.024, \text{Cov}(R_A, R_C) = 0.016, \text{Cov}(R_B, R_C) = 0.034$$

此时

$$E(R_M) = w_{MA} \times E(R_A) + w_{MB} \times E(R_B) + w_{MC} \times E(R_C)$$
$$= 20\% \times 10\% + 30\% \times 24\% + 50\% \times 30\%$$
$$= 24.2\%$$

$$\sigma^2(R_M) = (20\%, 30\%, 50\%) \begin{bmatrix} 0.015 & 0.024 & 0.016 \\ 0.024 & 0.028 & 0.034 \\ 0.016 & 0.034 & 0.042 \end{bmatrix} \begin{bmatrix} 20\% \\ 30\% \\ 50\% \end{bmatrix}$$
$$= 0.015 \times (20\%)^2 + 0.028 \times (30\%)^2 + 0.042 \times (50\%)^2$$
$$+ 2 \times 0.024 \times 20\% \times 30\% + 2 \times 0.016 \times 20\% \times 50\%$$
$$+ 2 \times 0.034 \times 30\% \times 50\%$$
$$= 2.99\%$$

所以

$$\sigma(R_M) = 17.29\%$$

$$\text{CML 的斜率} = \frac{E(R_M) - R_f}{\sigma(R_M)} = \frac{24.2\% - 6\%}{17.29\%} = 1.05$$

从而 CML 方程为:

$$E(R_P) = 6\% + 1.05 \sigma_P$$

四、证券市场线

首先,我们注意到市场资产组合的风险溢价为 $E(R_M) - R_f$,市场组合方差为 σ_M^2,报酬与波动性比率为:

$$\frac{E(R_\mathrm{M}) - R_\mathrm{f}}{\sigma_\mathrm{M}^2} \tag{14-25}$$

这一比率通常被称为风险的市场价格，因为它测度的是投资者对资产组合风险所要求的额外收益率。风险溢价与方差的比率告诉我们在单位资产组合风险下的额外收益率的大小。

根据前面的分析，在均衡状态下，我们能够获得单个公司股票的合理风险溢价为：

$$E(R_\mathrm{A}) - R_\mathrm{f} = \frac{E(R_\mathrm{M}) - R_\mathrm{f}}{\sigma_\mathrm{M}^2} \mathrm{Cov}(R_\mathrm{A}, R_\mathrm{M}) \tag{14-26}$$

可以把 A 公司股票的合理风险溢价表示为：

$$E(R_\mathrm{A}) - R_\mathrm{f} = \frac{\mathrm{Cov}(R_\mathrm{A}, R_\mathrm{M})}{\sigma_\mathrm{M}^2} [E(R_\mathrm{M}) - R_\mathrm{f}] \tag{14-27}$$

式中，$\frac{\mathrm{Cov}(R_\mathrm{A}, R_\mathrm{M})}{\sigma_\mathrm{M}^2}$ 测度的是 A 公司股票对市场资产组合方差的贡献比率，这是市场资产组合方差的一个组成部分。这一比率称作贝塔系数，以 β 表示，这样，式（14-27）可以写作：

$$E(R_\mathrm{A}) = R_\mathrm{f} + \beta_\mathrm{A} [E(R_\mathrm{M}) - R_\mathrm{f}] \tag{14-28}$$

这个公式描述的就是证券市场线，它表明某种证券的期望收益率与该种证券的贝塔系数呈线性相关。由于从长期来看，市场的平均收益率高于平均的无风险资产收益率，因此 $[E(R_\mathrm{M}) - R_\mathrm{f}]$ 是个正数。所以，某种资产的期望收益与该种资产的贝塔系数正相关。用贝塔系数衡量证券和证券组合的风险，不仅容易计算，而且能更加准确地反映证券投资收益与投资风险之间的关系。

【例 14-12】 A 公司股票的贝塔系数为 1.5，无风险利率为 8%，市场上所有股票的平均收益率为 10%，则该公司股票的期望收益率为多少？

【解析】 $E(R_\mathrm{A}) = R_\mathrm{f} + \beta_\mathrm{A}[E(R_\mathrm{M}) - R_\mathrm{f}] = 8\% + 1.5 \times (10\% - 8\%) = 11\%$

现在我们进一步讨论这个模型的几种特殊情况。

(1) 假设 $\beta = 0$，就有 $E(R) = R_\mathrm{f}$。就是说某种证券对市场方差的贡献为 0，其期望收益率正好等于无风险资产的收益率。

(2) 假设 $\beta = 1$，就有 $E(R) = R_\mathrm{M}$。因为贝塔系数等于 1 的证券表明它的风险等于市场风险，所以它的期望收益率应该等于市场的平均收益率。

单个资产的期望收益（或风险溢价）取决于其对资产组合风险的贡献程度。股票的 β 即测度了股票对市场资产组合方差的贡献程度。因此，我们预期，对于任何资产或资产组合而言，风险溢价都被要求是关于 β 的函数。之前阐述的资本资产定价模型确认了这一预期，并进一步认为证券的风险溢价与 β 和市场资产组合的风险溢价是直接成比例的，即证券的风险溢价等于 $\beta[E(R_\mathrm{M}) - R_\mathrm{f}]$。将这种关系在坐标系中描绘出来，得到如图 14-15 所示的证券市场线（Security Market Line，SML）。SML 是由无风险资产的收益率和市场组合的期望收益率共同决定的。

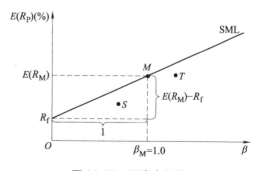

图 14-15 证券市场线

第五节　因素模型与套利定价理论

证券的价格变化受多种因素的影响，只要我们找出影响证券价格的因素，分析这些因素的影响程度，就可以构造出因素模型来估计每个证券的期望收益率。本节先介绍因素模型，然后介绍套利定价理论。

一、因素模型

因素模型认为各种证券的收益率均受某个或某几个共同因素影响。研究证券收益的模型，首先要识别与证券收益有关的各类影响因素，然后分析这些因素的变动对证券收益的影响强度，最后确定证券收益与这些因素之间的函数关系。

（一）单因素模型

证券的单因素模型是表达证券的收益率与某种因素的数量关系的数学模型。单因素模型的基本思想是认为证券收益率只与一个影响因素有关。除了这个因素的影响外，股票收益的所有剩余的不确定性是公司特有的，也就是说，证券之间的相关性除了这一因素外没有其他来源了。不同企业对宏观经济事件有不同的敏感度。我们可以用式（14-29）表示 i 公司股票收益率对共同的宏观经济因素和自有因素的反应。

$$r_i = E(R_i) + b_i F + \varepsilon_i \tag{14-29}$$

式中，R_i 代表第 i 种证券的收益率；F 代表影响证券收益的唯一因素；$E(R_i)$ 是截距项，代表已经预期到的证券收益率部分；b_i 是 R_i 对唯一的公共因子 F 的灵敏度，也称为因子载荷；ε_i 是一个随机变量，它测度 R_i 与平均收益率之间的偏差。

式（14-29）被称为股票收益的单因素模型（Single-Factor Model）。假定每种证券或多或少地受股价指数的影响，投资者观察证券市场时可以发现，当股价指数上升时，大部分股票的价格也会有不同程度的上涨；当股价指数下跌时，大部分股票的价格也会有不同程度的下跌。这说明，各种证券对市场变化有共同的反应。

如果一种证券的单因素模型成立，那么证券组合的期望收益率为：

$$E(R_P) = a_P + b_P E(R_M) \tag{14-30}$$

式中，a_P、b_P 分别为 a_i、b_i 的加权平均，即：

$$a_P = \sum_{i=1}^{N} w_i a_i$$

$$b_P = \sum_{i=1}^{N} w_i b_i$$

则式（14-30）又可以写成：

$$E(R_P) = \sum_{i=1}^{N} w_i a_i + \sum_{i=1}^{N} w_i b_i E(R_M)$$

证券组合的方差可以写成：

$$\sigma_P^2 = \sum_{i=1}^{N} w_i^2 b_i^2 \sigma_M^2 + \sum_{i=1}^{N} w_i^2 \sigma_{\varepsilon i}^2 + \sum_{i=1}^{N}\sum_{j=1}^{N} w_i w_j b_i b_j \sigma_M^2 \tag{14-31}$$

如果我们估计出每股股票的 a_i、b_i、$\sigma_{\varepsilon i}^2$ 以及市场预期超额收益率 $E(R_M)$ 和方差 σ_M^2，就能估计出任何证券组合的预期差额收益率和方差。这比马科维茨方法选择最佳证券组合大大简化了。

（二）双因素模型和多因素模型

影响证券收益的因素不止一个，它是多种因素共同影响的结果。这些因素的变动会引起证券价格不同程度的变化，根据其影响程度，可以得出证券收益率与这些因素的关系式，从而导出最佳证券组合。

1. 双因素模型

为了分析多因素模型，我们首先从一个双因素模型的讨论开始。假设影响各个公司运营情况的两个重要经济变量是 GDP 和利率 R，任何股票的收益都与这两个宏观风险因素以及它们自己公司的特有风险相关。因此，我们可以把单因素模型扩展成一个双因素模型，从而描述在某时期股票的超额收益，模型如下。

$$R_i = a_i + b_{i1}\text{GDP}_t + b_{i2}R_t + \varepsilon_i \tag{14-32}$$

由前面给出的假设条件可知，GDP 与 R 互不相关，剩余收益 ε_i 与 GDP 和 R 也不相关，则可以得出证券组合中收益率的方差为：

$$\sigma_P^2 = b_{1P}^2 \sigma_{\text{GDP}}^2 + b_{2P}^2 \sigma_R^2 + \varepsilon_{\varepsilon P}^2 \tag{14-33}$$

式中，b_{1P}、b_{2P} 和 $\varepsilon_{\varepsilon P}^2$ 分别为证券组合中各项的加权平均值，即

$$b_{1P} = \sum_{i=1}^{N} w_i b_{1i} \tag{14-34}$$

$$b_{2P} = \sum_{i=1}^{N} w_i b_{2i} \tag{14-35}$$

$$\sigma_{\varepsilon P}^2 = \sum_{i=1}^{N} w_i^2 \sigma_{\varepsilon i}^2 \tag{14-36}$$

【例 14-13】 假设有 3 种股票 A、B、C，投资者以 0.2：0.4：0.4 的比例将资金投资于这 3 种股票上。3 种股票收益率对市场股价指数收益率、通货膨胀率的敏感程度系数 b 和剩余收益的方差 $\sigma_{\varepsilon i}^2$ 如表 14-9 所示。

表 14-9　系数 b 和剩余收益的方差

股　　票	b_{i1}	b_{i2}	$\sigma_{\varepsilon i}^2$
A	0.60	0.80	0.04
B	1.00	0.50	0.06
C	2.00	0.40	0.08

假设市场股价指数收益率的方差 $\sigma_M^2 = 8\%$，通货膨胀率的方差 $\sigma_I^2 = 4\%$，计算股票 A、B、C 的方差，以及组合剩余收益的方差和证券投资组合的方差。

【解析】 由已知条件可得股票 A 的方差为：

$$\begin{aligned}\sigma_1^2 &= b_{11}^2 \sigma_M^2 + b_{12}^2 \sigma_I^2 + \sigma_{\varepsilon 1}^2 \\ &= 0.6^2 \times 0.08 + 0.8^2 \times 0.04 + 0.04 \\ &= 0.0944\end{aligned}$$

股票 B 的方差为：

$$\sigma_2^2 = b_{21}^2 \sigma_M^2 + b_{22}^2 \sigma_I^2 + \sigma_{\varepsilon 2}^2$$
$$= 1.0^2 \times 0.08 + 0.5^2 \times 0.04 + 0.06$$
$$= 0.1500$$

股票 C 的方差为：
$$\sigma_3^2 = b_{31}^2 \sigma_M^2 + b_{32}^2 \sigma_I^2 + \sigma_{\varepsilon 3}^2$$
$$= 2.0^2 \times 0.08 + 0.4^2 \times 0.04 + 0.08$$
$$= 0.4064$$

由于投资者以 0.2∶0.4∶0.4 的比例将资金投资于 3 种股票上，则证券投资组合收益率对市场股价指数收益率的 b 系数为：
$$b_{1P} = \sum_{i=1}^N w_i b_{i1} = 0.2 \times 0.6 + 0.4 \times 1.0 + 0.4 \times 2.0 = 1.32$$

证券投资组合收益率对通货膨胀率的 b 系数为：
$$b_{2P} = \sum_{i=1}^N w_i b_{i2} = 0.2 \times 0.8 + 0.4 \times 0.5 + 0.4 \times 0.4 = 0.52$$

证券组合剩余收益率的方差为：
$$\sigma_{\varepsilon P}^2 = \sum_{i=1}^N w_i^2 \sigma_{\varepsilon i}^2 = 0.2^2 \times 0.04 + 0.4^2 \times 0.06 + 0.4^2 \times 0.08 = 0.024$$

证券组合的方差为：
$$\sigma_P^2 = b_{1P}^2 \sigma_M^2 + b_{2P}^2 \sigma_I^2 + \sigma_{\varepsilon P}^2 = 1.32^2 \times 0.08 + 0.52^2 \times 0.04 + 0.024 = 0.1742$$

2. 多因素模型

为了更好地预测证券的价值，人们选取的自变量往往不止一个，使用两个以上因素构成的模型称为多因素模型，可表示为：
$$R_i = a_i + b_{i1} F_1 + b_{i2} F_2 + \cdots + b_{ik} F_k + \varepsilon_i \tag{14-37}$$

式中，R_i 表示第 i 种证券的收益率；F_1，F_2，…，F_k 表示相互独立的因素，如 F_1 表示市场指数收益率，F_2 表示 GDP 增长水平，F_3 表示利率水平，F_4 表示通货膨胀水平等；a_i 表示收益率中独立于各因素的变化的值；b_{i1}，b_{i2}，…，b_{ik} 表示证券收益率对各个因素的敏感程度；ε_i 表示剩余收益部分，是一个随机变量。

在多因素模型中，各因素 F_1，F_2，…，F_k 之间不存在相关关系，即 F_i 与 F_j 之间的协方差为零，剩余收益与各个因素之间的协方差为零；两种证券收益率的剩余收益部分 ε_i 和 ε_j 之间的协方差为零。根据上述假设条件，运用数学期望和方差的性质我们可推导出下列公式。

(1) 证券 i 的期望收益率：
$$E(R_i) = a + b_{i1} E(F_1) + b_{i2} E(F_2) + \cdots + b_{ik} E(F_k) \tag{14-38}$$

(2) 证券 i 收益率的方差：
$$\sigma_i^2 = b_{i1}^2 \sigma_{F_1}^2 + b_{i2}^2 \sigma_{F_2}^2 + \cdots + b_{ik}^2 \sigma_{F_k}^2 + \sigma_{\varepsilon i}^2 \tag{14-39}$$

(3) 证券 i 和 j 之间的协方差：
$$\sigma_{ij} = b_{i1} b_{j1} \sigma_{F_1}^2 + b_{i2} b_{j2} \sigma_{F_2}^2 + \cdots + b_{ik} b_{jk} \sigma_{F_k}^2 \tag{14-40}$$

由上式分析可知，利用多因素模型进行证券分析，假设是一个有 N 种证券和 k 个因素的证券组合，则需要输入：

1) N 个与各因素无关的独立收益率预期值 a_i。

2) kN 个证券收益率对因素的敏感度的值 b_{ij}。

3) N 个剩余收益 ε_i 和方差 $\sigma_{\varepsilon i}^2$。
4) k 个因素的收益 $E(F_i)$。
5) k 个因素收益的方差 $\sigma_{F_i}^2$。

因此，对多因素模型进行证券组合分析，需要输入 $(2N+2k+kN)$ 个数据，显然比原始方法要少得多。

二、套利定价理论

因素模型描述了单个证券或者某个组合的收益与因素之间的联系。不同的因素、不同的组合就会有各自的因素模型。换言之，因素模型不是资产定价的均衡模型，它没有说明在市场均衡状态下资产定价与因素之间的一般关系。套利定价理论认为通过套利行为，市场将达到均衡，从因素模型出发，可以推导出均衡状态下的资本资产定价模型。

套利（Arbitrage）是资本市场理论的一个基本概念，当一价定律被违反时，就会出现明显的套利机会。当同一资产在不同市场上存在价格差异时（在这里价格差异超过了交易成本），在这两个市场进行同步交易，即在低价市场买入同时在高价市场卖出，投资者就可从中获取正的差价收益，并且由于多头与空头头寸的互相抵消而不存在风险。套利是指利用一个或多个市场或不同时间存在的各种价格差异，在不承担风险的情况下赚取较高收益的交易活动。

（一）套利的基本形式

套利有五种基本形式：空间套利、时间套利、工具套利、风险套利和税收套利。

（1）空间套利又称地理套利，是指在一个市场上低价买进某种商品，而在另一市场上高价卖出同种商品，从而赚取两个市场间差价的交易行为。空间套利是最早、最简单的套利形式之一，也是现实投资套利中最常见的形式。

（2）时间套利是指同时买卖在不同时点交割的同种资产从而赚取差价的行为，包括即期对远期的套利和远期对远期的套利。只要现实中现货和远期、期货价格的关系偏离它们之间平价关系的幅度超过手续费和税收，就可进行时间套利。

（3）工具套利就是利用同一标的资产的现货及各种衍生证券的价格差异，通过低买高卖赚取无风险利润的行为。

（4）风险套利是指利用风险定价上的差异，通过低买高卖赚取无风险利润的交易行为，根据高风险收益原则，风险越高，所要求的风险补偿就越多。保险是风险套利的典型事例。

（5）税收套利是指利用不同投资主体、不同证券、不同税收来源以及在税收待遇上存在的差异进行的套利交易。

（二）套利定价理论

● 学术人物

套利定价理论的创立者斯蒂芬·罗斯

20世纪70年代中期由斯蒂芬·罗斯发展的套利定价理论（APT）比资本资产定价模型理论要简单，其主要假设有：① 资本市场处于竞争均衡状态；② 投资者喜爱更多财富；③ 资产的收益率可用因素模型表示。可见，套利定价理论对资本资产定价模型的发展就在于它是建立在更为宽松的假定条件下的，它不受资产收益分布的约束，不受个人效用函数的限制，更不局限于市场

知识点

投资组合有效性的假说和单一要素的测量,它可以受到许多因素的影响,而这些更符合现实。

1. 套利证券组合

根据一价定律,同一种资产不可能在一个或几个市场中以两种或两种以上不同的价格出售,否则,就会出现套利机会。套利的结果将使风险相同但收益率较低的证券的供给增加,价格下降,期望收益率上升。相反,风险相同但收益率较高的证券的需求增加,价格上升,期望收益率下降。直到两者的期望收益率也相等、套利的机会不复存在,市场达到均衡状态,这个过程才告终止。因而,套利定价理论认为证券市场在均衡状态时应服从一价定律,即同样风险的证券的收益率应该是相同的。

套利定价理论也沿用因素模型来解释证券收益率,现在我们假设它是单因素模型,在这个模型中,资产收益中的不确定性来自两方面,即共同或宏观经济因素和企业自有因素。用公式表示为:

$$R_i = E(R_i) + b_i F + \varepsilon_i \tag{14-41}$$

式中,R_i 是证券 i 的收益率;$E(R_i)$ 是证券 i 的期望收益率;F 是决定证券 i 收益率的唯一因素,它是共同因素期望值的偏差,其期望值为0;b_i 是因素 F 的敏感度;ε_i 是随机误差项,且 $E(\varepsilon_i) = 0$,方差为 $\sigma_{\varepsilon i}^2$ 且与 F 不相关。

套利证券组合是期望收益增加而风险没有增加,因而套利证券组合要满足以下三个条件。

(1) 不需要投资者增加任何投资。如果 w_i 表示在套利证券组合中证券 i 的权重的变化,那么要求:

$$w_1 + w_2 + w_3 + \cdots + w_n = 0 \tag{14-42}$$

(2) 套利证券组合的因素 F 的敏感程度为零,就是它不受因素风险影响,它是证券敏感的加权平均数,公式为:

$$w_1 b_1 + w_2 b_2 + \cdots + w_n b_n = 0 \tag{14-43}$$

(3) 套利组合的期望收益率必须是正数,即:

$$w_1 E(R_1) + w_2 E(R_2) + \cdots + w_n E(R_n) > 0 \tag{14-44}$$

总而言之,这样一个套利组合对任何一个渴望高收益且不关心非因素风险的投资者来说都是具有吸引力的。它不需要任何额外的资金,没有任何因素风险,却能带来正的期望收益率。

【例14-14】 某投资者拥有一个由三种股票组成的证券组合,投资者持有这三种证券的市值分别为200万元,那么套利证券组合的市值为600万元。假定这三种股票均符合单因素模型,其期望收益率、其对该因素的敏感度及投资者进行套利修改其在投资组合中的权重如表14-10所示,分析投资者如何获得无风险的套利收益。

表14-10 套利组合数据

i	$E(R_i)$	b_i	w_i
1	12%	2.0	0.20
2	20%	5.0	0.40
3	8%	4.0	-0.60

【解析】 由上述三个条件可得:

(1) $w_1 + w_2 + w_3 = 0.20 + 0.40 - 0.60 = 0$

(2) $w_1 b_1 + w_2 b_2 + w_3 b_3 = 2.0 \times 0.20 + 5.0 \times 0.40 + 4.0 \times (-0.60) = 0$

(3) $w_1 E(R_1) + w_2 E(R_2) + w_3 E(R_3) = 0.20 \times 12\% + 0.40 \times 20\% + (-0.60) \times 8\% = 5.6\% > 0$

由于投资者原来持有这三种证券的市值分别为 200 万元，那么套利证券组合的市值为 600 万元。为了套利他可以这样操作：

(1) 出售股票 3：$-0.60 \times 8\% \times 600 = -28.8$（万元）
(2) 购买股票 1：$0.20 \times 12\% \times 600 = 14.4$（万元）
(3) 购买股票 2：$0.40 \times 20\% \times 600 = 48$（万元）

其和为：$5.6\% \times 600 = 33.6$（万元）

因此投资者可以在没有任何风险的情况下获得较高收益。这是非投资获利，没有风险，并且有正的期望收益率。

2. 套利定价线

一般地，一个套利证券组合由 N 种资产组成，权重分别为 w_i（$i = 1, 2, \cdots, N$）。投资者没有使用其财富进行套利，因此，套利证券组合要求无净投资，即：

$$\sum_{i=1}^{N} w_i = 0$$

同时还要求套利证券组合充分多样化，则有：

$$\sum_{i=1}^{N} w_i R_i = \sum_{i=1}^{N} w_i E(R_i) + \left(\sum_{i=1}^{N} w_i b_i\right) F + \sum_{i=1}^{N} w_i \varepsilon_i$$
$$= \sum_{i=1}^{N} w_i E(R_i) + \left(\sum_{i=1}^{N} w_i b_i\right) F \tag{14-45}$$

当 N 很大时，充分多样化的证券组合可以忽略非因素风险的影响。如果还要求套利证券组合不受因素风险的影响，那么：

$$\sum_{i=1}^{N} w_i b_i = 0$$

套利的买卖行为将持续到所有套利机会明显减少或消失为止。如果证券组合没有套利机会，则在均衡状态，期望收益率和敏感性将近似满足如下的线性关系：

$$E(R_i) = \lambda_0 + \lambda_1 b_i \tag{14-46}$$

式中，λ_0 和 λ_1 是常数。它表示在均衡状态下期望收益率和影响因素敏感度呈线性关系，这条直线叫作套利定价线，或叫作 APT 资产定价线，如图 14-16 所示。

根据套利定价理论，任何具有一个因素的敏感度和期望收益率的资产不在套利定价线上，那么投资者就有构造套利证券组合的机会。图 14-16 中资产 B 点位于 APT 资产定价线上方，表示资产价格被低估，期望收益率较高；而资产 S 点位于 APT 资产定价线下方，表示资产价格被高估，期望收益率较低；投资者可以购买资产 B，出售相同金额资产 S 构成一个套利证券组合。这样，投资者没有使用任何新的资金，同时，资产 B 和资产 S 都有相同的因素敏感度，这就使得构成的套利证券组合的因素敏感度为零。因此套利不增加风险，而且套利证券组合都有正的期望收益率。由于买压使得资产 B 价格上升，卖压使得资产 S 价格下降，

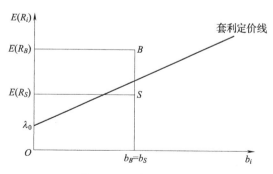

图 14-16 套利定价线

最后在类似套利行为驱动下二者将分别达到套利定价线上，套利机会消失。

其中，对式（14-46）中 λ_0 和 λ_1 可以作如下理解。

式（14-46）适用于所有的证券，无风险证券的因素敏感度 $b_i = 0$，所以有 $E(R_i) = \lambda_0$，而无风险证券的收益即无风险收益为 $E(R_i) = R_f$，也就是说，式中 $\lambda_0 = R_f$，λ_0 代表的就是无风险收益。于是式（14-46）可记为：

$$E(R_i) = R_f + \lambda_1 b_i \tag{14-47}$$

λ_1 可以记作因素敏感度为 1 的证券组合 P，即：

$$E(R_P) = R_f + \lambda_1 b_P$$

由于 $b_P = 1$，所以

$$\lambda_1 = E(R_P) - R_f$$

由此可见，λ_1 表示因素风险溢价，是一个拥有单位因素敏感度的证券组合的超额收益。令 $\delta_1 = E(R_P)$，则

$$\lambda_1 = \delta_1 - R_f \tag{14-48}$$

$$E(R_i) = R_f + (\delta_1 - R_f) b_i \tag{14-49}$$

【例 14-15】 承例 14-14，假设 $\lambda_0 = 0.06$，$\lambda_1 = 0.02$，写出套利定价方程，并分析 1、2、3 三种股票有没有在套利定价线上，如若没有会如何运动？

【解析】 由已知得，套利定价方程为 $E(R_i) = 0.06 + 0.02 b_i$

同时，三种股票的均衡期望收益率为：

$$E(R_1) = 0.06 + 0.02 \times 2.0 = 10\% < 12\%$$
$$E(R_2) = 0.06 + 0.02 \times 5.0 = 16\% < 20\%$$
$$E(R_3) = 0.06 + 0.02 \times 4.0 = 14\% > 8\%$$

由于 $\lambda_0 = 0.06$，$\lambda_1 = 0.02$，即 $R_f = 0.06$，即得：

$$\delta_1 = R_f + \lambda_1 = 0.06 + 0.02 = 8\%$$

它表示公共因素的敏感度是 1 的证券组合的超额收益率为 8%。图 14-17 分别用点 A、B 和 C 表示股票 1、股票 2 和股票 3 的期望收益率原来都不在套利定价线上，因而可以构成套利证券组合，但由于买压和卖压的影响最终趋于均衡。由于股票 1、股票 2 的期望收益率高于均衡期望收益率，所以股票 1、股票 2 在买压的作用下，价格水平上升，期望收益率下降，最终均衡期望收益率均落在套利定价线上；而股票 3 的期望收益率低于均衡期望收益率，股票 3 在卖压的作用下，价格水平下降，期望收益率上升，其均衡期望收益率也会落在套利定价线上。

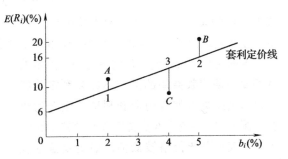

图 14-17 3 只股票组成的套利证券组合

（三）套利定价理论与资本资产定价模型的一致性

套利定价理论与资本资产定价模型既有区别又有联系，两者都是一种均衡模型。套利定价理论假设当市场处于均衡状态时将不存在套利机会，从而能将证券的收益率确定下来，体现的是整个市场给出的一种合理的定价，因此投资者无套利机会可利用。不过现实中并不能完全消

除套利机会，相反正是因为套利机会的存在促使投资者去套利，而套利的结果反过来又使得套利机会消失，然后新的套利机会产生，再套利、再消除，如此往复使得市场更加趋于合理化。而资本资产定价模型则是一种理想的均衡模型，它强调的是证券市场上所有证券的供需均达到均衡。

根据套利定价理论可知，证券的期望收益率等于无风险利率加上 k 个因素报酬分别乘以这个证券的 k 个因素敏感度之和。在只有一个因素时，模型为：

$$E(R_i) = R_f + (\delta_1 - R_f)b_i$$

在资本资产定价模型中没有要求期望收益率满足因素模型，其定价模型为：

$$E(R_i) = R_f + [E(R_M) - R_f]\beta_i$$

如果 $\delta_1 = E(R_M)$，同时 b_i 代表 β_i，那么套利定价理论将与资本资产定价模型一致，相对资本资产定价模型而言，套利定价模型更一般化，在一定条件下我们甚至可以把传统资本资产定价模型视为套利定价模型的特殊形式。

然而一般情况下，δ_1 不一定等于市场证券组合的期望收益率，两者仍有区别，主要表现在以下几个方面。

（1）套利定价理论仅假定投资者偏好较高收益，而没有对他们的风险类型做出严格的限制。

（2）套利定价理论认为达到均衡时，某种资产的收益取决于多种因素，而资本资产定价模型认为资产的收益取决于一个因素。

（3）在套利定价理论中，并不特别强调市场组合的特殊地位，而资本资产定价模型则强调市场组合必须是一个有效组合。

由此可见，套利定价理论是比资本资产定价模型更具有一般性、更容易为人所接受的资本市场均衡理论。

本章小结

1. 金融风险是指经济主体在资金的融通和经营过程中，由于金融市场中各种经济变量发生不确定的变化，使经济主体的实际收益与期望收益发生一定偏差，从而有蒙受损失或获利的可能性。金融风险具有不确定性、普遍性、双重性、传递性和突发性等特征。根据诱发风险的原因，可以将金融风险划分成市场风险、信用风险、流动性风险、操作风险和法律风险；根据金融风险影响的范围，可划分为系统性风险和非系统性风险。

2. 单一证券的风险可以由其收益率的方差或标准差衡量。多种证券组合的方差包括组合中各证券的加权方差与这些证券的加权协方差之和。证券组合的风险不仅取决于单个证券的风险和投资权重，还取决于证券之间的协方差或相关系数。

3. 可行集是由 N 种证券所形成的所有组合的集合，包括现实生活中所有可能的组合。有效集是一条向右上方倾斜、向上凸的曲线，有效集曲线上不可能有凹陷的地方。

4. 资本配置线表示投资者在无风险借贷情况下的所有投资组合。资本市场线描述了均衡的资本市场上任一投资组合的期望收益率与其标准差之间的关系，它表明证券投资组合的收益与风险呈线性关系。证券市场线表明某种证券的期望收益率与该种证券的贝塔系数呈线性相关。

5. 因素模型认为各种证券的收益率均受某个或某几个共同因素影响，包括单因素模型和多因素模型。因素模型描述了单个证券或者某个组合的收益与因素之间的联系。

套利定价理论假设当市场处于均衡状态时将不存在套利机会,从而能将证券的收益率确定下来,体现的是整个市场给出的一种合理的定价,因此投资者无套利机会可利用。

推荐网站

1. 中国证券投资基金业协会:http://www.amac.org.cn.
2. 中国证券监督管理委员会:http://www.csrc.gov.cn.

推荐阅读

1. 韩国文,张彻. 金融市场学 [M]. 北京:人民邮电出版社,2019.
2. SHARPE W F. Capital asset prices: a theory of market equilibrium under conditions of risk [J]. Journal of Finance, 1964 (19): 425-442.
3. LINTNER J. The valuation of risky assets and the selection of risky investments in stock portfolios and capital budgets [J]. Review of Economics and Statistics, 1965 (47): 13-37.
4. BLACK F. Capital market equilibrium with restricted borrowing [J]. Journal of Business, 1972 (45): 444-455.
5. FAMA E, MACBETH J. Risk, return, and equilibrium: empirical test [J]. Journal of Political Economy: 1973 (81): 607-636.
6. Fama E. Efficient capital market: a review of theory and empirical work [J]. Journal of Finance, 1970 (25): 383-417.
7. FAMA E. Efficient Markets II [J]. Journal of Finance, 1991 (46): 1575-1618.
8. SAMUELSON P. Proof that properly anticipated prices fluctuate randomly [J]. Industrial management review, 1965 (6): 41-49.
9. MALKIEL B. Efficient market hypothesis [M]//NEWMAN P, MILGATE M, EATWELL J. The New Palgrave Dictionary of Money and finance. London: Macmillan, 1992.
10. GROSSMAN S J, STIGLITZ J E. On the Impossibility of Informationally Efficient Markets [J]. American Economic Review, 1980 (71): 393-408.
11. COMPBELL J Y. Asset Pricing at the Millennium [J]. Journal of Finance, 2000 ( ): 1515-1568.

第十五章

金融远期和期权定价

本章提要

金融远期市场是为规避现货交易风险而产生的。金融远期合约是指双方在未来的某一确定时间，按确定的价格买卖一定数量的某种金融资产的合约。金融期货是金融远期合约的标准化。无套利定价法的基本思路是构建两个投资组合，让其终值相等，则其现值一定相等；否则，就可以进行套利，众多套利者套利的结果，将使两种组合的现值相等。本章运用无套利定价法对金融远期和金融期货定价。

学习目标

1. 理解无套利定价法的思路。
2. 掌握金融远期和金融期货的定价方法。
3. 理解期权价格的上下限。
4. 知道布莱克-斯科尔斯期权定价公式。
5. 理解二叉树期权定价模型。

重点难点

本章重点：无套利分析法的基本思路和金融远期定价。

本章难点：金融远期定价；期权定价。

案例导入

借现金还是借黄金

假设你在某黄金公司工作，申请银行贷款，银行为你提供了两种贷款选择，一是按年利率10%（一年计一次复利）贷出现金，一是按年利率2%（一年计一次复利）贷出黄金。黄金贷款用黄金计算，并需用黄金归还本息。假设市场无风险连续复利年利率为8.25%，储存成本为每年0.5%（连续复利）。请问你该选择哪种贷款呢？

通过本章的学习你将能够做出明智的选择。

第一节　金融远期与金融期货价格

金融期货合约是指协议双方同意在约定的将来某个日期按约定的条件（包括价格、交割地点、交割方式）买入或卖出一定标准数量的某种金融工具的标准化协议。本节介绍远期价格和期货价格的关系、无套利分析法的基本思路及基本假设等内容。

一、远期价格和期货价格的关系

考克斯等美国著名经济学家证明，在理想情况下即当无风险利率恒定时，交割日相同的远期价格和期货价格应相等。但是，当利率变化无法预测时，远期价格和期货价格就不相等。至于两者谁高则取决于标的资产价格与利率的相关性。

当标的资产价格与利率呈正相关时，期货价格高于远期价格。这是因为当标的资产价格上升时，期货价格通常也会随之升高，期货合约的多头将因每日结算制而立即获利，并可按高于平均利率的利率将所获利润进行再投资。而当标的资产价格下跌时，期货合约的多头将因每日结算制而立即亏损，但其可按低于平均利率的利率从市场上融资以补充保证金。相比之下，远期合约的多头将不会因利率的变动而受到上述影响。因此，在此情况下，期货多头比远期多头更具吸引力，期货价格自然就大于远期价格。相反，当标的资产价格与利率呈负相关时，远期价格就会高于期货价格。

远期价格和期货价格的差异幅度还取决于合约有效期的长短。当有效期只有几个月时，两者的差距通常很小。

此外，税收、交易费用、保证金的处理方式、违约风险、流动性等方面的因素或差异都会导致远期价格和期货价格的差异。

在现实生活中，期货和远期价格的差别往往可以忽略不计。因此，在大多数情况下，我们仍可以合理地假定远期价格与期货价格相等，并都用 F 来表示。在以下的分析中，对远期合约的定价同样适用于期货合约。

二、无套利分析法的基本思路及基本假设

能够使远期合约价值为零的交割价格称为远期价格（Forward Price）。这个远期价格显然是理论价格，它与远期合约在双方签约时所确定的交割价格并不一定相等，这样就会出现套利机会。若交割价格高于远期价格，套利者就可以通过买入标的资产现货、卖出远期并等待交割来获取无风险利润，从而促使现货价格上升、交割价格下降，直至套利机会消失；若交割价格低于远期价格，套利者就可以通过卖空标的资产现货、买入远期来获取无风险利润，从而促使现货价格下降，交割价格上升，直至套利机会消失。而此时，远期理论价格等于实际价格。

以下我们所用的分析方法的基本思路为：构建两种投资组合，让其终值相等，则其现值一定相等；否则的话，就可以进行套利，即卖出现值较高的投资组合，买入现值较低的投资组合，并持有到期末，套利者就可赚取无风险收益。众多套利者这样做的结果，将使较高现值的投资组合价格下降，而较低现值的投资组合价格上升，直至套利机会消失，此时两种组合的现值相等。

这样，我们就可根据两种组合现值相等的关系求出远期价格。这种分析方法就是无套利分析法。

为了便于以后的分析，这里先做如下假设，这些假设都是很强的。

（一）基本假设

（1）没有交易费用和税收。
（2）市场参与者能以相同的无风险利率借入和贷出资金。
（3）远期合约没有违约风险。
（4）允许现货卖空行为。
（5）当套利机会出现时，市场参与者将参与套利活动，从而使套利机会消失，我们算出的理论价格就是在没有套利机会下的均衡价格。
（6）期货合约的保证金账户支付同样的无风险利率。这意味着任何人均可不花成本地取得远期和期货的多头和空头地位。

（二）基本参数和符号

T：远期和期货合约的到期时间，单位为年。

t：现在的时间，单位为年。变量 T 和 t 是从合约生效之前的某个日期开始计算的，$T-t$ 代表远期和期货合约中以年为单位的剩下的时间。

S：标的资产在时间 t 时的价格。

S_T：标的资产在时间 T 时的价格（在 T 时刻这个值是个未知变量）。

K：远期合约中的交割价格。

f：远期合约多头在 t 时刻的价值。

F：t 时刻的远期合约和期货合约中标的资产的远期理论价格和期货理论价格，在本书中如无特别注明，我们分别简称为远期价格和期货价格。

r：T 时刻到期的以连续复利计算的 t 时刻的无风险利率（年利率），在本章中，如无特别说明，利率均为连续复利。

以下将依次对无收益资产远期合约、支付已知现金收益资产远期合约和支付已知收益率资产远期合约价值进行分析并且推导出远期价格公式。

三、无收益资产远期价格

无收益资产是指在到期日前不产生现金流的资产，如贴现债券。

例如，为了给无收益资产的远期定价，我们可以构建如下两种组合。

组合 A：一份远期合约多头加上一笔数额为 $Ke^{-r(T-t)}$ 的现金。

组合 B：一单位标的资产。

在组合 A 中，$Ke^{-r(T-t)}$ 的现金以无风险利率投资，投资期为 $(T-t)$。到 T 时刻，其金额将达到 K，这是因为 $Ke^{-r(T-t)}e^{r(T-t)}=K$。

在远期合约到期时，这笔现金刚好可用来交割换来一单位标的资产。这样，在 T 时刻，两种组合都等于一单位标的资产。根据无套利原则，这两种组合在 t 时刻的价值必须相等，即：

$$f+Ke^{-r(T-t)}=S$$
$$f=S-Ke^{-r(T-t)} \tag{15-1}$$

式（15-1）表明，无收益资产远期合约多头的价值等于标的资产现货价格与交割价格现值的差额。或者说，一单位无收益资产远期合约多头可由一单位标的资产多头和 $Ke^{-r(T-t)}$ 单位无风险负债组成。

由于远期价格（F）就是使远期合约价值（f）为零的交割价格（K），即当 $f = 0$ 时，$K = F$。据此可以令（15-1）式中 $f = 0$，则

$$F = Se^{r(T-t)} \tag{15-2}$$

这就是无收益资产的现货-远期平价定理（Spot-Forward Parity Theorem），或称现货期货平价定理（Spot-Futures Parity Theorem）。式（15-2）表明，对无收益资产而言，远期价格等于其标的资产现货价格的终值。

为了证明式（15-2），我们用反证法证明等式不成立时的情形是不均衡的。

假设 $F > Se^{r(T-t)}$，即交割价格大于现货价格的终值，在这种情况下，套利者可以按无风险利率 r 借入 S 现金，期限为 $T - t$。然后用 S 购买一单位标的资产，同时卖出一份该资产的远期合约，交割价格为 F。在 T 时刻，该套利者就可将一单位标的资产用于交割换来 F 现金，并归还借款本息 $Se^{r(T-t)}$，这就实现了 $F - Se^{r(T-t)}$ 的无风险利润。

若 $F < Se^{r(T-t)}$，即交割价格小于现货价格的终值。套利者就可进行反向操作，即卖空标的资产，将所得收入以无风险利率进行投资，期限为 $T - t$，同时买进一份该标的资产的远期合约，交割价格为 F。在 T 时刻，套利者收到投资本息 $Se^{r(T-t)}$，并以 F 现金购买一单位标的资产，用于归还卖空时借入的标的资产，从而实现 $Se^{r(T-t)} - F$ 的利润。

【例 15-1】 假设一份标的证券为一年期贴现债券、剩余期限为 6 个月的远期合约多头，其交割价格为 950 元，6 个月期的无风险年利率（连续复利）为 6%，该债券的现价为 945 元。根据式（15-1），该远期合约多头的价值是多少？

【解析】 $f = 945 - 950e^{-0.5 \times 0.06} = 2.15$（元）

利用式（15-2），可以算出无收益证券的远期合约中合理的交割价格。

假设一年期的贴现债券价格为 960 元，3 个月期无风险年利率为 5%，则 3 个月期的该债券远期合约的交割价格应为：

$$F = 960e^{0.05 \times 0.25} = 972 \text{（元）}$$

四、支付已知现金收益资产远期价格

支付已知现金收益的资产是指在到期前会产生完全可预测的现金流的资产，如附息债券和支付已知现金红利的股票。黄金、白银等贵金属本身不产生收益，但需要花费一定的存储成本，存储成本可看成是负收益。我们令已知现金收益的现值为 I，对黄金、白银来说，I 为负值。

为了给支付已知现金收益资产的远期定价，我们可以构建如下两个组合。

组合 A：一份远期合约多头加上一笔数额为 $Ke^{-r(T-t)}$ 的现金。

组合 B：一单位标的证券加上利率为无风险利率、期限为从现在到现金收益派发日、本金为 I 的负债。

从上节可知，组合 A 在 T 时刻的价值等于一单位标的证券。在组合 B 中，由于标的证券的收益刚好可以用来偿还负债的本息，因此在 T 时刻，该组合的价值也等于一单位标的证券。因此，在 t 时刻，这两个组合的价值应相等，即

$$f + Ke^{-r(T-t)} = S - I$$

$$f = S - I - Ke^{-r(T-t)} \quad (15\text{-}3)$$

式（15-3）表明，支付已知现金收益资产的远期合约多头价值等于标的证券现货价格扣除现金收益现值后的余额与交割价格现值之差。或者说，一单位支付已知现金收益资产的远期合约多头可由一单位标的资产和 $I + Ke^{-r(T-t)}$ 单位无风险负债构成。

【例 15-2】 假设 6 个月期和 12 个月期的无风险年利率分别为 9% 和 10%，而一种 10 年期债券现货价格为 990 元，该证券 1 年期远期合约的交割价格为 1 001 元，该债券在 6 个月和 12 个月后都将收到 60 元的利息，且第二次付息日在远期合约交割日之前，求该合约的价值。

【解析】 根据已知条件，我们可以先算出该债券已知现金收益的现值为：

$$I = 60e^{-0.09 \times 0.5} + 60e^{-0.10 \times 1} = 111.65 \ （元）$$

根据式（15-3），我们可算出该远期合约多头的价值为：

$$f = 990 - 111.65 - 1\,001e^{-0.1 \times 1} = -27.39 \ （元）$$

相应地，该合约空头的价值为 27.39 元。

根据 F 的定义，我们可从式（15-3）中求得：

$$F = (S - I)e^{r(T-t)} \quad (15\text{-}4)$$

这就是支付已知现金收益资产的现货-远期平价公式。式（15-4）表明，支付已知现金收益资产的远期价格等于标的证券现货价格与已知现金收益现值差额的终值。

【例 15-3】 假设黄金的现价为每盎司 450 美元，其存储成本为每年每盎司 2 美元，在年底支付，无风险年利率为 7%，求一年期黄金远期价格。

【解析】

$$F = (450 - I)e^{0.07 \times 1}$$

其中，$I = -2e^{-0.07 \times 1} = -1.865$，故

$$F = (450 + 1.865) \times e^{0.07} = 484.6 \ （美元/盎司）$$

我们同样可以用反证法来证明式（15-4）。

首先，假设 $F > (S-I)e^{r(T-t)}$，即交割价格高于远期理论价格。这样，套利者就可以借入现金 S，买入标的资产，并卖出一份远期合约，交割价为 F。这样，在 T 时刻，他需要还本付息 $Se^{r(T-t)}$，同时他将在 $T-t$ 期间从标的资产获得的现金收益以无风险利率贷出，从而在 T 时刻得到 $Ie^{r(T-t)}$ 的本利收入。此外，他还可将标的资产用于交割，得到现金收入 F。这样，他在 T 时刻可实现无风险利润 $F - (S-I)e^{r(T-t)}$。

其次，再假设 $F < (S-I)e^{r(T-t)}$，即交割价格低于远期理论价格。这时，套利者可以借入标的资产卖掉，得到现金收入以无风险利率贷出，同时买入一份交割价格为 F 的远期合约。在 T 时刻，套利者可得到贷款本息收入 $Se^{r(T-t)}$，同时付出现金 F 换得一单位标的证券，用于归还标的证券的原所有者，并把该标的证券在 $T-t$ 期间的现金收益的终值 $Ie^{r(T-t)}$ 同时归还原所有者。这样，该套利者在 T 时刻可实现无风险利润 $(S-I)e^{r(T-t)} - F$。

从以上分析可以看出，当式（15-4）不成立时，市场就会出现套利机会，套利者的套利行为将促成式（15-4）成立。

五、支付已知收益率资产远期价格

支付已知收益率的资产是指在到期前将产生与该资产现货价格成一定比率的收益的资产。外汇是这类资产的典型代表，其收益率就是该外汇发行国的无风险利率。股价指数也可近似地看作是支付已知收益率的资产。因为虽然各种股票的红利率是可变的，但作为反映市场整体水

平的股价指数，其红利率是较易预测的。远期利率协议和远期外汇综合协议也可看作是支付已知收益率资产的远期合约。

为了给出支付已知收益率资产的远期定价，我们可以构建如下两个组合。

组合 A：一份远期合约多头加上一笔数额为 $Ke^{-r(T-t)}$ 的现金。

组合 B：$e^{-q(T-t)}$ 单位证券并且所有收入都再投资于该证券，其中 q 为该资产按连续复利计算的已知收益率。

组合 A 在 T 时刻的价值等于一单位标的证券。组合 B 拥有的证券数量则随着获得红利的增加而增加，在时刻 T，正好拥有一单位标的证券。因此在 t 时刻两者的价值也应相等，即：

$$f + Ke^{-r(T-t)} = Se^{-q(T-t)}$$
$$f = Se^{-q(T-t)} - Ke^{-r(T-t)} \tag{15-5}$$

式（15-5）表明，支付已知红利率资产的远期合约多头价值等于 $e^{-q(T-t)}$ 单位证券的现值与交割价现值之差。或者说，一单位支付已知红利率资产的远期合约多头可由 $e^{-q(T-t)}$ 单位标的资产和 $Ke^{-r(T-t)}$ 单位无风险负债构成。

根据远期价格的定义，可算出支付已知收益率资产的远期价格：

$$F = Se^{(r-q)(T-t)} \tag{15-6}$$

即支付已知收益率资产的远期价格等于按无风险利率与已知收益率之差计算的现货价格在 T 时刻的终值。

【例 15-4】 A 股票现在的市场价格是 25 美元，年平均红利率为 4%，无风险利率为 10%，若该股票 6 个月的远期合约的交割价格为 27 美元，求该远期合约的价值及远期价格。

【解析】
$$f = Se^{-q(T-t)} - Ke^{-r(T-t)}$$
$$= 25e^{-0.04 \times 0.5} - 27e^{-0.1 \times 0.5}$$
$$= -1.18 （美元）$$

所以该远期合约多头的价值为 -1.18 美元，其远期价格为：
$$F = Se^{(r-q)(T-t)}$$
$$= 25e^{0.06 \times 0.5}$$
$$= 25.67 （美元）$$

外汇属于支付已知收益率的资产，其收益率是该外汇发行国连续复利的无风险利率，用 r_f 表示。

我们用 S 表示以本币表示的一单位外汇的即期价格，K 表示远期合约中约定的以本币表示的一单位外汇的交割价格，即 S、K 均为用直接标价法表示的外汇的汇率。根据式（15-5），我们可以得出外汇远期合约的价值。

● 知识点

期货价格和现货价格以及预期的未来现货价格的关系

$$f = Se^{-r_f(T-t)} - Ke^{-r(T-t)} \tag{15-7}$$

根据式（15-6），我们可得到外汇远期和期货价格的确定公式。

$$F = Se^{(r-r_f)(T-t)} \tag{15-8}$$

这就是国际金融领域著名的利率平价关系。它表明，若外汇的利率大于本国利率（$r_f > r$），则该外汇的远期和期货汇率应小于现货汇率；若外汇的利率小于本国的利率（$r_f < r$），则该外汇的远期和期货汇率应大于现货汇率。

第二节　影响期权价格的因素及其上下限

期权价格指的是期权买卖双方在达成期权交易时，由买方向卖方支付的购买该项期权的费用。期权价格通常是期权交易双方在交易所内通过竞价方式达成的。在同一品种的期权交易行市表中表现为不同的敲定价格对应不同的期权价格。期权价格等于期权的内在价值加上时间价值。

一、期权的内在价值和时间价值

（一）期权的内在价值

期权的内在价值（Intrinsic Value）是指立即执行期权合约时可获取的利润。对看涨期权来说，内在价值为执行价格低于期货价格的差额；对看跌期权来说，内在价值为执行价格高于期货价格的差额。

例如：小麦期货结算价格为 1 220 元/吨，执行价格为 1 170 元/吨的看涨期权具有 50 元/吨的内在价值（1 220 - 1 170）。"实值期权"具有内在价值。"平价期权"内在价值为零。"虚值期权"无内在价值。因此，期权的内在价值不可能小于 0，因为在看涨期权的执行价格高于期货市价时或看跌期权的执行价格低于期货市价时，期权的买方可以选择不去执行期权。

（二）期权的时间价值

期权的时间价值（Time Value）是指期权到期前，权利金超过内在价值的部分，即期权权利金减内在价值。一般来说，在其他条件一定的情况下，到期时间越长，期权的时间价值越大。例如：买进执行价格为 1 200 元/吨的小麦看涨期权时，期货价格为 1 190 元/吨，若权利金为 2 元/吨，则这 2 元/吨全部为时间价值（虚值期权无内在价值）。随着期权到期日的临近，期权时间价值逐渐衰减。在到期日，期权不再有时间价值。期权价值全部为内在价值。一般来说，平价期权时间价值最大，交易通常也最活跃。期权处于平值时，期权向实值还是虚值转化，方向难以确定，转为实值则买方盈利，转为虚值则卖方盈利，故投机性最强，时间价值最大。

二、影响期权价格的因素

期权价格的影响因素主要有五个，下面以股票期权为例介绍影响期权价格的五个因素。

（一）标的资产的价格和执行价格

如果看涨期权在将来某一时间执行，那么其收益为股票价格与执行价格的差额，随着股票价格的上升，看涨期权的价值也就越大；随着执行价格的上涨，看涨期权的价值就越小。对于看跌期权其收益为执行价格与股票价格的差额，因此当股票价格上升时，看跌期权的价值下降；当执行价格上升时，看跌期权的价值上升。

(二) 期权的到期期限

对于美式期权而言，由于它可以在有效期内任何时间执行，有效期越长，多头获利机会就越大，而且有效期长的期权包含了有效期短的期权的所有执行机会，因此有效期越长，期权价格越高。为了说明这一点，考虑其他条件相同但只有到期日不同的两个期权，则有效期长的期权其执行的机会包含了有效期短的期权的所有执行机会，从而它的获利机会更多。因此有效期长的期权的价值总是大于或等于有效期短的期权的价值。

> **立德思考**
>
> 时机可能不能决定所有事情，但时机可以决定许多事情。
> ——罗伊·纽伯格（美国共同基金之父）
>
> 想一想：期权的时间价值、美式期权的执行时机与这句话有何联系？

对欧式期权而言，由于它只能在期末执行，有效期长的期权就不一定包含有效期短的期权的所有执行机会。这就使欧式期权的有效期与期权价格之间的关系显得较为复杂。例如，同一股票的两份欧式看涨期权，一个有效期为 1 个月，另一个有效期为 2 个月，假定在 6 周后标的股票将有大量红利支付，由于支付红利会使股价下降，在这种情况下，有效期短的期权价格甚至会大于有效期长的期权。

(三) 标的资产价格的波动率

简单地说，标的资产价格的波动率是用来衡量未来股票价格变动不确定性的指标。随着波动率的增加，股票上升很高或下降很低的机会也随着增加。对于股票的持有者来说，这两种变动趋势将互相抵消。但对于看涨期权或看跌期权的持有者来说，则不是这样。看涨期权的持有者从股价上升中获利，但当股价下跌时，由于他的最大亏损额仅限于期权费，所以他仅有有限的损失。与此类似，看跌期权的持有者从股价下跌中获利，但当股价上升时，仅有有限的损失。因此，随着波动率的增加，看涨期权和看跌期权的价值都会增加。

(四) 无风险利率

无风险利率对期权价格的影响我们可从两个角度来考察。

首先，我们可以从比较静态的角度考察，即比较不同利率水平下的两种均衡状态。如果状态 1 的无风险利率较高，则标的资产的期望收益率也应较高，这意味着相对于标的资产现在特定的市价 (S_0)，未来预期价格 $[E(S_T)]$ 较高，同时由于贴现率较高，未来同样预期盈利的现值就较低。这两种效应都将减少看跌期权的价值。但对看涨期权来说，前者将使期权价格上升，而后者将使期权价格下降。由于前者的效应大于后者，因此相对于较高的无风险利率，看涨期权的价格也较高。

其次，在标的资产价格与利率呈负相关的情况下（如股票、债券等），当无风险利率提高时，标的资产期望收益率提高，标的资产的期初价格和预期未来价格都降低，不过前者的降幅更大，同时贴现率也随之上升。对看涨期权来说，两种效应都将使期权价格下降，而对看跌期权来说，前者效应为正，后者为负，由于前者效应通常大于后者，因此其净效应是看跌期权价格上升。

大家应注意到，从两个角度得到的结论刚好相反。因此我们在具体运用时要注意区别分析的角度。

(五) 标的资产收益

由于标的资产的分红付息等将减少标的资产价格，而协议价格并未发生变化，以股票期权为例，在除息日后，红利将减少股票的价格，对于看涨期权的价值来说这是一个坏消息，而对于看跌期权的价值来说则是一个好消息。因此看涨期权的价值与预期红利的大小呈正向变动。假设其他因素不变，股票期权价格影响因素发生变化对期权价格的影响如表15-1所示。

表15-1 期权价格的影响因素与期权价格的变化

期权类型 变量	欧式看涨期权	欧式看跌期权	美式看涨期权	美式看跌期权
股票价格	+	−	+	−
执行价格	−	+	−	+
到期期限	?	?	+	+
波动率	+	+	+	+
无风险利率	+	−	+	−
红利	−	+	−	+

注："+"表示正向的影响，"−"表示反向的影响，"?"表示影响方向不确定。

三、期权价格的上下限

期权的价格有一个合理的上限与一个合理的下限。确定期权价格的上下限变动范围的期权投资基本原理是：期权合约的双方参与者是决不会轻易获得无风险利益的。也就是，在风险投资市场上，不存在必然套利的机会。

(一) 看涨期权与看跌期权价格的上限

首先，容易看出在任何时刻，看涨期权（欧式或美式）的价值不会超过股票的现时价值。若不然，套利者就卖出看涨期权并买进该种股票备用，他至少能毫无风险地净得两者的差价而套利成功，这与基本原理相违背。因此，在任何时刻 t，股票价格 S_t 是看涨期权价格 c_t 或 C_t（欧式或美式）的上限，即：

$$c_t \leqslant S_t, \ C_t \leqslant S_t$$

对于看跌期权来说，类似的推理可以使我们得到：在任何时刻 t，期权执行价格 X 是看跌期权价格 p_t 或 P_t（欧式或美式）的上限，即：

$$p_t \leqslant X, \ P_t \leqslant X$$

如果考虑到无风险连续利率的影响，对于欧式看跌期权来说，在 T 时刻，欧式看跌期权的价值不会超过期权的执行价格，因此欧式看跌期权的价格在考虑到无风险连续利率因素时，应进一步满足：

$$p_t \leqslant X e^{-r(T-t)}$$

否则，企图套利者可出售看跌期权并将所得收入以无风险利率进行投资，轻而易举地获得套利成功。

(二) 欧式看涨期权与看跌期权价格的下限

1. 欧式看涨期权价格的下限

假定考虑无风险利率因素且无红利因素,欧式看涨期权价格的下限为:

$$c_t \geq \max(S_t - Xe^{-r(T-t)}, 0)$$

证明:若不然,如设在时刻 t,$c_t < S_t - Xe^{-r(T-t)}$。假定企图套利者有一笔现金欲购买一股股票,现时的股票价格为 S_t,他的现金正好也是 S_t。由于 $c_t < S_t - Xe^{-r(T-t)}$,即 $(S_t - c_t)e^{r(T-t)} - X > 0$,于是他就如此操作:付出现金 c_t,购下一份执行价格为 X,在 T 时刻到期的该股票看涨期权,留下现金 $S_t - c_t$。到了 T 时刻,现金变为:$(S_t - c_t)e^{r(T-t)}$。如果那时的股票价 S_T 大于期权执行价 X,他执行期权后获得一股股票和一笔现金 $(S_t - c_t)e^{r(T-t)} - X$;如果那时的股票价 S_T 不大于期权执行价 X,他不执行期权而直接在股票市场上购买一股股票,最终也获得一股股票和一笔不小于 $(S_t - c_t)e^{r(T-t)} - X$ 的现金:$(S_t - c_t)e^{r(T-t)} - S_T$。这样,企图套利者轻易获得了无风险套利机会,与期权投资的基本原理相违背,也就必然成立:$c_t \geq (S_t - c_t)e^{r(T-t)} - S_T$。

由于对一个看涨期权来说,可能发生的最坏情况是期权到期价值为零,这意味着期权的价值必须为非负值,即 $c_t \geq 0$,因此最后有:

$$c_t \geq \max(S_t - Xe^{-r(T-t)}, 0)$$

2. 欧式看跌期权价格的下限

假定考虑无风险利率因素且无红利因素,欧式看跌期权价格的下限为:

$$p_t \geq \max(Xe^{-r(T-t)} - S_t, 0)$$

证明:若不然,如设 $p_t < Xe^{-r(T-t)} - S_t$。假定在时刻 t,企图套利者有一笔现金:$S_t + p_t$。他购买一个看跌期权,付出现金 p_t,再用余钱 S_t 购买一股执行价为 X 的股票。在期权到期日时,如果当时股价 S_T 不超过期权执行价 X,他就执行股权,得到现金 $X > (S_t + p_t)e^{r(T-t)}$;如果当时股价 S_T 大于期权执行价 X,他就不执行期权而直接在股票市场上出售该股股票,得到比 X 还多的现金 S_T。总之,他获得了比无风险利率还高的利益,套利成功。这与期权投资基本原理相违背。由此可知,必定有:$p_t \geq Xe^{-r(T-t)} - S_t$。

由于对于一个看跌期权来说,可能发生的最坏情况是期权到期价值为零,这意味着期权的价值必须为非负值,即 $p_t \geq 0$,因此最后有:

$$p_t \geq \max(Xe^{-r(T-t)} - S_t, 0)$$

归纳以上结论,我们最后可以得到欧式看涨期权符合期权投资基本原理的价格 c_t 应满足:

$$S_t \geq c_t \geq \max(S_t - Xe^{-r(T-t)}, 0)$$

欧式看跌期权符合期权投资基本原理的价格 p_t 应满足:

$$Xe^{-r(T-t)} \geq p_t \geq \max(Xe^{-r(T-t)} - S_t, 0)$$

作为以上内容的小结,图 15-1 归纳反映了欧式看涨期权的价格上下限、时间价值内在价值关系。

(三) 美式看涨期权与看跌期权价格的下限

1. 美式看涨期权价格的下限

首先,我们建立关于美式看涨期权的滞后执行最佳原理:不付红利股票的美式看涨期权,

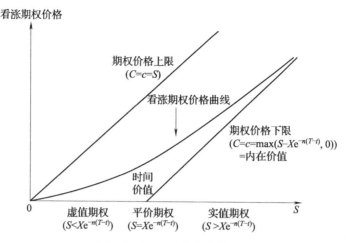

图 15-1 欧式看涨期权价格的上下限

在执行有效期中越迟执行对期权多头越有利。或者说,在执行有效期,提前执行美式看涨期权是不明智的。

理由如下:设投资人在期权执行有效期中某时刻 t 持有一个美式看涨期权及一笔现金 X,他面临以下两个选择方案。

方案一:他在此时执行期权,付出现金而获得一股股票。这股股票在之后的某时刻 T 价值为 S_T。

方案二:他在此时不执行期权,而在执行有效期中之后某时刻 $T>t$ 再考虑是否执行期权。由于无风险利率因素,现在他已持有现金 $Xe^{r(T-t)}$。那时如 $S_T>X$,他执行期权,得到价值为 S_T 的一股股票及剩余的现金 $Xe^{r(T-t)}-X$;如 $S_T<X$,他不执行期权,持有的现金为:

$$Xe^{r(T-t)} > X > S_T$$

由此可看出,方案二总是比方案一优。因此推得:美式看涨期权的多头应该在执行有效期的最后一天,即到期日来决定是否执行期权为佳,而不应该提前执行美式看涨期权。

根据这个原理,可以说美式看涨期权在到期日的价值,与相同到期日与执行价格的欧式看涨期权的价值是相同的。而由于持有美式看涨期权比持有相应欧式看涨期权有更多的执行机会,因此应有下列关系:$C_t \geq c_t$。运用已推得的关于欧式看涨期权的下限结论,就有:

$$C_t > S_t - Xe^{-r(T-t)}$$

这个不等式也说明,美式看涨期权的价格 C_t 总是高于其内在价值 $S_t - X$。

2. 美式看跌期权价格的下限

不付红利的美式看跌期权,在执行有效期中,如果看跌期权的实值额很大,也就是说,执行价格与股票现时价格差距很大,则越早执行越好。或者说,推迟执行美式看跌期权可能是不明智的。

理由如下:设投资者在执行有效期的时刻 t 持有一张美式看跌期权和一股股票。如果他立即执行期权,可得现金 X,这笔现金在之后的时刻 T 增值为 $Xe^{r(T-t)}$。如果他在之后的时刻 T 执行期权,这意味着当时的股票价格 $S_t<X$,他于是得到现金 X,数量小于 $Xe^{r(T-t)}$。这说明,如果美式看跌期权迟早要执行的话,则越早执行越有利。

当然,如果在之后的时刻 T 的股票价格 S_T 不仅大于 X,而且大于 $Xe^{r(T-t)}$,则在那种情况下,自然不执行期权,其最后获利就比在早些时刻 t 执行期权来得多,也就是说,只有在这种股票大涨的情况下，推迟并且最终不执行美式看跌期权才是明智的决策。

不管怎么说，在美式看跌期权的执行有效期中任何时刻 t，这个美式看跌期权的价格 P_t 都应满足：$P_t \geq X - S_t$。否则的话，投资者就用现金 S_t 购入一股股票，再用现金 P_t 购买一张美式看跌期权，并立即执行这个看跌期权，最后获得现金 $X > S_t + P_t$，无风险的套利成功，这不符合期权投资基本原理。因此，表明美式看跌期权价格下限的不等式为：

$$P_t \geq X - S_t$$

这个不等式比欧式看跌期权价格下限不等式要更严格一些，从美式看跌期权可以随时提前执行来看，其道理也是不难理解的。这一特性，也决定了美式看跌期权的价值通常高于相应的欧式看跌期权的价值。由于美式看跌期权的价值有时等于其内在价值，因此，欧式看跌期权的价值有时就会低于其内在价值。

归纳以上结论，我们最后可以得到：

美式看涨期权价格 C_t 应满足：

$$S_t \geq C_t \geq \max(S_t - Xe^{-r(T-t)}, 0)$$

美式看跌期权价格 P_t 应满足：

$$X \geq P_t \geq \max(X - S_t, 0)$$

（四）看涨期权与看跌期权之间的关系

（1）执行价格、到期日相同的欧式看涨期权与欧式看跌期权之间存在如下的平价关系。

$$c_t + Xe^{-r(T-t)} = p_t + S_t$$

它表明，具有某一确定执行价格和到期日的欧式看涨期权的价值可根据相同执行价格和到期日的欧式看跌期权的价值推导出来，反之亦然。

证明：若不然，假定在时刻 t 成立：

$$c_t + Xe^{-r(T-t)} > p_t + S_t$$

于是就有：

$$(p_t + S_t - c_t)e^{r(T-t)} < X$$

企图套利者就用现金 $p_t + S_t - c_t$ 做如下操作：他卖出一份执行价格为 X 的看涨期权，买入一份相同执行价格与到期日的看跌期权，同时再买入一股股票。在期权到期日时，如果当时股票价格 S_T 大于期权执行价格 X，他不执行看跌期权，但他会被执行看涨期权而卖出股票，得到现金 X；如果当时股票价格 S_T 不大于期权执行价格 X，他不会被执行看涨期权，但他可执行看跌期权，卖出股票后仍可得到现金 X。总之，他获得了比无风险利益 $(p_t + S_t - c_t)e^{r(T-t)}$ 还高的无风险利益 X，套利成功，与期权投资基本原理相违背。

再假定 $(p_t + S_t - c_t)e^{r(T-t)} > X$，于是就有：

$$(p_t + S_t - c_t)e^{r(T-t)} - X > 0$$

企图套利者就用持有的一股股票做如下操作：他在时刻 t 买入一份执行价格为 X 的看涨期权，卖出一份相同执行价格与到期日的看跌期权，同时再卖出持有的那股股票，最后得到现金：$p_t + S_t - c_t$。在期权到期日时，由于无风险利率因素，现金变为 $(p_t + S_t - c_t)e^{r(T-t)}$。如果当时股票价格 S_T 大于期权执行价格 X，他不会被执行看跌期权，但他可执行看涨期权而买入一股股票，同时持有的现金变为 $(p_t + S_t - c_t)e^{r(T-t)} - X$；如果当时股票价格 S_T 不大于期权执行价格 X，他不执行看涨期权，但他会被执行看跌期权，买入一股股票后，仍可持有现金 $(p_t + S_t - c_t)e^{r(T-t)} - X$。

总之，在期权到期日时，他除了仍持有一股股票外，还稳获现金 $(p_t + S_t - c_t)e^{r(T-t)} - X$，套利成功，与期权投资基本原理相违背。

由上推理，最后可得欧式看涨期权与看跌期权之间存在如下平价关系。

$$c_t + Xe^{-r(T-t)} = p_t + S_t$$

（2）美式看涨期权与美式看跌期权之间不存在平价关系。可利用期权投资基本原理导出在任何时刻 t，美式看涨期权与看跌期权价格 C_t 与 P_t 之间差有一个上限和下限的关系，即：

$$S_t - X < C_t - P_t < S_t - Xe^{-r(T-t)}$$

因为 $P_t > p_t$，故根据欧式期权的平价关系可得：

$$P_t > c_t + Xe^{-r(T-t)} - S_t$$

同时，由于 $c_t = C_t$，所以成立

$$P_t > C_t + Xe^{-r(T-t)} - S_t$$

即

$$C_t - P_t < S_t - Xe^{-r(T-t)}$$

为了导出另一侧不等式，考虑时刻 t 的以下两种投资方案。

方案一：一份欧式看涨期权加上现金。

方案二：一份美式看跌期权加上一股股票。

在方案二中，如果看跌期权没有提前执行，在到期日其投资价值为 $\max(S_T, X)$，而方案一在到期日的投资价值为 $\max(S_T, X) + Xe^{r(T-t)} - X$。因此，方案一的价值高于方案二的价值。如果方案二中看跌期权提前在时刻 t_1 执行，则方案二在时刻 t_1 的价值为 X；但方案一在那时的价值应该是现金 $Xe^{r(T-t)}$ 加上一份看涨期权，其价值仍然高于方案二。故在任何情况下，方案一的价值高于方案二的价值。这表明：

$$c_t + X_t > P_t + S_t$$

由于 $c_t = C_t$，所以得 $C_t + X > P_t + S_t$ 或 $C_t - P_t > S_t - X$

最后，综合上面的结果可合并写为 $S_t - X < C_t - P_t < S_t - Xe^{-r(T-t)}$

期权交易的精妙之处在于可以通过不同的期权品种构成众多具有不同盈亏分布特征的组合。投资者可以根据各自对未来标的资产现货价格概率分布的预期，以及各自的风险-收益偏好，选择最适合自己的期权组合。

第三节 布莱克-斯科尔斯期权定价模型

因为期权价格依赖于其标的资产的价格，所以要为期权定价首先必须研究证券价格的变化过程。1973年，布莱克（Black）和斯科尔斯（Scholes）提出了期权定价模型，这对期权定价而言是一个开创性的研究。

● 知识点

期权定价与学科交叉

知识点

一、布莱克-斯科尔斯期权定价模型的假设条件

由于衍生证券价格和标的证券价格都受同一种不确定性影响，若适当构造匹配，就可以抵消这种不确定性。因此布莱克和斯科尔斯就建立了一个包括一单位衍生证券空头和若干单位标的证券

多头的投资组合。若数量适当的话，标的证券多头盈利（或亏损）总是会与衍生证券空头的亏损（或盈利）相抵消，因此在短时间内该投资组合是无风险的。那么，在无套利机会的情况下，该投资组合在短期内的收益率一定等于无风险利率。

推导布莱克-斯科尔斯微分方程需要用到如下假设。

（1）证券价格行为服从对数正态分布模式。

（2）在期权有效期内，无风险利率和金融资产收益变量是恒定的。

（3）该标的资产可以被自由买卖，即允许卖空，且所有证券当时是完全可分的。

（4）市场无摩擦，即不存在税收和交易成本，所有证券完全可分割。

（5）金融资产在期权有效期内无红利及其他所得（该假设后被放弃）。

（6）该期权是欧式期权，即在期权到期前不可实施。

（7）不存在无风险套利机会。

（8）证券交易是持续的。

（9）投资者能够以无风险利率借贷。

● 学术人物

1997 年诺贝尔经济学奖获得者迈伦·斯科尔斯和罗伯特·C. 默顿

知识点

二、布莱克-斯科尔斯期权定价公式

1973 年，布莱克和斯科尔斯成功地求解了他们的微分方程，从而获得了欧式看涨期权和看跌期权的精确公式。

$$c = SN(d_1) - Xe^{-r(T-t)}N(d_2) \tag{15-9}$$

其中

$$d_1 = \frac{\ln(S/X) + (r + \sigma^2/2)(T-t)}{\sigma\sqrt{T-t}}$$

$$d_2 = \frac{\ln(S/X) + (r - \sigma^2/2)(T-t)}{\sigma\sqrt{T-t}} = d_1 - \sigma\sqrt{T-t}$$

$N(x)$ 为标准正态分布变量的累计概率分布函数（这个变量小于 x 的概率），根据标准正态分布函数的特性，我们有 $N(-x) = 1 - N(x)$。这就是无收益资产欧式看涨期权的定价公式。

应该注意的是，风险中性假定仅仅是为了求解布莱克-斯科尔斯微分方程而做出的人为假定，但通过这种假定所获得的结论不仅适用于投资者风险中性情况，也适用于投资者厌恶风险的所有情况。在标的资产无收益情况下，由于 $C = c$，因此式（15-9）也给出了无收益资产美式看涨期权的价值。

根据欧式看涨期权和看跌期权之间存在平价关系，可以得到无收益资产欧式看跌期权的定价公式：

$$p = Xe^{-r(T-t)}N(-d_2) - SN(-d_1) \tag{15-10}$$

由于美式看跌期权与看涨期权之间不存在严密的平价关系，因此美式看跌期权的定价还没有得到一个精确的解析公式，但可以用蒙特卡罗模拟、二叉树和有限差分三种数值方法以及解析近似方法求出。

三、布莱克-斯科尔斯期权定价公式的应用

到现在为止,我们一直假设期权的标的资产没有现金收益。那么,对于有收益资产,其期权定价公式是什么呢?实际上,如果收益可以准确地预测到,或者说是已知的,那么有收益资产的期权定价并不复杂。在收益已知情况下,我们可以把标的证券价格分解成两部分:期权有效期内已知现金收益的现值部分和一个有风险的部分。当期权到期时,这部分现值将由于标的资产支付现金收益而消失。

● 知识点

布莱克-斯科尔斯期权定价模型的重要意义

【例15-5】 若某股票看涨期权合约还剩180天,期权执行价格为38美元,股票现行的市场价格为40美元,无风险资产年利率为0.1,该股票收益率的标准差为0.3,试求该股票的看涨期权价格。

【解析】 由题给条件,$T-t=0.5$ 年,$r=0.1$,$\sigma=0.3$,$S=40$ 美元,$X=38$ 美元。根据欧式看涨期权定价公式,可得此时

$$d_1 = \frac{\ln(40/38) + [0.1 + 0.5 \times (0.3)^2] \times 0.5}{0.3 \times \sqrt{0.5}} \approx \frac{0.123\,793}{0.212\,132} = 0.58$$

$$d_2 = d_1 - \sigma\sqrt{T-t} = 0.58 - 0.3 \times \sqrt{0.5} = 0.37$$

通过查累积正态分布函数 $N(x)$ 的数据表,我们可以得出

$$N(d_1) = N(0.58) = 1 - 0.281 = 0.719,\ N(d_2) = N(0.37) = 0.644$$

它们分别表示服从正态分布的随机变量小于0.58、0.37的概率。

$$期权价格\ c = 40 \times 0.719 - 38 \times e^{-0.1 \times 0.5} \times 0.644 = 5.74\ (美元)$$

这意味着布莱克-斯科尔斯期权定价公式得出的股票看涨期权的均衡价格为5.74美元,如果期权价格不等于5.74美元,则意味着股票看涨期权价格被高估或低估。

第四节 二叉树期权定价模型

布莱克-斯科尔斯期权定价模型虽然有许多优点,但是它的推导过程涉及复杂的数学知识。1979年,考克斯、罗斯和罗宾斯坦使用一种比较浅显的方法设计出一种期权的定价模型,称为二叉树期权定价模型。二叉树模型的优点在于其比较简单直观,不需要太多的数学知识就可以加以应用,同时,它不仅可以为欧式期权定价,而且可以为美式期权定价;不仅可以为无收益资产定价,而且可以为有收益资产定价。其应用相当广泛,目前已经成为金融界最基本的期权定价方法之一。

一、二叉树模型的基本方法

假设一种股票当前价格为20元,3个月后的价格可能为22元或18元。假设股票不支付红利,现假设对3个月后以21元执行价格买入股票的欧式看涨期权进行估值。若到时股票价格为22元,期权的价值将是1元;若股票价格为18元,期权的价值将是0元。为了对该期权进行估值,需假

设对投资者而言无套利机会。现在以某种方式构造一个股票和期权的组合使得在3个月末该组合的价值是确定的，即该组合是无风险组合，它的收益率一定等于无风险利率，这样我们就可以得到该期权的价格。由于只有两种证券，并只有两个可能的结果，所以总可以构造出无风险证券组合。

考虑一种有价证券组合，该组合包含一个 Δ 股股票多头头寸和一个看涨期权的空头头寸。如果股票价格从20元上升到22元，股票的价值为22Δ元，期权的价值为1元，所以该证券组合的总价值为22Δ−1；如果股票价格从20元下降到18元，股票的价值为18Δ，期权的价值为零，该证券组合的总价值为18Δ。如果选择某个 Δ，以使该组合的终值对两个股票价格都是相等的，则该组合是无风险组合，即 22Δ−1=18Δ，求出 Δ=0.25。因此，一个无风险的组合是：

多头：0.25 股股票。

空头：一个期权。

如果股票价格上升到22元，该组合的价值为：
$$22 \times 0.25 - 1 = 4.5 \text{（元）}$$
如果股票价格下跌到18元，该组合的价值为：
$$18 \times 0.24 = 4.5 \text{（元）}$$

因此无论股票价格是上升还是下降，在期权有效期的末尾，该组合的价值总是4.5元。在无套利机会的情况下，无风险证券组合的盈利必定为无风险利率。假设在这种情况下，无风险利率为年利率12%。因此可以得到该组合的价值是4.5元的现值，即 $4.367(4.5 \times e^{-0.12 \times 0.25})$。今天的股票价格已知为20元，假设期权的价值用 f 来表示，因此今天该组合的价值为 $5-f(20 \times 0.25 - f)$。于是，$5-f=4.367$，得到 $f=0.633$。这说明在无套利机会情况下，期权的当前价值一定为0.633元。如果期权价值超过0.633元，构造该组合的成本就有可能低于4.367元，并将获得超过无风险利率的额外收益；如果期权的价值低于0.633元，那么卖空该证券组合将获得成本低于无风险利率的资金。

二叉树模型首先把期权的有效期分为很多很小的时间间隔 Δt，并假设在每一个时间间隔 Δt 内证券价格只有两种运动的可能：第一，从开始的 S 上升到原先的 u 倍，即到达 Su；第二，下降到原先的 d 倍，即 Sd。其中，$u>1$，$d<1$。价格上升的概率假设为 p，下降的概率假设为 $1-p$。相应地，期权价值也会有所不同，分别为 f_u 和 f_d。

二、单步二叉树模型

运用单步二叉树为期权定价，可以有两种方法：无套利定价法和风险中性定价法。

（一）无套利定价法

由于期权和标的资产的风险源是相同的，在单步二叉树中，我们可以构造一个证券组合，包括 Δ 股资产多头和一个看涨期权空头。如果我们取适当的 Δ 值，使：
$$Su\Delta - f_u = Sd\Delta - f_d$$
则无论资产价格是上升还是下跌，这个组合的价值都是相等的，也就是说，当 $\Delta = \dfrac{f_u - f_d}{Su - Sd}$ 时，无论股票价格上升还是下跌，该组合的价值都相等。显然，该组合为无风险组合，因此我们可以用无风险利率对 $Su\Delta - f_u$ 或 $Sd\Delta - f_d$ 贴现来求该组合的现值。在无套利机会的假设下，该组合的收益现值应等于构造该组合的成本，即：

$$S\Delta - f = (Su\Delta - f_u)e^{-r\Delta t} \tag{15-11}$$

将 $\Delta = \dfrac{f_u - f_d}{Su - Sd}$ 代入式 (15-11) 就可得到：

$$f = e^{-r\Delta t}[pf_u + (1-p)f_d]$$

式中，$p = \dfrac{e^{r\Delta t} - d}{u - d}$

运用单步二叉树模型，再考虑本节开始的例子。在该例中，$u = 1.1$, $d = 0.9$, $r = 0.12$，$T = 0.25$, $f_u = 1$, $f_d = 0$。此时

$$p = \frac{e^{r\Delta t} - d}{u - d} = \frac{e^{0.03} - 0.9}{1.1 - 0.9} = 0.6523$$

$$f = e^{-r\Delta t}[pf_u + (1-p)f_d] = (0.6523 \times 1 + 0.3477 \times 0) \times e^{-0.03} = 0.633$$

这个结果与本节开始所得结果相同，这证明了上述一般公式的正确性。

（二）风险中性定价法

风险中性定价方法表达了资本市场中的这样一个结论，即在市场不存在任何套利可能性的条件下，如果衍生证券的价格依然依赖于可交易的标的证券，那么这个衍生证券的价格与投资者的风险态度是无关的。这个结论在数学上表现为衍生证券定价的微分方程中并不包含有受投资者风险态度影响的变量，尤其是期望收益率。由于风险中性定价原理与投资者的风险态度无关，从而推广到对任何衍生证券都适用。同样，我们也可以在二叉树模型中应用风险中性定价原理，确定参数 p、u 和 d，从而为期权定价。这是二叉树定价的一般方法。在风险中性世界里存在以下几点。

（1）所有可交易证券的期望收益率都是无风险利率。

（2）未来现金流可以用其期望值按无风险利率贴现。

在风险中性的条件下，标的证券的期望收益率应等于无风险利率 r，因此若期初的证券价格为 S，则在很短的时间间隔 Δt 末的证券价格期望值应为 $Se^{r\Delta t}$。因此，参数 p、u 和 d 的值必须满足这个要求，当 Δt 很小时，可以得到：

$$p = \frac{e^{r\Delta t} - d}{u - d} \tag{15-12}$$

$$u = e^{\sigma\sqrt{\Delta t}} \tag{15-13}$$

$$d = e^{-\sigma\sqrt{\Delta t}} \tag{15-14}$$

从而有

$$f = e^{-r\Delta t}[pf_u + (1-p)f_d] \tag{15-15}$$

比较以上两种方法，我们可以看到，无套利定价法和风险中性定价法具有内在一致性。在风险中性定价过程中，我们无须考虑资产价格上升和下降的概率，也就是说资产期望收益具有无关性，这正好符合风险中性的概念。但是在最后的期权公式中，两种方法都包含了概率 p，这里的概率是风险中性世界中的概率，参数 p、u 和 d 实际上都隐含在给定条件中。一般来说，在运用二叉树方法时，风险中性定价法是常用的方法，而无套利定价法则主要是提供了一种定价思想。

为进一步说明风险中性定价法，我们继续讨论本节开始的例子。在风险中性世界中股票期望收益率为无风险利率12%，这意味着：

$$22p + 18(1-p) = 20e^{0.12 \times 0.25}$$

$$p = 0.6523$$

于是，看涨期权的期望值为：

$$0.6523 \times 1 + 0.3477 \times 0 = 0.6523$$

用无风险利率贴现后，该期权现在的价值为 $0.633(0.6523 \times e^{-0.12 \times 0.25})$。这与前面所得结果相同，说明无套利定价法和风险中性定价法的结论相同。

三、多步二叉树模型

下面应用多步二叉树模型来表示证券价格变化的完整树形结构，如图 15-2 所示。

当时间为 0 时，证券价格为 S。时间为 Δt 时，证券价格要么上涨到 Su，要么下降到 Sd；时间为 $2\Delta t$ 时，证券价格就有三种可能：Su^2、Sud（等于 S）和 Sd^2，依次类推。一般而言，在 $i\Delta t$ 时刻，证券价格有 $i+1$ 种可能，它们可用符号表示为

$$Su^j d^{i-j}, \text{ 其中 } j = 0, 1, \cdots, i$$

注意：由于 $u = \dfrac{1}{d}$，使得许多节点是重合的，从而大大简化了树图。

得到每个节点的资产价格之后，就可以在二叉树模型中采用倒推定价法，从树形结构图的末端 T 时刻开始往回倒推，为期权定价。由于在到期 T 时刻的预期期权价值是已知的，例如看涨期权价值为 $\max\{S_T - X, 0\}$，看跌期权价值为 $\max\{X - S_T, 0\}$，因此在风险中性条件下在求解 $T - \Delta t$ 时刻的每一节点上的期权价值时，都可通过将 T 时刻的期权价值的预期值在 Δt 时间长度内以无风险利率 r 贴现求出。同理，要求解 $T - 2\Delta t$ 时的每一节点的期权价值时，也可以将 $T - \Delta t$ 时的期权价值预期值在时间 Δt 内以无风险利率 r 贴现求出，依此类推。采用这种倒推法，最终可以求出零时刻（当前时刻）的期权价值。

以上是欧式期权的情况，如果是美式期权，就要在树形结构的每一个节点上，比较在本时刻提前执行期权和继续再持有 Δt 时间到下一个时刻再执行期权的价值，选择其中较大者作为本节点的期权价值。

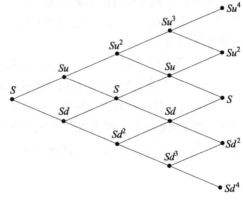

图 15-2 资产价格的树形结构

【例 15-6】 假设标的资产为不付红利股票，其当前市场价为 50 元，波动率为每年 40%，无风险连续复利年利率为 10%，该股票 5 个月期的美式看跌期权协议价格为 50 元，求该期权的价值。

【解析】 为了构造二叉树，我们把期权有效期分为五段，每段一个月（等于 0.0833 年）。根据式（15-12）~式（15-14），可以算出：

$$u = e^{\sigma\sqrt{\Delta t}} = 1.1224$$

$$d = e^{-\sigma\sqrt{\Delta t}} = 0.8909$$

$$p = \frac{e^{r\Delta t} - d}{u - d} = 0.5076$$

$$1 - p = 0.4924$$

据此我们可以画出该股票在期权有效期内的树形图,如图 15-3 所示。在每个节点处有两个值,上面一个表示股票价格,下面一个表示期权价值。股价上涨概率总是等于 0.507 6,下降概率总是等于 0.492 4。

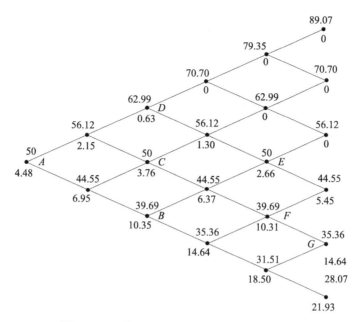

图 15-3 不付红利股票美式看跌期权二叉树图

在 $i\Delta t$ 时刻,股票在第 j 个节点($j=0,1,\cdots,i$)的价格等于 $Su^j d^{i-j}$。例如,F 节点($i=4,j=1$)的股价为 39.69 元($50 \times 1.122\,4 \times 0.890\,9^3$)。在最后那些节点处,期权价值等于 $\max\{X-S_T, 0\}$。例如,G 节点($i=5,j=1$)的期权价格为 14.64 元($50-35.36$)。

从最后一列节点处的期权价值可以计算出倒数第二列节点的期权价值。首先,我们假定在这些节点处期权没被提前执行,这意味着所计算的期权价值是 Δt 时间内期权价值期望值的现值。例如,E 节点($i=4,j=2$)处的期权价值为:

$$(0.507\,6 \times 0 + 0.492\,4 \times 5.45)\,e^{-0.1 \times 0.083\,3} = 2.66\,(元)$$

而 F 节点处的期权价值为:

$$(0.507\,6 \times 5.45 + 0.492\,4 \times 14.64)\,e^{-0.1 \times 0.083\,3} = 9.90\,(元)$$

然后,我们要检查提前执行期权是否较有利。在 E 节点,提前执行将使期权价值为 0,因为股票市价和协议价格都等于 50 元,显然不应提前执行,因此 E 节点的期权价值应为 2.66 元。而在 F 节点,如果提前执行,期权价值为 10.31 元(50.00 − 39.69),大于上述的 9.90 元。因此,若股价到达 F 节点,就应提前执行期权,从而 F 节点上的期权价值应为 10.31 元,而不是 9.90 元。

用相同的方法我们可以算出各节点处的期权价值,并最终倒推出初始节点处的期权价值为 4.48 元。

如果我们把期权有效期分成更多小时段,节点数会更多,计算会更复杂,但得出的期权价值会更精确。当 Δt 非常小时,期权价值将等于 4.29 元。

【例 15-7】 假定执行价格为 9 元,当前价格为 10 元的两年期美式看跌期权。假设为两步二叉树,每个步长为 1 年,在每个单步两叉树中,股票价格或上升 20%,或下降 20%。假定无风险利率为 5%。由于美式看跌期权可以提前执行,美式期权在未到期节点上的价值是取以下

两个价值之中的较大者:
(1) 继续持有直到下一期的价值,也就是用贴现公式求出的价值。
(2) 立即执行的价值。
即在每个节点都要检验提前执行是否最佳。问该期权的价值为多少?

【解析】 利用上述美式看跌期权定价公式,易得期权价值为:
$$f = e^{-0.05 \times 1}(0.628 \times 0 + 0.372 \times 1) = 0.354 \text{(元)}$$

四、基本二叉树模型的扩展

(一) 支付连续红利率资产的期权定价

当标的资产支付连续收益率为 q 的红利时,在风险中性条件下,证券价格的增长率应该为 $r-q$,因此

$$e^{(r-q)\Delta t} = pu + (1-p)d$$

同时

$$p = \frac{e^{(r-q)\Delta t} - d}{u - d} \tag{15-16}$$

式(15-13)和式(15-14)仍然适用。

对于股价指数期权来说,q 为股票组合的红利收益率;对于外汇期权来说,q 为国外无风险利率,因此式(15-13)和式(15-14)仍然可用于股价指数和外汇的美式期权定价。

(二) 支付已知红利率资产的期权定价

若标的资产在未来某一确定时间将支付已知红利率 δ(红利与资产价格之比),我们只要调整在各个节点上的证券价格,就可算出期权价格。调整方法如下。

如果时刻 $i\Delta t$ 在除权日之前,则节点处证券价格仍为:
$$Su^j d^{i-j}, \quad j = 0, 1, \cdots, i$$

如果时刻 $i\Delta t$ 在除权日之后,则节点处证券价格相应调整为:
$$S(1-\delta)u^j d^{i-j}, \quad j = 0, 1, \cdots, i$$

对在期权有效期内有多个已知红利率的情况,也可进行同样处理。若 δ_i 为 0 时刻到 $i\Delta t$ 时刻之间所有除权日的总红利支付率,则 $i\Delta t$ 时刻节点的相应的证券价格为:
$$S(1-\delta_i)u^j d^{i-j}$$

(三) 支付已知红利额资产的期权定价

若标的资产在未来某一确定日期将支付一个确定数额的红利而不是一个确定的比率,则除权后二叉树的分支将不再重合,这意味着所要估算的节点的数量可能变得很大,特别是如果支付多次已知数额红利的情况将更为复杂,如图 15-4 所示。

为了简化这个问题,我们可以把证券价格分为两个部分:一部分是不确定的,而另一部分是期权有效期内所有未来红利的现值。假设在期权有效期内只有一次红利,除息日 τ 在 $k\Delta t$ 到 $(k+1)\Delta t$ 之间,则在 $i\Delta t$ 时刻不确定部分的价值 S^* 为:
$$S^*(i\Delta t) = S(i\Delta t), \text{ 当 } i\Delta t > \tau \text{ 时}$$

$$S^*(i\Delta t) = S(i\Delta t) - De^{-r(\tau - i\Delta t)}, \quad 当 i\Delta t \leq \tau 时$$

式中，D 表示红利。设 σ^* 为 S^* 的标准差，假设 σ^* 是常数就可计算出参数 p、u 和 d，这样就可用通常的方法构造出 S^* 的二叉树了，把未来收益现值加在每个节点的证券价格上，就会使 S^* 的二叉树图转化为 S 的二叉树图。

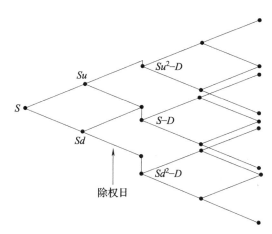

图 15-4　假设红利数额已知且波动率为常数时的二叉树图

当 $i\Delta t \leq \tau$ 时，这个树上每个节点对应的证券价格为：

$$S_0^* u^j d^{i-j} + De^{-r(\tau - i\Delta t)}, \quad j = 0, 1, \cdots, i$$

当 $i\Delta t > \tau$ 时，这个树上每个节点对应的证券价格为：

$$S_0^* u^j d^{i-j}, \quad j = 0, 1, \cdots, i$$

这种方法和我们曾经分析过的在已知红利数额的情况下应用布莱克-斯科尔斯公式中所用的方法一致，通过这种分离，可以重新得到重合的分支，减少节点数量，因而简化了定价过程；同时，这种方法还可以直接推广到处理多个红利的情况。

本章小结

1. 金融远期合约是最基础的金融衍生品，是交易双方在场外市场上通过协商，按约定价格在约定的未来日期（交割日）买卖某种标的金融资产（或金融变量）的合约。金融期货是交易双方在金融市场上，以约定的时间和价格，买卖某种金融工具的具有约束力的标准化合约，即以金融工具为标的物的期货合约。

2. 金融期货市场有多方面的经济功能，其中最基本的功能是规避风险和发现价格。金融期货是金融远期合约的标准化，与远期合约比较而言，期货合约具有标准化程度不同、交易场所不同、违约风险不同以及价格确定方式不同等特点。

3. 无套利分析法的基本思路是构建两种投资组合，让其终值相等，则其现值一定相等，这样就可根据两种组合现值相等的关系求出远期价格。

4. 无收益资产远期合约的价值为：

$$f = S - Ke^{-r(T-t)}$$

远期价格为：

$$F = Se^{r(T-t)}$$

支付已知现金收益资产的远期合约价值为：

$$f = S - I - Ke^{r(T-t)}$$

远期价格为：

$$F = (S - I)e^{-r(T-t)}$$

支付已知收益率资产的远期合约价值为：

$$f = Se^{-q(T-t)} - Ke^{-r(T-t)}$$

远期价格为：
$$F = Se^{(r-q)(T-t)}$$
当我们用外汇发行国的无风险利率 r_f 代替 q 时，就可得到利率平价关系。
$$F = Se^{(r-r_f)(T-t)}$$

5. 期权价格等于期权的内在价值加上时间价值。影响期权价格的因素有：标的资产的价格与执行价格，期权的到期期限，标的资产价格的波动率，无风险利率，以及标的资产收益。看涨期权价格的上限是股票价格，看跌期权的价格上限是执行价格。不支付红利的欧式看涨和看跌期权分别是 $c > \max(S - Xe^{-r(T-t)}, 0)$，$p > \max(Xe^{-r(T-t)} - S, 0)$。不支付红利的美式看涨期权不应该提前执行，而不支付红利的美式看跌期权则可能提前执行。欧式看涨期权与看跌期权的平价关系是 $c + Xe^{-r(T-t)} = p + S$。而美式看涨期权与看跌期权具有的关系是 $S - X < C - P < S - Xe^{-r(T-t)}$。

6. 布莱克-斯科尔斯期权定价的过程中用到了马尔可夫过程，布朗运动，伊藤过程等知识，据此推导出著名的布莱克-斯科尔斯微分方程。

7. 利用风险中性原理和偏微分方程求解布莱克-斯科尔斯微分方程，得到了布莱克-斯科尔斯期权定价公式。
$$c = SN(d_1) - Xe^{-r(T-t)}N(d_2)$$
其中，
$$d_1 = \frac{\ln(S/X) + (r + \sigma^2/2)(T-t)}{\sigma\sqrt{T-t}}$$
$$d_2 = \frac{\ln(S/X) + (r - \sigma^2/2)(T-t)}{\sigma\sqrt{T-t}}$$
$$= d_1 - \sigma\sqrt{T-t}$$

8. 由于布莱克-斯科尔斯期权定价公式不能求解美式看跌期权，二叉树期权定价模型的优点在于其比较简单直观，不需要假设股价上升和下降的概率。

推荐网站

1. 中国金融期货交易所：http://www.cffex.com.cn。
2. 期货日报网：http://www.qhrb.com.cn。

推荐阅读

1. 刘红忠，朱叶. 金融市场学 [M]. 北京：高等教育出版社，2000.
2. 查科，德桑，赫克特，等. 金融工具与市场案例 [M]. 丁志杰，等译. 北京：机械工业出版社，2008.
3. COX J C, INGERSOLL J E, ROSS S A. The Relationship between Forward Prices and Future Prices [J]. Journal of Financial Economics, 1981 (12)：321-346.
4. CORNELL B, REINGANUM M R. Forward and Futures Prices：Evidence from the Foreign Exchange Markets [J]. Journal of Finance, 1981 (36).
5. REDHEAD K. Financial Derivatives：An Introduction to Futures, Forwards, Options and Swaps [M]. London：Prentice-Hall, 1997.
6. LIOUI A, PONCET P. Dynamic Asset Allocation with Forwards and Futures [M]. New York：Springer, 2005.
7. VALDEZ S. An Introduction To Global Financial Markets [M]. 3rd ed. Basingstoke, Hampshire：Macmillan Press, 2000.
8. ARDITTI F D. Derivatives：A Comprehensive Resource for Options, Futures, Interest Rate Swaps, and Mortgage Securities [M]. Boston：Harvard Business School Press, 1996.

参考文献

[1] 戴国强,吴林祥. 金融市场微观结构理论[M]. 上海:上海财经大学出版社,1999.
[2] 韩国文. 金融市场学[M]. 北京:清华大学出版社,2014.
[3] 马杜拉. 金融市场与机构:原书第8版[M]. 何丽芬,译. 北京:机械工业出版社,2014.
[4] 李心丹. 行为金融学:理论及中国的证据[M]. 上海:上海三联书店,2004.
[5] 哈吉米可拉齐斯 M G,哈吉米可拉齐斯 K G. 现代货币、银行与金融市场——理论与实践[M]. 聂丹,译. 上海:上海人民出版社,2003.
[6] 彭兴韵. 金融市场学[M]. 上海:格致出版社,2018.
[7] 桑德斯,科尼特. 金融市场与机构:原书第6版[M]. 韩国文,张彻,主译. 北京:机械工业出版社,2017.
[8] 夏斌,陈道富. 中国金融战略 2020[M]. 北京:人民出版社,2011.
[9] 谢百三. 金融市场学[M]. 北京:北京大学出版社,2015.
[10] 张亦春,郑振龙,林海. 金融市场学[M]. 5版. 北京:高等教育出版社,2017.

推荐阅读

书名	作者	中文书号	定价
货币金融学（第2版）	蒋先玲（对外经济贸易大学）	978-7-111-57370-8	49.00
货币金融学习题集（第2版）	蒋先玲（对外经济贸易大学）	978-7-111-59443-7	39.00
货币银行学（第2版）	钱水土（浙江工商大学）	978-7-111-41391-2	39.00
投资学原理及应用（第3版）	贺显南（广东外语外贸大学）	978-7-111-56381-5	40.00
《投资学原理及应用》习题集	贺显南（广东外语外贸大学）	978-7-111-58874-0	30.00
证券投资学(第2版)	葛红玲（北京工商大学）	978-7-111-42938-8	39.00
证券投资学	朱晋（浙江工商大学）	978-7-111-51525-8	40.00
风险管理（第2版）	王周伟（上海师范大学）	978-7-111-55769-2	55.00
风险管理学习指导及习题解析	王周伟（上海师范大学）	978-7-111-55631-2	35.00
风险管理计算与分析：软件实现	王周伟（上海师范大学）	978-7-111-53280-4	39.00
金融风险管理	王勇（光大证券）	978-7-111-45078-8	59.00
衍生金融工具基础	任翠玉（东北财经大学）	978-7-111-60763-2	40.00
固定收益证券	李磊宁（中央财经大学）	978-7-111-45456-4	39.00
行为金融学（第2版）	饶育蕾（中南大学）	978-7-111-60851-6	49.00
中央银行的逻辑	汪洋（江西财经大学）	978-7-111-49870-4	45.00
商业银行管理	陈颖（中央财经大学）	即将出版	
投资银行学:理论与案例（第2版）	马晓军（南开大学）	978-7-111-47822-5	40.00
金融服务营销	周晓明（西南财经大学）	978-7-111-30999-4	30.00
投资类业务综合实验教程	甘海源等（广西财经大学）	978-7-111-49043-2	30.00
公司理财：Excel建模指南	张周(上海金融学院)	978-7-111-48648-0	35.00
保险理论与实务精讲精练	胡少勇（江西财经大学）	978-7-111-55309-0	39.00
外汇交易进阶	张慧毅（天津工业大学）	978-7-111-60156-2	45.00

推荐阅读

	中文书名	原作者	中文书号	定价
1	货币金融学(美国商学院版，原书第5版)	弗雷德里克 S. 米什金 哥伦比亚大学	978-7-111-65608-1	119.00
2	货币金融学(英文版·美国商学院版，原书第5版)	弗雷德里克 S. 米什金 哥伦比亚大学	978-7-111-69244-7	119.00
3	《货币金融学》学习指导及习题集	弗雷德里克 S. 米什金 哥伦比亚大学	978-7-111-44311-7	45.00
4	投资学（原书第10版）	滋维·博迪 波士顿大学	978-7-111-56823-0	129.00
5	投资学（英文版·原书第10版）	滋维·博迪 波士顿大学	978-7-111-58160-4	149.00
6	投资学（原书第10版）习题集	滋维·博迪 波士顿大学	978-7-111-60620-8	69.00
7	投资学（原书第9版·精要版）	滋维·博迪 波士顿大学	978-7-111-48772-2	55.00
8	投资学（原书第9版·精要版·英文版）	滋维·博迪 波士顿大学	978-7-111-48760-9	75.00
9	公司金融(原书第12版·基础篇)	理查德 A. 布雷利 伦敦商学院	978-7-111-57059-2	79.00
10	公司金融(原书第12版·基础篇·英文版)	理查德 A. 布雷利 伦敦商学院	978-7-111-58124-6	79.00
11	公司金融(原书第12版·进阶篇)	理查德 A. 布雷利 伦敦商学院	978-7-111-57058-5	79.00
12	公司金融(原书第12版·进阶篇·英文版)	理查德 A. 布雷利 伦敦商学院	978-7-111-58053-9	79.00
13	《公司金融（原书第12版）》学习指导及习题解析	理查德 A. 布雷利 伦敦商学院	978-7-111-62558-2	79.00
14	国际金融（原书第5版）	迈克尔 H.莫菲特 雷鸟国际管理商学院	978-7-111-66424-6	89.00
15	国际金融（英文版·原书第5版）	迈克尔 H.莫菲特 雷鸟国际管理商学院	978-7-111-67041-4	89.00
16	期权、期货及其他衍生产品（原书第11版）	约翰·赫尔 多伦多大学	978-7-111-71644-0	199.00
17	期权、期货及其他衍生产品（英文版·原书第10版）	约翰·赫尔 多伦多大学	978-7-111-70875-9	169.00
18	金融市场与金融机构（原书第9版）	弗雷德里克 S. 米什金 哥伦比亚大学	978-7-111-66713-1	119.00